游学中国：
海外学生短期访华项目研究

党伟龙 著

中国华侨出版社
·北京·

图书在版编目（CIP）数据

游学中国：海外学生短期访华项目研究/党伟龙著.—北京：中国华侨出版社，2022.9
ISBN 978-7-5113-8687-8

Ⅰ.①游… Ⅱ.①党… Ⅲ.①留学教育—教育管理—研究—中国 Ⅳ.①G649.1

中国版本图书馆CIP数据核字（2021）第246532号

● 游学中国：海外学生短期访华项目研究

著　　者 / 党伟龙
责任编辑 / 李胜佳
封面设计 / 何洁薇
经　　销 / 新华书店
开　　本 / 880毫米×1230毫米　　1/32　　印张/ 14.625　　字数/ 327千字
印　　刷 / 北京天正元印务有限公司
版　　次 / 2022年9月第1版　2022年9月第1次印刷
书　　号 / ISBN 978-7-5113-8687-8
定　　价 / 68.00元

中国华侨出版社　北京市朝阳区西坝河东里77号楼底商5号　邮编：100028
发行部：（010）64443051　　传真：（010）64439708
网　址：www.oveaschin.com　　E-mail: oveaschin@sina.com

如发现印装质量问题，影响阅读，请与印刷厂联系调换。

自　序

伴随着全球"中文热"，短期来华游学活动蓬勃发展，国内不少大、中、小学都有过接待这些来访团队的经验。游学活动既不同于高校留学生的长期学习，又不同于外宾旅游团的短期观光，而是侧重外国学生（以未成年人为主）"短平快"式的中国体验，结合了学习与游玩，类似国内的"研学旅行"。其基本类型与特色如何？有何重大意义？从中国接待方角度看，如何设计、接待、管理这类项目？如何组织教学与游览参访活动？如何与外国青少年和谐相处，并加强他们对中国的理解与感情？如何配合中国国家形象宣传，促进中外友好交流……来华游学服务是新兴的一大热门产业，前景光明、形势喜人，但其理论研究和管理实践还不够成熟和规范，无法适应该产业的发展现状。

本书站在中国接待方立场，从中方带队教师视角，对上述问题展开讨论；主要基于作者在华裔青少年夏令营和其他来华游学团等上百个团队中的一线工作实践，同时参考了大量海内外相关资讯及学术论著，试图对笔者多年经验与思考进行提炼升华。本书可视为游学团队中外国学生管理方面的通俗学术读物，亦可作为相关行业从业人员的参考书。

目 录

导言与凡例 ··· 1
  一、写作背景 ··· 1
  二、"案例""学生视角"栏目 ·· 3
  三、表格 ·· 3
  四、名词解释 ··· 4

第一章　海外学生短期来华游学项目：理念、类型与意义 ·············· 5

第一节　西方教育旅行视角下的国际游学与研学：
　　　　概念、理念及启示 ·· 5
  一、概念辨析：游学、研学旅行、教育旅行 ···················· 5
  二、理念探讨：世界课堂、世界公民、服务学习 ············· 10
  三、启示 ··· 22

第二节　短期来华游学项目之类型与特色 ··························· 24
  一、公费项目 ·· 26
  二、自费项目 ·· 32
  三、公费自费复合项目 ··· 38
  四、互访项目 ·· 40
  五、思考 ··· 43

六、附录：人物访谈 ……………………………………… 45

　第三节　亦游亦学：个人意义与社会意义 ……………… 50
　　一、多视角下的个人意义与社会意义 …………………… 50
　　二、基于海外来华游学项目之分析 ……………………… 69

第二章　项目设计：原则、内容与案例 ……………… 85

　第一节　设计原则 ………………………………………… 85
　　一、娱乐性、教育性与文化性之统一 …………………… 85
　　二、成本与效益之平衡 …………………………………… 85

　第二节　具体内容设计 …………………………………… 86
　　一、课堂教学 ……………………………………………… 87
　　二、课外活动 ……………………………………………… 91
　　三、观光游览 ……………………………………………… 96
　　四、与中国同龄人交流 …………………………………… 100
　　五、公益活动 ……………………………………………… 103
　　六、其他 …………………………………………………… 105

　第三节　中外设计案例分析 ……………………………… 107
　　一、中方设计案例 ………………………………………… 107
　　二、中外双方协商案例 …………………………………… 115
　　三、国际游学机构设计案例 ……………………………… 119

第三章　项目接待：后勤服务与管理人员配置 …… 125

　第一节　后勤服务与配套设施 …………………………… 126

一、前期物质准备 ………………………………… 126
二、前期精神准备 ………………………………… 128
三、接送机 ………………………………………… 131
四、住宿 …………………………………………… 135
五、中西餐与饮食习惯 …………………………… 138
六、货币兑换与手机支付 ………………………… 148
七、活动场所 ……………………………………… 149

第二节 团队规模与管理人员配置 ………………… 151
一、管理人员配置方法 …………………………… 151
二、人员配置困境及其应对 ……………………… 152
三、实习生/志愿者管理方法 …………………… 155
四、大型团队弊端及其应对 ……………………… 158

第四章 项目管理：团队日常管理实务 ………… 163

第一节 基本原则：安全第一 ……………………… 163
一、居住地内部管理 ……………………………… 165
二、出行安全教育 ………………………………… 166
三、赴异地游览 …………………………………… 169

第二节 日常管理方法 ……………………………… 173
一、全天候在岗 …………………………………… 173
二、督促学生自治 ………………………………… 174
三、因材施教 ……………………………………… 175
四、以诚感人、以心暖人、以情动人 …………… 183
五、同理心 ………………………………………… 186

第三节　沟通的艺术 ························· 192
　　　一、与外方领队之沟通 ······················ 192
　　　二、与外方家长之沟通 ······················ 198
　　　三、与中方司陪人员之沟通 ·················· 199

　　第四节　新媒体与团队管理：以微信为例 ········ 204
　　　一、交流平台：微信群 ······················ 204
　　　二、宣传平台：微信公众号 ·················· 208

　　第五节　仪式感与荣誉感之培育 ················ 210
　　　一、开幕式与闭幕式：善始善终 ·············· 212
　　　二、颁奖仪式：高光时刻 ···················· 216
　　　三、生日庆祝：人生新阶段 ·················· 220
　　　四、联欢会/才艺汇演：同龄人狂欢 ············ 222

第五章　华裔青少年夏令营研究：
　　　　　　以"中国寻根之旅"为例 ············· 225

　　第一节　华裔青少年夏令营特点 ················ 226
　　　一、营员身份 ······························ 226
　　　二、办营目的 ······························ 227
　　　三、夏令营性质 ···························· 228
　　　四、夏令营内容 ···························· 229

　　第二节　问题与对策 ·························· 230
　　　一、淡化官方色彩，主办方、承办方多元化 ···· 230

二、建立行业标准，推动管理规范化、制度化、
　　　　专业化 ·· 233
　　三、由"宣传报道"升级为"深度调研" ········· 237
　　四、保证其公益性与公信力 ·········· 241

第三节　营员视角下的中国体验：
　　　　基于问卷调查的分析 ··············· 245
　　一、问卷调查综述 ·························· 246
　　二、调查结果分析 ·························· 246
　　三、反思 ·· 251
　　四、附录：行程安排及调查问卷 ········· 252

第四节　营员视角下的中国体验：
　　　　基于夏令营感言手稿的考察 ······ 257
　　一、2000篇感言手稿综述 ················· 258
　　二、200篇插图感言考察 ··················· 259
　　三、300篇文字感言考察 ··················· 265
　　四、思考与启示 ······························ 298

第六章　中方带队教师资质及多角色挑战 ·········· 307

第一节　中方带队教师资质 ··············· 308
　　一、教育工作者的"初心" ············· 308
　　二、外事礼仪 ······························ 309
　　三、外语能力 ······························ 310
　　四、语言艺术 ······························ 312
　　五、跨文化交际能力 ······················ 318

第二节　多角色挑战 …………………………………… 323
一、"人民教师" …………………………………… 330
二、监护人与生活导师 …………………………… 332
三、亦师亦友 ……………………………………… 333
四、摄影师与忠实记录者 ………………………… 337
五、金牌导游 ……………………………………… 339
六、观光大使 ……………………………………… 342
七、民间外交使节 ………………………………… 344

第七章　京城魅力：北京带教路线与方法举隅 …… 349

第一节　游览安排 …………………………………… 349
一、目的地选择与时间安排 ……………………… 349
二、灵活应变 ……………………………………… 350

第二节　各景点须知 ………………………………… 354
一、一线景点 ……………………………………… 354
二、二线景点 ……………………………………… 362
三、三线景点 ……………………………………… 365
四、文化场馆 ……………………………………… 366
五、逛街购物 ……………………………………… 367
六、观赏演出 ……………………………………… 372

第三节　来华学生实用生活小贴士 ………………… 373
一、生存汉语 ……………………………………… 374
二、北京/中国生存指南 ………………………… 379
三、砍价策略 ……………………………………… 385

四、洗手间选择指南 ………………………… 391

　　五、自由用餐选择指南 ………………………… 393

　　六、做一个负责任的旅行者 …………………… 395

第八章　游学情境下的汉语与中华文化教学 ……… 404

第一节　汉语课教学策略 ………………………… 404

　　一、教学难点 …………………………………… 404

　　二、教学原则 …………………………………… 407

　　三、教学策略 …………………………………… 409

　　四、教学大纲示例 ……………………………… 419

第二节　外国学生中文名取法与教学应用 ……… 421

　　一、中文名特点解析 …………………………… 422

　　二、取名十原则 ………………………………… 423

　　三、教学应用 …………………………………… 429

结　语 …………………………………………………… 438

　　一、关于中国旅游环境之反思 ………………… 438

　　二、关于"知华、友华、爱华"之反思 ……… 440

　　三、关于公费项目与中国软实力之反思 ……… 441

　　四、关于来华游学研究现状之反思 …………… 442

附录　全书"案例""学生视角"及表格目录 …… 444

　　一、案例 ………………………………………… 444

　　二、学生视角 …………………………………… 445

　　三、表格 ………………………………………… 446

参考文献 …………………………………………………… **449**
　一、专著 …………………………………………………… 449
　二、论文 …………………………………………………… 451
　三、网络资料 ……………………………………………… 454
　四、其他 …………………………………………………… 456

导言与凡例

一、写作背景

2019年4月的《人民日报》有如下报道。

近日,国家主席习近平复信美国伊利诺伊州北奈尔斯高中学生,勉励同学们为增进中美人民友谊作出贡献。此前,北奈尔斯高中中文班40多名学生用中文写信给习近平,询问习近平的工作、生活情况和个人爱好,表示他们正在学习中文,喜爱中国的语言文字、音乐和中餐,希望有机会来中国参观访问。

习近平在给北奈尔斯高中学生的回信中表示:学习中文可以更好了解中国,结识更多中国朋友,也可以结识很多会说中文的世界各国朋友。……希望同学们珍惜韶华、努力学习,为增进中美人民友谊作出贡献。百闻不如一见。欢迎你们有机会来中国看看。[1]

这是一篇新闻报道,其实也是一则温馨的小故事,是全球"中文热"背景下的典型事例。据美媒报道,这件事起因于北奈尔斯高中汉语课堂上华人教师的突发奇想。这位华人教师鼓励同学们在中国新年(春节)即将到来之际,向习主席祝贺新春

---

[1] 习近平复信美国高中学生 [EB/OL]. http://paper.people.com.cn/rmrb/html/2019-04/22/nw.D110000renmrb_20190422_2-01.htm,2019-04-22.

快乐，并未期待回信。①而习主席的意外回信，不光极大鼓舞了美国同学学习中文的热情，还令校方开始考虑策划来华游学活动。②

正如该案例所示，随着中国国力和国际影响力不断提升，海外青少年学生对中国越来越感兴趣，萌发了来华游学的意愿，这坚定了海外学校策划此类活动的决心。另外，经济学者的大数据研究表明，以传播中华语言文化为使命的孔子学院在全球遍地开花，还产生了经济效益，每设立一所孔子学院会使所在国来华文化旅游的人数提高 0.4%~0.5%。③

在这一背景下，短期来华游学活动蓬勃发展，国内不少大、中、小学都有过接待这些团队来访的经验。游学活动既不同于高校留学生的长期学习，又不同于外宾旅游团的短期观光，而是侧重于外国学生（以未成年人为主）"短平快"式的中国体验，结合了学习与游玩，类似国内的"研学旅行"。其基本类型与特色如何？有何重大意义？从中国接待方角度，如何设计、接待、管理这类项目？如何组织教学与游览参访活动？如何与外国青少年和谐相处，并加强他们对中国的理解与感情？如何配合中国国家形象宣传，促进中外友好交流？……来华游学服务是新兴的一大热门产业，前景光明、形势喜人，但其理论研

---

① A Niles North Chinese language class wrote to President Xi Jinping. He responded（北奈尔斯高中一个中文班写信给习近平主席，他回复了）[EB/OL]. Chicago Tribune（芝加哥论坛报），https://www.chicagotribune.com/suburbs/skokie/news/ct-skr-niles-north-chinese-consulate-tl-0411-story.html, 2019-04-09.
② A letter from Chinese president, a tale of China–U.S. friendship（一封来自中国国家主席的信，一则中美友谊传奇）[EB/OL]. http://www.ecns.cn/news/2019-04-23/detail-ifzhpeef7886450.shtml, 2019-04-23.
③ 林航、谢志忠、阮李德. 孔子学院促进了海外来华文化旅游吗？——基于2004—2014 年 32 个国家面板数据的实证研究 [J]. 兰州财经大学学报，2016（5）：71-79.

究和管理实践还不够成熟和规范，无法适应该产业的发展现状。

本书将站在中国接待方立场，从中方带队教师视角，对上述问题展开全面讨论；主要基于笔者在华裔青少年夏令营和其他来华游学团等上百个团队中的一线工作实践，同时参考了大量海内外新闻资讯及有关论著，试图对笔者多年经验与思考进行提炼升华。本书可视为外国学生管理方面的通俗学术读物，亦可作为相关行业从业人员的参考书。

二、"案例""学生视角"栏目

为增强可读性，本书随文附许多真实案例与第一手资料，分别设立"案例"与"学生视角"两个系列栏目。

其一，以小字格式，在相关正文内容后插入可读性较强的鲜活小案例，如外方师生人情百态、中外师生亲密互动、饮食文化差异、出行安全警示、丰富多彩的夏令营生活……这些案例或为笔者亲身经历，或为笔者亲自了解所得，其中隐去了一些私人信息，在某些细节上亦稍作处理。

其二，与小案例并列，另设"学生视角"栏目，有针对性地摘取一些外国学生感言，反映其真实感受（无论正面或负面），以佐证正文论述。这些感言大多来海外华裔青少年"中国寻根之旅"春夏秋冬令营的营员手稿，由笔者整理而成。

三、表格

为求清晰醒目，在讨论某些问题，尤其是对不同类别的事物进行对比时，优先采用表格形式。

四、名词解释

为避免误解，对本书常用的一些名词术语稍作说明如下。

游学——指包含游历与学习双重内容的实践性活动。本书使用该词，主要指当代学校等文教机构组织的学生集体旅行活动。

来华游学项目——指外国学生集体到中国进行短期游览与学习、交流的活动，也时常以"某某夏令营""某某中国之旅"称之。本书使用该词，一般指时长在一个月之内、成员以未成年人居多的项目，与高校来华短期留学生和交换生项目有别。

寻根夏令营——有时泛指面向海外华裔青少年、以来华寻根问祖为主题的系列活动，有时特指我国侨务部门主办的"中国寻根之旅"春夏秋冬令营。有时简称为"寻根之旅""寻根营"等。

外国学生/青少年、海外学生/青少年——根据来华游学项目现状，其成员以未成年人为主，且华裔占据了很大比例。因此本书所谓"外国学生/青少年""海外学生/青少年"包含华裔与非华裔，主要指12—18岁中学生，亦涵盖少量大学生、小学生。

外方领队——泛指率领外国学生来华的带队人员，其实际身份可能为教师、家长、志愿者或其他工作人员等，但多以教师为主，尤以华裔中文教师居多。为与中方教师区分开，特以"外方领队"称之。

中方教师——泛指中国接待方（学校、旅行社、官方部门、文教机构等）派出的管理人员，其实际身份可能为教师、导游、公务员或其他工作人员等，但多以教师为主，其职责包括教学、接待、管理等。本书即基于一名中方教师的视角进行写作。

第一章　海外学生短期来华游学项目：理念、类型与意义

第一节　西方教育旅行视角下的国际游学与研学：概念、理念及启示

古人云："名不正则言不顺，言不顺则事不成。"（出自《论语·子路》）本书欲研究"游学"问题，首先就要明确其定义及适用范围，并与国内外类似表述加以比较分析。

"游学"作为正规教育方式的补充、一种寓教于乐的校外实践活动，一向深受青少年学生喜爱。最近几年，国内"研学旅行"活动亦逐渐广为人知。两词意思相近，时或混用，虽无伤大雅，似也有必要做一番厘清，尤其是在与西方对应的"教育旅行"活动相互印证时，可获得一些有益启示。

一、概念辨析：游学、研学旅行、教育旅行

（一）中文概念

游学，据《现代汉语词典》解释，"旧时指离开本乡到外地或外国求学"。有研究者认为，"中国传统游学活动是古代知识分子人格生命不可或缺的一部分，素为历代文人学者所重"。[①]

[①] 刘玉叶. 中国传统游学活动与现代教育 [J]. 郑州大学学报（哲学社会科学版），2009（6）：51-54.

如孔子率众弟子周游列国传播儒家学说,青年司马迁赴各地考察风土人情而著成《史记》,文人墨客于名山大川间获取创作灵感等,皆属亦游亦学,与单纯的观光游览有别。研学旅行字面意思与游学相似,但特指中小学开展的集体活动,特指短期游览而非长期游历。国家旅游局《研学旅行服务规范》对研学旅行做出如下定义。

> 研学旅行是以中小学生为主体对象,以集体旅行生活为载体,以提升学生素质为教学目的,依托旅游吸引物等社会资源,进行体验式教育和研究性学习的一种教育旅游活动。①

游学一词古已有之,在使用上偏于口语化。研学旅行是现代词语,在使用上偏于书面、正式用语,通常认为最早出现于2013年国务院公布的《国民旅游休闲纲要(2013—2020年)》,是在日语汉字词语"修学旅行"基础上,适应当代旅游产业和教育理念发展而创造出的一个新词。2013年被称为"中国研学旅行元年",随着此后一系列有关政策和文件出台,研学旅行迅速成为教育界尤其是中小学的新宠。②

研学旅行、修学旅行,以及类似的研学游、修学旅游含义基本一致,而"游学"使用历史更久、适用范围更广,也更为常用,可在非正式场合替代上述几个词。概括言之,它们皆包含两层意思:一是休闲娱乐、较为轻松的"游"或"旅行";二是获取新知识、较为严肃的"学"或"研学、修学",二者有机结合,不可偏废。游学与研学旅行的内涵和外延见表1-1。

---

① 国家旅游局. 研学旅行服务规范 [EB/OL]. http://zwgk.mct.gov.cn/auto255/201701/t20170110_832384.html?keywords=,2017-01-10.
② 陆庆祥、汪超顺. 研学旅行理论与实践 [M]. 北京:北京教育出版社,2018:2-3, 22.

表 1-1 游学与研学旅行概念对比

	游学	研学旅行
字面含义	游览中学习	旅行中研究、学习
词语历史	约两千年前已出现	始于 2013 年
使用场合	较随意，概括性描述	较正式，不宜乱用
活动主体	古代游学主体多为文人学士；现代多为学生，且含大中小学生，可指个人，亦可指集体	一般为中小学生集体
活动时长	可指长期游历或短期游历	仅限于短期游历

（二）英文概念

国内研学旅行的官方英译采用了 study travel（见 2016 年国家旅游局公布的《研学旅行服务规范》），但该词在英文语境中的实际运用，并不普遍，也欠缺游学或研学旅行的对应含义。相较之下，study tour 更常用，不过它多指大学生的海外短期学习。

与游学和研学旅行内涵最接近且最常用的一个英文术语，其实是"教育旅行"（educational tour/travel/trip，三词可互换）。它一般指学校（尤指中学）开展的长途集体旅行，许多时候特指赴海外旅行。美国国际学习理事会（American Council for International Studies，ACIS）是一家专为美国中学策划、实施教育旅行活动的机构，自 1978 年以来已服务于 50 多万名师生，足迹遍布世界各地。按照它的定义，教育旅行是有着明确学习目标、精心策划的融观光旅游和实践学习为一体的活动，富含冒险性、探索性、知识性、娱乐性等特色。[①] 知名跨国教育公司英孚（Education First，EF）在海外游学领域开发出多种业务，

---

① 参见 ACIS 官网（https://acis.com/blog/what-is-educational-travel）。

针对中学生的称为 EF Educational Tours，针对大学生的称为 EF College Study Tours。① 可见，尽管 educational tour 与 study tour 字面意思相近，在使用对象上仍有区别。

英文中另一同类常用词是"学校旅行"（school trip），即中小学组织的集体出游活动，其足迹可远可近，皆带有特定学习目的，是实地考察（field trip）与户外教育（outdoor education）的具体实施形式。有时亦笼统称之为"学生旅行"（student tour）或"体验式学习"（experiential learning），前者强调旅行的主体拥有学生身份，后者强调这种学习源于实践体验。某些游学机构为吸引眼球、树立品牌，另有其他标新立异的说法，如"学习冒险"（learning adventure）②，在冒险旅途中学习，突出了旅行令人大开眼界、惊心动魄的特点；或"真实教育"（true education）③，标榜这是比课堂教学更真实、脚踏实地的教育模式。

此外，含义相近的还有几个新颖的复合词，如：

World-schooling，即将广阔世界当成学校和课堂；

Life-learning，即超脱书本与课堂，在现实人生中学习；

Edventuring，即融合教育（education）与冒险（venturing），与"学习冒险"有异曲同工之妙。

这几个词多用于近年来西方流行的父母带孩子周游世界的教育方式，并非指学生集体旅行。④

---

① 参见英孚游学官网（https://www.eftours.com）。
② 参见学习冒险官网（https://thelearningadventure.com）。
③ 参见真实教育官网（https://www.trueeducationpartnerships.com）。
④ Isabel Choat. The Rise of Travelling Families and World-schooling [EB/OL]. https://www.theguardian.com/travel/2016/jan/29/is-world-schooling-kids-selfish-family-travel-edventures，2016-01-29.

（三）旅行圈概念

在西方旅行圈，一直提倡"负责任的 / 地旅行"（responsible travel, or travel responsibly），即旅途中不该只贪图个人享受，还要给当地环境及当地人留下正面影响，亦称"可持续旅游"（sustainable tourism）；也流传着"做个旅行者，而非观光客"（Be a traveler, not a tourist）的说法，或称之为"真正的旅行者"、"严肃的旅行者"等。观光客（tourist）即走马观花、游山玩水的大众游客，多停留在浅层感官体验，满足于"到此一游、拍照打卡"的虚荣感；而旅行者（traveler）则追求深层文化体验，旅行对于他们不单是休闲度假之旅，更是学习体悟之旅，是一种身心修行和磨练，也是一场认识自我、发现世界的生命历程。

学界在考察游学活动的西方起源时，常追溯到16—17世纪兴起于英国的"大旅行"（grand tour，又译"壮游""大游学"），即当时贵族精英赴欧洲大陆的游学风潮。既名之为 grand（宏伟、壮丽），正说明这不是普通旅游，而带有某种特殊的崇高意味，如教徒朝圣获得精神愉悦，骑士游历四方切磋技艺，文人学士访学以增长知识，等等。[①] 甚至有学者认为，现代商业化旅游产业（tourism）的诞生，"谋杀"了传统意义上以提升自我和探索世界为出发点的严肃旅行（travel）。[②] 是故，今天人们才用"教育旅行"一词来强调旅行本身固有的教育意义。

[①] 参见：付有强. 英国人的教育旅行传统探析 [J]. 贵州社会科学，2014（4）：51-56；任唤麟、马小桐. 培根旅游观及其对研学旅游的启示 [J]. 旅游学刊，2018（9）：145-150.

[②] Craig Storti. Why Travel Matters: A Guide To The Life-Changing Effects Of Travel [M]. London: Nicholas Brealey Publishing, 2018: 3.

二、理念探讨：世界课堂、世界公民、服务学习

教育旅行既可指国内游学，又可指跨国游学。随着国际交流日益频繁与交通日益便利，西方教育界越来越重视它国际层面的意义，并将若干基本理念贯彻其中，如世界课堂、世界公民、服务学习。这几个术语从不同角度，诠释了国际游学活动对青少年学生身心成长的正面作用。

（一）世界课堂

提到课堂或教室，总跟书本、理论等联系到一起，有"读死书，死读书""理论脱离实际"之嫌。新世纪教育界越来越意识到，有形的教室显得过于狭小，传统课堂暴露出日渐明显的局限性。2006 年，英国政府发布《教室外学习宣言》（*Learning Outside the Classroom Manifesto*），声称：

> 我们相信每位青少年，无论其年龄、能力或环境，皆应将教室以外的世界体验作为学业及个人发展的重要部分。[1]

2015 年，美国政府颁布《不让一个孩子留在室内法案》（No Child Left Inside Act of 2015），以提高学龄前儿童至 12 年级学生的"环境素养"（environmental literacy）为目标，指出：

> 未成年人越来越与周遭自然界脱节，而户外玩耍与学习对其身心成长至关重要……必须鼓励他们走出

---

[1] The Department for Education and Skills. Learning Outside the Classroom Manifesto [EB/OL]. https://www.lotc.org.uk/wp-content/uploads/2011/03/G1.-LOtC-Manifesto.pdf, 2011-03-01.

去，亲近大自然。[1]

两项政策均指出在教室/校园之外的户外教育重要性。不过，户外教育并不限于露天的大自然，异国旅途亦可以成为课堂。在《超越旅游观光：深度教育旅行实用指南》(Beyond Tourism: A Practical Guide To Meaningful Educational Travel)一书中，美国跨文化教育家Kenneth Cushner以自己带队的某次中学生赴希腊游学为例，指出在加深对希腊文明的认知之余，学生们还发展出自我独立意识及集体认同感，而这些很难在传统课堂中做到。[2]

借用时髦的"翻转课堂"理论，似乎可以说，世界课堂即是另一种形式的翻转课堂：学生不再被动接受知识灌输，而是主动去探索、体悟、学习、成长。跨国教育旅行的主体多为中学生，很可能是人生中第一次离开父母踏上旅途，纵然有领队老师照顾和同学陪伴，他们仍需努力锻炼自己在异国他乡的生存技能与社交技能。既要学会独立生活，照顾好自己的衣食住行，也要学会人际交往，融入集体，甚至使用外语与当地人进行必要沟通，如点餐、购物、问路等。这一切都对他们的成长、成熟极为有益，是未来脱离家长羽翼、进入大学乃至社会的实景演习与排练。

那些专注于国际教育旅行的机构亦普遍将"世界课堂"作为其理念或卖点，如表1-2所示。

---

[1] No Child Left Inside Act of 2015 [EB/OL]. https://www.congress.gov/bill/114th-congress/house-bill/882/text，2015-02-11.

[2] Kenneth Cushner. Beyond Tourism: A Practical Guide To Meaningful Educational Travel [M]. The Rowman & Littlefield Publishing Group, Lanham, 2004: 12.

表 1-2　国际教育旅行机构世界课堂理念表述

所属国家	机构名称	世界课堂理念	英语原文
美国	国际学习理事会（ACIS）	引导学生走出教室/课堂，走向世界，激励他们成为世界公民	Introduce the students to the world beyond the classroom and inspire the next generation of global citizens①
美国	世界远足（World Strides）	让世界成为你的课堂	Make the world your classroom②
澳大利亚	旅行邦教育（Travel Bound Education）	拥抱世界课堂	Embrace a world-wide classroom③
新西兰	学校旅行（Travel for Schools）	将课堂拓展至教室四壁之外	Move the classroom outside of the 4 walls④

美国"思考环球学校"（Think Global School）号称"世界首所旅行高中"，是一所颠覆传统的创新型学校。它将世界课堂理念发挥到极致，提出"课堂无边界，学习无极限"（classroom has no borders and learning knows no bounds）。该校学生高中三年要去十二个国家分段学习，几乎所有学业均在旅途中完成。2021—2022 学年，1 班目的地为中国、阿曼、巴拿马、希腊，2 班目的地为博茨瓦纳、印度、日本、西班牙。⑤纵使学费不菲，却为有着冒险精神、不满足于正统高中教育的青少年提供了极富吸引力的另类选项，为教育界开辟了一条新路。

---

① 参见 ACIS 官网（https://acis.com）。
② 参见世界远足官网（https://worldstrides.com/educational-tours）。
③ 参见旅行邦教育官网（https://travelboundeducation.com.au）。
④ 参见学校旅行官网（https://www.travelforschools.co.nz）。
⑤ 参见思考环球学校官网（https://thinkglobalschool.org）。
按，受 2020 年以来蔓延全球之新冠肺炎疫情影响，该校的原定计划显然无法正常实施。

中世纪神学家圣·奥古斯汀（Saint Augustine）有句名言在旅行圈内广受传颂："世界就是一本大书，不旅行者仅能读其中一页而已。"（The world is a book, and those who do not travel read only one page.）这句话似暗含了"世界课堂"理念。18世纪法国著名启蒙思想家、教育家卢梭（Jean-Jacques Rousseau）亦云：

> 读书过滥只会造成太多自以为是的无知者。……书籍多了，反而使得我们忽视去读世界这本书了，或者即使读了，每个人也仅仅是读了他所读的那一页而已。①

故而，他鼓励让年轻人外出游历的教育方式。

若从中华文化中寻求相应表述，孔子经典格言"三人行，必有我师"，已反映出在生活中随时随地学习的理念；俗语"读万卷书，行万里路"，更蕴含了以天地自然为课堂的思想。

"世界课堂"一词，蕴含以下两个维度。

第一，以教室和校园之外的大千世界为课堂，既包括富于生活气息的人类社会，也包括优美壮丽的大自然及动植物世界。亲近自然、强健体魄、开阔心胸，正是欧美提倡户外教育的初衷，形形色色的森林学校（forest school）、夏令营等活动因而蓬勃发展起来。

第二，以海外异国为课堂，不只超越国界，还超越单一文化环境。例如，英、美、加、澳、新西兰这几个文化同源的英语国家，假设学生从其中某国至另一国（如英国至澳大利亚）

---

① [法]让－雅克·卢梭.爱弥儿：论教育[M].李兴业、熊剑秋，译.北京：人民教育出版社，2017：641.

游学，看似跨国又跨洲，但既无语言障碍，文化习俗又相近，欠缺挑战性，导致"游"轻松愉快，而"学"就不够深入。正如美国旅游文化学者 Craig Storti 所说，去文化相似之地游览，不如去文化迥异之地收获更多，所去的地方与家乡差异越大，越有助于加深自我认知。① 这是因为，当置身全新环境的时候，才能更好地激发学生好奇心与求知欲，真正学到新东西，并有机会接受文化冲击与思想洗礼。在文化环境迥异的异国他乡时，也要注意走出自己的小圈子或者说舒适区，多多与当地人互动。美国旅游心理学家 Jaime Kurtz 指出：

> 如果我们只跟旅伴互动，只吃熟悉的家乡食物，只待在大众旅游区，就无法获得"沉浸感"（immersion）。虽然这样的旅行可能轻松愉悦，但它绝非一场沉浸式旅行体验（an immersive travel experience）。②

海外游学毕竟不是单纯休闲度假，尽管也期待学生获得感官上的愉悦体验，但更希望他们能借着出远门看世界的宝贵时机，用心观察体会，对异域文化有新认知和新感悟。

（二）世界公民

---

① Craig Storti. Why Travel Matters: A Guide To The Life-Changing Effects Of Travel [M]. London: Nicholas Brealey Publishing, 2018: 126–128.

② Jaime Kurtz. The Happy Traveler: Unpacking The Secrets Of Better Vacations（快乐的旅行者：完美度假揭秘）[M]. Oxford University Press, Oxford, 2017: 116–117.
按，16—17世纪英国哲学家、散文家弗朗西斯·培根（Francis Bacon）在其名篇《论旅行》（Of Travel）一文中提出，年轻人游历海外时，最好与自己的本国同胞保持距离（Let him sequester himself from the company of his countrymen），才能获得深度体验。参见：Francis Bacon. Of Travel [EB/OL]. https://www.westegg.com/bacon/travel.html。

"世界公民"（global citizen, or citizen of the world），又译为"全球公民"。"公民"一词，本指拥有某国国籍、享受相应权利并承担相应义务的人。世界公民则打破了国家界限，将世界视为一个共同体，而非壁垒分明的多个国家。该术语最早源于古希腊哲学家，在今日全球一体化背景下被赋予新的内涵。①联合国教科文组织积极倡导"世界/全球公民教育"（global citizenship education），以应对侵犯人权、不平等、贫穷等世界性议题，并促进世界和平及可持续发展。②

那么，教育旅行与世界公民，乃至世界和平，有何关系？在教育学名著《爱弥儿》中，卢梭带着青年爱弥儿游历欧洲诸国两年之久，学习语言，考察自然风光、国家政体、社会民俗等；游历结束后，则鼓励爱弥儿通过书信和那些在其他国家认识的"值得尊敬的人"继续交往、增进友情，因为这可以避免产生民族偏见，而生活中随时都会受到各种偏见的干扰。③ 19 世纪美国知名作家马克·吐温（Mark Twain）则认为：

> 旅行是偏见、固执与思想狭隘的大敌，许多人因此而十分需要它。某人若终其一生只待在地球的某个小角落，就不可能对人和事物具有宽宏、健全与仁慈

---

① 杨欢. 从国家公民到世界公民：联合国教科文组织关于公民教育的新主张 [J]. 高等理科教育，2017（5）：60-66.
② 参见联合国教科文组织官网（https://en.unesco.org/themes/gced/definition）。
③ [法]让-雅克·卢梭. 爱弥儿：论教育 [M]. 李兴业、熊剑秋，译. 北京：人民教育出版社，2017：672-673.
  按，培根《论旅行》一文末尾亦指出："游历各国的年轻人回到家之后，不应马上将旅行经历抛诸脑后，而要通过信件与在国外结识的值得交往的人继续保持联络。这使得旅途收获能够持续对自己产生有益影响。"参见：Francis Bacon. Of Travel [EB/OL]. https://www.westegg.com/bacon/travel.html。

的观念。①

该观点甚至得到了社会心理学研究的验证。②

Cushner 在《深度教育旅行实用指南》开篇第一章，即以发生于世纪初的"9·11"恐怖袭击为例，说明全球化趋势下，不同文明之间仍缺少相互理解，并认为，21 世纪迫切要求培养学生成为具备国际视角、尊重多元文化的世界公民，而开展教育旅行就是最佳方式。③

诸多国际教育旅行机构皆定位于培养世界公民，如上文已提及的美国 ACIS 等。英国"同一世界教育"（One World Education）以"发掘青少年领袖潜能，提升世界公民意识"（Unlocking the Potential of Young Leaders and Promoting Global Citizenship）作为自身使命，声称"我们致力于为学生创造一个理解何谓世界公民的平台，帮他们打破文化藩篱，获得与全球学生互动的机会"，并发起"全球青少年大使计划"（Global Youth Ambassador Project），借助学校、教师与家长的联动，培训英国中小学生成为招待来访国际同龄人的小主人，于行动中落实世界公民理念，并可在将来赴海外游学时享受相应优惠。④

---

① Travel is fatal to prejudice, bigotry, and narrow-mindedness, and many of our people need it sorely on these accounts. Broad, wholesome, charitable views of men and things cannot be acquired by vegetating in one little corner of the earth all one's lifetime. —Mark Twain, *The Innocents Abroad*, Conlusion.
原文参见古腾堡电子书网站（https://www.gutenberg.org/files/3176/3176-h/3176-h.htm#CONCLUSION）。

② Eric W. Dolan. New study confirms Mark Twain's saying: Travel is fatal to prejudice [EB/OL]. https://www.psypost.org/2013/12/new-study-confirms-mark-twains-saying-travel-is-fatal-to-prejudice-21662, 2013-12-09.

③ Kenneth Cushner. Beyond Tourism: A Practical Guide To Meaningful Educational Travel [M]. The Rowman & Littlefield Publishing Group, Lanham, 2004: 2-3.

④ 参见同一世界教育官网（https://www.oneworldeducationuk.org）。

英国游学机构"学习冒险"指出：

在一个日益全球化的世界中，非常重要的是鼓励学生们成为世界公民——能够意识到自己在广阔世界中所处的位置，并致力于改善世界。我们正面临气候变化、性别平等、全球贫富差距等紧迫议题，现在正是我们带学生们赴海外游学，获得第一手经验，寻求这些问题解决之道的时候。①

英孚教育专家认为，世界公民教育必须通过实际生活阅历展开。周游世界与教育旅行使年轻人接触全新的文化、地域与生活方式，刺激他们用新视角看待世界，并有助于培养21世纪必需技能，如批判性思考、创造力、合作意识、领导力等。②美国高中生Julia参加英孚秘鲁游学后，写出了《从观光客到旅行者：成为世界公民的旅程》（From Tourist to Traveler: A Journey to Global Citizenship）一文，表示该经历使自己从肤浅的观光客变成了能够欣赏和包容多元文化、具备世界公民视角的真正旅行者。③

Cushner指出，带学生赴海外游学，一大目标是培养其跨文化敏感性或国际化、跨文化视角，这是克服盲目民族优越感与种族中心主义的有效方法；而此种切身体悟，很难通过单纯的

---

① 参见学习冒险官网（How Educational Tours Today Create the Global Citizens of Tomorrow（教育旅行如何培养明日全球公民）[EB/OL]. https://thelearningadventure.com/ 2020/01/educational-tour-benefits-global-citizenship。
② 参见英孚游学官网（What is Global Citizenship in the 21st Century [EB/OL]. https://blog.eftours.com/inspiration/education/what-is-global-citizenship）。
③ 参见英孚游学官网（From Tourist to Traveler: A Journey to Global Citizenship [EB/OL]. https://blog.eftours.com/ef/events/from-tourist-to-traveler-a-journey-to-global-citizenship。

书本学习或影视欣赏达到。①在工作中，笔者曾接触到大量外国青少年，他们多因喜爱汉语或中国文化，怀着善意和向往之心来华游学。但不可忽视，其中一些人还抱有对中国的种种偏见，更有少数生于海外、长于海外的华裔青少年对祖籍国并无感情，是被父母强迫回乡寻根的。而令人欣慰的是，这类同学在返程时，大多改变了对中国的印象，并建立起真挚感情，有人还主动表示要成为促进中外往来的亲善使者。这即是国际游学立竿见影的作用。假如没有此次身临其境的感悟，他们仍然被国外舆论偏见所误导，盲目排斥与其不一样的文化，甚至连华裔家长的谆谆教诲都难以令其信服。

全面审视"世界公民"一词，会发现它包含两个维度。

第一，超越狭隘的国家主义与民族主义，对不同国家、不同民族、不同文化皆抱持同理心，具有全人类层面的人文关怀；

第二，超越人类中心主义，不光对人类社会，而且对地球/大自然亦秉持责任感。只有同时关注人类社会的文明多样性与自然界的生态多样性，才能真正实现全球/地球范畴上的可持续发展。

（三）服务学习

"服务学习"（service learning），又译为"服务式学习"。据美国政府1990年颁布之《国家与社区服务法案》（National and Community Service Act）定义，服务学习是联结学校教育与社区服务的有效方式，作为大、中、小学课业一部分，以有组织的

---

① Kenneth Cushner. Beyond Tourism: A Practical Guide To Meaningful Educational Travel [M]. The Rowman & Littlefield Publishing Group, Lanham, 2004: 16–17.

社会服务来培育学生之公民责任感。①

旅游界亦有"公益旅游"（Volunteer Tourism）的概念，指游客到欠发达地区或发展中国家从事志愿服务，它是一种新型旅游方式，是旅游市场细分下的产物，将志愿服务与旅游行为融于一体（the joining of both "volunteering" and "tourism"）。早在2001年，澳洲学者Stephen Wearing即于《公益旅游：有所贡献的经验》（*Volunteer Tourism*: *Experiences That Make a Difference*）一书中，详细探讨了这一概念。② 西方教育旅行界颇注重将服务精神融入其中，鼓励学生在享受旅途愉悦之时，不忘为当地社区良性发展做出力所能及的贡献。

美国"世界远足"（World Strides）是有着五十多年历史的教育旅行机构，设计了多个不同的游学主题，如运动、历史、语言、科技、宗教等，而其"服务与领导力"（Service & Leadership）主题下共计有26个示例项目，主要面向亚非拉发展中国家，将英语支教、环境保护等公益行动纳入游学行程。③ ACIS亦为美国学生设计了多主题的海外游学活动，如领导力之旅、语言文化之旅、科学技术之旅等，而其服务学习之旅，可让同学们亲身参与哥斯达黎加的动物保护、意大利的古迹遗址保存、西班牙的植树造林，或为中国弱势儿童送去笑容和礼物等。④

---

① National and Community Service Act of 1990 [EB/OL]. https://www.nationalservice.gov/sites/default/files/page/Service_Act_09_11_13.pdf, 2009–11–13.
② Stephen Wearing. Volunteer Tourism：Experiences that Make a Difference [M]. CABI Publishing, 2001.
③ 参见世界远足官网（https://worldstrides.com/itinerary-landing/?filter=service）。
④ 参见ACIS官网（https://acis.com/trips/service-learning）。

美国"联合教育"（United Education）面向美国高中生推广"中国义工项目"（Volunteer in China Program），表示可帮学生在享受旅途时，获得独特的志愿服务经历和相应学分，并作为亮点体现在大学申请书中。该项目将集中参访北京和成都两座城市，并在成都大熊猫繁育研究基地从事三天志愿服务（3-day Volunteer Activity at the Giant Panda Breeding Research Base），与熊猫来一次亲密接触。①

英孚游学的沉浸式服务项目（Immersive Programs + Meaningful Service Projects）与亚非拉发展中国家非营利及非政府组织合作，让学生在亲手劳动（hands-on work）中体悟异域文化，培育团队协作精神及解决问题能力，并与当地人建立情感纽带，并诙谐地称之为"让你的手沾满泥土"（Get your hands dirty，亦有"让你的手变得肮脏"，即干坏事的意思）。它还发行《服务学习影响力报告》（Service Learning Impact Report），探究这类活动的深远影响。② 英国"学习冒险"（The Learning Adventure）则配合 IB 国际文凭教育所要求的社会服务内容，在多国推广志愿服务之旅（Volunteering & Service Trip），意在激励学生成为全面发展的世界公民。③

有研究者指出，从小的方面来说，参与社会服务对学生的常规课业学习、个人人格成熟都起到促进作用，有助于形成积极健康的价值观；从大的方面来说，还能培养良好的公民意识

---

① 参见联合教育官网（http://www.unitededutravel.org/about-us/our-programs）。
② 参见英孚游学官网（https://www.eftours.com/educational-tours/collections/service-learning）。
③ 参见学习冒险官网（https://thelearningadventure.com/subjects/volunteer-sports-school-trips/volunteering-service）。

与社会责任感，督促其思考健康、贫穷、公平、正义等问题。①2020年初正式公布的《中共中央国务院关于全面加强新时代大中小学劳动教育的意见》（以下简称"《意见》"）指出：

> 学校要发挥在劳动教育中的主导作用。……组织实施好劳动周，小学低中年级以校园劳动为主，小学高年级和中学可适当走向社会、参与集中劳动，高等学校要组织学生走向社会、以校外劳动锻炼为主。
>
> 社会要发挥在劳动教育中的支持作用。……工会、共青团、妇联等群团组织以及各类公益基金会、社会福利组织要组织动员相关力量、搭建活动平台，共同支持学生深入城乡社区、福利院和公共场所等参加志愿服务，开展公益劳动，参与社区治理。②

《意见》表明，我国对劳动教育的重视程度提升至前所未有的高度，亦呼应了西方教育界提倡的"服务学习"理念，只是尚未将之与游学/研学旅行活动挂钩。

服务学习与世界公民理念相通，前者是具体行动，后者是理想目标。在面对面服务于国外弱势群体，或促进生态保护的现实场景中，青少年学生能够更清晰地认识人类社会所共同面临的贫富不均、生态恶化、文明差异与冲突等重大议题，真切意识到自己在世界上所处的位置及所肩负的责任。它有某种"直指人心"的震撼效果，远超空泛的口头说教或呆板的课堂学习。

总之，西方文化视角下，国际游学/教育旅行活动的理念可

---

① 崔海英、李玫瑾. 美国中小学教育中的服务学习及其启示[J]. 中国青年社会科学，2019（4）：128-133.

② 新华社. 中共中央国务院关于全面加强新时代大中小学劳动教育的意见[EB/OL]. http://www.gov.cn/zhengce/2020-03-26/content_5495977.htm，2020-03-26.

综合表述为"在世界大课堂中,立志做世界公民,努力成为更好的人,并通过自身行动让世界/地球变得更美好"。

三、启示

近年来,研学旅行活动的范围已从国内拓展至国外。2014年,我国教育部公布《中小学学生赴境外研学旅行活动指南(试行)》(以下简称"《指南》"),[①] 使得日渐火热的海外游学从此有了明确法规指导。《指南》中的诸多条文颇具现实意义,如第十五条,提出加强学生文明出游教育,掌握基本文明礼仪和目的地风俗禁忌等常识。一方面,这是鉴于国人走出国门后种种不文明行为有损国家形象,痛定思痛后的举措;另一方面,也相当契合西方旅游界倡导的"做一个负责任的旅行者"观念,即:自私的旅行只追求个人身心满足,容易衍生种种不良行为,而负责任的旅行会顾及自身行为对他人和环境的影响,是一种能够真正融入当地并促进当地发展的善行。

在表述国际游学的意义时,《指南》第三条指出:

> 境外研学旅行应当以加强国际理解教育,推动跨文化交流,增进学生对不同国家、不同文化的认识和理解为目的,有利于促进中小学的对外交流与合作,丰富中小学的课程内容和社会实践,增进与国外中小学学生的交流和友谊。

该说法中规中矩,指明了在世界课堂中学习的重要性,但关于学生应具有的责任感,即"世界公民"与"服务学习"意

[①] 教育部. 中小学学生赴境外研学旅行活动指南(试行)[EB/OL]. http://www.jsj.edu.cn/n4/12090/457.html,2014-07-14.

识，则付诸阙如。欧美文化向来重视从普世高度教育学生，动辄立志改变世界，看似狂妄，却颇符合中国儒家一贯奉行的"以天下为己任""为万世开太平""天下兴亡，匹夫有责"之类宏伟志向。今天，习近平总书记更顺应时势，提出"人类命运共同体"理念，既根植于优秀民族传统文化，又体现出当代中国在国际舞台上的大国胸襟与担当。

有研究者认为，全球化时代的世界主义这一观念，在中国持续对外开放、推进"一带一路"倡议、构建人类命运共同体的背景下，显得益发重要。[1]2016年9月，教育部正式发布《中国学生发展核心素养》，在"责任担当"一条下列入"国际理解"素养：

> 具有全球意识和开放的心态，了解人类文明进程和世界发展动态；能尊重世界多元文化的多样性和差异性，积极参与跨文化交流；关注人类面临的全球性挑战，理解人类命运共同体的内涵与价值等。[2]

该提法立意甚高，已相当接近世界公民概念，只是这种全球意识和人类命运共同体观念对未成年人不免过于抽象，很难从传统课堂和书本中领悟。而赴境外研学，实地感触外国文化习俗，认识世界既多元并存又共生共荣的现状，堪称培育国际理解素养的有效途径。

笔者认为，首先，关于研学旅行目标的表述宜有所提升，不应仅仅定位于实施素质教育、爱国主义教育等，还应赋予更

---

[1] 王涛.中国社会的文化多样性与教育政策探析[J].中国教育学刊，2020（3）：43-50.
[2] 核心素养研究课题组.中国学生发展核心素养[J].中国教育学刊,2016(10):1-3.

深远、广阔的意义,培养学生具备更宽宏的胸襟与视野、更强烈的责任感与使命感,以适应新世纪新时代需求;其次,研学旅行的活动形式可更加丰富,应纳入劳动教育或者说服务学习的内容,让青少年学生懂得在旅途中付出,而非只贪图感官享受、一味索取。从上文所述西方教育旅行理念中,可获得诸多启示。当前,新冠肺炎疫情重创全球的经济和社会生活,国际游学市场已陷入停滞,然而疫情所引发的民族仇恨、国家对立、闭关锁国等恶果,恰恰证明人类不同民族、国家之间仍然亟需相互理解与包容——人类探索世界的好奇心永无止境,国际交流必将重启,国际游学活动的重大现实意义是毋庸置疑的。

第二节 短期来华游学项目之类型与特色

随着我国国际吸引力与日俱增,海外青少年学生短期来华游学/夏令营项目如雨后春笋般涌现。这类项目多委托某中国大学或中学、文教机构、旅行社接待,是外国学生亲身感知中国文化和国情的主要途径,其基本特征为"亦游亦学的短期中国体验",是相当特殊的一种寓教于乐的活动。

首先,它与长期来华项目有着明显区别,如表1–3所示。

表1–3 外国学生长短期来华项目对比

	短期项目	长期项目
停留时长	多为1–2周,很少超过3周	多在一个学期/半年以上
来华目的	游学,多以短期交流、游览、语言文化沉浸式体验等为主,不以求学为目的	留学或交换,多以求学为目的

续表

	短期项目	长期项目
来华方式	以团队为主	以个人为主
成员年龄	多为未成年中学生，亦有少量大学生或小学生	多为成年大学生
成员汉语/中文背景	大多具备中文语言背景，或为华裔，或就读中文学校，或选修中文课，来华多是为了配合中文学习的某种鼓励性、奖赏性、实践性旅行	与是否具备中文语言背景关系不大

其次，它与来华旅游团亦有着明显区别，如表1-4所示。

表1-4　来华游学团与旅游团对比

	游学团	旅游团
停留时长	多为1-2周	多为1-2周
外方领队	身份多为教师，尤以华裔教师/中文教师为主	外方旅行社派出的导游人员
团队成员	学生	游客
中方带队人员	中方教师、导游或其他工作人员	中方导游，包括全陪及地陪在内
中方带队人员职责	团队管理及协调，学生衣食住行及各种意外处理，景点讲解；语言文化教学，课外活动组织等	团队管理及协调，游客衣食住行及各种意外处理，景点讲解等
活动内容	游览、学习、交流	以游览为主
住宿地点	学校宿舍及校园附设宾馆，或商务酒店	商务酒店
活动场所	校园、酒店、景区、文化场馆	酒店、景区（亦含部分已成为大众景点的文化场馆）

续表

	游学团	旅游团
停留城市（过夜）	停留 1—2 个城市较多，较少超过 3 个城市（不含距离近、可当天往返者）	多走多看，很少只停留 1—2 个城市

二者的首要区别就是前者团员身份为学生，并在大众景点观光之外，特意增添了"学习""交流"等教育性内容。

迄今，学界相关研究集中在华裔青少年夏令营的"寻根"特性与汉语夏令营的语言教学，关于来华游学项目的整体情况，尤其是不同项目类型及各自特色，尚未有人做过专门考察。笔者任职的北京华文学院，具有丰富的华裔青少年夏令营与各类来华游学团接待经验。在长期工作实践和查考大量资料基础上，笔者按经费来源途径不同，将其分为公费项目、自费项目、公费自费复合项目、互访项目四大类型，为海内外教育界同行提供借鉴。

一、公费项目

目前针对外国青少年的公费来华游学项目，主要属于国家侨务机构和国家汉办两大系统。除此之外，各地方政府、外事部门、教育机构等亦可能资助该类项目，但较为零散，缺少广泛代表性，就不再一一涉及。

（一）侨务系统华裔青少年夏令营

侨务系统内，以原国务院侨办、中国华文教育基金会、中国侨联主办的三种公费夏令营为代表（见表 1—5）。（按，"夏令营"可指"春、夏、秋、冬令营"，是一个宽泛的概括性称呼，下文不再特别说明）

表 1-5　三种代表性华裔青少年公费夏令营

主办方	品牌项目	面向对象	来华方式	开展时间	备注
国务院侨办	中国寻根之旅	12-18 岁华裔青少年	海外来华	1999-2018 年	2019 年改由侨联主办
中国华文教育基金会	中国文化行	主要为华裔青少年，亦有少量非华裔，含大、中学生	海外来华，或已在中国求学之大学生	2004 年至今	
中国侨联	亲情中华	12-18 岁华裔青少年	海外来华	2014 年至今	

国侨办为国家政府机关，已主办面向 12-18 岁海外华裔青少年的"中国寻根之旅"春夏秋冬令营长达二十年。2018 年国家机构改革，国侨办并入中央统战部，该项目由中国侨联接手。多年来，数以几十万计、一百多个国家的华裔学生参营，在办营历史、办营数量、营员人数、海外影响力、学界关注度上，"寻根之旅"皆为首屈一指的龙头品牌。[1]

中国华文教育基金会为国侨办主管下的非营利全国性公募基金会。据其官网及官方微信公众号等报道，"中国文化行"系列夏冬令营始于 2004 年，曾依照不同举办地点采用"齐鲁文化行""江苏文化行""潇湘文化行""赣文化行"等名目，自 2013 年起统一为"中国文化行"，仅冬令营仍保留"冰雪文化行"名称。

中国侨联全名为中华全国归国华侨联合会，"是由全国归侨、侨眷组成的全国性人民团体，是党和政府联系广大归侨、

---

[1] "中国寻根之旅"官方微信公众号. 今天，龙龙 20 岁了！20 周年寻根回顾 [EB/OL]. https://mp.weixin.qq.com/s/eklaSyzd4LgwCUGaBY0sog, 2019-02-04.

侨眷和海外侨胞的桥梁和纽带"。[①] 据侨联官网资料，"亲情中华"是中国侨联 2008 年启动的综合性品牌活动，包含慰侨演出、中医名家海外行、世界华侨华人美术书法展及摄影展等多个子项目。而夏令营作为子项目之一，始于 2014 年，最初名为"亲情中华·汉语桥"，是侨联与汉办的合作项目，面向 14-18 岁海外华裔；后来又发展出多种夏冬令营，亦不只限于与汉办合作，营员年龄也放宽至 12-18 岁。2019 年侨联接手"寻根之旅"后，因与"亲情中华"办营对象重合，出现了合二为一的趋势。

严格说来，华文教育基金会与侨联并非政府机构，但在中国特色语境下，二者均带有明显官方色彩。以上三种公费营有许多共同点为。在项目性质上，主办方皆属于官方背景的侨务机构或组织，是国家侨务工作实践的一种形式。办营对象均主要为海外（有时亦含港澳台）华裔青少年，以加深他们对祖籍国的深入了解和民族文化认同为宗旨。办营方式均为邀请海外华裔学生来华参营 10—20 天。承办方均为各地方侨办、侨联、侨校或其他大中院校等文教单位。在各自品牌下，公费营又冠以多种专题营名称，如舞蹈营、功夫营、书画营、国学营、地域民俗营、"一带一路"营、冰雪文化营等，活动安排融合了课堂学习、参观考察、访问交流等多元内容。

除上述品牌项目外，国侨办还曾于 2004—2017 年举办 14 期"领养中国儿童外国家庭夏令营"，每期 1 周左右，惠及约

[①] 中国侨联简况 [EB/OL]. http://www.chinaql.org/n1/2018/0622/c419629-30075909.html,2018-06-22.

500个家庭、1400多位海外父母和孩子。[①]

（二）汉办/孔子学院系统汉语夏令营

国家汉办是中国教育部直属事业单位、全球汉语教学和中华文化的推广机构。孔子学院是非营利性教育机构，总部设在国家汉办。通常提到国家汉办，即指孔子学院总部，二者是两位一体的关系。

在短期来华项目上，汉办/孔子学院有两大品牌活动："汉语考试夏令营"（或称"HSK夏令营"）与"汉语桥夏令营"。据汉办官网及孔子学院官方微信公众号，前者始于2008年，凡在海外参加孔子学院汉语水平考试（HSK）的考生均可申请，并不特意限制年龄，参营者多为大、中学生，且来华后侧重汉语课堂学习，会额外得到一次HSK考试机会。后者始于2006年，其内容更为活泼、多元，最初仅面向海外14—18岁中学生，后来亦拓展至大学生群体，至今已吸引70多个国家的2万多学生参加。其中，与英国政府"中文培优项目"（Mandarin Excellence Programme）合作的"汉语桥——英国培优项目来华夏令营"颇惹人注目，孔子学院总部和英国文化教育协会共同负责该营在华安排，仅2019年暑期就有近850名来自英国公立学校的初中生，在北京、上海、成都、济南、西安、沈阳、昆明等地十所高校展开了丰富活动，如用中文采访中国民众，加入广场舞与当地人同乐，与中国同龄人结伴游玩，观摩中式烹饪，全套滇剧装扮舞台走秀，等等。[②]

[①] 世界花 中国根——"2017年领养中国儿童外国家庭夏令营"中国家庭交流日活动[EB/OL]. http://www.eshttc.cn/news/2017711/n14892340.html, 2017-07-11.

[②] 孔子学院. 谱写中外教育交流新篇章，"汉语桥"夏令营精彩纷呈[EB/OL]. http://bridge.chinese.cn/article/2019-07/21/content_780870.htm, 2019-07-21.

此外，汉办还与各地高校合作，举办具有地域色彩的汉语夏令营，树立了一些地方品牌，如与北京外国语大学合办的"你和我·在北京"系列，与湖南师范大学合办的"华夏·潇湘之旅"系列，等等。①

同样作为公费项目，面向华裔青少年与面向孔子学院学生的两种夏令营有明显区别，见表1-6。

表1-6 华裔青少年夏令营与汉语夏令营对比

	华裔夏令营	汉语夏令营
主办方	国家侨务机构/组织	国家汉办/孔子学院总部
承办方/接待方	各地侨办、侨联、侨校，或其他指定之学校、文教机构等	汉办指定之学校、文教机构等
生源国家/机构	由多国营员组成的情形较普遍，亦可能由来自某国的不同组团单位组成；来自单一国家单一学校/机构的情况较少	由单一国家和地区营员组成的情形较普遍，可来自多所孔子学院
报名来华方式	海外各地中文学校、华人社团等组织报名，并派出领队带学生来华	海外各地孔子学院组织报名，并派出领队带学生来华
营员身份	华裔（含部分华裔血统的混血），一般限制非华裔参加	华裔与非华裔，一般有孔子学院学习及HSK考试经历
营员年龄	以12-18岁中学生为主	以大、中学生为主
办营主题	寻根问祖	汉语学习

（三）公费项目之特色

---

① 参见：北京外国语大学官网. 第十一届"你和我·在北京"北外夏令营开营[EB/OL]. https://oci.bfsu.edu.cn/info/1130/4235.htm，2018-07-20；湖南师范大学官网. "华夏·潇湘之旅" 2018美国南犹他大学孔子学院中国文化夏令营在我校开营[EB/OL]. http://www.hunnu.edu.cn/info/1012/3268.htm，2018-07-12.

公费项目最大特色是它的官方背景,在这一背景加持下,其物质资源和人力资源均受到充分保障,通常解决参与者在华食宿及集体活动的各类开销,但不包括来华往返旅费。外国学生还有机会享受到诸多贵宾待遇,如在人民大会堂受国家领导人接见[1],在某些城市由当地政府官员全程陪同、电视台跟踪拍摄,出席高规格文教活动和宴请活动,参访不向公众开放的特殊单位,与公立大中院校学生展开深入交流,有大量中国学生志愿者辅助服务,等等[2]。官方背景可保证公费项目的公信力和活动实施的正规性。主办方对各承办方有遴选和督导之权,可指定设施完备、师资优良的接待单位,并制定最低接待标准,即使接待方工作有所疏失,仍可保证广大学生的基本体验。

习近平总书记曾在中国人民对外友好协会成立60周年纪念活动上指出:

> 要重视公共外交,广泛参加国际非政府组织的活动,传播好中国声音,讲好中国故事,向世界展现一个真实的中国、立体的中国、全面的中国。[3]

就此而言,公费项目也肩负着展开公共外交和民间外交、

---

[1] 新华社.“中国寻根之旅”夏令营开营 习近平出席并讲话[EB/OL]. http://www.gov.cn/ldhd/2010-07/25/content_1663626.htm, 2010-07-25.
[2] 如,2016年湖南师范大学"华夏·潇湘之旅"孔子学院夏令营,在俄罗斯、美国、韩国三个分营中,营员与志愿者人数比例分别为2:1、1:1.8、1.4:1。亦即,在志愿者最少的俄罗斯营中,每位志愿者服务两位营员;而志愿者最多的美国营中,将近每两位志愿者服务一位营员。这种近乎奢侈的人力资源投入,只可能发生在公费项目中。参见:曾雅骥.体验式教学法在来华短期夏令营文化教学中的应用分析[D].湖南师范大学,2018: 34.
[3] 习近平.在中国国际友好大会暨中国人民对外友好协会成立60周年纪念活动上的讲话[EB/OL]. http://www.xinhuanet.com/politics/2014-05/15/c_1110712488.htm, 2014-05-15.

实施国家"大统战"和"大外宣"战略等重大使命。有学者即将"中国寻根之旅"视为一种"侨务公共外交"的有效模式。[①] 这类项目通过丰厚资助，吸引那些对中国感兴趣（甚或不感兴趣）的外国青少年来华实地走访，亲身感受生机勃勃、飞速发展的中国社会，亲眼见证真实、立体、全面的中国形象。虽然许多人是带着"玩儿"或"旅游"目的参营，但主办方往往对他们抱有更深远期待，比如：期待华裔学生能"常回家看看"，加强对祖籍国的认同和情感纽带；期待非华裔学生能加强汉语文化学习，成为"知华、友华、爱华"的国际友好人士等。

二、自费项目

自费项目并无一定之规，呈现形式多样、百花齐放的态势。

（一）自费项目案例

以北京华文学院为例，仅2018年和2019年，就接待了菲律宾光启学校春季游学班、日本神户中华同文学校游学团、英国阿宾顿中学中国之行游学团、法国荣誉勋位女校汉语短训班、荷兰莱顿中学游学团、美国华盛顿国际学校中国夏令营、北美青少年联合会完美中国夏令营、澳大利亚北京-上海汉语游学团等亚、欧、北美、大洋洲的四五十个自费团队。它们大多由外方学校与华文学院直接商定，少数通过中介机构介绍促成；其学生通常来自海外主流学校，曾学习中文课程；多在中国停留1—2周，行程不拘一格，或偏重游览交流，或偏重汉语学习，或游、学并重。

[①] 林逢春.建构主义视野下的侨务公共外交——基于华裔青少年"中国寻根之旅"夏令营的效果评估[J].东南亚研究，2015（6）：72-78.

国际游学市场充满商机,诸多跨国教育和旅行机构早已应时而动。如总部设在墨尔本的"旅行邦"(Travelbound),号称全球最大的学校旅行公司(school travel company),主营澳洲学校海外游学业务,开发了语言、文化、商贸、历史经典、地理科学、音乐表演、文学艺术七大主题游。30年来,每年协助上万名澳洲学生到访世界各地。它的代表性中国游学项目(Educational School Trips to China)为9—13天的上海、杭州、西安、北京之旅,含各地最精华景点、高铁及卧铺列车体验、文化课、功夫演出等,并可配合澳方学校原有的中方姊妹校参访、交换计划。①

总部设在英国伦敦,在美国波士顿、中国上海皆有分部的"龙之旅"(The Dragon Trip)公司,除常规旅游业务外,也针对欧美大学和中学开展赴亚欧多国的"学习冒险之旅"(The Learning Adventure),中国是其首选目的地。从前期策划至实际出行,该公司提供签证、航班、食宿、导游、保险、紧急救援等一站式打包服务。②

"世界教育旅行"(Educational World Tours,EWT)总部位于加拿大,在英美皆设有分部,其游学业务始于2002年。它坚信旅行对教育至关重要,任何教室之外的远足活动都是学生生涯的亮点。它以"安全与舒适"(safety and comfort)为理念,精心为高中、大学及其他教育机构策划海外游学,做好行前咨询、途中辅助、后续跟踪等全程服务。在内容上,将游学业务

---

① 参见旅行邦官网(https://travelboundeducation.com.au/)。
② The Learning Adventure Brochure [EB/OL]. https://thelearningadventure.com/wp-content/uploads/2018/11/The-Learning-Adventure-Brochure.pdf.

细化为音乐、运动、语言、领导力、历史、艺术、表演等主题游。目的地侧重美加,亦延展至世界多国。它的中国之旅示例行程（Sample Tour: China Tour）为期14天,始于上海,终于北京,途经苏州、武汉、重庆、西安等城市,其中武汉至重庆段为长江游轮三日体验。2018年,EWT并入旗下拥有多家文化旅行公司的"海外冒险集团"（Adventures Abroad Group）,从此可获得来自集团伙伴的更多支持。①

又如,位于美国硅谷的"SLB美中教育"（Sino Language & Beyond,初期称"华语之桥"）,自2003年起致力于推动中美两国青少年和教育界的语言、文化交流,是美国教委联合会（AASA）中国合作伙伴,全美中小学教育协会、加州语言教育协会会员。十几年来,为近百所美国中学（以高中为主）量身定做中国之旅,足迹遍及北京、上海、西安、成都、桂林、昆明、拉萨等多个历史文化名城。② 据负责人于娜女士向笔者介绍,其中国游学团多为10—20天,"绝非一般的观光旅游",坚持"以人为本",关注美国未成年学生在衣食住行、学习、游览、安全、健康等多方面的文化差异挑战和切身感受,其显著特色是,重视中美同龄人交流,在参访的每个城市均安排与当地学生互动,或从事社区服务、给小学生上公益英语课,或走进同龄人课堂、同学同玩,甚至住进小伙伴家里,即"住家/寄宿"（home stay）活动,以获得最深入的中国体验。

国内某些涉外旅行社与汉语教学机构也积极进入此市场。如拥有中国最早全英文旅游网站之一的"中国导游"（Travel

---

① 参见EWT官网（http://www.eduworldtours.com）。
② 参见SLB官网（http://sinolanguage.org）。

China Guide）旅行社，总部设在西安，20多年来专注于外国来华旅游团和散客服务，近年更推出"中国游学"（China Student Tours）专项业务，含15个不同主题、6—14天不等的特色路线，如文化学习之旅、古都探索之旅、熊猫故乡之旅、民族风情之旅等，并接受按需定制。①

思道睿汉语学校（That's Mandarin）在上海、北京、深圳三地设有校区，自2008年起开展来华游学业务。典型项目是一周内的某一特定城市体验，以"学习、游玩和探索"（Learn, Play & Explore）为主题，亦可遵照外方要求，提供不同时长、地点与内容的定制服务，如密集式汉语培训或多城市观光。②

（二）自费项目特色及其与公费项目之对比

自费项目参与人群以中学生为主，尤其集中在初中高年级与高中低年级段，而小学生、大学生均不常见。小学生因年龄尚幼，独立生活能力较弱，无父母陪伴的跨国旅行风险过高。而大学生作为成人，随时可自己来华，且不难申请到奖学金到中国高校交换更长时间，故而并不太青睐自费访华团。此外，因旅行成本偏高，自费项目较受欧美澳发达国家的主流学校欢迎，而亚非拉发展中国家及海外华裔学生都更倾向于参加公费项目。

自费游学团与公费夏令营对比情况见表1-7。

表1-7 自费游学团与公费夏令营之对比

	公费夏令营	自费游学团
项目性质	官方性质，公益性、教育性	民间性质，教育性

① 参见中国导游官网（https://www.travelchinaguide.com/group/student）。
② 参见思道睿游学官网（https://www.chinaschooltrip.com）。

续表

	公费夏令营	自费游学团
团队规模	较大，多在30人以上，不乏百人以上的大团	较小，多控制在30人以内
行程设计	主办方制定，或主办方委托承办方/接待方代为制定	按需定制
报名途径	多国、多地的各组团单位分别报名	由国外学校统一组织报名
学生来源	世界范围内的多国、多地、多校学生	欧美澳发达国家的学校学生；多为同校同级、同班或中文选修课学生
外方领队身份	组团单位工作人员，或中文学校、孔子学院教师，或学生家长等，以华人、非专职教师居多	学校中文教师或其他任课教师、校方负责人。一般至少有一位熟悉中国情况的华人教师随队
学生身份	侨务系统以华裔为主，汉办系统偏重非华裔	多为非华裔
学生年龄	彼此差距较大，多为12-20岁	多为同一年龄段，尤其集中在14-16岁
学生汉语水平	彼此差距较大，但大多有一定基础	彼此相差无几，且多为初级水平，缺乏日常交流能力
外方领队与学生熟悉程度	大多不太熟悉	大多熟悉
学生之间熟悉程度	大多不太熟悉	大多熟悉

表1-7乃依据多种文献资料、网络资讯，并对照笔者工作实践整理归纳而成，大致符合多数情况，是一个不甚精确但有参考意义的概括性描述。

平心论之，公费与自费项目各有所长，并无绝对的优劣高下之分。公费项目的优势有目共睹，学生自己几乎不用花多少钱，即可来华学习和游览，并有机会认识其他国家的朋友，无疑令人怦然心动，但因偏重官方宣传效果，惯于以规模取胜，导致成员复杂的中型、大型团队较多，在具体操作和管理层面存在着若干漏洞。例如，2019年"寻根之旅"冰雪文化冬令营，120多位华裔营员分别来自五大洲的印尼、南非、巴西、西班牙、新西兰、澳大利亚六国，年龄12—18岁不等。[①]这对营员来说不啻一场多元文化盛宴，却给管理/接待方带来严峻挑战，分班授课不理想，集体出游、在外用餐尤为不便，经常有同学找不到自己所属的巴士、自己国家的队伍，甚者仿佛无头苍蝇般乱撞，从而损害其切身体验。

　　自费项目固然所费不菲，也欠缺认识多国朋友的机会，但个人感受并不逊色。毕竟，公费项目属于"卖方市场"，行程安排由主办方或承办方制定，很少迁就外方师生意愿。如华裔青少年寻根夏令营的整体设计充满教育性，却不免忽略了未成年人爱吃爱玩的天性，营员多反映"上课太多，游览太少"等问题。而自费项目则属于"买方市场""私人订制"，外方师生相当于付费客户，本着"顾客就是上帝"的原则，有权提出任何合理要求。再者，自费项目常见的"精品小团"模式，也便于中外教师照顾到每一位同学，接待方亦须不断提高各项细节服务质量，否则容易导致客户流失。然而，因无官方机构"护航"，海外学校须自行通过中介教育机构、旅行社等渠道来华，

---

① 北京华文学院官网.2019年"寻根之旅"冬令营——北京华文学院营（冰雪文化2营）在我院闭营[EB/OL]. http://www.bjhwxy.com/detail_4044.html,2020-01-02.

若运气不好,可能遇到"被坑"的情况。

【案例1-1】不同的接待方:旅行社与学校[①]

法国巴黎东郊的ECST学校中文班学生来京游学,第一年由某旅行社接待。前面几天游览还好,最后送机之前,北京导游向师生们索要小费,虽谈不上用威胁的口气,仍令法国校长和华裔领队感到不快。她们由于忧心耽误送机,勉强给了导游和司机师傅小费,却对旅行社印象恶劣。第二年来京,该校不再委托旅行社,改由北京华文学院接待,体验甚佳,华裔领队还跟中方接待教师(笔者)成为朋友。后来,华文学院出访巴黎宣传招生,ECST学校给予热情接待,双方领导相谈甚欢,遂建立起长期合作关系。

三、公费自费复合项目

虽然大体上有公费、自费之别,但现实情况极为复杂,并不能截然区分二者界限,而难免出现"你中有我,我中有你"的情形。

(一)部分公费,部分自费

如在"中国寻根之旅"主办方办营文件中,明确规定资助额度为每人每天300—350元,同时鼓励地方上给予配套资金支持。[②] 而各地办营成本不一、资助来源不一,常出现某地资金充裕、某地捉襟见肘的情况。当公费资助有限时,为保证活动顺利进行,向营员收取少量费用不失为变通方法。例如,首都北

---

① 按,本书所举之各种小案例,均为笔者亲身经历或发生在身边的事件。其中隐去了一些私人信息,在某些细节上亦稍作处理。特此说明。

② 中国侨联办公厅. 中国侨联办公厅关于做好2019年"中国寻根之旅"夏令营申报和筹备工作的通知[S]. 中侨厅函[2019]74号, 2019.

京一直是热门办营地点,但有时北京的承办单位仅能从中央拿到资助,缺少来自地方的配套经费,加之食宿与人力成本皆较高,每每造成经费紧张,不得不适当收费。

纵然在经费充足时,外方亦可能自发延长行程。考虑到长途航班、机票费用、签证办理、组织一趟集体跨国旅行的种种琐碎事务等,适当自费增加停留时间可充分利用难得的来华机遇,在控制成本的前提下有效提升体验。如北京华文学院承办的 2019 年"寻根之旅"金秋文化营历时十天,学生来自四所泰国学校,而其中的清迈王子学校团在闭营后又多停留了四天,即属于自费性质。①

另外,某校率学生参加公费营时,可能还有自己的游学计划。比如闭营后继续赴其他城市参访交流,或提早几天抵达,先自行活动,等开营时再前去报到。如 2019 年美国 C&T 青少年科技学院 YBB(Youth Building Bridges)华裔学生团,即先赴福建周宁开展"青少年同在蓝天下暨暑期教育"公益活动,再赶往武夷学院参加寻根夏令营。②

(二)对中方而言是自费,对外方而言是公费

当某国外学校实施中国之旅时,可能会受校方、当地政府或基金会资助,对学生而言是公费,从中方角度看则为自费。如 2018 年访问北京的英国爱丁堡学生团,20 位同学来自爱丁堡三所当地中学,大多为十四五岁,均曾在各自学校选修中文

---

① 北京华文学院官网. 2019 年"寻根之旅"秋令营——北京华文学院营(金秋文化 1 营)在我院开营 [EB/OL]. http://www.bjhwxy.com/detail_3955.html,2019-10-24.

② 中国侨联官网. 2019 年"寻根之旅"夏令营——福建武夷学院营纪实 [EB/OL]. http://www.chinaql.org/n1/2019/0731/c429045-31267949.html,2019-07-31.

课程，而其课程均属于太古集团中国语言中心（Swire Chinese Language Centre, Edinburgh），此次北京游学即受太古中文教育基金资助。①

当外方资助力度有限时，学生亦可能需自缴部分费用。如2017年至2019年连续三年访华的西悉尼大学学生团，前两年受澳洲著名侨领林锦姗女士捐赠的"澳中文化之桥"（Australia-China Bridging Culture）基金资助，第三年则受澳洲政府"新科伦坡计划"（New Colombo Plan）资助，该计划通过帮助澳洲大学本科生在印度洋-太平洋地区学习或实习，提升他们对该区域的理解。据澳方领队李永清老师介绍，因每年资助额度固定，若报名人数超标，则学生需分摊超出费用。②（注：这三个团队均由北京华文学院接待，笔者为中方主管教师。）

又如，菲律宾著名侨领陈永栽先生，每年资助数百名当地华裔青少年到福建参加"菲律宾华裔学生学中文夏令营"，已坚持近二十年，惠及一万多名营员。③这与中国官方主办的公费项目亦存在明显区别。

四、互访项目

在公费、自费范畴之外，另有一类与众不同的"姊妹校"互访项目，它们并无来自中外官方或民间的资助，但也无须学生全程自费，而是通过"礼尚往来、投桃报李"的互访形式降

---

① 北京华文学院官网. 2018 英国爱丁堡中学生北京之旅圆满结束 [EB/OL]. http://www.bjhwxy.com/detail_3579.html, 2018-10-23.
② 北京华文学院官网. 2019 西悉尼大学 NCP 项目在我院圆满结束 [EB/OL]. http://www.bjhwxy.com/detail_4030.html, 2019-12-18.
③ 华侨大学官网. 2019 年菲律宾华裔学生学中文夏令营在华侨大学开营 [EB/OL]. https://www.hqu.edu.cn/info/1067/84589.htm, 2019-04-01.

低成本。

（一）姊妹校互访案例

如法国巴黎圣泰文教学校（ECST）两年一度的访华项目，分别于2014年、2016年、2018年到访上海，由其姊妹校上海工商外国语学校招待。在上海一周的吃、住、行、学习、参观等，均由上海校方及寄宿家庭负责，活动内容包括与法语班同学结成语伴、参加该校运动会及学生社团活动、集体参访名胜古迹、随各寄宿家庭出游等。而上海师生于2015年、2017年、2019年访法时，则由法国校方负责相应事宜。双方互有默契，以诚相待，以低成本保证了双方学生的绝佳体验。此外，ECST中国之旅亦停留北京4天，这几天即需学生自费。①

又如英国嘉德中学（Calday Grange Grammar School）的访华项目，北京4天为自费，其余7天则由杭州外国语学校免费招待，在该校学生陪伴下开展学习、竞赛、寄宿等活动，并赴上海等地游览。而杭州校方学生赴英时，则由嘉德中学招待，并安排入住英国学生家庭10天。②（注：这两个团队北京段均由北京华文学院接待，笔者为中方主管教师）

（二）互访项目特色及优势

姊妹校互访兼具公费与自费项目的诸多优势，亦有效避免了其缺憾，是极具前景的游学模式。

---

① 上海工商外国语学校官网．法国圣泰文教校来访系列报道 [EB/OL]. http://www.sgsw.edu.cn/2016/1028/c17a2920/page.htm, 2016-10-28；部分信息来源于该校中文领队李虹老师的介绍。
② 杭州外国语学校官网．英国嘉德中学师生团来访我校 [EB/OL]. http://www.chinahw.net/web/index.php/index/popshow/moid/9/tiid/11887/soid/73, 2018-11-14；部分信息来源于该校中文领队甘为老师的介绍。

首先，大大降低了跨国旅行成本。在本地招待外国友人所费不多，却可以换来以后的对等接待。

其次，体验极佳。由于互为主客、互惠互利，中外双方皆尽心尽力地给予对方盛情款待。加之当地同龄朋友的陪伴及入住小伙伴家庭的宝贵经历，其深度文化体验和亲密情感交流，远远胜过了浮光掠影式的纯观光旅游。

最后，便于双方学校和师生之间建立长期、稳固的合作与交流。尽管在公费夏令营中，营员可结识来自世界各地的朋友，但这种跨国友谊更像萍水相逢，一旦闭营后就难以为继。而有来有往的互访项目，让中外学生不仅有再见面的机会，还能通过笔友等形式保持长期联络，亦即，短暂的访华之旅结束后，仍可对参与者产生持久影响，让他们对中国的感情、对中国语言和文化的兴趣不断发酵，历久弥新。

该类项目性价比最高，难点在于如何与当地学校建立联络，如何保证固定互访，如何探索一整套完善的校际交流模式等。国际游学市场上，已有机构瞄准了这方面商机。如总部设在英国利物浦、亦有上海分部的"真实教育公司"（True Education Partnership），自2011年起，便致力于为英国学校策划中国之旅及姊妹校互访。首席执行官Camilleri先生读9年级时曾参加过一次中国游学团，从而改变了其人生轨迹。该公司可代办签证及全程出行事宜，并可为参访中国学校及建立姊妹校关系牵线搭桥，融合了教育机构与旅行社的双重功能。①

英国"同一世界教育"（One World Education）拥有全球上千所中小学的关系网，在欧、美、大洋洲和中国之间实施多国

---

① 参见真实教育官网（https://www.trueeducationpartnerships.com）。

姊妹校参访项目（Sister School Visit），并与"全球青少年大使计划"（Global Youth Ambassador Project）相结合，即学生在本地作为"青少年大使"招待来访的姊妹校同学，将来出访时亦由当地姊妹校同龄人接待。①

总部位于美国北加州、亦有中国苏州分部的"联合教育"（United Education），多年来致力于中美教育交流，尤以中美姊妹校项目最具特色。它帮助诸多学校确立了长期的友谊关系，通过年度或每两年互访、校内学习、校外参访、寄宿等形式，让同学们享受一段国际同龄人陪伴下的精彩旅程。②

然而，正式跨国姊妹校关系的确立并非易事，完全由当地姊妹校招待的情形亦不多见。更常见的是，在参访某校、某机构时，因双方已有合作关系，故可享受某种优惠待遇。如2016—2018年连续三年来华的美国华盛顿国际学校（Washington International School）中国夏令营，在赴西安参访兵马俑时，因该校与秦始皇帝陵博物院建立了互访合作，不但可免去不菲的门票，还能参加对方精心准备的秦俑模型修复课程，这是普通游客难以享受到的特殊礼遇。③

五、思考

有研究者将日本修学旅行划分为四种类型：政府部门主导型、姊妹学校联盟型、专业机构监督型、新闻媒介配合型。④ 前

---

① 参见同一世界教育官网（https://www.oneworldeducationuk.org）。
② 参见联合教育官网（http://www.unitededutravel.org/about-us/our-programs）。
③ 北京华文学院官网.2018年美国华盛顿学生中国之旅在我院顺利结业[EB/OL]. http://www.bjhwxy.com/detail_3514.html,2018-07-03.
④ 王鹤琴,等.日本修学旅行的典型模式及经验启示[N].中国旅游报,2019-06-11（03）.

两种与本文所述公费、互访项目略有相似之处，只是其分类标准并非经费来源。笔者的分类尝试可涵盖目前大部分情况，但仍难免有所遗漏。这几大类型之间也并非泾渭分明，而是互有交叉。若考察角度不同，亦可采取其他分类标准，如按项目策划方，可分为中方策划、外方策划项目，或校方策划、教育机构策划、旅行社策划项目等；按学生年龄，可分为大学生、中学生、小学生项目等；按内容主题，可分为汉语培训、文化体验、城市观光项目等。无论何种类型，无论行程如何千变万化，却总在"既游且学"的框架之内。

在中国日益走近世界舞台中央的宏伟时代背景下，短期来华游学活动前景广阔，堪称阳光产业。近几年，"走出去"的中国学生境外研学已逐渐建立起行业规范，而"请进来""走进来"的外国学生游学市场，却在热闹红火的表象之下，既缺乏行业标准，也缺乏专业管理人员，亟待加以规范。

综观近年这类活动的实施情况，笔者发现这类活动尚存在较大改进空间。官方公费项目在充分发挥"官办"优势之余，宜虚心向自费定制、精品小团项目学习，更多关注学生个人意愿及其真实感受，在设计理念、管理服务上多下功夫，且不能满足于活动成效宣传，而应对实施过程进行客观评估，并利用强大资源，展开后期跟踪调查与研究。民间自费项目既需不断提升游学产品性价比，让参与者每一分花费都物超所值，还应积极探索与官方进行合作的可能性及途径。正如教育学者针对研学旅行发展前景所指出的那样，"公私合作"模式能够实现多行业、部门和领域的资源整合与优势互补，达到利益分享、成本分担与风险化解等目的。[①] 该种双赢合作模式在国际游学活动中亦大有可为。

期待教育界、旅游界、学术界广大同仁进一步关注此类项目，亦期待更多官方、民间机构和组织加入到该领域，为国外学生提供更多来华机遇，为增强中国软实力做出贡献。

六、附录：人物访谈

（一）访谈一：美国SLB 于娜女士

"SLB美中教育"负责人于娜女士曾作为中国旅美科技协会硅谷分会理事长，率2017年"华文教育·教育交流"美国教育访华团来京，由北京华文学院接待，笔者为中方带队教师。笔者对SLB的游学项目很感兴趣，就此对于娜女士进行了访谈，问答内容如下。

笔者：能否介绍一下SLB美国学生来华游学项目特色？

于：我们项目的特色有如下三方面。

1. 顾客即上帝，一切以顾客需求为导向，每个项目都是量身定制，包括时间/长度/地点/内容。

2. 对未成年人充满关爱和同理心，不把他们当作成人游客。

3. 游学并重，让学生在中国期间得到在本国中文课程中较难获得的对于中华文化的切身体验。

笔者：在服务细节方面，能否举几个具体例子？

[①] 田晓伟、张凌洋.研学旅行服务发展中的公私合作治理探析[J].中国教育学刊，2018（5）：46–50.

于：

1. 出发前

协助美国合作学校的校内推广，包括中国项目介绍会，制作飞页和海报等；从学校开始招募参加者至正式出发，随时为老师和家长提供咨询、优化行程；出发前介绍会上，建立微信群，指导美国师生与家长使用微信；为参加的师生代办中国签证；遇有学生存在食物过敏，甚至要打过敏针的情况，则提前与家长进行反复沟通，以确保万无一失。

2. 游览中

为领队老师解决手机网络问题；保证在美国的学校和家长随时可找到学生，中方全陪和导游24小时贴身服务；遇有风沙、雾霾天，贴心准备口罩；每日瓶装水无限量供应；在团队规模较大（如25人以上）且有必要时，派出美方全陪领队；大多情况下，中方全陪从接机到送机全程保障，中方接待旅行社和交流学校皆为值得信任的长期合作单位；导游讲解词针对美国学生做相应调整，加强互动和趣味性；全程追踪学生健康状况，对有需要的学生随时送医院治疗并专人陪同和协助；若有意外，临时调整行程来保证学生的健康和安全。

3. 结束后

结束后为每个团体制作视频，记录中国之旅的精彩瞬间；个性化贴心服务，协助有需要的家长订购机票，使之可以和孩子在游学结束后顺利在中国会合，继续其下一站的家庭旅行（如赴日本）。

笔者：除了常规景点参访，美国学生在中国还有哪些特殊体验？

于：注重同龄人交流（interpersonal interaction），保证一个城市参访一所学校；有时会寄宿当地家庭2—3个晚上，但要看情况，超过十天才可安排，若在华行程太短则无法实现。为了让学生能获得homestay的最佳体验，提前让双方学生通信/通话，互相认识，并应美方需求，协调中美学生在游学开始前或结束后的笔友活动，或微信平台上的中文交流，持续帮助学生获得语言能力的提高和文化的深度理解。

（二）访谈二：**法国ECST学校李虹老师**

巴黎东郊的ECST学校（European Campus Sainte-Therese）是一所拥有50年历史的私立学校，含幼儿园、小学、初中和高中，现有约1800名3岁至18岁的在校生。该校从2005年开始，向学有余力的优秀初二学生推介中文选修课。目前初二至高三每年级有一个中文班，总计约140个学生在学习中文。中文部负责人李虹老师曾于2016年10月和2018年10月两次带该校学生来我院游学。笔者对李虹老师进行了访谈，问答内容如下。

笔者：带领学生到中国，有哪些需要注意之处？

李：我们事先都开家长会，告诉大家有关纪律和学生旅行必备物，另外我也会给学生打"预防针"，提醒注意文化差异。我很有福气，每次校长都来，有她在，我心里压力小多了。我的学生们大都很听话，我

47

在北京把他们分成小组，指定组长，自由行动时以小组为单位，在上海时就跟着结成对子的上海同学。

笔者：听说在上海的交流活动非常富有特色，能否简单介绍一下？

李：上海的姐妹学校叫上海市工商外国语学校，我们两校领导都非常真诚、重视、务实。自2013年建立合作关系以来，我校师生已经于2014年、2016年、2018年三次去上海，上海姐妹学校师生也于2015年、2017年、2019年三次来我校。两校师生在学习安排、出行参观、文化习俗、家庭生活等许多方面，互相对对方国家有了进一步的认识和了解。我的学生们及其家长无一例外都特别喜欢并感谢这样的交流。我们学生参加游学活动是完全自费的，但在上海的吃住行以及参观等均由上海姐妹学校或者学生接待家庭负责。上海姐妹学校师生来法国时，吃住行以及参观均由我方负责。

在上海一周左右，学生都分别住在上海姐妹学校的学生家里。上海姐妹学校平日安排的外出是集体活动，周末我们学生会同中国家庭一起出去游玩、购物、参观。有学生跟中国家庭去杭州，有学生跟中国家庭参加婚礼，还有学生与中国同学一起互约外出游玩。上海方面每次做得都很好，而且不重复，他们从校领导到具体负责的老师，做事都很稳妥，认真仔细，令人舒心。除了我们和上海姐妹学校的互相交流，上海市工商外国语学校还举办夏令营，已经很多年了，邀请十来所国外姐妹学校参加，一个学校最多5个学生1位老师，我校已经参加了3次，师生都非常喜欢。

笔者：如何给法国学生更好的体验？

李：鼓励学生多看多听多问，了解不同，接受差异，思考理解。在北京和上海，我都让学生加入广场舞等公园文体活动，他们特别喜欢，这种活动朝气活泼、随和随性，不受场地条件限制，在法国很难见到。日常生活中的事情平实简单，但生动温馨，有时比说教宣传更打动人心。学生去买小纪念品，我鼓励他们用中文说，告诉他们有些地方可以讨价还价。很多学生在旅行结束时都不想回法国了。

笔者：法国学生在中国遇到哪些挑战？感受到哪些文化差异？

李：我们的安排学生们都还喜欢吧，没有反馈什么不好的信息。文化差异肯定有，但我之前就提醒他们，就是因为不一样才要去看、去听、去想。他们对中式早餐不太习惯，法国人喜欢吃甜的，面包、黄油、果酱；对午饭和晚饭感觉还好。

笔者：在汉语课之外，贵校会举办哪些中华文化活动？

李：每年中国新年，我校初中和高中都一起庆祝。学生介绍在北京、上海的见闻，有唱中文歌曲、舞龙、跳竹竿舞、中国书画竞赛、赛旱龙舟、踢毽子、筷子比赛、剪纸、折纸、挂吉祥字、武术表演、中国电影、发红包（内装大白兔奶糖、旺旺雪饼、幸运饼等）等各种各样的活动。学生们都很喜欢，学习汉语的积极性比以前更高。

第三节　亦游亦学：个人意义与社会意义

一、多视角下的个人意义与社会意义

游学活动，尤其是跨国游学，对于青少年学生到底有何意义？上文在介绍西方教育旅行的理念时，已有所涉及。本节将参考古今中外名家相关论述，试作进一步阐释。

（一）古人观点

2015年，国家旅游局综合司、国家信息中心旅游规划研究中心、凤凰网联合进行了一次饶有趣味的"中华五千年旅游先贤"评选，由7万名网友票选出最具知名度的"古代旅游达人"。最终，孔子居榜首，李时珍、孟子分列第二、第三位，徐霞客、李白、老子、玄奘、陶渊明、郑和、杜甫紧随其后，均位居前十。石培华教授发表评论称，此次评选是探寻中国人的旅游基因、传播五千年的正能量。他说：

> 孔子东游列国、张骞开辟丝绸之路、玄奘西天取经、李白诗篇走天下、徐霞客游记、郑和下西洋……历代的先贤伟人，无不在旅游中感悟天道、修身检行，先贤们在旅游过程中启迪思想、升华精神，留下无数经典传世佳作。先祖们从远古走来，走出来的不仅是旅游经历，也走出百家争鸣的思想，走出流传千古的诗词名著，走出繁荣昌盛的民族文化，走出了举

世仰慕的名胜经典和艺术华章，共同描绘中华文明的丰碑。①

该评选虽略显牵强，却反映了古人为理念而游、为信仰而游、为学问而游、为诗文而游、为山水而游、为政治而游等多种游历类型。

古人论"游学"，最被后人所熟知的是一句"读万卷书，行万里路"（或曰"行千里路"），据查，原话出自明代书画家董其昌的《画旨》。他在《画禅室随笔·卷二》另有类似表述："不行万里路，不读万卷书，欲作画祖，其可得乎？"董其昌讨论的是作画之法，后人则引申至做学问，亦发展出其他类似表述，如"眼界要阔，遍历名山大川；度量要宏，熟读五经诸史"（清代《格言联璧·学问类》）。

其实，早在先秦时期，荀子即云：

不登高山，不知天之高也；不临深溪，不知地之厚也；不闻先王之遗言，不知学问之大也。（《荀子·劝学第一》）

不闻不若闻之，闻之不若见之，见之不若知之，知之不若行之。（《荀子·儒效第八》）

汉代刘向在《说苑·政理》中亦云：

耳闻之不如目见之，目见之不如足践之，足践之不如手辨之。

上述言论均强调知行合一的重要性。

---

① 石培华. 中华五千年旅游先贤 50 选 10 网络调查出炉 孔子列榜首 [EB/OL]. 凤凰网. https://travel.ifeng.com/news/china/detail_2015_05/16/41048853_0.shtml, 2015-05-16.

宋代大诗人陆游的教子名篇《冬夜读书示子聿》则云：

　　古人学问无遗力，少壮工夫老始成。

　　纸上得来终觉浅，绝知此事要躬行。

陆游所言明确指出做学问的正确方法是将纸面知识与日常实践结合起来。

虽然自古以来即有知行合一的传统，但古人正面论述旅行意义的并不多。清代《格言联璧·存养类》所云"世路风霜，吾人炼心之境也"。将旅途中的磨难视为心境的磨炼。清代才子李渔亦有类似感悟：

　　"逆旅"二字，足概远行，旅境皆逆境也。然不受行路之苦，不知居家之乐。此等况味，正须一一尝之。

　　向未离家，谬谓四方一致，其饮馔服饰皆同于我。及历四方，知有大谬不然者。……过一地，即览一地之人情；经一方，则睹一方之胜概，而且食所未食，尝所欲尝……是人生最乐之事也。

　　（《闲情偶寄·颐养部·行乐第一·道途行乐之法》）①

在这里，李渔玩了一个文字游戏。"逆旅"本指旅店，"逆"为"迎"的意思，如《庄子·山木》云"宿于逆旅"，李白《春夜宴桃李园序》云"夫天地者，万物之逆旅"。但李渔故意用"悖逆不顺"之意来解释，旨在强调旅途不可能一帆风顺，既藉此磨炼身心，也提醒旅人更加珍惜在家的幸福生活。俗话说："在家千日好，出门一时难／万事难。"这固然与古代交通不便、服务行业不发达有关，然而就算在当代，游客们仍会面对林林

---

① 清·李渔.闲情偶寄[M].上海古籍出版社，2000：347-348.

总总的挑战,"诸事顺遂"的旅途并非唾手可得。因此,该观点并未过时。①

后文,李渔又指出,借助旅行,才了解到各地皆有不同风土人情,破除了自我中心主义偏见,于是,领略不同人情,欣赏不同风景,品尝各处美食,就成为一大人生乐事。英文里有"走出自己的舒适区"(Step out of one's comfort zone)一说,与上面这段论述遥相呼应。走出去,才看见不同,随着眼界的开阔,对于世界的看法愈加全面,个人也得以成长、成熟。仅仅停留在自己的舒适区,不敢面对人生挑战,就错失了自我提升的好机会。

古人还说道:

> 志量恢弘纳百川,邀游四海结英贤。(元·马致远《陈抟高卧》)

> 周览名山大川,以阔大心胸,增广见闻。(明·《徐霞客游记》)

> 读未曾见之书,历未曾到之山水,如获至宝、尝异味,一段奇快,难以语人也。(明·谢肇淛《五杂俎》)

上述言论揭示了旅行的乐趣在于开阔眼界和心胸、结识朋友等。

---

① 按,英文 travel(旅行)与 travail(艰苦劳动,痛苦分娩)为同一词源,并可溯源至拉丁语 tripalium(刑具、痛苦、辛劳、旅程等)。可见,西方古人对旅行的看法,同样包含精神与身体上的双重磨炼之意。参见:Kenneth Cushner. Beyond Tourism: A Practical Guide To Meaningful Educational Travel[M]. The Rowman & Littlefield Publishing Group, Lanham, 2004: 4.

（二）心理学观点

心理学从青少年成长角度，肯定了课堂和教室之外活动的必要性。如《青少年心理学》指出：

> 据调查，参加运动和业余爱好等有组织的课外活动是青少年最积极的休闲方式，对他们当前和未来的心理发展都有好处……
>
> 参加课余活动之所以能带来这么多好处，另一个原因就在于这些活动能使青少年多接触身边优秀的同龄人，让他们交到许多新朋友。①

上述文字指出课外活动是一种有益的休闲活动，是学习生活的调剂，符合古人所说"一张一弛，文武之道"；强调课外活动为青少年友谊的发展提供了良好环境。关于同龄人友谊在青少年生命中占有的独特地位，心理学已有不少研究。② 心理学实验还表明，即便那些与陌生人之间的随机互动（如在公交车上或咖啡馆里与坐在身旁的人闲聊几句），都能对自身情绪带来正向影响，哪怕性格内向者亦能从中受益。而且，不论种族、文化背景如何，人与人之间的共同语言总是超乎想象，跟陌生人说话也并非多么可怕的事。是故，旅游心理学家鼓励在旅途中与当地人或其他游客进行适当互动（当然亦需遵守安全常识），该举可显著提升旅行体验。③

---

① [美]劳伦斯·斯坦伯格. 青少年心理学（Adolescence, 10th edition）[M]. 梁君英，等，译. 北京：机械工业出版社，2018：164，166.
② 参见美国卫生与公众服务部（U.S. Department of Health & Human Services）官网：Healthy Friendships in Adolescence（青春期的健康友谊）[EB/OL]. https://www.hhs.gov/ash/oah/adolescent-development/healthy-relationships/healthy-friendships/index.html.
③ Jaime Kurtz. The Happy Traveler：Unpacking The Secrets Of Better Vacations[M]. Oxford University Press, Oxford, 2017：121-122.

第一章　海外学生短期来华游学项目：理念、类型与意义

而在跨国游学这一特殊时空背景下，教师监管保障了安全，年龄相仿、身份背景相近（如同为汉语学习者、同属华裔青少年）、同吃同住同游……都创造了"打开话匣子"的前提条件和外部环境，同学们彼此间激发出友谊火花也就理所当然了。游学旅途中，新友谊更容易发酵，旧友谊则更容易巩固。即使有些同学腼腆害羞，也往往被环境所感染，最终主动或被动融入集体。这是为了青少年以后走上社会与各行各业人士相处，进行的"热身活动"，让他们对"陌生"不再一味恐惧。个人无法脱离社会而存在，未成年时有父母、师长的羽翼保护，成年后却必须独自去面对陌生人和陌生环境。可以说，集体旅行、集体食宿这种游学方式堪称友谊的催化剂，当它与激动人心的异域风情结合起来时，简直就成了孩子们生命历程中最美妙的经历之一。并且，在教师的全程陪伴下，其风险是很低的。

笔者观察到，由于自费与公费项目在组织方式、学生来源等方面的显著区别（参照本章第二节相关论述），前者学生之间大多已互相认识，或其家庭、学校背景相仿，其交往以加深旧友谊为主，且回国后仍然能继续保持该友谊；而后者学生之间大都互不相识，且来源多元，差异性明显，其交往以建立新友谊为主，但又因回国后天各一方，维持长期友谊异常困难。换言之，前者的友谊循序渐进，醇厚悠长，却少了一点惊喜和激情；后者的友谊则仿佛"干柴烈火"，热烈短暂，常令当事人情难自已，感慨万千，日语"一期一会"（一生中仅有一次的机遇）似乎颇适合用在此处。

【学生视角1-1】最喜欢交朋友[1]

① 享受这次旅行并结识新朋友,是这次旅行的乐趣所在。

(*心瑜,女,13岁,印尼;2019年冬令营——塞外北国感知营)

② 我在这里交到了很多新朋友。最开心的当然是在老师的带领下和新旧朋友们一起出去玩、一起学习……感觉怎么玩也玩不够,和朋友们也有说不完的话。

(*丽娅,女,14岁,西班牙;2018年夏令营——传统书画体验营)

③ 我最喜欢的东西是交朋友。这里的人都和我差不多大,所以交流就容易……这两个礼拜我肯定不会忘记的,这些朋友我也不会忘记的!

(*文玮,男,14岁,加拿大;2016年夏令营——中华国学营)

④ 不管在哪里,朋友都是缺一不可的。这也是我要来参加这个夏令营的一个原因。我希望,在这儿,我能交到许多朋友,和认识更多的人。更希望,在北

---

[1] 注:本书"学生视角"材料,大多来源于笔者整理的2016-2019年海外华裔青少年"中国寻根之旅"春、夏、秋、冬令营营员手稿,为保护学生隐私,仅注其名而隐其姓;为保持手稿原貌,行文中不影响理解的语病尽量不加修改;某些英文感言,则在附原文的同时,由笔者译为中文加以对照。可惜的是,由于非华裔学生留下的感言材料很少,无法在"学生视角"中反映出来;但各国华裔学生或可勉强代表一般外国学生的观点。另外,本书第五章对营员感言全貌进行了系统、专题研究,所引用之感言材料与其他章节之"学生视角"栏目并不重复。特此说明。

京的这些美好回忆不只是我一人的,而是,能和我交到的这些朋友一起分享的……我交了许多新朋友,看到了许多新东西和风景,也做了许多有意义的事。对我来说,在北京的这段记忆会令我非常珍惜和想念。也非常开心在这个夏令营度过的每分每秒。

(*俪玮,女,13岁,加拿大;2017年夏令营——传统书画体验营)

⑤ This has been one of the greatest weeks of my life. Most summers I just stay inside and watch Youtube all day. At this camp I have made incredible friends... I have had so many laughs with these people. We've laughed till we've cried and we've also cried with each other. I always think about just how close I have gotten with a group of five in a few days… All in all, I really appreciated this chance to meet new people and grow bonds with every one of them.

(翻译:这是我生命中最棒的一段时间。之前的大多数暑假,我只是整天窝在家里看Youtube视频。在这个营中我认识了很棒的朋友……跟她们在一起,我尽情地欢笑。我们彼此又哭又笑。不敢相信在短短几天中,我们五个小伙伴竟然已经这么亲近!……总而言之,我真的很感谢这个机会能认识新朋友并跟她们情同姐妹。)

(匿名,女,美国;2019年夏令营——民族舞蹈营;注:该感言手稿未署名,只能判断其性别与国家)

（三）夏令营界观点

历史悠久的美国营地协会（American Camp Association, ACA）专家在《夏令营完全手册》（The Summer Camp Handbook）中指出，住宿营（overnight camp）五大目标为：

1. 享受乐趣；
2. 提高体育、艺术和思维能力；
3. 学会独立；
4. 交朋友和发展社交技能；
5. 体验全新的自然环境。

专家同时认为，相较于走读形式的日间营（day camp），住宿营更容易全面实现上述目标，特别是后三点。[①] 该书中的"夏令营"近似 summer camp 原义，即夏天在野外露营，故而强调对大自然的体验。中文在使用"夏令营"一词时，已大大拓展了其内涵，未必是野外住宿，也未必只发生在夏天，几乎所有青少年集体课外活动，都可称之为"某某夏令营（或春、秋、冬令营）"。有时不包含"游"而只包含"学"的内容时，亦可冠以此名，如某某主题的集中学习或训练——"英语夏令营""艺术夏令营""军训夏令营"等。

目前，许多来华游学活动都被称为"某某中国夏令营"，乃因"游学"与"夏令营"在集体食宿形式、寓教于乐理念等方面颇有共通之处，其行程虽不乏游历名山大川等内容，但夏令营亲近自然的原义已经弱化了。

[①] [美]克里斯托弗·瑟伯、乔恩·马利诺夫斯基.夏令营完全手册[M].赵蔚，译.北京：外语教学与研究出版社，2018：16.

（四）国内研学旅行界观点

2016年公布的《教育部等11部门关于推进中小学生研学旅行的意见》对"研学旅行"进行了官方定义。

> 中小学生研学旅行是由教育部门和学校有计划地组织安排，通过集体旅行、集中食宿方式开展的研究性学习和旅行体验相结合的校外教育活动，是学校教育和校外教育衔接的创新形式，是教育教学的重要内容，是综合实践育人的有效途径。

同时亦指明了其重要意义：

> 开展研学旅行，有利于促进学生培育和践行社会主义核心价值观，激发学生对党、对国家、对人民的热爱之情；有利于推动全面实施素质教育，创新人才培养模式，引导学生主动适应社会，促进书本知识和生活经验的深度融合；有利于加快提高人民生活质量，满足学生日益增长的旅游需求，从小培养学生文明旅游意识，养成文明旅游行为习惯。[①]

该说法带有一定政治色彩，与我国国家性质是相应的。值得注意的是，在促进爱国主义教育、素质教育等常规意义之外，它特别指出了研学旅行活动在旅游方面对学生可能产生的影响，尤其强调了"文明旅游"的概念。

若具体到跨国研学，第一节已引用过《中小学学生赴境外研学旅行活动指南》所表述的活动意义，即增进学生对不同国家、不同文化的认识和理解，增进与国外中小学学生的交流和

---

① 教育部等11部门关于推进中小学生研学旅行的意见[EB/OL]. http://www.moe.gov.cn/srcsite/A06/s3325/201612/t20161219_292354.html,2016-12-02.

友谊等。① 该表述的思想高度比起西方教育旅行界稍逊。研学旅行毕竟是近十年才涌现的新生事物，主要反映了国内中小学的最新教育理念发展，作为一门学科或一种产业，尚需理论上的不断完善和实践上的反复验证。

（五）西方教育界及教育旅行界观点

欧美教育界、思想界对游学/教育旅行活动的重视也源远流长，相关内容本章第一节已略有涉及。早在 16 世纪，在英国贵族子弟积极赴欧洲大陆游学的时代背景下，英国哲学家培根（Francis Bacon）即提倡以求知为目的的旅游。它有别于休闲性的大众观光旅游，而属于精英旅游、研学旅游。② 培根经典的《论旅行》（Of Travel）一文开宗明义地指出："对年轻人而言，旅行就是一场教育。"（Travel, in the younger sort, is a part of education.）③ 17 世纪英国散文家欧文·费尔森（Owen Felltham）的同名文章《论旅行》（Of Travel）亦肯定青年贵族游历的特殊意义。他说：

> 一个国家的景致是任何地图都无法捕捉的。只有亲身游历，才能获得最透彻的了解。读再多的描述也比不上行一段路的见闻……那些有学问、有诚信、有远游经历的人是人类中的精英，他们懂得用某一国家的美德来纠正另一个国家的缺陷。④

---

① 教育部. 中小学学生赴境外研学旅行活动指南（试行）[EB/OL]. http://www.jsj.edu.cn/n4/12090/457.html,2014–07–14.
② 任唤麟、马小桐. 培根旅游观及其对研学旅游的启示 [J]. 旅游学刊, 2018（9）: 145–150.
③ Francis Bacon. Of Travel[EB/OL]. https://www.westegg.com/bacon/travel.html.
④ [英] 欧文·费尔森. 关于旅行（节选）[EB/OL]. 陈榕, 译. https://m.sohu.com/a/151110175_662210, 2017–06–22.

西方教育史上两大经典名著——17世纪英国洛克（John Locke）的《教育漫话》（*Some Thoughts Concerning Education*）与18世纪法国卢梭（Jean-Jacques Rousseau）的《爱弥儿》（*Émile, ou De l'éducation*），在各自末尾部分，都用单独章节讨论了青少年跨国游历的意义。正如洛克所言：

> 教育的最后一部分通常是旅行。一般认为，旅行之后便大功告成，造就一个绅士的工作终告结束……旅行的主要好处可以归纳成两类：第一是语言，其次是通过多观察，接触各种在脾性、习俗及生活方式上彼此不同的人们，尤其是与自己所在教区及邻近地区有别的人们，增进智慧与持重能力。（注：第212则）①

卢梭则说：

> 那些生长在好人家的年轻人，由于他们天生的善良特质受到过良好的培养，由于他们外出游历的目的就是希望接受好的教育，所以游历回来之后，他们个个都变得比游历之前更加优秀、更加贤明。我的爱弥儿就是要去经历这样一番游历……
>
> 经过差不多两年的时间，我们游历了欧洲几个大的国家和许多小的国家，学会了两三种主要语言，看到了许多十分有趣的东西，比如自然风光、国家政体、艺术和人物等……②

当时的贵族男性青少年在私人家庭教师带领下游历欧洲

---

① [英]约翰·洛克. 教育漫话[M]. 杨汉麟, 译. 北京：人民教育出版社，2006：199-200.

② [法]让-雅克·卢梭. 爱弥儿：论教育[M]. 李兴业、熊剑秋, 译. 北京：人民教育出版社，2017：648，673.

诸国、增长见闻，是长大成人、成为绅士的必经之路，同时也开风气之先，为近现代学校的集体游学活动奠定了理论及实践基础。

20世纪初，美国著名教育家约翰·杜威（John Dewey）将学习分为两类形式，一是学校里的书本学习，二是"更为直接和有生气的校外生活的学习"，换言之，后者就是"从做中学"。他说：

> 教师和书本不再是唯一的导师。手、眼睛、耳朵、整个身体都成了知识的源泉，而教师和教科书分别成为发起者和检验者。任何书本或地图都不能代替个人的经验。它们不能取代实际的旅行。①

英国政府颁布的《教室外学习宣言》（2006）与美国政府颁布的《不让一个孩子留在室内法案》（2015），皆是这种教育思想的体现。西方教育旅行活动推崇在世界课堂中学习，在服务中学习，并以培养世界公民为目标。许多跨国游学/教育旅行机构皆对此有所阐释，此处再举几例。

加拿大"世界教育旅行"（Educational World Tours，EWT）指出：

> 我们坚信旅行在教育中将起到重要作用。任何教室之外的远足活动（excursion out of the classroom）都被学生们视为学习生涯中的亮点。不仅仅因为这打破常规，还因为它提供了意味深远而独特的学习机会：

---

① [美]约翰·杜威. 学校与社会·明日之学校（The School and Society. Schools of Tomorrow）[M]. 赵祥麟，等，译. 北京：人民教育出版社，2005：334，251-252.

旅行可培养社交与团队协作能力，刺激个人成长，带来看待世界及各种不同文化习俗的新视角，并且有效激发了学习过程中的兴趣与激情。①

美国"世界远足"（World Strides）将自己的使命表述为：

  帮助学生从新的角度审视自我及教室之外的广阔世界；

  培养他们作为成人所需的独立自主性、领导力、解决问题能力、世界眼光和成熟心智；

  培养他们成为世界公民所需的超越疆界的同情心、理解力、情感联系与思维观念。②

美国"英孚游学"（EF Tours）理念为，将体验式学习的力量与周游世界的兴奋感结合起来（Combining the power of experiential learning with the thrill of global travel），增进学生对于世界、自我以及自己在世界所处位置的理解，为将来做好准备。具体益处包括以下四点。

---

① 参见 EWT 官网（http://www.eduworldtours.com）。原文：We believe travel plays an integral part in education. Any excursion out of the classroom is remembered by students as among the highlights of their education. Not only is it a break from the norm, but it also provides a profound and unique learning opportunity: travel can develop social and team-building skills, stimulate personal growth, bring new perspective about the world and its many cultures and customs, and ultimately revitalize interest and passion in the very activity of learning. Travel can broaden horizons.

② 参见世界远足官网（https://worldstrides.com/about/about-us）。原文：We enable students to see beyond the classroom and to see the world–and themselves–in new ways. We help them grow as people… by developing independence, leadership, problem-solving skills, worldliness, and maturity. We help them grow as citizens… by building compassion, understanding, connections and perspectives that transcend boundaries and borders.

拓展关于周围世界的知识；

理解陌生的人群、地方与文明；

深入理解自我；

变得更加自信与独立。①

《深度教育旅行实用指南》一书则指出，国际游学能起到促进青少年自我调适（Facilitating Adolescent Adjustment）、培养跨文化敏感性（Developing Intercultural Sensitivity）及学习与其他文明和平共处（Learning to Live Together）等多重作用；当传统教育方法对改变一个人的思维模式收效甚微时，旅行会帮助（甚至强迫）学生用另一种视角重新审视世界，从而产生思想上的有益转变。②

研究教育旅行的国内学者亦指出：

国际教育旅行的目的是在于让年轻学子能跨越国界，互相交流，藉此扩展眼界，培养国际观。③

在当今全球化时代，个人自身修养的提高已很难仅靠古代圣贤笔下的四书五经来进行，而教育旅行融教育于旅行中，不仅"走走看看"，更有"学习讨论"，它将使人们开拓视野、增进新知……教育旅行将使青年学子在成长的关键期领略到异地或异域文化的别样风情，通过与不同人群的交流和沟通进一步增进了解，

---

① 参见英孚游学官网（https://www.eftours.com/our-story/student-travel）。原文：Expand their knowledge of the world around them; Understand new people, places, and cultures; Discover more about themselves; Grow more confident and independent.

② Kenneth Cushner. Beyond Tourism: A Practical Guide To Meaningful Educational Travel[M]. The Rowman & Littlefield Publishing Group, Lanham, 2004: 43–44.

③ 尹鑫. 国际教育旅行的回顾与前瞻[J]. 教育理论与实践, 2011（12）: 32–33.

消除歧见和误会，这无疑也将有利于和谐中国与和谐世界的全面建设。[①]

由以上论述可知，该领域专家学者与专业机构多认为，教育旅行具备个人层面与社会层面的双重意义。前者即自我成长和成熟，包括知识的拓展、生活习惯的养成、自信的建立、社交能力的提升等；后者则指发展培养出具有全球视野、跨文化视角与人类关怀，能够欣赏、理解、包容多元文明的学生——在此意义上，跨国游学团正如外交使团出使四方、增进友好交流，当这些年轻学子成长起来，即有望成为国际间的文化使者与和平使者。

（六）旅游界观点

《旅游心理学》认为：

> 从心理学角度可以把旅游理解为一种"特殊的生活方式"，一种"不同于人们日常生活的生活方式"，一种"日常生活之外的生活"。[②]

该说法强调了旅行"打破常轨"、暂时出离日常生活、获得全新人生阅历的特性。

《出走与体察：感性旅行田野指南》（*Away & Aware: A Field Guide To Mindful Travel*）一书指出："旅行应当让你的心变大，思想变开阔。"（Travel should make your heart bigger and your mind broader.）当旅人逃离平淡无奇的日常生活，独自踏上旅程

[①] 田九霞、吴强. 试论全球化背景下的教育旅行[J]. 湖北社会科学，2014（8）：181-185.

[②] 吕勤、沈苑. 旅游心理学[M]. 北京：中国人民大学出版社，2019：23.

时，旅行不只是观察外部世界，也是深入认识自我的好契机。①

《为何旅行如此重要：旅行改变人生功效指南》(*Why Travel Matters: A Guide To The Life-Changing Effects Of Travel*)一书从多维度论述了旅行的重要性。它认为，人在旅途，会去新的地方(new place)，遇到新的人群(new people)，接触新的世界(new world)；尤其跨国旅行将自己沉浸于异域文化，耳濡目染，可增进对不同文化的理解与包容，培育人与人之间的善意，从而应对种族中心主义(ethnocentrism，或称民族优越感)，消弭地区冲突，促进世界和平。"旅行带来的此种影响，其重大意义怎么强调都不为过！毕竟，种族中心主义是一切不宽容的温床与冲突的起源。"②

习近平总书记2013年在俄罗斯中国旅游年开幕式上致辞时指出：

> 旅游是传播文明、交流文化、增进友谊的桥梁……旅游是修身养性之道，中华民族自古就把旅游和读书结合在一起，崇尚"读万卷书，行万里路"。③

李克强总理在2016年首届世界旅游发展大会开幕式上，以"让旅游成为世界和平发展之舟"为主题致辞。他说：

> 旅游是人与人最直接、最自然的交流方式，是开放的窗口、友谊的纽带、和平的使者。……发挥旅游

---

① Sara Clemence. Away & Aware: A Field Guide To Mindful Travel [M]. Piatkus, London, 2018: 5.
② Craig Storti. Why Travel Matters: A Guide To The Life-Changing Effects Of Travel [M]. Nicholas Brealey Publishing, London, UK, 2018: 102-103.
③ 习近平在俄罗斯中国旅游年开幕式上的致辞 [EB/OL]. http://www.gov.cn/ldhd/2013-03/23/content_2360500.htm, 2013-03-23.

的和平桥梁作用,为促进各国人民友好交往、和睦相处、开放包容作出贡献。旅游可以加深理解、减少偏见、增进包容,在促进世界和平中有着独特作用。①

第一节曾提到英文中的 travel 一词,其本身已蕴含着比单纯游览观光更丰富的内涵。故而,旅行是观光游览,更是观察、学习与体悟,无论对个人生活还是人类社会,皆能产生不容忽视的作用。

【学生视角 1-2】参加中国夏冬令营的收获与成长经历

① 我在这冬令营学到很多很多。在这冬令营里,我学到的不只是平时在书上会学到的知识,我也学习了好多的生活技能。因此我非常感谢主办方,让我有机会可以来到这次的冬令营。

(*玉玲,女,13 岁,马来西亚;2018 年冬令营——塞外北国感知营)

② 这是我第一次参加这样的活动。……我最喜欢的事情是晚上在这里和朋友聊天,互相认识。我来这里后我学会了很多东西,如管理时间、如何独立、管理我自己的钱,还有别的。我也学了很多别的国家的话……我很感谢(主办方提供)这次游学机会,因为(这次游学经历)让我变成更好的我。

(*俐文,女,16 岁,印尼;2019 年冬令营——塞外北国感知营)

③ 我在北京学到了很多东西。首先,我了解了中

---

① 李克强:让旅游成为世界和平发展之舟[EB/OL]. http://www.gov.cn/xinwen/2016-05/19/content_5074835.htm, 2016-05-19.

国传统。我画了一只熊猫,写了古代的中文字(注:指书法课)。这些东西教会了我耐心和冷静。第二,我学会了承担更多的责任,因为我必须按时到达。我学到的最后一件事就是尊重别人。

(*松发,男,13岁,泰国;2019年秋令营——泰国学生金秋文化营)

④ During our days here we met and befriended many kids from different camps and countries, some countries having less resources provided compared to where we came from. I came to the conclusion that I shouldn't be whining about a small shower and bathroom when some people out there in the world don't even have clean water or homes. I should be thankful for everything I already have. I like that the camp has taught me so much and I am really sad to be leaving so soon. This camp has been like a second home for me.

(翻译:这些天里我们认识了许多别的营和别的国家的朋友,有些国家跟我们自己的国家比起来资源很少。我意识到自己不该抱怨浴室/厕所太小,因为世界上还有那么多人甚至没有家、没有干净的饮用水。我应当对自己已拥有的一切感恩。很高兴夏令营教给我这么多东西,也很伤心马上就要离开了。这个营就好像我在世界上的另一个家。)

(*亦璨,女,16岁,美国;2019年夏令营——民族舞蹈营)

二、基于海外来华游学项目之分析

本书第五章将以"中国寻根之旅"夏令营为例，专题论述华裔青少年的丰富收获。此处对一般性的游学意义，如个人成长、交友等，不再赘述，仅讨论较为独特的部分，即增进海外学生对中国的理解与感情，亦即我们常说的"培养知华、友华、爱华的国际友人"。

知华（了解中国）—友华（对中国持有善意）—爱华（热爱中国），这是一种循序渐进的过程。一个成功的来华游学项目，未必能卓有成效地提高外国学生汉语水平（毕竟时间太短），但应对其日后汉语学习起到一定刺激作用；未必能将学生们变成"中国通"，但应加深其对中华传统文化及当代中国国情的直观认识；未必能马上将他们"圈粉"，使他们对中国从"无感"到喜爱，但至少能缓解乃至消除他们之前的种种偏见，从此对中国社会及人民持有某种程度的善意。这些语言、文化、情感方面的些微触动，将在其生命中留下独特印迹，潜移默化地影响他们对于中国的观感，并随其成长，渐渐发挥越来越重要的作用。其效果不在一时，而在长远。

（一）加深对中国语言文化之了解

跨文化教育学者发现，异文化环境下旅居者充满感性的切身生活经验，无论成功经历还是失败经历，抑或暂时性的身份困惑，学习效果皆远好于从课堂、书本、电影或模拟体验中得来的知识。[①] 在来华项目中，多数学生此前已有汉语学习经历，

---

① Mildred Sikkema, Agnes Niyekawa. Design for Cross-Cultural Learning [M]. Yarmouth, ME: Intercultural Press, 1987: 43.

但日常生活中并无太多应用机会；或对中国文化略具隔雾看花式了解，但毕竟离现实生活太远。当置身中国这片土地，不论是曾在课堂学到的文化知识，还是华裔家长曾讲述的家乡故事，抑或是影视荧幕上曾经闪现的中华才艺、名胜古迹，都会一一在眼前生动鲜活起来。他们发现，"看照片跟置身其中用自己的眼睛看完全不一样""知识与照片也远不及亲眼见证来得震撼人心"。他们也不得不使用中文与中国人或来自其他国家的同学交流，这对未来的汉语文化知识学习会产生强烈刺激作用。学唱一首中文歌，完成一幅书画作品、一件手工作品，学到一套武术动作或一支民族舞，亲手包饺子并品尝劳动成果……都让他们深感自豪，还让家长惊喜不已。

【学生视角1-3】感知中国语言与文化

① It was a very good experience for me because I got to learn and adapt to situation there I had to speak Chinese and that was very educating for me, there I had no choice but to speak Chinese.

（翻译：这是个很棒的经历，因为我必须学会适应环境，必须说中文，很有教育意义，我除了说中文，没有其他选择。）

(*依达，女，14岁，瑞典，中欧混血儿；2016年夏令营——亚欧华裔学生中华文化体验营）

② 我还跟中国人说话。因为很少有中国人在北京说英语，所以我免不了跟他们说汉语。这样每天练习使我的口语越来越进步。

(*一龙，男，17岁，菲律宾；2017年秋令营——菲律宾光

启学校北京游学营）

③ 我在新西兰很少用汉语，因为我没有机会学说汉语，所以到了中国我很愉快，终于可以用我学的语言和汉字了。

(*福龙，男，14岁，新西兰；2019年冬令营——塞外北国感知营）

④ 这次北京和哈尔滨之行，让我把书上学的中国平面的照片转换为立体的、鲜活的画面……在这个旅行中还发现了一个新的爱好，学毛笔字。我回到了新西兰还会继续练的。

(*昕，女，15岁，新西兰；2019年冬令营——塞外北国感知营）

⑤ 其中最让我印象深刻的就是武术了，因为每次上课都很累，第二天还会感觉到腰酸背疼。不过能在两节课的时间内学到一套"五步拳"，我很为自己感到高兴，我真棒！！！

(*佩婷，女，15岁，西班牙；2018年夏令营——传统书画体验营）

⑥ 我会永远记得我去过的有趣的地标，像长城和颐和园。通过这些旅行我意识到了中国文化的深度。这些真实的游历世界的经验与课堂上所教的有关材料让我了解中国文化的重要性。

(*加诚，男，16岁，加拿大；2018年夏令营——传统书画体验营）

（二）感知当代中国国情

鉴于地理、文化乃至意识形态上的巨大差异，海外学生即使能学到一些汉语文化知识，也很难对当代中国有着相对客观的认识。他们眼里的中国形象多源于西方主流媒体的塑造和渲染，常常是"失真"、扭曲的。

1. 国家形象与国际偏见

有学者指出，当前国际上关于中国国家形象的认知，集中反映在"人的形象"和"物的形象"两方面。前者包括移居海外的中国新移民与出境旅游的中国游客，因其中部分人的粗鲁无礼、公德心淡薄，令整个群体遭受池鱼之殃；后者指作为世界工厂，"中国制造"（Made in China）的商品已横扫全球，当国人为此深感骄傲时，"中国制造"却在国际市场留下了"廉价质差"的刻板印象。[1]

近年来，我国硬实力突飞猛进，软实力却有些相形见绌，尽管官方十分重视在世界舞台上的国家形象宣传，取得一定成绩，但想扭转西方媒体与外国民众长期形成的偏见，仍然任重道远。2020年9月，当代中国与世界研究院发布《中国国家形象全球调查报告2019》，该调查开展于2019年6月至9月，涵盖22个国家。调查发现，海外受访民众对中国的整体印象为6.3分（满分10分），较2018年提升0.1分；发展中国家对中国形象好感度较高，达7.2分，而发达国家则为5.3分。此外，"历史悠久、充满魅力的东方大国"仍是海外受访者对中国的突出印象，选择比例为56%；而对于当代中国形象的认可度，如

---

[1] 朱东芹，等. 多元视角下的海外华侨华人社会发展[M]. 北京：社会科学文献出版社，2018：170–171.

"积极参与全球治理的负责任大国""国家治理良好、社会和谐稳定的文明国家",则普遍低于50%。综合各种数据来看,可以发现若干积极面——如整体形象缓慢提升、发展中国家和18—35岁年轻受访者评价较高等;亦可以发现若干消极面——如"文明古国"形象掩盖了当代中国建设成就,以及掌握全球话语权的发达国家对中国评价较低等。①

美国知名民调机构皮尤研究中心(Pew Research Center)2019年在32个国家开展了关于中国形象认知的调查,结果显示,多数欧、美、亚和大洋洲国家民众对中国的负面印象超过正面印象。②而2020年对其中14国的再次调查显示,受新冠肺炎疫情波及,这种负面印象有愈演愈烈之势,乃至在多数被调查国达到历史新高。③从我方立场出发,当然认为该负面印象是极其偏颇的、不合理的,但无法否认它普遍存在。

受大环境熏陶,外国青少年也对中国充满误解。有学者在加拿大的调研表明,受主流社会对中国、华人形象的认知所影响,华裔儿童可能出现排斥自己华人身份、对父辈们的"祖国"

---

① 当代中国与世界研究院对外传播研究中心. 中国国家形象全球调查报告 2019 [EB/OL]. http://www.accws.org.cn/achievement/202009/P020200915609025580537.pdf, 2020-09-15.
按,国内媒体关于该报告的新闻报道,往往聚焦于其积极面,对消极面略而不谈。但若仔细审读报告的具体内容,会发现为数不少并不乐观的调查数据。

② Laura Silver, etc. China's Economic Growth Mostly Welcomed in Emerging Markets, but Neighbors Wary of Its Influence [EB/OL]. https://www.pewresearch.org/global/2019/12/05/chinas-economic-growth-mostly-welcomed-in-emerging-markets-but-neighbors-wary-of-its-influence, 2019-12-05.

③ Laura Silver, etc. Unfavorable Views of China Reach Historic Highs in Many Countries [EB/OL]. https://www.pewresearch.org/global/2020/10/06/unfavorable-views-of-china-reach-historic-highs-in-many-countries, 2020-10-06.

缺乏亲近感的情形，这在西方国家尤为明显。① 2015—2020 年由美国 ABC 电视台播出、首部聚焦美籍华人家庭的情景喜剧《初来乍到》（Fresh off the Boat）中，亦不乏类似情节。② 笔者还曾在工作中注意到，当讲述天安门、开国大典与国家领袖时，有美国同学即露出不以为然的表情；另有一些同学对中国抱着"无感"或反感的态度，来华并非出于个人意愿，而是学校或家长的硬性要求。

2. 国家形象与来华游学

在这种不利却又真实存在的国际背景下，"请进来"或"吸引来"不失为应对策略之一。据笔者观察，游学项目中，绝大多数非华裔学生均为第一次到访中国，几乎对一切都感到陌生、新鲜，这次旅程也将很大程度上确立他们此后对中国的态度和情感。而已来过中国的华裔学生不少，但与同龄人一起在中国集体生活和旅行，则大多是首次。通过结识不同国家的华裔小伙伴，他们对自我身份的认知也将更为清晰。

跨文化交际学者指出，欲克服文化意识中的刻板印象（stereotype）与偏见（prejudice），可从"意识到刻板印象的存在""坦诚面对自己的偏见""扩大与不同文化的人的接触范围"等方面做起。③ 譬如，在外国青少年眼中，"北京/中国雾霾很严重""中国人很没礼貌"，是两种常见的刻板印象。虽说这两个问题客观存在，但绝不像外媒渲染和外国人想象的那么夸张，

---

① 陈映婕. 建构西方世界中的"君子"——海外新移民读经教育的兴起及其文化实践 [J]. 华侨华人历史研究，2019（2）：59–67.

② 党伟龙. 华文教育视角下的华人题材美剧《初来乍到》简析 [J]. 华文世界，2017（119）：45–48.

③ 祖晓梅. 跨文化交际 [M]. 北京：外语教学与研究出版社，2015：196–200.

并且正在逐步改善之中。当同学们来华后,亲自见证大部分时候空气质量还不错,亲身感受到普通中国人的热情友善,目睹今日中国的飞速发展,置身于不免喧闹却充满活力的社会氛围,沉浸于文明古国的悠久历史与博大文化……此种全方位的身心熏染,虽未必能马上扭转其思想,但至少带来一种文化冲击(culture shock,又译为"文化震惊"),督促他们独立客观思考,而非人云亦云。正如《为何旅行如此重要》一书指出:"被打破的固有信念、受质疑的理所当然,才是一场真正旅行的宝贵遗产。"(Exploded convictions and perished certainties are the legacies of true travel.)[①]

在"寻根之旅"夏令营华裔小营员留下的感言手稿中,笔者发现了不少这方面例证。有些人直言不讳地写道,自己是被父母强行送来参营的,来之前毫无期待,并带着逆反心理。以下表述摘自多篇感言。

> 中国很没劲;
>
> 来到这之前我很不想过来;
>
> 对这一次的夏令营没什么兴趣;我其实特别反对父母逼我来到中国;
>
> 听说中国北京的空气不好;听说许多中国人是坏人;
>
> 到处都是小偷、雾霾,而且人们都很不礼貌;
>
> ……

但通过两周左右的夏冬令营生活,这些人大都转变了观念,

---

① Craig Storti. Why Travel Matters: A Guide To The Life-Changing Effects Of Travel [M]. Nicholas Brealey Publishing, London, UK, 2018: 129.

正面感受远胜负面感受,如:

  我觉得没有我想象的那么差;

  比我想象的要好;

  我的担心没有了;

  看来我那时的想法是错的;

  其实现在也不太想离开这个地方了;

  现在我很喜欢这里;

  现在我特别喜欢中国;

  ……

(另参见第五章第四节详细论述)

  此外,初次访华的外国同学往往感叹于中国地域之广、人口之多。如,某些团队有赴西安或哈尔滨行程,多安排卧铺列车,在火车上过夜,这种10小时以上的漫长铁路旅程,让同学们直观感受到中国的广阔疆域,尤其冬季由北京赴哈尔滨,上车与下车时的温差可达20—30摄氏度,亦直接展示了中国不同区域之间巨大的地理、气候差异。而在北京天安门、故宫、颐和园等热门景点,同学们都被汹涌的人潮吓一跳。带队教师也会在这里打起百倍精神,每前进一小段,就要重新清点人数,生怕学生走散。有缅甸同学即表示:

  在天安门广场,我第一次看到有这么多的人,像大海一样,我想到了老师说的"人山人海"这句话。

  (*明昌,男,18岁,缅甸;2016年春令营——泰缅华裔青少年古都游学营)

  经过景区人潮洗礼,"世界人口第一大国"这个概念会深深铭记在学生脑海中。若教师能适时加以讲解,将更好地帮助他们认识我国当代国情。

【案例1-2】美澳学生感知中国国情：人口第一大国

　　来自美国华盛顿的中学生在从北京首都机场到入住校园的路上，看到沿途很多密集的高楼住宅区，惊讶不已。因为这跟他们熟悉的典型美式社区极为不同：居然有那么多中国人密集地住在层层叠叠的高楼里，单位面积内挤下了多少人？每人能享受到多少个体空间？能分配到多少资源？加之教师讲解，他们由此直观认识到，中国虽幅员广大，却人口众多，平均下来，每个人能享受的空间资源和物质资源是很有限的；尽管中国的经济体量已跃居全球第二，仅次于美国，但仍处于发展中国家阶段。这也能帮助他们更好地理解当前中国某些政策制定之初衷。比如，为何中央领导层将重心放在发展经济上，为何总是强调"稳定重于一切"——没有经济发展和社会稳定，十几亿中国人民的基本生活保障将无从谈起。

　　来自澳大利亚悉尼的大学生，某次十几人结伴外出，乘坐一辆挤得满满的公交车。车上人挨人、人挤人，毫无个体空间的体验，令他们感觉万分新奇。短短的车程，他们一直在激动地尖叫和自拍，想与家人和朋友分享如此奇特的经历。这种大惊小怪、"没见过世面"的表现，令车上中国籍乘客忍俊不禁。澳大利亚国土面积（760万平方公里）与中国相去不远，全国人口却仅有2500万，约略相当于北京一地的常住人口，而拥有500万人口的第一大城市悉尼，放在中国只能排到五十名开外；除几个大城市外，澳大利亚普遍人口密度很低，公共交通工具上大家都有座位，而且空位很多。数据是冰冷的，但当澳洲学生在一辆很普通的北京公交车上，真真切切感受到周围人体的温度时，相信他们有关中国国情的认知也会迅速变得立体起来。

（三）建立或加深对中国之感情，成为文化使者

更了解中国（"知华"）是一回事，对中国产生亲切感和依恋之情（"友华爱华"）则是另一回事。普通人很难对遥远的、不相干的某地产生"心有戚戚焉"的感觉，但若亲身到过该地并收获美好回忆，就会建立实实在在的情感联结，该地的一切就不再是某个与自己无关的遥远世界发生的事情。当学生对中国有了感情，自然而然会希望中国与自己的国家保持友善关系。

1. 成年学生案例：以澳大利亚大学生访华项目为例

2017年至2019年冬，西悉尼大学商学院连续三年率学生访华，均由北京华文学院接待，笔者担任中方主管教师。[①]该项目意义如下。

第一，让澳洲年轻人对中国有了直观而正面的印象。

出于上文提到的多种原因，澳洲年轻人对中国的印象常是片面和负面的。当他们来到中国首都北京，感触到这里的厚重历史及现代气息，就会认识到中国发展的特殊性。他们发觉，中国不但不落后，还很先进，在很多地方跟欧美澳相比毫不逊色，有的甚至胜出。这些澳洲年轻人多是第一次来到这么遥远的国度，一切都那么新鲜，令他们大开眼界。

第二，让澳洲年轻人变成中澳亲善大使。

短短十几天的中国之旅，澳洲同学们相互之间建立起深厚友谊，还对北京乃至中国产生了真挚感情。2017年项目结束后，多位同学陆续反馈说，十分怀念在北京的生活，期待再次来访；

---

① 北京华文学院官网. 2019西悉尼大学NCP项目在我院圆满结束[EB/OL]. http://www.bjhwxy.com/detail_4030.html,2019-12-18.

有同学给自己的微信签名加上了中澳两国国旗，表示对中国的喜爱；有同学将微信头像改为跟中国老师合影，反映出真心认可该活动；有同学对中国念念不忘，不久后又再次利用其他契机到访中国上海等城市；有同学还赴厦门、香港等地做交换学生，或计划作为英语教师到中国支教等。

好几位同学得知该项目于 2018 年继续实施后，主动要求担任学生领队。最后，白人女孩 Tatjana 获得了该机会，她热心宣传鼓动几位好友共同报名，再度抵京后积极配合中澳教师工作，完美履行了职责。她本人进一步加深了对中国的依恋，也在努力学习语言，时不时冒出几个汉语词语，并且有了可爱的中文名字"娜娜"。她表示，以前中文在她耳中是毫无意义的外语，现在听到了尽管还不太懂，但能渐渐领略到其中的丰富含义，"中国"似乎越来越成为她生命中不可分割的一部分。另一位女生 Brittany 则表示，这次旅行让她开始考虑来华求职问题，中澳之间的商贸交流如此频繁，若能到中国工作将会很棒。[1]

2019 年学生领队由 2018 年成员——华裔女生 Bonita 担任。连续两年来华，Bonita 能说的中文普通话更多了（她之前能说粤语，不太会说普通话），对祖籍国的感情也更深，还计划以后到中国其他城市自由行。2020 年 4 月，当新冠肺炎疫情肆虐全球，在澳大利亚出现歧视华人、仇视中国的现象时，2019 项目成员 Adrian 同学给笔者发来贴心问候。他说：

  Hi Dang, Letting you know I hope you are and your

---

[1] 塔斯马尼亚英文学院. 林锦姗连续 5 年共资助百余名澳洲学生赴华留学 [EB/OL]. https://mp.weixin.qq.com/s/HrnwAMIHF0KtU8NJT_9jsg, 2020-01-24.
注：2017 和 2018 年西悉尼大学项目即受林锦姗女士资助。该报道收录了若干学生英文感言。

family are safe. And I have no hate towards your country. I just want Australia and China to get back to comfortable relations again! Or else we all won't be able to visit again! Kind regards

（翻译：党老师，希望您和您的家人都平安。我对您的国家没有仇恨。我只希望澳大利亚和中国能恢复友好关系。否则的话，我们就没办法再去中国旅行了！）

Adrian 成长于传统的澳洲白人家庭，这还是他首次到访中国，留下了美好回忆。正因此，他才能对澳洲社会的反华行为进行独立思考，并适时向中国人民表达善意。

经笔者亲身接触与了解，虽不能说这些澳洲大学生都从此爱上中国，但有理由相信他们之中多数都留下了正面印象，某些同学的人生轨迹更因此而被改变。根据调研结果，参加三年项目的近五十位澳洲大学生中，至少有三十位收获巨大、对中国产生明显好感。其中更有十位左右，真正爱上中国，必将通过多种方式和渠道再次与中国产生密切交集，身体力行促进中澳交流，成为中澳亲善使者。

这亦是一种"世界公民"意识的养成：通过游学活动，通过见证不同文化与生活方式，同学们与遥远的异国他乡发生了联系，从此将用更友善的目光打量之前感到陌生的国度。相较于欠缺类似阅历的人，他们心中会多一份理解、包容和善意，而不会轻易滋生狭隘的民族主义与种族仇恨。[1]

---

[1] Kenneth Cushner. Beyond Tourism: A Practical Guide To Meaningful Educational Travel[M]. Lanham: The Rowman & Littlefield Publishing Group, 2004: 111–112.

2. 未成年学生案例：以澳大利亚中文学校访华项目为例

2019年澳大利亚悉尼中国育才学校北京游学班，是一次相当特殊的华裔青少年春令营。[①] 育才学校曾连续多年率学生参加"中国寻根之旅"公费营。2019年因主办方变动、名额紧张等原因，该校组织了自费形式的北京寻根营。由于是自费，此次参加的学生普遍家境优渥、家长的祖籍国情怀也较深厚。作为中方主管教师，笔者与他们相处十分愉快，更通过后期随访，了解到其思想收获。

好几位同学回国后不久，又兴致勃勃地前往台北故宫在悉尼举办的特展，并在会场巧遇。有人还特地将与传世珍宝的合影发给笔者，反映他们对中华文化产生了进一步兴趣。

11岁女生Audrey在其正式就读学校（非中文学校）课堂的"假期旅行故事分享"环节，骄傲地向多族裔同学们介绍这次"非常酷，非常遥远的中国之旅"，一时成为全班焦点，化身为"小小中澳亲善大使"。她妈妈还反馈，孩子送给她的母亲节贺卡，特意用稚嫩的中文书写了祝福语，以讨她欢心，虽然里面的称呼误用了"你"而非"您"。[②]

11岁女生Alina回家后几天一直追看笔者曾在课上推荐的美剧《初来乍到》，说很棒，并建议妈妈也看看，好像她的北京之旅仍在继续。该剧中的华裔同龄

[①] 北京华文学院. 2019悉尼育才学校北京游学班圆满结束[EB/OL]. https://www.bjhwxy.com/detail_3693.html,2019-05-13.

[②] 原文为"亲爱的妈妈，祝你母亲节快乐！我非常爱你，妈妈。希望你今天过得好。Lots of love, xoxo"。注：xoxo指"亲亲抱抱"之意，网络聊天常用语。

人故事，亦令她对"华裔身份"有了新认识。

仍持中国护照的12岁男生知非同学，竟开始郑重其事地跟家长讨论自己的国籍问题。父母给他讲述了澳洲移民政策，说将来换不换国籍留给他自己决定。

13岁男生Jeffery原本不是育才学校学生，但回家后主动要求去上周末中文课。在许多华裔青少年不情愿地入读中文学校的情况下，美好的北京之旅成为他"变被动为主动"的直接原因。

……

可见，中国游学之旅虽然画上了圆满句号，同学们的"精神旅程"却仍在延续，其日常生活已因此发生了或多或少的改变。未成年人的感受或许没有大学生那么深刻，但简单质朴、直截了当。

除了育才学校案例，还有大量发生在笔者身边的生动事例。

有美国同学在回国转机途中收到中国老师整理的照片和视频，当场热泪盈眶；

有英国同学在回国后的汉语班上，集体用微信与中国老师视频通话；

有英、法同学几年后不约而同，以清华大学交换生身份重返北京；

有西班牙同学（中欧混血）通过北京之旅，明白了妈妈给自己起中文名"思华"的良苦用心；

有希腊、缅甸和马来西亚同学下决心以后到北京/中国留学；

有日本同学憧憬着下次带父母来北京登长城、吃烤鸭；

　　有泰国同学表示回去后要向朋友们大力宣传，让他们也来中国，也爱上中国；

　　……

这些事例既包含华裔，亦包含非华裔，历历在目，令人印象深刻。

【案例1-3】小小文化大使：讲好中国故事

澳洲华裔小女生Audrey结束北京之旅回国后，主动将自己在学校课堂分享北京故事的经历反馈给笔者，以下为由微信语音整理的原话。

　　您好，党老师！今天在班里，老师告诉我们要给大家介绍我们放假的时候做的好玩的事情，所以大家都说了，像"我们去了海滩"，"去看瀑布"，"去了新西兰"，等等。轮到我的时候，我就告诉大家，我去了北京，然后他们都张大嘴巴，发出"哇"的声音，他们都很羡慕我！等大家说完的时候，老师让我们分成组讨论。大家都跑去我那边，想听我去北京的故事。我告诉他们我去了天安门、故宫，也去爬了长城，我跟一些朋友爬到了长城最上面；还吃了很多好吃的东西，像北京烤鸭。我班里的小朋友一直问我问题，像"你爬长城爬得很高吗？"等。我回答了他们的问题，他们都很高兴，待在我那组不肯走。

笔者回复：

　　哇！！！You just became famous! Super star! 你成了班里的小明星！是因为北京距离澳洲最远吧！

Thank you for the updates! Really proud of you! 为你感到骄傲!

Thank you for being a good goodwill ambassador of China! Good job! 谢谢你成为很棒的中国友善大使！干得好！

第二章 项目设计：原则、内容与案例

游学项目能否吸引眼球，取决于其整体行程设计是否精彩，如会去哪些地方、学习哪些课程、有何特色活动等。正如游客对某旅游团是否感兴趣，首先要看其路线是否有吸引力，然后才会决定报名与否。不过，后面章节也将提到，在名额很紧张的公费夏令营中，各组团单位以抢到名额为第一要务，没有太多挑选余地，详细内容安排倒不是重点了（参见第五章第二节相关论述）。

来华游学项目设计通常会遵循几个基本原则，包含一些基本内容，并留有灵活调整的空间。

第一节 设计原则

一、娱乐性、教育性与文化性之统一

游学项目最大特色即游、学结合，娱乐性与教育性相得益彰。跨国游学项目因其异域色彩，另具鲜明的"文化性"。概括言之，来华游学项目应当兼具娱乐性、教育性与文化性，是三者的适度搭配与统一。

二、成本与效益之平衡

公费也好，自费也好，在项目设计上所遵循的首要原则是，

成本与效益（cost and benefit）取得平衡，既要控制成本开销，也要保证活动质量。

外方或者说学生总是希望行程越充实越好，因为想在短时间内获得更多美妙经历；而中国承办方/接待方则希望行程越简单越好，因为便于管理，且节省成本。"买方"与"卖方"之间的矛盾对立是客观存在的，须在彼此协商时达成一致意见，在控制成本与保证效果之间取得适度平衡。

控制成本的话题似嫌敏感，不足为外人道，但确属现实问题，所有中方接待单位都要纳入考量。除去少量不计成本的特殊项目，接待方不怕不盈利，但要力保不亏本。行程安排方面，假设住在校园内宿舍楼，每天在教室上课，在校园食堂用餐，则成本较低；若每天出游，在外用餐，或赴异地游览，入住四星级以上酒店，则成本将显著攀升高。师资方面，若由本校教师授课，或教师兼任导游，则成本较低；若外聘专门技艺教师、某领域专家教授，或专职导游、外语导游，则成本较高。服务方面，越高端、优质、专业的服务，成本越高；反之，成本越低。当然，控制成本不能损害活动效果，至少要在外方师生可接受的范围之内。这是一个双方博弈并相互妥协的过程。

第二节　具体内容设计

本节将基于当下来华游学项目现状，从课堂教学、课外活动、观光游览、与中国同龄人交流、公益活动等方面，分别论述不同活动内容的必要性及实际操作中应注意的问题。

一、课堂教学

（一）课堂教学之必要性

在多数游学项目中，课堂教学并非重点，但如巧妙设计、推陈出新，仍然有望成为卖点之一。

1. 提升教育性与文化内涵

一般而言，玩心重的青少年学生总是希望"游"的内容愈多愈好、"学"的内容愈少愈好，而家长及教师考虑问题的角度有所不同，他们认为游学项目必须含有知识性、文化性内容才算名副其实，否则与大众旅游团何异？因此，课堂教学环节自有其存在价值。

2. 降低成本、劳逸结合

安排适量课堂教学，可起到降低成本、劳逸结合的作用。显然，外出游览所占比重越大，则交通、用餐、景点门票等成本越高，而且每天早出晚归，连续数日，还容易导致学生身心俱疲。假设整体行程为一周，中间穿插一两天校园/营地课程，既是休息，又让同学们加倍珍惜外出机会；对于"买单"的家长，也让价格看起来更为优惠。

3. 配合中文/汉语学习

如前所述，来华游学的学生大多有中文/汉语学习背景。适量的汉语及中华文化体验课程可帮他们尽快进入真正的"中国语境"，并对其未来学习产生激励效用。

4. 配合华裔学生"寻根"

在全球华人世界拥有广泛影响力的"中国寻根之旅"春夏秋冬令营活动，以引导华裔青少年"寻根问祖"为宗旨，主办方明确要求紧扣"汉语、文化、寻根"主题,将课堂教学、文化考察和参观访问三者有机结合。[①] 仅仅浮光掠影地参访景点,很难达到"寻根"目的。配合课堂教学、教师讲解,才能更好地帮助营员们加深思想认识。

(二)课堂教学内容设计

相较于汉语课,各式各样的中华才艺课更值得凸显。应依照学生国别、年龄、汉语程度等合理设计课程,做到语言和文化并重、动脑与动手相结合。一般有如下几种课程。

汉语课:利用语言环境,进行汉语强化教学。

文化讲座:选取某个切入点,对博大精深的中华文化稍作介绍,如中国历史、儒家思想、民俗、美食、名胜古迹背景知识等。

中华才艺体验:书法、绘画、脸谱、剪纸、中国结、茶艺、汉服、民族舞蹈、古典乐器等。

体育运动:武术、太极拳、乒乓球、羽毛球等。有时武术、太极亦可算作中华才艺课。

其中,武术(含太极拳)当之无愧人气最高,其次为绘画、手工(含剪纸、中国结等)、书法、茶艺、脸谱等。汉服讲授难度较大,民族舞较受女同学欢迎,古典音乐对设备要求较高,乒乓球和羽毛球因其文化内涵不鲜明,仅可列为备选。这些课程侧重亲身体验、亲自动手,互动性和趣味性较强,比汉语课和文化讲座更加引人入胜。

2016年湖南师大"华夏·潇湘之旅"孔子学院夏令营,针

---

① 中国侨联办公厅.中国侨联办公厅关于做好2019年"中国寻根之旅"夏令营申报和筹备工作的通知[S].中侨厅函[2019]74号,2019.

对来自俄罗斯、美国、韩国的约50位大学生和高中生营员进行了问卷调查。调查结果显示，在各类文化课程中，中国武术（太极拳）、京剧脸谱制作、中国饮食（包饺子）排名前三，其次为民族音乐、国画、书法、中国结、剪纸，而中国文化讲座排在末尾。[①]该排序大致反映了外国学生的兴趣点，可供参考。

国侨办"走出去"的品牌活动之一"中华文化大乐园"（即在海外当地办华裔青少年夏令营），以"五个一"为教学目标，即，学会一首歌，学跳一支舞，学打一套拳，学画一幅画，学做一件手工艺品。[②]可供教学设计参考。这"五个一"，是短期内（十天左右）可以达到的切实目标，在共同学习、共同排练与表演之中，亦能培养团体荣誉感、认同感和归属感，使海外学生们留下满满的共同回忆。

游学活动不是课外补习班或语言速成班，其整体氛围应当是轻松愉悦的。它不宜包含过多知识性、记忆性课程，更不宜用强制学习的办法。特别是在公费夏令营中，来自多国的营员们构成短期性、暂时性班级，无正式考核，无太多约束力，教师也没有太强权威可言。用强硬手段往往南辕北辙，适当利诱、投其所好，易于见效。此外，因其并非正规系统性教学，缺少教学大纲和条条框框，教师的自由度更大，在授课内容和方式上可积极创新。

游学活动的基本理念是"游中学""游、学并重"，这个"学"字不宜狭隘理解为"课堂学习"。少量的课堂学习内容可

---

① 曾雅骥. 体验式教学法在来华短期夏令营文化教学中的应用分析[D]. 湖南师范大学，2018：28-29.
② 根深叶茂——记2018中华文化大乐园[EB/OL]. https://m.sohu.com/a/251411901_753472/，2018-09-01.

提升活动品质，过量则适得其反。在公费项目中，主办方、承办方等每每囿于"必须凸显教育性""教育性必须体现在课堂上"等传统观念，是以安排大量课程，而同学们往往抱怨最多的就是这点。

【学生视角2-1】不喜欢上课

① 刚开始的时候我没反对参加冬令营，但是听说会上课我就十分反对，时常闹情绪、生气，但是到了学校之后我也没太讨厌了。

(*安妮，女，12岁，巴西；2019年冬令营——塞外北国感知营)

② 我知道我们会有考试所以才不高兴。但是，就算有课要上，我们还有街要逛！

(*培琳，女，13岁，菲律宾；2018年春令营——菲律宾中正学院北京游学营)

③ 来到这里，开始我以为我们会天天出去，像旅游一样，没想到在北京上课的时间比在外面的还要多。

(*宇，男，17岁，法国；2017年夏令营——"丝路探源"古都文化感知营)

④ 刚开始的时候，讲课太多，我们坐在教室里没有意思。可是讲课完了，好玩儿的东西就开始了！我们去了长城、北京动物园和一大堆不一样的地方，都非常好玩的。

(*文玮，男，14岁，加拿大；2016年夏令营——中华国学营)

⑤ 第六天，我们去天安门和故宫……然后有四天

都是课，我感到十分无聊，因为我不喜欢学习。但今天是最后一天，所以我很高兴。明天我们就参观颐和园和王府井大街。

(＊兴巍，男，12岁，印尼；2018年夏令营——印尼华裔青少年北京游学营)

二、课外活动

在课堂教学与游览参访之间，未成年学生享有一定的课余时间，但又因封闭式管理而被限制外出。该情况下，开展形式多样的校内课外活动就显得颇为必要。如，其乐融融的包饺子、新奇有趣的拓展训练、友谊第一的游戏竞赛、中西结合的生日聚会、各显神通的才艺表演、适逢其会的中外节日庆典等，应因时制宜，配合中国的端午节、中秋节，[①] 东南亚地区的泼水节、欧美的万圣节、圣诞节等流行节日，借机策划相应活动；亦应因人制宜，充分发挥学生聪明才智，群策群力，重在参与。

正如王伟伟针对"寻根之旅"所论：

> 营员们来自不同的国家和地区，有着不同的信仰和文化，他们的相聚本身就是一个东西方结合的文化大熔炉。中国是他们的祖籍国，是他们的另一个家，为了让他们感受到祖籍国这个温馨大家庭，北京华文学院也会安排许多其他活动，增进营员们对祖籍国的热爱，也增进了营员之间的友谊。每逢有营员在夏令营期间过生日，就会为营员们准备中国传统的"长寿

[①] 按，春节是中国人最重要的节日，也是最重要的假期，中方单位很少会在春节期间承接项目，因此较难据此开展活动。

面"，体验中国的生日习俗；每到泰国的传统节日"宋干节"，也会组织营员们一起庆祝，感受泰国盛大节日的欢乐；在西方的圣诞节期间，也会为营员们准备圣诞礼物，欢度圣诞节。另外，卡拉OK比赛、联欢晚会等，也无形中将东方文化和西方文化相互融合在了一起。①

（一）课外活动之多重功效

旅游心理学家指出，太多空闲时间未必总是美妙的。一个人单纯地独处，缺乏具体目标，不与他人互动，不仅不能放松身心，反而容易感到无聊和焦躁。因此，旅途中参加几项挑战性活动，要比整天躺在沙滩椅上或漫无目的闲逛更能提升旅行体验。② 同理，校园/营地内的自由时间过多，并非一件好事。某些性格内向的未成年学生，若缺乏成人管束和引导，可能沉溺于手机、平板电脑等，沿袭在家养成的懒散和自闭习惯；某些调皮同学，则可能游手好闲，给管理方带来不必要的麻烦；等等。课外活动起到的作用，正是把这些"散兵游勇"们组织起来，从事更有意义的集体活动。

1. 调剂作用

若课程太满，将过于枯燥、疲劳；若课程太宽松，将导致学生课余无所事事，浪费跨国游学的宝贵时光。这时候，课外活动仿佛"游"与"学"之间的润滑剂，可发挥调节身心的功能。

---

① 王伟伟."中国寻根之旅"夏令营现状研究———基于官方网上平台的分析[J].八桂侨刊，2017（3）：22-30.
② Jaime Kurtz. The Happy Traveler: Unpacking The Secrets Of Better Vacations [M]. Oxford University Press, Oxford, 2017: 136-137.

2. 社交作用

课外活动对培养团队精神和集体认同感、归属感极为有益。有汉语教师指出:"请留学生来家包饺子、过生日都是我国对外汉语教学界在对外汉语教学活动中的保留节目。"[1] 所谓"独乐乐不如众乐乐",在休闲氛围、欢声笑语之中,最有利于增进师生情谊与同龄人友谊。对那些羞涩孤僻、不太合群的同学,更是鼓励他们卸下心理防线、融入集体的好时机。

3. 管束作用

在教师督导下,将大家聚到一起活动,也降低了某些不可控风险。青少年精力旺盛,若令其太闲,难免惹是生非,甚而为追求刺激而做出越轨冒险行为,如深夜喧嚣、饮酒闹事、攀爬高处、私自离开校园/营地等(这些均真实发生过)。

(二)注意事项

1. 安全保障

应综合评估不同课外活动形式的安全性,选取老幼皆宜、风险较低者;原则上,不宜开展激烈对抗性体育竞赛,如篮球赛、足球赛等。意外一旦发生,不仅给中外教师带来额外麻烦,更将严重损害个人体验,比如因受伤行动不便而与重要景点失之交臂,或不能跟随大家赴外地游览等,几乎留下终生遗憾。张嫱在关于"寻根之旅"的研究中谈道:

> 来参加"中国寻根之旅"夏令营的营员处于12—18周岁年龄段,这个年龄段的孩子正值青春期,男孩子在一起玩耍常常会出现意外。在笔者工作期间,曾

---

[1] 王晓华. 国际型师生关系与独特的对外汉语教师角色[J]. 西安电子科技大学学报(社会科学版), 2011(2): 102–107.

经有营员用课余时间在学校的操场上踢足球,其中一个营员不小心被另一名管员的钉子鞋踩到了脚,结果造成骨折,没有办法,去医院打了石膏板,几天后不得不坐飞机回国。像这样的意外很难预料,虽然老师们对营员们千叮咛万嘱咐,但是还会发生大家不愿意看到的事件。①

2. 资金保障

由于会涉及相应开销,如准备生日蛋糕、竞赛奖品、运动器材、晚会装饰品等,应提前留出预算。

3. 场地保障

无论拓展训练,抑或联欢会、体育竞赛等,均对场地有特定要求,应根据接待方条件妥善布置。

【学生视角2-2】课外活动体验

① 我们激动地准备着晚上的演出。在排练完后,我们就去了厨房体验包饺子。我之前包过馄饨所以我会擀皮,但包饺子是一种全新的尝试。我们包得兴致勃勃,转眼间就是饭点了。我们都开心地享受了自己包的饺子,就算有一些饺子形象比较糟糕,但我们都觉得包饺子很有乐趣。到了晚上的演出时刻,大家都很激动。我们分别唱了一首本国歌曲、朗诵了一首诗《彩虹》。其中我最喜欢的表演是四组和三组的小品《北京的喜怒哀乐》。我们都用心地演出了北京之旅的回忆,虽然有些人可能没明白我们说的笑话,但我们

---

① 张嫱."中国寻根之旅"夏令营的特点及问题浅析——以北京华文学院海外华裔青少年"中国寻根之旅"夏令营为例[J].世界华文教育,2019(3):51-58.

都很开心。

（*梓佳，女，12岁，澳大利亚；2017年春令营——澳大利亚华裔青少年北京游学营）

② 我们还在学校过了一次难忘的泼水节。我觉得这次在北京过的泼水节特别有意思，也特别高兴。就这样，我们在北京的美好时光就要结束了。

（*明秀，女，13岁，缅甸；2016年春令营——泰缅华裔青少年古都游学营）

③ 我是一个比较害羞的人，在缅甸我一次都没上过舞台，还没有跳过舞。来到这里，我充满自信地参加了跳舞活动，而且要上台表演。我是有点激动，但是我有信心完成这个跳舞演出。

（*兴樑，男，17岁，缅甸；2019年夏令营——华夏文化营）

④ 今年我感觉在冬令营我突破了自我，比如说，当（联欢会）主持人，要是去年的我的话，我是死也不会去当的，而今年我不仅主动地当，而且很兴奋地去当。

（*君翘，女，14岁，巴西；2019年冬令营——塞外北国感知营）

⑤ 因为准备圣诞联欢，当老师说要集体朗诵的时候，我心情一落千丈，我变得特别无奈。练习时，我也老是朗诵得不好，当时很失落，没想到表演的时候意外地顺利。当节目结束，抢布偶环节是真的好玩！可惜只抢到了一个……

（*安妮，女，12岁，巴西；2019年冬令营——塞外北国感

知营）

三、观光游览

观光游览是整个游学活动的精华，也是学生最期待的部分。在一些偏重课堂教学的项目中，当终于可外出时，学生有种"久在樊笼里，复得返自然"（晋·陶渊明《归园田居》）的雀跃感。他们之中，许多人是第一次到访中国，带有典型观光客心态，总想着抓住到处吃喝玩乐的机会。某些华裔学生虽曾随父母回中国家乡探亲，但并未到过太多其他城市，亦缺少跟同龄人一起旅行的经验。

（一）观光游览内容

1. 景点参访

不论该项目设定何种主题，本着"不去遗憾"的原则，接待方所在城市、地区的名胜古迹与当代地标，应首先予以考虑，这部分可参照常规旅游团规划。配合特定游学主题，亦需要安排具备特定文化内涵的地点，如博物馆、美术馆、科学馆、艺文特区、文教机构等。

2. 逛街购物

大部分外国学生对逛街购物有着异乎寻常的热情，从其心理需求角度分析，原因如下。

第一，享受花钱的快感与收获满满的充实感。

第二，在可砍价之处，享受游戏般的智力博弈乐趣。

第三，完成给家人朋友带伴手礼的"任务"。

第四，顺便大快朵颐，享用各种美食小吃，改善平时伙食。

第五，受恶劣天气干扰较小，比起顶着大太阳或冒着风霜雨雪观赏室外景点（某些景点还"很无聊"），更为舒适。

第六，暂时摆脱老师监管，自由自在玩耍。游学过程中，未成年学生大部分时间参与教师管束下的集体活动，缺乏"人身自由"，而逛街购物很难整团行动，便成为三三两两小伙伴们难得的逍遥时光。

是故，应在保证安全的基础上尽量满足此需求，否则有不近人情之嫌。除了游客必去的知名购物街，亦应带至商场/购物中心或大型超市，既能领略"接地气"的普通民众生活，又给学生采购零食饮料的机会。这里无须预约、无须门票，在既定行程受交通、天气、突发意外等干扰时，或已完成当日游览，但返回休息又嫌太早时，可酌情添加。

3. 美食

首先，在学校食堂或酒店自助餐之外，应配合观光游览，提供几次品尝代表性地方美食及中国特色美食的机会。按惯例，会赴"团餐"（旅游团用餐）定点餐厅。团餐，优点是预约简单，上菜快，对管理方而言省时省力；缺点是受餐标及用餐地点限制，不太可能吃到真正面向本地人而非外地游客的庶民美食。

其次，鉴于成本、场地等因素，有些特色美食无法统一前往用餐，为弥补遗憾，可酌情允许几次自由用餐，让学生自主选择感兴趣的美食。地点以某商场/购物中心内部最佳，一则不易走失、安全度高，二则各式餐厅扎堆、风味齐全，三则餐饮卫生和品质均有保障。该做法优点在于省去了集体用餐环节，融用餐于逛街购物之中，增加了实际游览时间，而其缺点在于学生自由活动所附带的走失、迟到、意外事故等风险，以及财务制度是否允许发餐费，或涉及报税而只能以低于餐标的金额发放等。团餐与自由用餐对比见表2-1。

表2-1　团餐与自由用餐对比

	团餐	自由用餐
用餐地点	定点餐厅，选择较少，受团队规模影响较大	不定点，选择较多，不受团队规模影响
用餐形式	团餐是单独环节，需从上一地点集合，赶赴餐厅，用餐结束后再赶赴下一地点，耽误时间较长，学生无自主选择权	用餐融于逛街环节中，随个人喜好，可吃大餐，可尝小吃，可边逛边吃
饭菜质量	与餐标相关，受限于成本，多半不会太好	依个人选择、喜好而定
管理方工作	统一预定，统一刷卡支付	中方教师须预先备好现金、零钱，并打印领款单请大家填写；解散后需来回巡视，集合时需确保人人到场
管理难度	很低	稍高
风险	很低	稍高，但可控

由上述内容可知，站在管理方/带队教师立场，团餐是更理想选项，因为便于管理；站在学生立场，自由用餐才是更好选项，因为体验更佳。双方的矛盾不可避免，应遵照现实情况，竭力寻求两全其美之法。

（二）注意事项

在游览安排上，应遵循以下几个原则。

1. 控制风险

《导游实务》在论述学生团队的出行安全时指出：

尽量避免有涉水、探险、攀爬等高风险的旅游项目，尤其是在容易发生危险的场所（如湖边、河边、无栏杆的高处等）。[1]

外国未成年学生团较常规旅游团和国内学生团，都更需注重安全事宜。某些流行的大众景点或活动，如爬山、划船等，存在一定危险性，如非必要，皆应避免。某些热门景点，旺季时尽量避开周末节假日，以免游客熙熙攘攘导致队伍前进困难、学生走散风险升高。

2. 劳逸结合

通常一天2—3个地点，不宜超过3个。如上午是走路较多、较累的景点，下午就最好去轻松景点或逛街购物。

3. 室外室内合理搭配

炎炎夏日或数九寒天，不宜在室外停留太久，如上午是室外景点，下午就应优先考虑室内景点。带队教师或导游人员需随时关注天气预报，如第二天天气恶劣，则尽快与外方领队及后勤服务部门（涉及用餐及出行车辆）等沟通，或推迟出游，或改为室内文化场馆等。虽然会给管理工作带来些许麻烦，但能够体现接待方的责任心，给予学生更舒适、安全的体验。游学行程乃事先商定，无法预知天气及其他意外，"严格执行既定方案"的僵化方式并不可取，应允许适度的灵活性。

4. 数量与质量平衡

以北京为例，若多数学生乃初次来京或停留较短，应更重数量，尽量在短时间内游览更多地方，令其不留遗憾。若多数学生乃反复来京或停留较久，应更重质量，适当延长关键地点游览时间，保证深度体验。

---

[1] 易婷婷，等．导游实务（第2版）[M]．北京：北京大学出版社，2018：90．

5. 一线景点与二、三线景点妥善分配

以北京为例，针对初次来京或停留较短者，偏重一线景点；针对反复来京或停留较久者，酌情添加二、三线景点。各景点的选择与分配，宜依据活动时长，按重要程度排序。如长城是大多数外国游客眼中排第一位的景点，其次是天安门、故宫、颐和园、天坛等。应尽量将长城排在前半段，尽早完成。尤其夏季天气多变，不能掌控的因素较多，若将大家最期待的长城排在后半段，万一因暴雨等恶劣天气不能成行，又因马上要回国（或赴外地）而不能改日弥补，则将成为一大败笔，严重损害了整体体验。

6. 正视文化差异

外国学生来自世界各地，各有不同文化习俗，并非所有大众景点均适合他们。如国内学校喜欢组织去的"爱国主义教育基地"等，带有较强政治性，就不太合适。若遇外方学生有严格宗教信仰，亦应谨慎前往宗教场所。而某些传统文化景点，如西安碑林、常德诗墙等，需考虑外方学生的接受能力。一则，汉字往往是他们认为最难的部分，包括华裔学生在内，大多达不到可正常阅读的水平；二则，繁体字书法、古诗文内涵等，需较深的文化底蕴才能理解；三则，这类景点偏重单向欣赏，互动性、趣味性较差。种种原因，造成这类文化景点对外国青少年缺少吸引力。

四、与中国同龄人交流

在课堂教学、课外活动与观光游览之外，与中国同龄人交流是颇为亮眼的部分。

第一章曾提及英国"同一世界教育"（One World Education）致力于多国姊妹校交流项目，其宗旨为"打破文化藩篱，给同学们与全球同龄人互动的机会（breaking down cultural barriers and to give all students the opportunity to interact with other students from across the globe）；通过互相招待来访的外国同龄人，扮演"全球青少年大使"（Global Youth Ambassador）角色"。①

旅行圈亦普遍认为，景点打卡拍照只是最肤浅的旅游，与当地人多多交流，了解其生活习惯与思维方式，才称得上深度游。这种"沉浸式旅行体验"（an immersive travel experience）是感悟地域差异与文化差异的有效方法，唯其如此，方能达到通过旅行提升自我、认识世界的目的。②

若条件允许，应尽力带大家赴当地学校参访，提供中外学生面对面交流的契机。交流形式可多种多样，如走进课堂、结伴游玩、友谊竞赛、互赠礼物，乃至寄宿一两晚等。若能因此结识中国小伙伴并保持联络，将显著加强外国学生与中国之间的纽带关系，并大大增加其"回访"概率。同龄人之间的友谊拥有不可替代的独特性，是青少年成长中的关键一环。"中国友情"的缔结，意味着"中国"不再只是一个抽象的异域符号，而是一个有温度、有情感寄托的地方。随着彼此书信往来、友谊加深，他们对中国的了解将越来越全面，对中国的友善度和

---

① 参见同一世界教育官网（https://www.oneworldeducationuk.org）。
② 参见：Sara Clemence. Away & Aware: A Field Guide To Mindful Travel [M]. Piatkus, London, 2018: 49–57. Chapter 5: Connecting With People. Jaime Kurtz. The Happy Traveler: Unpacking The Secrets Of Better Vacations [M]. Oxford University Press, Oxford, 2017: 113–139. Chapter 5: Step Off The Tour Bus: How To Peel Back The Layers And Really See The World.

好感度亦将相应提升,其收效是追求宏大叙事的官方形象宣传工程难以企及的。

笔者曾带英国爱丁堡中学生(20人)赴北京海淀进修实验学校交流,仅短短几个小时,校方安排却十分周到,事先就制定了完善方案,如表2-2所示。

表2-2 2018英国爱丁堡中学生北京之旅海淀进修实验学校接待方案[①]

时间	内容	活动地点	教师/参与者
14:10-14:50	观摩初二年级英语课	初二5、7、8班教室	国际部老师 英国爱丁堡中学生
15:00-15:30	参观校园	教学楼、操场	国际部老师;志愿者40人 英国爱丁堡中学生
15:40-16:20	中英学生篮球、足球友谊赛	操场	国际部老师;志愿者40人 英国爱丁堡中学生
16:30-16:50	中英学生自由交流 赠送礼物,合影留念	操场	国际部老师;志愿者40人 英国爱丁堡中学生

除了数小时的短暂参访,寄宿中国同龄人家庭堪称深度文化体验,但实际操作难度较高。不只要求中国接待方与当地学校有密切合作,该校还需进行大量前期筹备工作,如遴选寄宿家庭、召开家长说明会、制订详细接待计划等。为避免诸如此类的麻烦,在普通游学项目中寄宿活动并不多见。

[①] 北京华文学院官网. 2018英国爱丁堡中学生北京之旅圆满结束[EB/OL]. http://www.bjhwxy.com/detail_3579.html,2018-10-23.

五、公益活动

第一章曾提及西方教育旅行的"服务学习"（service learning）理念，强调"实践出真知"，在服务社会、服务他人的过程中，更好地去学习和感悟。有时外方学校会要求贯彻该理念，中方可适当设计"献爱心"、做公益、助环保之类的活动，如：

参访慈善机构——关怀残疾儿童、孤寡老人等，带去表演和慰问。如连续二十多年访华的日本"五星奖"游学团在北京期间，即赴脑瘫儿童康复中心和十三陵温馨老年公寓开展爱心活动。[1]

赴乡村学校或打工子弟学校交流或支教——可为弱势群体的孩子带去礼物，或原汁原味的英语课等。如美国 YBB（Youth Building Bridges）项目是面向美国高中生与大学生的中国农村支教项目，以欠发达地区为首要目的地，并结合了城市游学内容。2019 年春季来京的 YBB 高中生团，即先在北京参访观光三天，再赴其他地区游览和支教。[2] 2019 年夏季参加"寻根之旅"夏令营的 YBB 项目华裔学生曾赴福建周宁咸村开展"青少年同在蓝天下暨暑期教育"活动，与咸村中小学生交流互动、建立友谊。[3] 据 YBB 官网介绍，该项目始于 2008 年，由美籍华人 Ruyan Teng 女士创办，通过组织美国青少年赴中国农村中小学支教，既为当地相对落后的教育系统带去活力，亦帮助美国学

---

[1] 北京华文学院官网. 日本"五星奖"游学团圆满完成在北京的游学活动 [EB/OL]. https://www.bjhwxy.com/detail_2682.html, 2017-03-20.
[2] 北京华文学院官网. 2019 年美国 YBB 项目北京游学之旅圆满结束 [EB/OL]. https://www.bjhwxy.com/detail_2682.html, 2019-05-13.
[3] 中国侨联官网. 2019 年"寻根之旅"夏令营——福建武夷学院营纪实 [EB/OL]. http://www.chinaql.org/n1/2019/0731/c429045-31267949.html, 2019-07-31.

生获得独特的沉浸式文化体验，培育其国际视野、责任感与领导力。[1]

体验"熊猫饲养员"工作——这是赴四川游览时的热门活动。在大熊猫保护基地近距离接触憨态可掬的中国"国宝"，为珍稀动物保护尽一份心力，对于外国同学是教育性、公益性与趣味性的完美结合。如"SLB美中教育"为St. Ignatius College Preparatory策划的访华项目，即含有都江堰一日"熊猫义工"活动，同学们可以亲手为熊猫准备食物并现场喂食。[2]

参与植树造林——这既能为地球环境保护尽绵薄之力，又借此与中国建立起一种奇妙的感情联结，如"在遥远的中国土地上，有我当年亲手栽下的一棵小树苗，它还好吗？"。美国ACIS旗下策划的五个中国游学计划，其中之一为"服务学习之旅"（Service Learning Trip），在北京和上海都安排了关怀弱势儿童的行程，并在西安抽出半天参与当地社区的植树生态活动（a community tree planting eco-activity）。[3]

捡拾长城垃圾——长城是外国游客心目中数一数二的中国景点，却甚少有人意识到这处伟大古迹的环境保护问题。来自英国的威廉·林赛（William Lindesay）先生，以"中国女婿"身份常年从事长城环保公益活动，多次发起登长城捡垃圾的社会公益行动，被誉为"长城之友""长城保洁员"。[4] 受此启发，

---

[1] 参见YBB官网（https://www.youthbuildingbridges.org）。
[2] SLB官方微信公众号. 游学中国 –St. Ignatius College Preparatory（3）[EB/OL]. https://mp.weixin.qq.com/s/AJ611ZRo6KTHcqufDlyDrQ, 2018-06-24.
[3] 参见ACIS官网（https://acis.com/trips/tour-detail/children-of-china/?code=CHD）。
[4] 穆爽. 传承力量 | 那个世界上最有名的捡垃圾的人，威廉·林赛 [EB/OL]. https://m.sohu.com/a/194945836_99988833，2017-09-27.

可设计登长城"随手做公益"活动，给同学们发垃圾袋、垃圾钳、手套等工具，教师以身作则，不强制但鼓励大家一起动手捡垃圾。该做法既易于操作，又颇具教育意义，值得推广。

六、其他

由于外方学校五花八门的游学目标与个性化要求，以及中方接待单位自身的业务特点、关系网等，学生也有机会获得其他多元化体验。

公费夏令营中，各地接待方的官方背景为营员们参访特殊场所、享受"特殊待遇"提供了便利。如笔者曾带公费营学生出席在人民大会堂举办的盛大开营仪式，参访大型国企与尚未向公众开放的冬奥会场，在文化书院见证非遗传人的精湛技艺，在中医研究院领略传统医学魅力等。

自费游学团中，中方姊妹校总是乐于提供充满惊喜的接待方案，让学生们"不走寻常路"（heading off the beaten path）。譬如，不做统一规划，而由各寄宿家庭带学生分别行动，或赴庙会市集，或近郊一日游，或露营野餐、住农家院、领略水乡风情等。当同学们结束寄宿回归集体时，必然异常兴奋地彼此分享，将各自的片段感受拼接为完整的中国全景视图。

【案例2-1】北京华文学院《中国游学项目招生宣传册》"定制项目问答"

1. 项目时长

一周：可以，但不推荐。（考虑到欧美来华的长途跋涉，仅停留一周时间偏短）

两周：最佳。

两周以上：遵照您的要求。

2. 人数

10—20 人：最佳。

30 人左右：亦可。

30 人以上：遵照您的要求。

3. 去哪里

北京，或另加其他城市。

参考：外国学生来华游学项目最常去的三大城市——北京、上海、西安。

4. 何时来华

全年均可，但考虑到我们的工作性质，请尽量避开以下时段。

（1）春节（中国最重要的假期，一般是1月下旬及2月上旬、中旬）前后

（2）7月和8月（此间有较多海外华裔青少年夏令营项目，我们可能没有余力再接待其他团队）

5. 此类项目的常规内容

（1）参访北京（或其他城市）最知名景点

（2）汉语课（包括听说读写）

（3）传统艺术课程：绘画、书法、手工……

（4）其他：武术课、包饺子、联欢会……

6. 谁将负责此项目

（1）至少有一位我校教师全程负责（若30人以上，将配备更多教师）；

（2）该教师负责协调项目实施期间的所有活动，包含上课、

导游、后勤管理等；

（3）若有其他城市的游览内容，将额外配备一位当地专业导游。

7. 收费标准

针对常规行程的基本收费标准为：××元人民币/(人·天)。

（约合××美元、××英镑或××欧元；包含所有住宿、用餐、教学、导游、交通工具、景点门票等费用，但不含往返航班机票）

★常规行程：以一周为例，4天校内上课及活动+3天外出游览北京景点。

★请注意：如果您倾向于少上课，多出游，或者增加其他城市，或其他活动内容，收费将高于该标准。

请尽管提出您的特殊要求，我们将据此量身定做令您满意的行程安排，并给出具体收费标准。

第三节 中外设计案例分析

一、中方设计案例

如第一章第二节所述，我国侨务部门主办的华裔青少年夏令营和国家汉办/孔子学院总部主办的汉语夏令营是两种最具代表性的公费来华游学项目。这种公费项目行程通常由承办方/接待方根据主办方要求设计，并报请主办方批准。在设计过程中，中方是完全掌握话语权的。参见表2-3~2-5三例。

（一）寻根夏令营典型行程

表 2-3　某年海外华裔青少年"中国寻根之旅"夏令营
——汉语文化感知营行程

时间	上午 8：30-12：00	下午 14：00-15：30	晚上 18：30-20：00
第 1 天	接机，入住校园		
第 2 天	10：00 开营仪式及分班测试	14：00 手工课	
第 3 天	8：30 汉语课	14：00 绘画课	18：30 影视欣赏
第 4 天	8：30 汉语课	14：00 书法课	
第 5 天	上午参观天安门、故宫，中午在外用餐，下午逛王府井大街，晚上返回学校食堂用餐		
第 6 天	上午游览居庸关长城，中午在外用餐，下午参观奥运场馆-鸟巢、水立方外观，晚上返回学校食堂用餐		
第 7 天	8：30 汉语课	14：00 武术课	
第 8 天	8：30 汉语课	14：00 绘画课	
第 9 天	8：30 汉语课	14：00 书法课	18：30 影视欣赏
第 10 天	8：30 汉语课	16：00 包饺子	
第 11 天	上午游览颐和园，中午在外用餐，下午乘人力车逛北京胡同，晚上返回学校食堂用餐		
第 12 天	上午参观首都博物馆，中午在外用餐，下午参观天坛，晚上返回学校食堂用餐		
第 13 天	复习，考试	15：00 结业仪式	
第 14 天	送机		

笔者任职单位曾承办大量"寻根之旅"活动，以上即是一个典型的寻根营行程，按内容大致可分为：接送机2天、校园课程8天、游览参访4天；除去开头结尾的接送机、开营闭营仪式等，真正的"干货"仅10天左右。在上课日，每天上午8：30—12：00均为4课时的汉语课，下午则为2课时中华才艺学习，3点半下课直至晚上，都是校园内休闲时段。作为公费项目，该设计是多方因素综合作用并妥协的结果，到底好不好，可谓见仁见智。

站在校方/管理方立场，该行程操作简单、安全性强，可以控制成本、简化管理。从纯粹的功利学角度出发，把学生们"关"在校园里，特别是"关"在教室里集中授课，风险和成本都是最低的。而下午至晚上同学们有充足自由时段，既可调剂相对繁重的课程，又将中方教师从教学、管理事务中解脱出来，只要无突发状况，大可不必太过费心。将游览时间控制在4天，且晚饭前赶回学校，既节省成本，又能减少出门在外时所伴随的诸多风险。

站在营员立场，最大的感觉是校内课程太多（尤指汉语课），而出行机会太少，跟他们想象中"吃喝玩乐逛街"式的中国夏令营相去甚远。

站在外方领队立场，他们需履行监护人职责，照顾好自己带来的学生，只要学生们衣食住行一切顺利即可。关于课后的宽松时段，亦不乏领队提出意见，一是怕孩子们玩得太疯、出问题；二是学校不组织统一活动的时段，领队自己就要管，加大了他们的压力。

站在外方家长立场，这个近似于免费的夏令营，吃住都在封闭式校园，既有学习，又有游览，孩子们可以度过充实的两周假期，加深对祖籍国的了解，总体而言是看上去不错且令人放心的选择。

毋庸讳言，正因为"寻根之旅"是受资助的公费活动，是"卖方市场"，才能实施这样看起来相对简单枯燥的行程。如果它是需要家长全款买单的自费活动，则欠缺亮点和吸引力。该行程的主要问题在于汉语课比重过大，而纯粹的语言课程及常规汉语教学手段，对于"寻根问祖"其实帮助不大。有研究者针对该类夏令营的汉语课设置，一针见血地指出，汉语不可能也不应该成为华裔青少年日后谋生发展使用的第一语言，不宜把宝贵的资源都耗费在汉语教学上，而忽视了对他们来说更为重要的"汉文化教育"。[①]

根据实践经验，在办营成本维持不变的前提下，改善该营行程与营员体验有以下对策。

1. 上课日：增加有组织的校园课外活动，把空闲时间"填满"，而非一味"放羊"；

2. 出游日：增加免费景点和购物、逛街、在外用餐的机会；

3. 减少总天数，节约出来的成本用于增加游览时间及深度体验交流；

4. 延长活动天数，适当收费，作为公费之外的自费部分，增加游览时间及深度体验交流。

[①] 袁素华、郑卓睿. 试析欧美华裔新生代文化身份认同的困惑 [J]. 湖北社会科学，2009（8）：109–111.

（二）寻根夏令营非典型行程

表2-4　2016年海外华裔青少年"中国寻根之旅"夏令营
——中华国学营行程[1]

时间	上午 8：30-12：00	下午 14：00-15：30	晚上 18：30-20：00	城市
第1天	白天，接机，入住华文学院新校区，熟悉环境；晚上见面会			北京
第2天	开营仪式，书法课	儒家文化讲座		北京
第3天	中国概况讲座，《易经》讲座	太极功夫演练	影视欣赏	北京
第4天	唐诗宋词讲座，中国传统舞乐讲座	中医养生讲座	排练节目	北京
第5天	上午参观天安门、故宫；中午在外用餐； 下午游览北京动物园；晚上返回学校用餐			北京
第6天	上午游览居庸关长城；中午返回学校用餐； 下午游览颐和园；晚上在外用餐			北京
第7天	中华美食讲座，汉服讲座	出发前说明会	多营华裔学生联欢晚会	北京
第8天	上午乘高铁前往济南；中午抵达济南； 下午游览趵突泉、李清照故居、大明湖；晚上赴济宁曲阜			北京-济南-曲阜
第9天	上午参访曲阜孔庙、孔府、孔林（"三孔"）； 下午参观孔子六艺城			曲阜
第10天	上午游览曲阜尼山文化旅游度假区； 下午赴邹城，参访孟府、孟庙			曲阜-邹城
第11天	上午参观济宁汶上宝相寺； 下午赴泰安市			泰安
第12天	上午游览五岳之首泰山； 下午乘高铁返回北京；傍晚抵达北京			泰安-北京
第13天	闭营仪式	自由活动		北京
第14天	全天送机			

---

[1] 北京华文学院官网. 2016中国寻根之旅夏令营——中华国学营在我院闭营[EB/OL]. https://www.bjhwxy.com/detail_1922.html,2016-08-04.

这是一次努力求新求变、打出"国学"响亮旗号的寻根夏令营，课程上以专题文化讲座代替汉语课，游览上缩减北京景点，增加了4—5天孔孟之乡朝圣，比常规寻根营丰富许多。笔者全程参与了该营设计，并主管一线工作，而事后反躬自省，却颇觉遗憾。该营试图突出"国学"特色，加强思想文化深度，却忽略了华裔营员的理解接受能力，犯了"揠苗助长"式错误。从营员反馈来看，普遍认为讲座偏难，游览也偏无聊。赴山东的几天原本是最大亮点，但当地天气之炎热超出预期，对身在其中的营员们干扰甚大，好像不管去哪里，不管多么肃穆或好玩的地方，只有一个挥之不去的感觉——"热"。①

　　从承办单位角度看，该营是不惜重金、精心打造的创新型精品项目，也取得了预期宣传效果，颇受外方领队及家长好评，作为一次普通的"中国夏令营"或者说"中国之旅"可谓很成功，但营员们对中华文化的理解和掌握，似乎与其他营区别不大，作为一次"寻根营""国学营"，某种程度上是失败的。一言以蔽之，理想与现实存较大落差，高投入似乎没能带来高回报。营员们对该营整体满意的评价，更多源于与小伙伴们同甘共苦的旅途经历，而非国学或中华文化熏陶。假设这个营删去山东行程，代之以同等比重的京内游览，再将"填鸭式"讲座替换为互动式中华才艺课，极可能既控制了成本，又提升了体验，还大大降低了赴外地参访时的一系列附带风险。

（三）汉语夏令营代表性行程

---

① 无独有偶，一项针对2015比利时高中生山东夏令营的调查显示，他们对赴曲阜"三孔"参访评价不高，原因包括缺乏背景文化知识（导致没兴趣）、天气炎热（导致没精神）、英语导游讲解枯燥（单方面讲解，无互动）、无体验型活动等。参见：任谦. 传播学视角下的来华修学游方案设计——以山东曲阜"三孔"为例 [D]. 山东大学，2016：46.

表 2-5 "华夏·潇湘之旅"
——2017 俄罗斯喀山联邦大学孔子学院中国文化夏令营行程[1]

时间	上午	下午	城市
第1天	凌晨接机	参观钟鼓楼,汉办/孔院总部开营仪式	北京
第2天	上午登居庸关长城,游览鸟巢、水立方,下午参观天安门、故宫博物馆		北京
第3天	上午参观颐和园,下午乘高铁赴长沙		北京-长沙
第4天	8:30-11:00 快乐汉语(一)11:00-13:00 欢迎仪式及宴会	13:30-16:30 中国音乐(一)	长沙
第5天	8:30-11:30 快乐汉语(二)	13:30-16:30 中国武术(一)	长沙
第6天	8:30-11:30 中国编织	13:30-16:30 快乐汉语(三)	长沙
第7天	上午考察岳麓书院、岳麓山	13:30-16:30 中国武术(二)	长沙
第8天	8:30-11:30 快乐汉语(四)	13:30-16:30 中国武术(三)	长沙
第9天	中外学生联谊活动		长沙
第10天	8:30-11:30 中国书法	13:30-16:30 中国剪纸	长沙
第11天	考察靖港古镇、铜官窑		长沙
第12天	8:30-11:30 中国音乐	13:30-16:30 闭营仪式 17:00-18:30 欢送宴会	长沙
第13天	乘高铁返回北京		长沙-北京
第14天	送机		

---

[1] 该行程源自:曾雅骥.体验式教学法在来华短期夏令营文化教学中的应用分析[D].湖南师范大学,2018:42.

该营由湖南师范大学承办，共 21 位俄罗斯营员，含高中生 17 人、大学生 3 人、其他 1 人。行程共计 14 天，若忽略接送机（1 天半）及北京、长沙往返（1 天半）耽误的 3 天，实际为 11 天，大略包含校内课程及活动 7 天，校外游览及交流 4 天。

该营突出了孔院汉语夏令营的特色，置入了较多汉语课及中华才艺课程，其中外国学生普遍喜爱的武术课时仅次于汉语。营员们不仅参访了北京和长沙两地的标志性景点（皆冠以"汉语实践"之名），还有与中国学生联谊的机会，更体验了"中国速度"——高铁。总体上，作为公费项目，将教育性与趣味性结合得较好。但若严格审视，尚有以下缺憾。

1. 第二天要走的路太多，过于紧张，营员们会非常累。一般情况下，经验丰富的导游或带队教师不会将长城和故宫这两处"艰巨景点"放在同一天，尤其夏季在烈日下全天暴晒、无处可躲，简直是折磨。如将其中之一与第三天上午的颐和园替换一下更佳。

2. 上下午各上课 3 小时，课时过长。尽管注意到了汉语课与才艺课、动脑与动手的搭配，仍嫌繁重，比如 3 小时的"体力活"武术课就绝不轻松。

3. 晚上过于宽松。可能正因白天课时过长，所以晚上均留给大家自由活动，中方教师也可下班休息，但这种空白时段容易成为管理上的漏洞。[①]

4. 最后两天过于宽松。作为承办方，湖南师大在第 12 天闭营后就完成了使命，也不太可能再派教师陪伴营员返京。虽然

[①] 按理来说，中方接待人员应与外国学生同吃同住，做到 24 小时陪护。但据笔者了解，公费项目中的中方接待教师仍可能照常上下班，仅有大学实习生、志愿者全天候陪伴学生。曾有外方领队抱怨，有急事想找中方教师时却找不到。这暴露出公费项目中的接待方"服务意识"有待加强。

行程表中未作说明，但最后两天很可能仅有一位中方导游照顾俄罗斯师生，无中方教师的管理与组织，似有"放羊"之嫌。

其实，单纯从"性价比"角度考虑，外国学生既然来到中国，就应利用宝贵的每一天去体验他们在本国体验不到的新鲜事物，而不应将大半精力与时间花在课堂上。诸如汉语课、才艺课之类，他们在本国的中文学校或孔子学院也完全能学到，并无必要千里迢迢来中国。假如这个14天的营去掉4天授课而保留其他内容，缩减为10天，那么在节约成本的同时，亦不会明显损害营员的中国之旅整体体验。

必须指出，目前华裔青少年夏令营和汉语夏令营的实践操作，都拘泥于"必须有课堂教学才算有教育性"的刻板模式，忽略了"在生活中学习、在旅途中学习"的可能性，并未将国外学生来华时间充分利用起来，是比较可惜的。公费项目固然经费充足，但怎么把钱花得物有所值，尚需仔细斟酌。

二、中外双方协商案例

在自费项目中，外方掌握着话语权。理论上，中国接待方（学校、旅行社等）须满足其提出的一切要求，区别只是报价高低而已。这是一个双方互相协商的过程：外方有自己的预算和整体设想，期望丰富多彩的中国体验；中方则需考虑如何脚踏实地提供优质服务，且报价不能超出对方承受能力。下文对两个笔者曾亲身参与的案例稍加解析。

（一）华盛顿国际学校中国夏令营

2016—2018年连续三年举办的美国华盛顿国际学校（Washington International School）中国夏令营，游、学比例适中，且囊括北京、西安两地，是相当有代表性的自费项目案例。[1] 其 2017 年行程见表 2-6。

表 2-6　2017 年美国华盛顿国际学校中国夏令营行程[2]

时间	上午 8：30-12：00	下午 14：00-15：30	晚上 18：30-20：00	城市
第 1 天	下午接机，入住校园，开班仪式			北京
第 2 天	汉语课	绘画课	影视欣赏	北京
第 3 天	汉语课	太极拳课		北京
第 4 天	上午游览居庸关长城；中午返校用餐； 下午参观鸟巢、水立方外观，逛王府井大街，自由用餐			北京
第 5 天	上午参观天安门广场及故宫；中午在外用餐； 下午参观天坛，观赏杂技；晚上返校用餐			北京
第 6 天	汉语课	商场购物		北京
第 7 天	汉语课	茶艺课	羽毛球	北京
第 8 天	上午游览颐和园，中午在外用餐， 下午逛秀水市场，晚上返校用餐			北京
第 9 天	汉语课	书法课	晚上乘软卧列车赴西安	北京-西安
第 10 天	早晨抵达西安，入住酒店； 早餐后参观陕西历史博物馆、钟鼓楼（含入内参观）； 午餐后游览古城墙（含城墙上骑自行车），晚餐后回酒店			西安
第 11 天	早餐后参访秦始皇陵兵马俑，下午游览华清池			西安
第 12 天	早餐后游览大雁塔（含登塔）；午餐后参观清真寺，逛回民街；晚餐后乘软卧列车，返回北京			西安-北京
第 13 天	早晨抵京，早餐后逛小商品市场； 中午在外用餐，返回学校；晚餐前包饺子			北京
第 14 天	结业仪式	送机		

---

[1] 北京华文学院官网. 2018 年美国华盛顿学生中国之旅在我院顺利结业 [EB/OL]. http://www.bjhwxy.com/detail_3514.html,2018-07-03.
[2] 北京华文学院官网. 2017 年美国华盛顿国际学校中国之旅在我院顺利结业 [EB/OL]. https://www.bjhwxy.com/detail_2993.html,2017-07-04.

以上行程包含接送机2天，校内上课5天，出外游览7天。可以看到，同样由笔者所在单位承办，同样是14天，但这一自费项目的学习比重明显降低，而游览内容明显增加，行程更趋合理，如：

1. 北京之外，另赴古都西安3天；
2. 北京、西安之间为卧铺列车特色体验；
3. 上课日（第6天），由学校派车，带大家到附近商场购物；①
4. 多数晚上另有安排，而非一片空白；
5. 在外用餐（而非校内食堂用餐）、逛街购物次数显著增多；
6. 开班、结业式分别放在接、送机当天，不必另行占用时间。

该项目成本虽高于公费项目，但学生体验也获得有效提升。美方意见在行程设计中发挥了举足轻重的作用。只是，因联络参访中国当地学校颇费周章，而美方亦无硬性要求，美国同学没能与中国同龄人交流，稍嫌遗憾。

（二）爱丁堡学生北京之旅

2018年秋，英国爱丁堡学生团来京，行程安排见表2-7。

表2-7　2018年英国爱丁堡中学生北京之旅行程

时间	活动
第1天	早晨5:00抵达，接机，入住校园；上午：休息，自由活动；下午游览雍和宫、五道营胡同；晚上在外用餐

---

① 注：按旅游行业惯例，若派大巴车载客出游，半天费用跟全天费用是一样的。所以，通常情况下，半天上课、半天出游"看上去很美"，实则对于接待方非常不划算。此处之所以可实现，是因为该团队仅10人左右，派校车即可，不必另行租用大巴。

117

续表

时间	活动
第2天	上午游览奥运广场——鸟巢、水立方，中午在外用餐，下午游览798艺术区，晚上返回学校用餐
第3天	上午参观首都博物馆；中午红桥市场自由用餐；下午红桥市场购物，参观天坛；晚上返回学校用餐
第4天	上午游览居庸关长城；中午返回学校用餐；下午游览颐和园；晚上返回学校用餐；晚餐后书法课
第5天	赴天津一日游：早餐后出发，中午逛街自由用餐，晚上返回学校用餐
第6天	上午参观天安门、毛主席纪念堂；中午在外用餐；下午游览故宫、景山公园；晚上王府井大街购物，自由用餐
第7天	上午游览后海、烟袋斜街，中午在外用餐；下午赴潘家园市场购物，晚上返回学校用餐，晚餐后武术课
第8天	上午游览北京动物园（熊猫馆）；中午在外用餐；下午赴海淀实验中学参访交流；晚上在商场用餐，KTV唱歌
第9天	白天休息/自由活动。下午16：30包饺子，晚上退房，送机（凌晨航班）

该项目当时由笔者全程负责，先按照英国校方要求制定出行程草稿，再与其反复沟通，最后得以确认。行程集中在北京游览，仅有一次书法课、一次武术课。同学们每天玩得不亦乐乎，逛遍了北京城，品尝了各种美食；赴实验中学参访，又受到热情招待，与中国同龄人交流颇为愉快（参见表2-2）。总体上，英方师生反馈甚佳。[①]

---

① 北京华文学院官网.2018英国爱丁堡中学生北京之旅圆满结束[EB/OL]. http://www.bjhwxy.com/detail_3579.html,2018-10-23.

当然,也有些许缺憾。

1. 英国学生大多首次访华,却只停留北京一地,不免遗憾;

2. 第一天为同学们特意留出上午时间补充睡眠,但他们初来乍到、过于兴奋,并未好好休息,导致下午外出游览时无精打采、昏昏欲睡;

3. 按英方要求设计的天津一日游实施效果不佳,来回路上耽误太多时间——约早8点出发,晚8点返回,整整12小时里有7个多小时花在路上乘大巴,游览时间少得可怜。若将天津一日游改为中华文化互动体验,或增加一场杂技演出或功夫表演,更佳;

4. 最后一天按英方要求,留给同学们校内休整,亦有些单调。若再策划一两个精彩校园活动,填补大半天的空白,或将更加充实。

三、国际游学机构设计案例

跨国游学机构为吸引客户,每每将其示例行程公布在网上,有的还根据不同时长、主题、目的地,列出多个样本供有兴趣者参考。这些行程均从市场营销角度出发做了精心设计,极具参考价值。

(一)ACIS"王朝中国"之旅

美国国际学习理事会(American Council for International Studies,ACIS)的业务范围囊括世界各地,力推五个不同主题的中国游学计划,如最受欢迎(most popular)的"王朝中国"(Dynastic China)之旅:

119

表 2-8 ACIS"王朝中国"之旅示例行程①

时间	活动	城市
第 1 天	从美国出发	
第 2 天	抵达北京，入住	北京
第 3 天	上午游览天安门、故宫；下午乘人力车游览老北京胡同；晚上品尝烤鸭大餐	北京
第 4 天	上午在公园加入当地人队伍练习太极拳，随后游览天坛；下午登长城，游览奥林匹克公园；晚上观赏功夫传奇演出	北京
第 5 天	上午逛街购物；下午飞往西安	北京－西安
第 6 天	上午参访秦始皇陵兵马俑；下午参访大雁塔，逛回民街	西安
第 7 天	上午飞往上海；下午参访当地学校，与中国同龄人交流；晚上逛新天地街区	西安－上海
第 8 天	上午游览外滩、豫园、玉佛寺；下午逛泰康路（田子坊）；晚上观赏杂技表演	上海
第 9 天	返程	

该项目利用仅仅 6 天有效游览时间，规划了"麻雀虽小，五脏俱全"的"急行军"路线，囊括了最受外国游客欢迎的中国（大陆）三大城市。北京至西安、西安至北京均搭乘飞机，节省了时间，同时提升了成本，可谓利弊各半。行程后还附说明：若仍觉意犹未尽，可额外添加香港 2 日游。显而易见，其设计理念为"忽略学习，专心游览，在有限几天内走访更多地方，争取对中国有一个整体印象"。而练习太极拳、参访学校、观赏功夫和杂技演出等内容，则提升了此行的教育性与文化性，

---

① 参见 ACIS 官网（https://acis.com/trips/tour-detail/dynastic-china/?code=DYN）。

使它并未沦为走马观花式的大众旅游团。假若学生假期较短，又想领略中国全貌时，不失为理想选择。

（二）SLB 中国熊猫之旅

前文对"SLB 美中教育"已有详细介绍（参见第一章第二节）。它在来华游学业务上，为美国学生设计了十几个 9—14 天的示例行程，包含风光、历史、功夫、熊猫、多元文化、传统与现代等多个主题。其中，14 天的"爱熊猫"（Love the Pandas）之旅颇具特色，其行程见表 2-9。

表 2-9　SLB 爱熊猫之旅示例行程[1]

时间	活动	城市
第 1 天	从美国出发	
第 2 天	抵达北京，入住	北京
第 3 天	上午在公园加入当地人队伍练习太极拳、踢毽子，随后游览天坛；下午游览天安门、故宫；晚上品尝烤鸭大餐	北京
第 4 天	上午登长城；下午参访当地学校，同堂上课，与中国学生交流；晚上观赏功夫传奇演出	北京
第 5 天	从北京出发赴四川雅安碧峰峡景区，入住	北京 - 雅安
第 6 天	上午游览碧峰峡景区；下午在碧峰峡熊猫研究基地接受"熊猫义工"训练	雅安
第 7 天	全天从事义工服务，如清洁熊猫栖息地、为熊猫喂食等；晚上抵达成都，入住寄宿家庭	雅安 - 成都
第 8 天	上午继续义工服务，在养老院与老年人互动，协助清洁工作等；下午游览锦里古街	成都
第 9 天	上午走进中国同龄人课堂；下午与中国小伙伴一起活动	成都

---

[1] 参见 SLB 官网（http://sinolanguage.org/school-trip/program-details.html）。

续表

时间	活动	城市
第 10 天	上午走进中国同龄人课堂；下午学习中华才艺，如剪纸等；晚上与寄宿家庭一起准备晚餐	成都
第 11 天	乐山大佛景区一日游	成都
第 12 天	从成都出发赴上海；游览外滩，登珍珠塔，参访上海城市历史发展陈列馆；晚上观赏杂技表演	成都–上海
第 13 天	白天赴乌镇水城，傍晚返回上海，逛新天地街区	上海
第 14 天	返程	

该项目若去掉最初两天与最后一天，仅在中国停留 11 天，再减去北京赴四川耽误的一天，有效游览时间为 10 天。配合其熊猫主题，北京和上海两大城市都匆匆走过，将重心放在四川的雅安与成都（中间约 2 小时车程）。雅安聚焦于熊猫志愿者工作，与大熊猫亲密接触；成都则寄宿当地家庭 5 晚，与中国同龄人亲密接触。不论照顾熊猫，还是照顾老年人，均贯彻了西方教育注重的"社区服务"或"服务学习"理念。据 SLB 微信公众号报道，有时美国同学还能从中国相关机构那里获得服务证书。[①]

总体上，它主打与中国同龄人交流、在旅途中服务等特色，虽在北京、上海略显蜻蜓点水，但可想见美国同学的感受必定是鲜活的、深刻的。不难推测，这一"熊猫之旅"成本绝对不菲，而且，SLB 必定在成都有着稳定可靠的合作学校，才能提供优质寄宿家庭。

---

① 参见 SLB 官方微信公众号：游学中国–St. Ignatius College Preparatory（3）[EB/OL]. https://mp.weixin.qq.com/s/AJ611ZRo6KTHcqufDlyDrQ, 2018–06–24.

行程表中未说明不同城市间的交通方式，亦未给出参考报价，但特色鲜明、重点突出，极富吸引力。

（三）"学习冒险"中国语言之旅

总部设在英国的"学习冒险"（The Learning Adventure），为英美学生设计了二十多个各具特色的中国游学项目，分别以语言、文化、武术、音乐、历史、地理、商业、技术、环境科学、志愿服务等为主题。每种皆附有详细行程、参考报价与所含各项服务，一目了然，颇便于查考。如"中国语言之旅"（Mandarin Language in China）行程见表2-10。

表2-10 "学习冒险"中国语言之旅示例行程[1]

时间	活动	当日主题	城市
第1天	上午抵达上海，入住酒店；下午游览人民广场、南京路、外滩	你好中国！你好上海！	上海
第2天	上午汉语课；下午参访宣传画艺术中心、田子坊、法租界	汉语课	上海
第3天	上午汉语课，中午品尝小笼包；下午游览豫园及礼品店；晚上品尝火锅	文化＝语言＋美食＋艺术	上海
第4天	上午汉语课；下午游览陆家嘴，登明珠塔；晚上黄浦江游船体验	上海奢华	上海
第5天	上午乘大巴赴杭州（2.5小时），西湖游船体验，逛河坊街；下午参访龙井茶园，品茶；晚上搭乘列车赴北京	杭州	上海－杭州－北京
第6天	上午参访天坛，茶馆欣赏茶艺；下午游览颐和园	寺庙、茶馆、宫殿与公园	北京

---

[1] 参见学习冒险官网（https://thelearningadventure.com/trip/mandarin-intensive-trip/?_sft_portfolio_country=china）。

续表

时间	活动	本日主题	城市
第7天	上午登长城；下午游览奥林匹克公园；晚上品尝烤鸭大餐	长城	北京
第8天	上午赴当地学校交流，与中国小伙伴一起听课、运动、用午餐；下午游览天安门、故宫、景山公园	感受中国学生生活	北京
第9天	上午赴"太阳村"，与弱势儿童互动，并参与植树活动；下午印章课，或爨底下村（或胡同）寻宝游戏	互动	北京
第10天	返程	告别北京	

该项目为凸显语言主题，布置了三个上午的汉语课，并在9天中游览了上海、杭州、北京三个城市，颇为紧凑，内容也相当多元：语言学习、文化体验、景点参访、与同龄人互动、志愿服务……近乎无所不包。若究其细节，下述三点有点瑕疵。

第7天下午赴奥林匹克公园，若仅观赏鸟巢、水立方外观，过于简单，不值得占用半天，但与上午登长城搭配，或许有劳逸结合的用意；

第8天下午一口气游览天安门、故宫、景山公园，步行距离很长，且景山要登山，也颇耗费体力，估计会很累；

第9天的印章课与寻宝游戏，看上去诱人，实则是二选一（alternatively），并非二者皆有。

至于用餐，小笼包、火锅、烤鸭特意被标注出来，那么未列出的，多半就是普通餐品。

总之，虽稍有模糊不清或可改进之处，但这一行程设计堪称精彩，实无必要再去吹毛求疵。

第三章　项目接待：后勤服务与管理人员配置

来华游学项目最常见的情况是，由某中方学校（对应"学"）或旅行社（对应"游"）作为接待方。二者情况各异，兹比较如下。

表3-1　学校与旅行社接待条件对比

	学校	旅行社
接待方性质	非营利性教育机构	盈利性企业
住宿地点	校园内宿舍楼，附设宾馆/酒店	商务酒店
食宿条件	大多普通	相对较好
安全度	封闭式或半封闭式校园，风险低	半开放式，有安全隐患
活动场地	完备，附设运动场馆等	不完备
教学设施	完备	不完备
师资	完备	外聘
导游	外聘，或由带队教师兼任	完备
出行车辆	本校车辆（中小型校车），或从外部租用（旅游大巴）	完备
盈利需求	较低	较高

公正地说，由学校作为接待方，其经济利益驱动相对较弱，且易于开展教学活动；旅行社的盈利需求较强，但在接待上更专业，尤其赴外地游览时，服务更加到位。二者适用于不同情

境，互相合作的情况亦很常见。

本章将以学校为例，从后勤服务角度，讨论如何做好来华游学项目的接待工作。

第一节　后勤服务与配套设施

一、前期物质准备

（一）文字材料

如《游学手册》《营员手册》等。内容可囊括行程安排、中国生活须知、校园生活须知、校园/营地平面示意图、地图及地址、联络电话、全体人员名单、分组人员名单、研讨作业、景点介绍、日记页等。这本小册子可做得很简单，仅具实用价值；亦可做得很精美，富于收藏价值。

来华旅行的日本学生团队，往往人手一份薄薄的册子，出游时随身携带，颇值得借鉴。如横滨山手中华学校2019年第72届《毕业旅行手册》，共31页，内页目录见表3-2。

表3-2　《毕业旅行手册》目录

1 毕业旅行的意义与目的	8 房间组
2 目标	9 用餐组
3 旅行日程与地点	10 歌曲
4 携带物品	11 每日记录
5 具体日程安排	12 零花钱支出表
6 行动组及工作分担	13 总结
7 巴士座位	14 问题集

其分组井井有条，反映了追求秩序与细节的日本文化。封面、封底皆为手绘彩图，包含北京长城和颐和园、上海外滩、仰望星空的卡通少女、翻开新一页的书本等元素；通篇均装饰着琳琅满目的花朵、卡通人物、中餐美食、龙和熊猫等彩色手绘；在最后一节"问题集"，罗列了他们即将参访的北京、南京、上海名胜古迹照片及要完成的作业，如：天安门广场的东南西北各是什么建筑，南京中山陵的孙中山先生与山手学校有何渊源，你觉得黄浦江边最漂亮的建筑是哪个，与当地中学生交流时的语伴姓名，等等。令人惊讶的是，该手册完全由学生自己设计、绘图，充分发挥了日本学生的漫画天赋，编辑组成员及封面封底设计者姓名皆一一注明。纵使装订成册后相较于正规出版物仍嫌简陋，但内容丰富、形式可爱，本身就是这次中国之旅的极好留念。

（二）生活用品

如胸卡、服装等。胸卡上印有团队名称、时间、住宿地址、联络教师电话等，起到标识身份之用。服装可繁可简，可以是含帽子、上衣、下衣在内的一整套制服，亦可仅是一件T恤衫，应印有该项目名称或接待方标志（logo）。活动期间统一着装有其必要性，既能培养集体荣誉感、认同感，又因易于辨识而防止外出时走失，并且是独特的纪念品，帮同学们建立起一份共同回忆。在华裔青少年夏令营中，闭营时小营员们恋恋不舍，常争相在彼此营服上签名。尤其那些来自不同国家的营员一旦分别，极难再会，这件签满小伙伴名字的T恤，将值得终生珍藏。

笔者曾指出，针对特殊主题的华裔青少年夏令营，应专门设计营服，如为"国学营"营员准备一套充满古典韵味的传统汉服等。该服装多少会提高成本,但把一身别致的汉服带回家,也算是极有价值的纪念品。[①] 同理,为书画营、功夫营、舞蹈营等设计蕴含相关中华文化元素的营服,为其他学生发一件"我爱中国"或"我爱北京"的T恤衫,皆能体现接待方的浓浓心意。

(三) 文具

若某项目不含学习性课程,则文具并非必备物品,但亦不失为馈赠或纪念品,可包含笔、笔记本、文件夹、书包等。最好富于"中国风"设计,如融合了古典山水画或熊猫元素,印有项目名称或接待方标志等,兼具"旅游纪念品"属性。若只是普通文具,既无纪念价值,也失去了一次接待方自我宣传的良机。

以上诸物品,可整合为一个"迎新大礼包",在学生报到入住时发放。"礼包"丰俭由人,不管怎样,不但体现了对来华学生的贴心招待,在第一时间就让他们感到宾至如归;而且对拨款资助的上级部门(公费项目)或"买单"的家长(自费项目)均有所交代,令其知晓经费花在看得见、摸得着的地方。

二、前期精神准备

(一) 了解外方概况

若为长期合作项目,则可先向同事了解往年团队情况:其行程设计有何特点?学生们汉语大致水平如何?纪律性如何?领队是否亲切随和、容易沟通?是否常常提出额外要求?……

若为新型项目,则提前上网检索来源城市信息、学校信息、该校中文教学及相关活动信息。如在初次见面时能就此寒暄几

---

① 党伟龙、魏晋. 华裔青少年夏令营的新探索——以"中华国学营"为例[J]. 八桂侨刊, 2015(2): 66-71.

句，有针对性地恭维对方几句，可迅速拉近距离，如：

某某城市/国家我去过，是非常美好的经历。我逛街时还曾经路过你们学校附近，"有缘千里来相会"，真是奇妙的缘分！我觉得它跟北京很像，比如结合了悠久的历史文明和时髦的现代文明；但是又很不一样，比如有许多文化差异。好，此后的几天，大家可以用你们自己的眼睛好好观察一下，能发现哪些共同点，哪些不同点……总之，就像我在你们那里玩得很开心一样，希望你们也能喜欢中国北京！

某某城市/国家我还没去过，但是我在电影中看到过那里的城市风貌和风土人情，那里发生过很多传奇故事，景色也非常非常美，真的很向往啊！希望接下来，你们可以告诉我更多关于那里的好玩儿的事。更希望有一天我可以亲自去走一走，看一看。很羡慕你们年纪轻轻，就有机会来到遥远的中国旅行，大家一定要好好珍惜这个机会！

（二）了解团队构成

拿到名单，应初步了解以下情况。

1. 团队规模

依照团队规模，确定上课是否分班、游览景点时车辆如何调度、用餐地点如何选择等。

2. 是否华裔，是否保留中国国籍

可据此推测其语言水平。大体上，不论其年龄如何，华裔学生的汉语水平普遍高于非华裔，而仍保留中国国籍的学生（严格意义上是"华侨"而非"华裔"）汉语水平又普遍高于已入外籍者。这是因为华裔学生多有家庭语言环境，会跟父母用中文交流，而那些持中国护照的仍属中国公民，其语言文化认同显然与外籍学生有别。

3. 男女生比例

可据此推测整体纪律性。通常，女生更乖巧，而男生更调皮。女生越多，越便于管理；男生越多，越令人头疼。若学生来自性别单一的男校或女校，或许对接待方教师的性别亦有特殊要求；纵无特殊要求，接待方亦须纳入考量，比如派一位男性教师去全程管理女校学生是否恰当，派一位女性教师去全程管理男校学生是否欠缺威严，是否应在主管教师之外再搭配异性实习生辅助管理等。

4. 年龄段

若整体年龄偏小，如集中在十二三岁，则纪律性不会有大问题，但要在生活细节上多加费心和关爱，外出游览时控制自由时间，严禁单人私自行动，以降低走失风险。若整体年龄偏大，如十五六岁居多，则不必太担心走失问题，可适当增加自由活动，但须留心他们正处于骚动不安的青春期，或存在纪律性较差之弊。

5. 是否有特殊饮食习惯，或存在食物过敏

会体现在对方提供的名单备注信息中，若有，需重点标出，并在此后集体用餐时格外关照。

6. 是否有学生在华期间恰逢生日

若有，可标注出来，待其来华后与领队商量是否要庆祝、如何庆祝。毕竟，这很可能是该学生第一次"中国生日"，意义非同小可。

7. 领队信息

若领队是华人，是否方便加微信，提前建立联络、随时沟通？若不能提前联络，则接机时要小心别错过。若是老外，是否能用中文沟通，是否有华裔教师随行，配合其工作？

总之，对不同情况做到胸有成竹，并进行针对性准备工作，以免盲目上岗、手忙脚乱。

三、接送机

（一）接机

接机人（为接待方教师、工作人员等）须熟悉机场情况和接机流程，无经验者应跟随学习接机1—2次，方可独立承担任务。

接机前，反复查询降落时间、是否有延误等。以北京首都机场为例，旅客约在国际航班落地后1小时、国内航班落地后半小时左右出来，航站楼越大、团队越大，出来越慢。须提早抵达旅客出口（国际口或国内口），举着接机牌等待。如能预先建立联络，互相发照片确认更佳。很多国外领队及学生无中国手机号，但可通过微信、电子邮件等方式联络。

若未成年人单独抵达，不确定性较高，务必跟外方负责人反复确认航班及学生信息，保证漏接时仍可通过特定途径联络到学生本人，或学生可联络到接机人。若大部队集体抵达，则目标明显，很轻易就能接到。

接机返程途中，稍作寒暄和介绍，并解答疑问。可跟外方领队闲聊几句，了解一下领队背景及学生们的大致情况，既展现接待方的热情友善，又为此后携手合作管理团队奠定基础。

抵达校园后，协助办理入住手续，发放相关材料和物品，并通知后续事宜。由于第一印象非常重要，接机人的表现不仅代表个人，也将代表接待方甚至中国形象，切忌傲慢、敷衍、冷淡等态度。

接机欢迎辞示例（顺利接到学生，返程途中巴士上寒暄）如下。

嗨，大家好！欢迎来到中国首都北京！

首先问一下，可以听懂中文吗？（若听不懂，切换为英语）

很高兴见到大家！我是这次活动的带队老师某某，称呼我某老师就行。在今后短短的几天里，不管是上课还是外出游览，我都会一直陪着大家，希望你们都能有美好的经历！

我想了解一下，有没有人以前来过中国？来过的同学请举手……来过北京吗？请举手……

我们这几天的大致安排如下：……

路上大概一小时，就可以抵达我们的学校。大家先到前台办理入住手续，房间有问题可以向前台工作人员反映。然后会通知下一步集合时间和地点。

好的，还有什么问题吗？没有的话就休息一下，坐了那么久飞机，应该很累了，快到的时候我会提醒你们。谢谢！

（二）送机

一般来说，国际航班需提前 2—3 小时送至机场，国内航班提前 1—2 小时送至机场。另需斟酌路况，或团队规模（人数越多，排队办理登机手续越慢）等，留出余裕的时间。由于要确保不误机，只宜提早出发，不宜推迟。出发前，再次提醒学生检查护照、钱包、手机等贵重物品，以免遗漏（这种情况并不罕见）。

团队送机，送至航站楼，即可告别，随车返回。未成年人单独离开，应协助办理登机手续或无人陪伴乘机手续，送至安检口方可。最好能拍照留证，发给领队和家长，一则让对方放心，二则以防万一，起到免责作用。事先跟司机师傅协调好等待地点和时间，以便跟车返回。

本着"善始善终""行百里者半九十"的原则，最后的送别环节不可马虎大意。毕竟曾朝夕共处过一段时间，中方教师应表现出一定诚意，与同学们依依惜别，哪怕因时间太短未能建立起深厚感情，也应展示出基本礼貌。若在退房、赴机场时无故不露面，或姗姗来迟，或只派实习生到场，或对未成年人单独乘机的情形不闻不问，均可能给对方造成不良观感，功亏一篑，殊为可叹。

中方教师随车送大家去机场途中，是彼此交流分享、倾诉离别之情的最后机会。若一路沉默冷场，只能说明中外师生已"相看两厌"，是颇为尴尬、糟糕的结局。中方教师应善于调动气氛，让场面热烈、充满感情，并可赠送一些小巧的私人礼物，给同学们留下最后的精彩回忆。

送机告别辞示例（全部行程顺利结束，送机途中巴士上告别）如下。

嗨，同学们，时光飞逝，这次中国之旅／夏令营就要划上圆满句号了。祝贺大家！你们成功地在中国

"生存"了这么多天,好样的!

　　现在,我感到又难过,又高兴。这些天大家在北京/中国玩得很开心,我也很高兴一直陪伴着你们。你们这么可爱,这么有活力,让我也变得年轻起来,真的谢谢!(小幽默:是的,我已经上年纪了,但因为跟你们在一起,我有了一颗年轻的心!)

　　对于这次中国之旅,这是一个快乐的结局(a happy ending);对于你们将来的生活,它也是一个崭新的开始(a fresh beginning)。跟大家分享一句我非常喜欢的话:"世界上最棒的事情就是:你所爱的人,所去过的地方,以及旅途中所拥有的美好回忆。"(The best things in life are the people you love, the places you've been, and the memories you've made along the way.)希望你们记住在北京/中国看过的那些美丽的风景,遇到的那些很友善的人,还有跟小伙伴们一起相处的美好经历。希望大家回去以后,跟家人和朋友分享精彩的中国故事,并且以后继续加油学习中文和中华文化,加深对中国的了解,将来做一名中外交流使者。我相信,这次旅行可以带给你们更多的人生机遇,帮助你们成为更好的人,同时,也让这个世界变得更加美好!

　　好的,要说再见了。我会想念你们的!(小幽默:"别哭哦!别为我掉泪!"——说这句话时,总是令学生们忍俊不禁。)欢迎你们再来北京,再来中国!

　　谢谢!祝回家一路平安!大家开心快乐!

【案例 3-1】因贪玩错过航班的美国小女生

2016"寻根之旅"国学营圆满结束后,有几位 14—16 岁美国华裔营员结伴离开。按惯例,考虑到他们可以彼此照应,送至航站楼即可。但送行的教师特意陪伴他们办好登机手续,送到安检口,并在家长微信群中同步广而告之。约两小时后,其中某小女孩家长打来十万火急的电话,原来,他们几人是不同航班,又彼此难分难舍,所以该女生到另外登机口跟小伙伴黏在一起聊天,竟然错过了登机。此时此刻,虽然感到遗憾,但老师已做到自己该做的,确实无能为力。家长也无话可说,只好给孩子办理改签手续。

假设该教师早早离开,未将学生护送至安检口(就算家长和亲戚最多亦只能送到这里),则一旦发生意外将难以推卸责任。在未成年人家长与领队均缺席时,中方教师需一力承担"监护人"职责,务必做到滴水不漏,绝不可想当然,因一时疏忽、懒惰而出现不良后果。

四、住宿

住宿标准应不低于三星级酒店,保障基础设施良好,保障无线网络(wi-fi)连接,保障卫生干净、无异味、无蚊虫等。受资金与接待方条件所限,未必能给学生提供理想的高级住处(如四星、五星级酒店),但应保证安全无虞、整洁舒适,并能对学生反映的房间问题做到快速处理。

通常为未成年学生安排双人标间,宜将室友的选择权交给外方师生。或请对方预先提供已分配好室友的名单,或入住时由外方领队现场分配。除非对方已授权,勿由接待方随机分配,以免引发学生不满及私自调换房间等混乱情形。如出现单男、单女,则需与对方协商处理办法:保留单人间,但会提升成本;或为节省成本,将单男单女并入其他标间,加床处理,但可能影响住宿体验。

入住时,中方教师应在场照应,发放活动相关物品,通知下一步集合事宜,并帮助办理入住手续,引导大家至房间等。因学生大多搭乘数小时航班(含夜间红眼航班)飞抵中国,舟车劳顿,抵达当天不宜再有外出行程。可留出休息时间,或举行"破冰"(break the ice)见面会、茶话会等。

在华裔青少年夏令营中,常见营员单独抵达,或与一两个小伙伴、兄弟姐妹结伴抵达,或家长陪伴前来报到,但入住后就会离开等情况。接待方教师应体谅到小孩子既忐忑又孤独的心理感受,协助办理入住手续,并尽快托付给其领队照看。若有营员先于领队抵达,暂无大人照看,则更需多加关照,如询问其房间设施是否一切正常、是否已跟父母报平安,留心其是否按时去食堂用餐、是否已跟同屋同营小伙伴认识等,以免他们产生"被遗弃"的感觉。

【学生视角 3-1】旅程开始时的孤独与忐忑

① 这次来中国是我第一次跟我中文老师来。刚到的时候,我是有点儿想回新西兰,因为我谁都不认识……我第一天在北京我觉得又冷又孤独。我就坐在我房间看视频吃薯片。我一点儿都不想在这里。

(*祖仪,女,12 岁,新西兰;2018 年冬令营——冬奥文化体验营)

② 我的家人把我送到华文学院时,我唯一想做的

事情是找到 Wi-fi 密码。我的爸爸跟我讲了我组里的人可能是什么样的和他们什么时候到，可是我也不太管这些事情。从芝加哥来的人们到时，他们都一起坐着吃晚饭，只我在旁边自己坐着吃那点快凉了的饭。只在两个星期以内，这些我不太在乎的人变成了我的好朋友……

（*子安，女，13岁，美国；2018年夏令营——传统书画体验营）

③ 我和我的爸爸赶到了我的房间，我的爸爸将我安置下来后便离开了北京。那天我非常的无助，那是我第一次独自一人在没有亲人的陪伴下参加活动。不过我没有猜到的是我在短短两天的时间内就交到了许多来自加拿大、西班牙、迪拜和法国的朋友。

（*仲洋，女，14岁，加拿大；2017年夏令营——"丝路探源"古都文化感知营）

④ 今年是我第一次来北京，也是我第一次去参加夏令营。要去夏令营的那一天我是觉得好可怕的，因为我谁都不认识。不过，我慢慢地开始认识大家。

（*婷，女，13岁，意大利；2018年夏令营——意大利协议营）

⑤ 要来之前，我感到很大的压力，因为这是我第一次没跟父母在一起的旅行。我也会常常觉得害羞，因为我不是很会讲中文，也不是很会听，所以我就一直沉默着。

（*丽丽，女，15岁，菲律宾；2018年春令营——菲律宾中正学院北京游学营）

五、中西餐与饮食习惯

（一）接待方观念误区

入住后，按照接待方情况，或在学校食堂用餐，或在酒店用餐，多为自助餐形式；外出时则视情形而定，或在指定餐厅集体用餐，或逛街时自由用餐。

外国人的饮食习惯与中国人差异较大，理想情况下，接待方应因人、因地制宜，妥善安排餐点，既要突出中餐特色，又要保证有少量西餐或其他地域风味，并且依据特定群体的特殊饮食习惯，适当提供素食、清真餐等。

遗憾的是，颇多接待方存在着一种观念上的误区：外国客人既然来到中国，为尽地主之谊，就要每天准备地道中餐，让大家热爱上中华美食；不怎么习惯也没关系，反正时间不长，坚持几天就好。持有这种想法的接待方欠缺同理心，似有武断、傲慢之嫌。《导游学》一书曾收录"游客在餐饮方面个别要求的处理案例"：

> 某瑞士老年团在中国游览了三个城市，顿顿中餐，胃口渐坏，乃要求中方全陪导游改订一次西餐。但该导游认为"按照接待计划，没有安排西餐，游客到中国来，就是要多吃吃中餐，这样可以使他们对中国博大精深的餐饮文化有更加深刻的了解"，且西餐另有差价问题，故不便安排。毫不意外，最后多数游客给了这位导游差评。[1]

该案例与笔者在工作中观察到的情况相符：有学生宁肯天

---

[1] 熊剑平、石洁.导游学[M].北京：北京大学出版社，2014：135.

天在宿舍吃泡面，也不去学校食堂吃免费的自助中餐；有汉语较好的华裔学生会成群结伙叫外卖，如汉堡、比萨、奶茶等；更有甚者，因不喜欢食堂的饭但又别无选择（封闭式管理，购物不便），而饿肚子饿到几乎晕倒。

即便华裔，亦多半早已习惯了所在国饮食。有研究者曾对二十位美国华裔青少年在Instagram发布的数百张食物照片进行统计分析，发现大都为汉堡、比萨、意大利面、热狗和三明治等典型美国食物，西餐占81%，中餐仅占12%，其他为日韩料理等。"从以上结果可以看出，美籍华裔青少年在日常饮食上以西式食物为主，与美国主流社会并无显著差异。"[①]

另外一项针对"中国寻根之旅"夏令营600多名华裔营员（来自西班牙、美国、马来西亚、缅甸、泰国等17国）的调查显示，75.38%的同学喜爱中餐。[②]亦即，从反面来看，约有1/4（25%）的同学不喜欢或对中餐无感，这是绝不容忽视的比例。此外，"喜爱中餐"只是一个大概意向，不等于喜爱所有中式菜肴，亦不等于愿意天天吃中餐。基于笔者对上千份寻根夏令营营员感言的考察，多数营员喜欢的是烤鸭、饺子、小笼包等外国人心目中的代表性中华美食，而对于日常普通菜肴（例如营地/学校食堂每日提供的家常炒菜），接受度并没有想象中高。（详见本书第五章第四节相关论述）

总之，青少年本来就娇气、挑食，若只给他们唯一中餐选

---

① 刘琛，等．海外华侨华人对中华文化的传承与传播[M]．北京：北京大学出版社，2018：52．
② 沈露依、卫柯宇、田华维．海外华裔青少年祖籍国文化认同影响因素调查及对策研究——以华侨大学"中国寻根之旅营"为例[J]．侨园，2019（6）：162-163．

项,是不太负责任的做法。

（二）外国学生常见饮食禁忌、习惯及须知

1. 饮食禁忌

概括言之,华裔学生较少食物过敏、较少特殊饮食习惯;从欧美澳发达国家来的非华裔学生,较多特殊饮食习惯,较多过敏,尤以花生坚果过敏最多,须小心宫保鸡丁、松仁玉米等家常菜肴。

2. 饮食偏好

华裔学生与亚洲学生对中餐的接受度较高,非华裔学生与欧美学生对中餐的接受度较低。而他们中的多数人,都喜爱饺子、小笼包等特色小吃,以及酸甜口菜肴如北京烤鸭、糖醋里脊等;也喜欢炸薯条、炸鸡米花、汉堡等西式快餐。他们不太能吃辣,应避免那些颇受中国人欢迎但口味偏重的菜肴,如水煮鱼、麻婆豆腐等。

3. 饮料及小吃

外国学生大都喜欢喝冰镇冷饮,且一年四季都不怎么喝热水。用餐时搭配冰可乐、雪碧是物美价廉、安全可靠、接受度很高的做法,尽管它们称不上健康饮料。而纯果汁、纯牛奶、纯咖啡等,成本过高,很难大规模供应。另需提醒学生勿饮用自来水（tap water）,即水龙头里流出的生水。某些国家如澳大利亚、日本等,因水质较好,水龙头的水可直接饮用,但来到中国应入乡随俗、改变这一习惯。

至于特色饮料小吃,珍珠奶茶（bubble tea）人气很高,常有学生询问哪里可买到好喝的奶茶。北京的冰糖葫芦因外型靓丽、口味酸甜,亦颇受喜爱,但需提醒勿从街头小贩手里购买

（卫生不敢保证），并小心竹签扎伤。

中国超市常见的各种零食饮料、方便食品，也很受青睐。某些不太吃中餐，或吃腻了中餐的学生，总是将校园/酒店内的小型便利店当作救命稻草，又因缺乏家长监管，会养成一些不健康的暂时性饮食习惯，如每天喝过多碳酸饮料、吃过多零食或方便面之类的垃圾食品等。

4. 食品卫生及安全

街头小吃（street food）在中国十分流行，有些地方还颇以此作为旅游观光卖点。然而考虑到卫生问题及外国学生的饮食习惯，并不推荐学生尝试。就接待方而言，蘑菇、扁豆等易导致食物中毒的菜肴，一般不提供；生猛海鲜，考虑到卫生及成本问题，亦不提供，除非是在沿海城市。[1]

【学生视角3-2】零食饮料的重要性

① 世界上我最喜爱的饮料是珍珠奶茶。可是，喝太多奶茶的话，会把肚子弄坏的。所以我1—2周只能喝1—2杯。

（*夏希，女，12岁，日本；2019年夏令营——华夏文化营）

② 食堂吃的还可以。有时候好吃，有时候不好吃。我们也可以去杂货店买吃的东西。杂货店的东西不太贵。

（*维，女，13岁，法国；2018年夏令营——黑土地民俗文化感知营）

③ 我们也去买东西。我买了一些东西，像可乐、王老吉，还有别的饮料。我也买吃的东西，因为我饿

---

① 易婷婷，等. 导游实务（第2版）[M]. 北京：北京大学出版社，2018：91.

了。我买东西，像薯片和巧克力。

（*建冰，男，12岁，加拿大；2018年夏令营——黑土地民俗文化感知营）

④我也认识了很多的新朋友。我和我的朋友们很喜欢去超市，买零食、方便面、饮料、冰激淋，还有很多好吃的。我也很喜欢超市里的老板，他们对我们很好。

（*正武，男，14岁，美国；2018年夏令营——传统书画体验营）

⑤我在这几天做过最多的事情就是吃，大部分的钱都用来买东西吃了，现在钱包里的钱也所剩无几。每天晚上都去便利店买一堆食物在（宿舍楼）走廊野餐。

（*贝儿，女，15岁，马来西亚；2018年冬令营——塞外北国感知营）

（三）常见中式菜肴及外国学生接受度

一项针对600名在京高校留学生的调查表明，在他们喜欢的北京特色美食中，烤鸭、糖葫芦、老北京炸酱面、老北京火锅名列前茅。[1]对照笔者工作中所了解的，烤鸭毫无疑问是外国学生公认排第一位的北京美食，糖葫芦的接受度也很高，但后两者则不太确定。一方面，我们较少带学生去吃炸酱面，因为面馆通常规模不大，较难接待团队用餐；另一方面，喜爱炸酱面和火锅的多是那些适应中式饮食习惯的华裔学生，而多数非

---

[1] 魏崇新、高育花. 来华留学生文化适应性研究：以北京高校留学生为例[M]. 北京：学苑出版社，2019：100.

华裔学生则处于"可接受"至"不喜欢"之间。

表 3-3 罗列了若干常见中式菜肴的外国学生接受度,乃基于笔者实践观察,不甚精确,且偏于未成年人口味,偏于北方菜式,仅供参考。

表 3-3 外国学生中式菜肴接受度示例

	菜肴	接受度	备注
主食	米饭/炒米饭	喜欢	对米饭的接受度普遍高于面条
	饺子/蒸饺	喜欢	大都喜欢,或起码乐于尝试
	小笼包/烧卖	喜欢	同上
	油条	尚可	有学生会配果酱吃
	肉夹馍	尚可	可视为"中式汉堡"(Chinese hamburger)
	火锅	尚可	多接受涮牛肉、鸡肉,不太接受羊肉,亦不太喜欢蔬菜、豆腐等;不太接受麻辣锅底
	面条	不太接受	部分华裔学生喜欢;多数外国学生不喜欢
热炒	糖醋里脊	喜欢	"老外"普遍喜欢的酸甜口
	糖醋排骨	喜欢	同上
	菠萝咕噜肉	喜欢	同上
	京酱肉丝	喜欢	豆腐皮卷甜酱肉丝,有点像烤鸭吃法
	铁板牛柳	尚可	多数喜欢牛肉,但或许不习惯该烹饪方式
	宫保鸡丁	尚可	当心花生过敏
	松仁玉米	尚可	当心松仁过敏
	麻婆豆腐	不太接受	有辣椒,重口味;且普遍不喜欢豆腐
	小炒肉	不太接受	有辣椒,重口味
	干煸四季豆	不太接受	同上
	小炒花菜	不太接受	同上
	白灼芥兰	不太接受	普遍不喜欢各种炒素菜

续表

	菜肴	接受度	备注
煎炸烧烤	烤鸭	喜欢	绝大多数外国学生心目中，北京的 No.1 美食
	干炸丸子	喜欢	类似西餐炸鸡块
	常见鱼类菜肴	不太接受	很多外国学生不习惯吃鱼时还要挑鱼刺
羹汤	西红柿鸡蛋汤	不太接受	除了华裔学生，外国学生对大部分中式羹汤都不太接受
	西湖牛肉羹	不太接受	同上
	酸辣汤	不太接受	同上
	豆腐脑	不太接受	不管是作为羹汤还是豆腐，皆不习惯

【学生视角 3-3】北京美食

① 我这次回国是希望学习汉语和游览北京。我也是一个吃货，对北京的小吃非常期待！

(*欣恬，女，16 岁，加拿大；2017 年夏令营——传统书画体验营)

② 北京很好吃的东西是北京烤鸭。我第一次吃北京烤鸭，味道很好吃！还没有吃过北京烤鸭的时候我觉得应该不那么好吃，但是吃了北京烤鸭以后我觉得特别好吃。

(*雨涵，女，12 岁，日本；2019 年夏令营——华夏文化营)

③ 来到北京，不可能不品尝它的美食。北京美食让人看着就流口水。北京烤鸭美味极了，非常难忘。涮肉对我们是一种新的体验，很奇妙。要是每天都能吃，肯定很幸福。

(*恺希，女，14 岁，新西兰；2019 年冬令营——塞外北国感知营)

④ 人们最容易被吸引到的不只是景色，美食的诱惑是很多人都抗拒不了的，何况是舌尖上的中国。此次旅行我满足了两个愿望：一个是吃冰糖葫芦，而另一个则是吃烤鸭，在国外吃到的都不正宗，这次能够来到北京吃到它真的非常开心。回国后我终于可以对别人说，我吃到了"北京的冰糖葫芦与烤鸭"！

（*慧欣，女，17岁，意大利；2018年夏令营——意大利协议营）

（四）因人因地制宜的多样化选择

由上述内容可知，中外饮食习惯有别，关键不在于每天菜肴多么丰盛，而在于是否能既让学生"尝鲜"，又合他们胃口，让他们吃饱吃好。以下策略供参考。

1. 西式简餐

督促食堂准备适量西式简餐。这在技术上并不成问题，聘请一位西餐厨师最为理想；若忧心人力成本，无须另聘大厨，仅需给厨师们稍作西餐培训，常备几个诸如沙拉、炸鸡、炸薯条、三明治、意大利面之类的菜品，或提供果酱、黄油、吐司、烤面包机等，并不会添多少麻烦，甚至有简化工作、降低成本的潜在益处。鉴于接待方无法有针对性地供应每一国特色菜肴，综合考量之下，具备全球普适性的西式简餐最值得推广。

2. 西式快餐

外出时让学生有机会换换口味。限于成本，很难去正规西餐厅，或日式、泰式餐厅等用餐。但一些全球连锁的平价西式快餐店，不失为较好选项。社会学中有所谓"文化趋同"之说，即在"地球村"背景下，各国文化互相交融，强势的西方文化已变成某种普世文化，该现象对跨国游客亦有影响。

　　　　文化趋同对任何旅行者来说是显而易见的。麦当劳的金色拱门欢迎来自东京、巴黎、伦敦、马德里、莫斯科、香港和北京各地的游客。①

　　笔者也观察到，多数外国学生，无论来自何地、是否华裔、是否成年，在其逛街时大都喜欢去麦当劳、星巴克这类他们熟悉的地方吃喝休息。据旅游心理学家分析，这种行为一方面反映了旅行者的恋家情结和停留在舒适区的本能，另一方面也妨碍了其深入探索当地的沉浸式体验。② 对未成年学生，教师既要注意引导他们适应、拥抱当地生活文化环境，也要予以同情和理解，不宜苛求。

3. 自由用餐

　　若逢自由逛街，不妨采取发放餐费方式，将选择权交给学生。该做法另有一个好处，即省略了集体用餐环节，留出更多游览时间——否则还要集合上车赶往某餐厅，餐后再集合上车赶赴下一目的地，颇多周折。需挑选安全隐患较小的地点，如某步行街（不易迷路、无须顾虑交通事故）、某购物中心（半封闭式、内部娱乐休闲设施一应俱全）等。另需提醒，勿随意尝试存在卫生隐患的街头小吃及小饭馆等。

【案例 3-2】最爱麦当劳的英国学生

　　2018 英国爱丁堡中学生团在京游览期间，多为集体用餐（中

---

① [美] 詹姆斯·M. 汉斯林. 走进社会学：社会学与现代生活（Essentials of Sociology: A Down-to-Earth Approach, 11th edition）[M]. 林聚任、解玉喜, 译. 北京：电子工业出版社，2016：61.

② Jaime Kurtz. The Happy Traveler: Unpacking the Secrets of Better Vacations [M]. Oxford University Press, Oxford, 2017：117–118.

餐），另有三次采取发放餐费方式，允许他们在逛街时自行用餐。带队教师发现有几位同学居然连续吃了三次麦当劳，便询问原因，一位女生毫不犹豫地回答："因为它让我有家的感觉！"

这绝非个案。说来奇怪，外国未成年学生，无论源于东方还是西方，在自由用餐时，大多首选"垃圾快餐"的代表——麦当劳和肯德基。大概由于它们是大家都熟悉的全球性品牌，当学生们思念家乡味道时，既然没有更好选择，只能借此稍作慰藉。中华美食固然享誉世界，但有多少外国人能接受将中餐作为连续数日的唯一饮食呢？古人云："乡味不可忘""旅食思乡味"。[①] 英文亦有 comfort food 一说，即指那些带着家的味道和乡愁情思的安慰性食物，或者说灵魂美食。有赴海外经历的国人知道，"胃最爱国"，哪怕去美食天堂法国、意大利等地，若连续两三天不吃中餐，胃就要抗议。正如中餐常常是海外中国游子的慰藉，接待方对外国学生亦应多几分理解。

【学生视角3-4】受欢迎的自由用餐

① 学院给每个学生三十元！这是我们去王府井的时候买午餐的钱。我们非常高兴，因为我们可以自己买喜欢吃的东西。

（*加乐，女，14岁，英国；2018年夏令营——传统书画营）

② 我最喜欢的活动是在王府井买东西。我和我朋友一起去了一个购物中心，吃了拉面。拉面非常好吃，但是很辣！吃完拉面了，我去了商店给我家人买礼物。

（*含璋，女，14岁，英国；2018年夏令营——传统书画营）

[①] 宋·李光《忆笋》："乡味不可忘，坐想空涎流。"宋·戴复古《秋夜旅中》："旅食思乡味，砧声起客愁。"

③ 我最喜欢的就是798艺术区，在那里我品尝了精心做的巧克力和披萨，让我想到了家。

（*梓佳，女，12岁，澳大利亚；2018年春令营——澳大利亚华裔青少年北京游学营）

六、货币兑换与手机支付

首先，是否有方便的货币兑换渠道？虽可提醒外方师生预先换好钱，但仍常遇到抵达时或中途兑换人民币的需求，这就涉及配套服务设施。外事接待经验丰富的单位多有可靠兑换途径，或至少配备自动取款机（ATM），可供Visa或Mastercard信用卡直接取现。若无以上便利条件，可能要陪同到附近银行兑换，一则交通不便（涉及搭乘公交还是集体派车，乘车费用如何报销等问题）；二则排队等待消耗时间；三则每个护照或身份证兑换额度有限，遇兑换量大时另需额外身份证件，会造成不少麻烦。

其次，当学生有缴费或使用相关设施需求时，设定支付方式时应体谅对方情况。须知短期访华的国外师生很少有中国通用的银联卡，亦未开通微信或支付宝服务，因涉及关联中国手机号和银行账户等复杂问题，颇难操作。虽然国内手机支付已极其便利，外国留学生也对这个当代中国"新四大发明"之一赞不绝口，但其实它对短期旅居的国外游客并不友善，他们仍比较依赖现金。

【案例3-3】微信、支付宝与外国师生之窘境

某国际学校常接待来华游学团队，其财务处只接受银联卡、微信与人民币现金三种缴费方式，这对不愿随身携带大量现金、

又无银联卡与微信的外方领队十分不便。另外，宿舍楼洗衣房的自助洗衣机设置为只可使用支付宝，不接受现金，给学生造成极大困扰，也给教师增添了额外麻烦——学生洗衣服时不得不屡次求助中国老师，请其代为支付。该校这类后勤服务及设备上的疏忽有些匪夷所思，一方面主要跟短期来华的外国师生打交道，另一方面其思维方式却仍停留在面向国内师生服务之上，未曾转变过来，"与国际接轨"的响亮口号仍然亟须落实。

七、活动场所

游学团队接待方理应具备基本食宿设施及教学、运动场所，一般以学校校园为佳。若将学生安排至市区商务酒店住宿，虽保障了较优越的食宿条件，但教学设施与运动场地不足，不利于学生开展学习及娱乐活动；且来往人员相对复杂，不利于安全管理。

以某国际学校为例，它拥有面积适中的校园——太大太小都不好：太大，不易管理、有安全隐患；太小，缺少活动空间，容易憋闷。校园内有宿舍楼、食堂、教学楼、会堂、医务室、图书馆、篮球馆、游泳馆、足球场、小超市等，且实现无线网络全覆盖，实施封闭式管理。游览时学生搭乘大巴集体出行，上课时在教室共同学习，课余则在校园自由活动。这就是一家较为理想的接待方，既可在最大程度上保证安全，又不至于在自由时段，同学们只能待在房间无所事事。

【学生视角3-5】校园生活设施

① 学院给我的第一印象非常好。当天，因为在飞机场等其他同学，耽误了很久。所以在来学校的路

上大家都非常累。可当我在看到学校的第一眼,我整个人立马精神了起来。学校的大门给我一种很气派的感觉。学校各处的设备,比如,健身房的跑步机,操场上的篮球架,都使我更期待在这个学院即将度过的时光。

(*俪玮,女,13岁,加拿大;2017年夏令营——传统书画体验营)

② 校园不仅漂亮,而且还有很多你在空闲的时候可以参加的活动,比如说打乒乓、篮球、羽毛球、游泳、和在小卖部吃零食。

(*易宁,女,16岁,英国;2018年夏令营——传统书画体验营)

③ 如果饿了我们可以去小超市买食物,如果想玩篮球或踢足球都可以去操场玩,打羽毛球、游泳、跳舞都可以去体育馆,真的很完美。饿了去吃,困了去睡,闲了去玩,真的是我想要的生活。游泳是我的爱好,所以我天天去游泳,也天天去踢足球。

(*成海,男,14岁,缅甸;2016年春令营——泰缅华裔青少年古都游学营)

④ 学院的食堂和住宿条件都不错,也有一些娱乐设施,所以虽然不让我们出华文学院,在活动之间我们也不会太无趣。

(匿名,男,加拿大;2017年夏令营——传统书画体验营;注:该感言手稿未署名,仅能判断其性别与国家)

⑤ 我不喜欢的事是我们自由时间只能待在学校里

不可以出去。还有一件事情让我很遗憾，学校的游泳池不能用?！老师跟我们说"游泳池在装修"……这个有一点让我生气。不过最后我觉得这个学校还是很好，因为吃的东西不错。

（*高杰，男，17岁，意大利；2018年夏令营——意大利协议营）

第二节　团队规模与管理人员配置

一、管理人员配置方法

游学活动的主体多为未成年人，是故，必须配置相应比例的成年人（教师）履行看护职责。

法国政府规定，夏令营工作人员每人最多可看管8名6岁以下儿童，或12名6岁以上青少年。[①]

"中国寻根之旅"夏令营的办营规范指出，外方领队与营员比例不高于1：10。[②]此处强调"不高于"乃因公费背景下，每10位营员最多只允许外方配置一位成人领队并免除其费用。而在实践中，领队和营员比例多介于1：10至1：20之间，若再加上中方接待人员，则成人与学生的比例维持在1：10上下。

国家旅游局2016年发布的《研学旅行服务规范》规定，主办方（即校方）应至少派出一位代表（即主管人员），并每20

[①] 张旭东. 国外青少年夏令营运作模式及启示[J]. 中国青年研究，2014（10）：114–119.

[②] 中国侨联办公厅. 关于做好2019年"中国寻根之旅"夏令营申报和筹备工作的通知[S]. 中侨厅函[2019]74号，2019.

位学生配置一名带队老师,全程带领学生参与各项活动;承办方(即旅行社)也要派出项目组长、安全员、研学导师、导游人员等。① 亦即成人与学生的比例不得低于 1∶20。

依照笔者任职单位惯例,常见人员配置如表 3-3 所示。

表 3-3 团队管理人员配置

规模	人数	外方领队	中方带队教师	备注
小型团队	20 人以内	1-3 人	主管 1 人 无助理或助理 1 人	中方带队教师即接待方派出的管理人员。主管既是任课教师,也负责有关后勤管理、协调及出游事宜,身兼多职,是整个团队的核心
中型团队	20-50 人	2-5 人	主管 1 人 助理 1-3 人	助理可以是其他中方教师,也可以是实习生
大型团队	50 人以上,百人以下	3-10 人	主管 1 人 助理 2-5 人	管理者(包括中外双方教师)与未成年学生的人数比例起码在 1∶10 以上,换言之,即"一个大人最多管十个小孩"

二、人员配置困境及其应对

(一)困境:专职教师与人力成本

接待方的管理人员配置需在人手充足和控制人力资源成本之间找到平衡。理论上,中方带队教师越多,管理就越完善,但现实中显然不会无限制配置教师。在特殊时段,如每年 7 月都是各类夏令营集中举办的"旺季",常导致接待方人手不足,需要找"外援"。但"外援"毕竟来自外部门或外单位,是否熟

---

① 国家旅游局. 研学旅行服务规范 [EB/OL]. http://zwgk.mct.gov.cn/auto255/201701/t20170110_832384.html?keywords=,2017-01-10.

悉情况、是否提升成本、是否能通力协作皆成疑问。额外聘请专业导游，使得中方教师不必再兼任导游角色，可专心教学及管理；但聘请专业导游所费不菲，为控制成本，多半仅在赴外地时或特殊情况下才会聘请。这种困境，会给一线教师带来较大压力。

【案例3-4】心力交瘁的舞蹈营主管教师

某华裔青少年舞蹈夏令营特受欢迎，造成规模膨胀，达到上百名营员。表面上，该营有八位外方领队、四位中方舞蹈教师、四位中方实习生助理，似乎管理人员足够。但实质上，舞蹈教师中仅有一位是承办单位专职人员，具备较丰富的管理经验，其余三位均从外部延请而来，仅负责教学，不承担管理。亦即，熟悉情况的中方教师只有一位，而她要与八位来自多国的领队打交道，要管理上百名各国营员，虽有四位实习生在旁辅助，但几乎所有任务均须由她吩咐、指派，自己的舞蹈课也不能落下。其事务之繁重、精神压力之大可想而知。这样的营已经不太可能再去追求办营效果，更不可能关注到营员的切身感受，只求不出事故、顺利结束而已。

（二）应对方法

当人手捉襟见肘时，如何保证管理不出差缪？可行的办法之一是招募实习生、志愿者辅助管理。当接待单位是某某大学时，人力资源充裕，招募助手相当简单。作为大学生，他们已经是成人，可独当一面，肩负起照顾未成年学生的责任。当接待单位是某某中小学时，该校学生可以成为外国同龄人"语伴"，虽不能承担独立照顾的责任，但至少能起到陪伴作用。

例如，在寻根夏令营接待工作中，暨南大学营的志愿者们因身着蓝色营服,被亲切地冠以"蓝精灵"的昵称,深受营员爱戴。①在孔子学院夏令营接待工作中,首都师范大学国际文化学院面向全校全日制学生(含本科生、研究生、博士生)招募志愿者,职责为辅助留学生办公室老师接送机,做好市内参观活动组织工作,并向夏令营营员介绍北京的历史文化;待遇为发放一定数额补贴和实习工作证明。②有时也招募具备外语特长者,如2019年湘潭大学国际交流学院为孔子学院夏令营招募英语、西班牙语志愿者,"一经录用,纳入夏令营统一管理并提供一定通讯、交通补贴"。③

国内的研学机构,也往往招募在校大学生作为兼职辅导员,辅助管理研学项目,如"世纪明德"的"明德星火"招募计划,抛出了颇具诱惑力的宣传口号:"一个寒暑期社会实践的机会,一份不错的薪酬,一次免费的游学旅游,一次个人能力的提升,一次认识更多朋友的机会……"④对研学项目本身而言,这既可以成为卖点之一,如"与名校大学生朝夕相处、面对面交流",又可以有效降低运营成本,堪称一箭双雕。

笔者单位常在来华项目"旺季"即暑期时面向社会公开招募实习生。实习生多为来自大学对外汉语专业的本科生或研究生,他们课余时间充足,需要实习经历,且年轻有活力,容易与青少年学生相处。实习生给接待方带来的两大益处是,既控

---

① 暨南大学华文学院官网.2018"中国寻根之旅"夏令营领队感言(三)[EB/OL]. https://hwy.jnu.edu.cn/48/db/c13404a346331/page.htm,2018-06-26.
② 首都师范大学官网.关于2018年孔子学院夏令营招募志愿者的通知[EB/OL]. http://www.cnu.edu.cn/xyxx/xygg/143674.htm,2018-06-15.
③ 湘潭大学官网.关于招募2019年湘潭大学孔子学院活动志愿者的通知[EB/OL]. https://www.xtu.edu.cn/gonggao/gjjlc/2019-04-02/6257.html,2019-04-02.
④ 参见世纪明德官网(http://www.mingde.com/guide.html)。

制了人力成本，又临时性补充了足够人手。实习生可帮忙处理各类烦琐事务，在出游时亦能看管未成年人，等于多了一层安全保障。教学上，则可给需额外关照的学生"开小灶"。如汉语课分班后，常有同一班学生水平仍然参差不齐的情形。假设某班20个学生中，多属于中级水平，教师只好据此开展教学；但个别几位初级水平的同学听不懂，便可委派一位对外汉语专业实习生为他们单独授课。

三、实习生/志愿者管理方法

实习生和志愿者是"廉价劳动力"吗？答案显然是否定的。实习生与志愿者的最大区别是，前者可视情况领取相应报酬，而后者因身份有别，不涉及金钱回报。但从用人方角度，对二者的管理并无太大区别。下文以实习生为例，论述如何运用好这一大助力。

（一）爱护尊重，给予回报

尽管实习生们是还没走出校门的稚嫩学生，来实习时并不要求太多回报，实习单位亦不能随意压榨劳动力。在指派任务时，务必避免对其呼来喝去、颐指气使的做法。如能遵照人事管理制度，给予相应物质报酬最佳，这种物质报酬并不一定是金钱，还包括工作服、纪念品、实习证书，较好的食宿条件等。一项针对"寻根之旅"夏令营志愿者的调查显示，大多数志愿者虽不期望金钱鼓励，却希望获得与所提供的服务相匹配的社会认可，比如获得相关荣誉证书，纪念品上有自己的姓名等。[1]

---

[1] 邵洁. 志愿者管理存在的问题及对策研究：以海外华裔青少年夏令营志愿者管理为例[D]. 云南财经大学，2015：27-28.

充满奉献精神的志愿者尚且如此，更何况实习生？

（二）岗前培训，不可轻忽

外事工作有其敏感性和特殊性，要对实习生开展外事礼仪等必要培训，令其明白自己应该做什么，不应该做什么。而一些具体事务，则必须经过"老手带新手"的程序，比如，如何接机，如何准备开营/开班仪式，如何跟外方领队沟通，如何处理学生的意外状况，如何做景点讲解……最好能为每人配发一本自编的《实习生工作手册》，涵盖以上所有内容。

（三）专设主管，居中协调

既要有主管人员负责统一协调全体实习生，也要给某实习生分配具体任务、指定具体带教老师。例如，主管排出《任务分配表》，明确某人在某段时间应参与哪个团队事务、听从哪位老师指挥。该团内部事宜，由带队教师指派任务，如涉及跨团合作（如大联欢），则主管出面协调，该团结束后，则重新分配。

（四）知人善任，切勿勉强

本着扬长避短原则，有电脑、体育、文艺等特长的实习生，可人尽其用，如制作视频、组织课外活动、主持晚会等，而相对复杂、出错率高的工作，带教老师切勿做"甩手掌柜"，事后又推卸责任。曾出现过委派实习生排送机表，结果差点造成学生误机的事件，关键问题即在于国内航班、国际航班的出发送机时间不同（国际航班要比国内航班提前至机场值机），而经验不足的人很容忽略这点。[1]

---

[1] 注：在华裔青少年夏令营中，因营员来源复杂，闭营后各奔东西，既有集体行动者，亦有单独行动者，既有搭乘国际航班者，亦有搭乘国内航班及火车者（返回中国老家），情况极其复杂。遇到规模较大的夏令营，可能要安排十几次甚至几十次送机/送站，需反复核对航班及列车信息，很容易出错。

（五）联络感情，适当激励

在实习尾声，开展联谊、评选优秀实习生活动，由单位领导出面，向所有人赠送礼品、发放实习证书，给优秀代表颁奖。良好的风气和氛围、温馨的举措，让实习生有"家"的感觉，不排除他们中有人以后会真正来此入职。

（六）他山之石，可以攻玉

来自大学在读的实习生们，刚上手工作时不免生涩，但也每每展现闪光点，他们甚至比专职教师更投入，更满怀热情，对学生们更为关爱，也更能激发出学生们的敬爱与亲近之情。一则，因专职教师忙于课堂教学、宏观调控等，无暇去悉心关照学生；二则，不可否认，某些教师日复一日接待国外学生，已产生"审美疲劳"或者说"职业倦怠"，工作方式趋于例行公事、机械敷衍。这是值得反思的。

【案例 3-5】擅自离队的实习生

大一实习生 L 跟随 Z 教师，带美国学生游览天安门、故宫。途中，美国领队对 L 表示有同学想逛王府井大街，请她帮忙带过去。于是 L 就带几位美国学生离队前往。稍后 Z 教师清点人数，才觉察这种情形。事后，Z 及部门领导对美国领队的做法提出严正抗议，并对 L 进行了严肃批评。

L 存在的问题，一是她入职时刚好错过了实习生培训，匆匆被指派任务、随团出游；二是她不明白自己应听从中方带队教师的指挥，还是外方领队的指挥；三是她离队时未向带队教师汇报，若能及时汇报，或将得到妥善处置。在该事件中，美国领队的无理要求应负一半责任；L 的稚嫩、缺乏经验则占另一半。虽然最后并未发生任何意外，但"私自离队"本身，就已经是重大过失了。

此案例凸显了实习生上岗前培训的必要性。

【案例3-6】深受爱戴的实习生大哥哥、大姐姐

2018"寻根之旅"经典诵读营,营员来自美国、加拿大、葡萄牙、西班牙四国,三十余人。除中方主管教师之外,两位实习生也加入了管理团队,他们都是北京名校大二学生,被亲切地称为漆哥哥和董姐姐。两人各有特长,漆喜欢打篮球,常跟营员一起运动,并擅长制作视频;董形象好、气质佳,有舞蹈专长,为营员贴身设计了舞蹈节目,并组织他们为联欢会积极排练,还为过生日的美国小女生布置了童话般的房间,给她回宿舍时一个大大的惊喜。

主管教师总领全局,要处理的诸般事宜千头万绪,很少有空跟营员们做私人交流。两位实习生刚好弥补了这项不足,他们与营员形影不离,一起吃喝玩乐,深受爱戴,也显著增强了该营作为一个集体的凝聚力。最后,漆制作的夏令营回顾短片饱含感情,让不少同学热泪盈眶,产生强烈共鸣;董设计的舞蹈节目也取得演出成功,还主持了优秀营员颁奖的仪式。大家返程时,纷纷在微信群发言表达留恋之情,而几位领队亦表示,孩子们最舍不得的就是才华横溢、和蔼可亲的漆哥哥与漂亮大方、言笑晏晏的董姐姐。

四、大型团队弊端及其应对

《深度教育旅行实用指南》指出,大型团队游历(traveling in large groups)在跨国游学中教育效果有限。身处诸多本国朋友的包围和陪伴中,学生容易产生惰性,更多停留在自己的舒

适区,沦为如同大众观光旅游团一般的"过客""看客"。就好像有一个透明气泡,将学生与当地隔绝开来,他们不再积极去与当地人互动,错失了沉浸式深度文化体验,也回避了诸多旅途中可能遇到的挑战。因此,该书作者更加推崇个人游历(traveling individually or independent travel)与小型团队游历(traveling in small groups)。①

这是从学生跨文化体验角度所揭示的"大团"缺憾。而从接待方角度,笔者对于"大团"之弊亦深有体会。通常,团队规模越大,管理难度越高,具体到每一位学生所享受的"贴身服务"就越有限,其感受也越差。

首先,团队越大,分班授课时班级规模就越大,大班显然无法保证教学效果。而考虑到人力成本(需要更多教师)、资源成本(需要更多教室)、时间成本等,亦很难真正实现小班授课。

其次,团队越大,外出游览时花在集合整队、排队等待上的无效时间就越长。在被游客挤爆的景区,为防止走失,每走一小段就要重新整队、清点人数。而每清点一次人数、每去一次洗手间、每拍一张集体合影、每一处景点列队检票入内,都要耽误5—10分钟。这尚且是一切正常的情况,若个别学生发生小意外(越大、越复杂的团队越容易出现小意外),将导致所有人都被迫原地等待。如此一来,真正抵达景点后,因大部队行动迟缓,又只好进一步压缩时间,比如:只给一小时爬长城、半小时颐和园漫步、四十分钟逛798艺术区(均曾真实发

---

① Kenneth Cushner. Beyond Tourism: A Practical Guide To Meaningful Educational Travel [M]. Lanham: The Rowman & Littlefield Publishing Group, 2004: 119–120.

生过)……有效游览时段被严重侵占，其体验可想而知。

再次，在集体用餐的地点选择上，也很有限。基本上仅能去那些专接"团餐"，即专做旅游团生意的餐厅。这些餐厅空间较大，接受电话预定，并按用餐标准提前配菜，客人一到随即上菜，非常方便；但最大的问题是菜品乏善可陈，性价比偏低。而真正受当地人欢迎的特色餐厅，或餐标过高；或不接受预订，只能现场排队；或空间有限，人一多就爆满，20人上下的小团尚可勉强前往，若超过30人则不具备可操作性。

最后，中外师生之间难以展开有效的感情交流。因人事繁杂、小意外不断，中方教师的大部分精力都在应付日常琐务、保障活动有序开展，几无心力再去跟外国师生交流。笔者在实际工作中体会到，带所谓"精品小团"更有成就感，更易与学生建立感情，可不时跟他们聊几句天，记住每一位学生的名字和个性等；带大团的成就感较低，对学生的印象是模糊的、不具体的，没有心思展开互动，甚至连两三个名字都记不住。从学生角度，亦难以感受到来自中国老师的善意和关爱，留下的印象就是老师们一直在声嘶力竭地叫大家集合整队、拍集体合影、催促加快脚步等，并不怎么令人愉快。

根据经验，团队控制在三十人以内较佳。笔者曾负责过来自英、法、美、澳等地的多个自费游学项目，大多在二十人以下，属于相对理想的规模。而若干从东南亚国家来的自费团，或成员复杂的公费夏令营，常超过五十人，乃至上百人。此种情况下，若外方师生来自同一学校，实施统一管理，尚能保证活动效果；若源于多国多地，则对接待方将是严峻考验。

既然大型团队有如此多弊端，是否可以避免呢？遗憾的是，团队规模往往并不由接待方来决定。比如自费项目中，国外某校学生来华毕业旅行，而该年级有上百人，须统一行动；又如公费营的名额分配过程中，主办方要照顾多方需求，而照顾的组团单位越多，规模就越膨胀。况且，从接待方决策者角度，接大团亦有着经济利益与宣传效果的双重考量，正如旅行社客人越多，则盈利越多；团队越大，则宣传上声势越壮，更好向上级管理部门报送成果等。

该问题难以治本，唯有少许治标措施，如：配备充足人手并留有余裕，将大团拆分为小团，各小团灵活行动，减少统一集合、统一用餐等。[①] 然而涉及统一开发票报销问题，或赴某单位参访须全体按时抵达等，以上方法真正实施起来总是困难重重。

【学生视角3-6】被老师赶鸭子

　　这个冬令营对我来说是一个非常有趣且珍贵的回忆。但是，这个冬令营也有大大的缺陷。许多很漂亮的景点、颐和园、故宫参观的时间非常短，就算有时间，老师们也一直赶我们让我们走快些，我们几乎没有时间拍照留念。尤其是在故宫，老师们就像带着我们走马看花似的，很快速地逛完了故宫，根本没有时

---

① 按，1968年日本文部省颁布《关于小学、初中、高中远足及修学旅行的通知》（小学校、中学校、高等学校等の遠足・修学旅行について），在计划与实施的十条注意事项的第二条指出："如果参加人数过多，尽量避免大集团行动，采取适当划分团组的方法，以提高指导效果，保证学生安全。"参见：
田辉. 日本中小学观光教育怎么做：基于日本《学习指导要领》的思考[J]. 中国德育, 2016 (23): 27-30.
该通知原文见网页（https://www.kyoiku.metro.tokyo.lg.jp/static/reiki_int/reiki_honbun/g170RG00002535.html）。

间观看和拍照。老师们让我们跟紧对方,稍微脱队去拍照就被老师叫回队伍。有些领队老师领队的方式也有待改善,或许是为了我们好,我也觉得没有怎样。但是有时候老师的语气或眼神确实令人不快。所以我觉得来这里最大的缺陷是行程的问题。

(*盈恩,女,17岁,马来西亚;2018年冬令营——塞外北国感知营)

(注:该营由马来西亚、印尼师生组成,共有上百人,包含90位学生。)

第四章　项目管理：团队日常管理实务

第一节　基本原则：安全第一

在来华游学项目中，学生的活动地点不仅是教室、校园，还包含各大景点、特色街区，乃至搭乘火车、飞机等交通工具赴多地游览，因而出行风险也较高。面对远道而来的外宾，其安全保障无疑是首要问题。若出现人身伤亡等重大事故，对中国接待方声誉将造成毁灭性打击。古人云："忧患生于所忽，祸起于细微。"（汉·刘向《说苑·敬慎》）西谚云："做最好的期望，做最坏的准备。"（Hope for the best, but prepare for the worst.）是故，为防患于未然，必须树立"安全第一"（Safety First）的工作原则。

《导游实务》在"安全知识"一节，指出要注意食、住、行、购、娱五方面的安全事宜，而且举出了许多防不胜防的意外事例，如食物中毒、遭遇偷盗和车祸、购物纠纷等，皆宜引以为戒。[①]

西方国际游学机构极端重视安全保障。如，英孚游学声称"学生安全对我们来说是排在首位的"（Your students' safety is

---

[①] 易婷婷，等.导游实务（第2版）[M].北京：北京大学出版社，2018：204-210.

our number one priority.），并配备了专门的保障服务人员，包括旅游行业专家、医疗卫生专家，乃至前联邦调查局（FBI）雇员等；同时借助英孚跨国教育集团的关系网络，在世界 50 多个国家均可随时获得当地支援，以应对可能发生的种种意外，大至流行病暴发，小至扭伤脚踝，抑或航班延误、开具复杂的医护文件等；保证全年每天 24 小时（24 hours a day, 365 days a year）迅速做出反应。由于这一完善保障机制，英孚游学曾获得世界旅游观光理事会的安全认证（World Travel & Tourism Council's Safe Travels stamps）。[1]

日本文部省公布的《关于小学、初中、高中远足及修学旅行的通知》，从四个方面做出了安全规定。

1. 一般事项：安全教育、气候状况、居住地设施等；

2. 交通安全：尽量避免夜间搭乘车船和长期疲劳驾驶、选择经验丰富的司机等；

3. 卫生保健：关注学生健康状态、学校医生随行等；

4. 自我约束：自由活动守时守纪、不吸烟饮酒等。[2]

教育学者指出，教育旅行（游学）中的安全事件可分为两类：一类是发生在往返目的地过程中的交通安全问题，如大巴交通事故、渡轮倾覆事故等；另一类发生在学生参与活动的过程中，如感染疾病、电梯事故等。国外中小学在这方面的经验是：第一，加强安全预防制度建设，包括颁布明确教育旅行活动地位的法律法规，下发学校教育与社会教育融合的政策文件，

---

[1] 参见英孚游学官网（https://www.eftours.com/how-it-works/safety）。
[2] 日本文部省. 小学校、中学校、高等学校等の遠足・修学旅行について（1968）[EB/OL]. https://www.kyoiku.metro.tokyo.lg.jp/static/reiki_int/reiki_honbun/g170RG00002535.html.

出台教育旅行安全预防与处理的操作性报告；第二，加强安全预防主体协同，包括学校与家庭、教育旅行基地、教育旅行专业机构之间的携手合作，以及交通运输部门、新闻媒体的外部支持。①

国内研学旅行行业亦对安全保障有明确规定。如国家旅游局《研学旅行服务规范》"安全管理"一节包含四项内容：完善相关安全管理制度、指派专人作为安全管理人员、对工作人员和学生分别进行安全教育、制定突发事件应急预案。②《全国中小学生研学旅行安全手册》构建了较为完备的安全保障体系，不厌其烦地一一论述出行安全、意外伤害、自然灾害、身体疾病、急救、安全常识等内容，可操作性很强。③

以上管理经验皆值得参考。具体到来华游学项目的接待方工作，重点涉及居住地（营地）内部管理、出行安全教育、赴异地游览三部分。

一、居住地内部管理

一般安排学生至校园或酒店居住，只在参观景点时才乘大巴集体出行。

对已成年的大学生，出于尊重，不宜采取完全封闭式管理；可酌情放松，允许（但不鼓励）向教师汇报之后外出，但为保险起见，应签署"免责声明"。

---

① 欧阳勇强、周伟、化夏. 国外中小学教育旅行安全预防制度建设与主体协同 [J]. 教育科学，2019（4）：59-63.

② 国家旅游局. 研学旅行服务规范 [EB/OL]. http://zwgk.mct.gov.cn/auto255/201701/t20170110_832384.html?keywords=，2017-01-10.

③ 孙左满、张建国. 全国中小学生研学旅行安全手册 [M]. 北京：北京教育出版社，2018.

对未成年学生，应采取封闭式管理，严禁无教师陪同时单独或结伴外出。校园内（尤其是规模不大的中小学校园）环境相对单纯，无明显安全隐患；地处闹市的商务酒店内人员相对复杂，做不到完全封闭，应格外加以留心。要求上课期间全员出席，按时用餐，课余可自由休闲娱乐，但晚上须按时就寝，如10点后留在自己房间，不得在楼道追跑打闹、干扰他人作息等。

华裔青少年夏令营中，常有家长、亲戚前来探望，有时需将学生带出校园/酒店。应在其领队及中方主管教师均知情的前提下，签署"探望学生说明书"，留下身份证件号码、电话号码，并注明送回学生的大概时间。

二、出行安全教育

离开居住地外出游览时，风险将显著升高，接待方应事先为学生准备下列物品。

一，胸卡。正面为团队名称及日期，背面注明住宿中文地址、前台电话、中方教师手机号等。

二，中英文校园地址贴纸或酒店名片等。其作用与胸卡类似，皆防止万一走失，还可向他人求助，与教师取得联络。

三，统一服装。在游客较多的区域方便辨识，不易走散。

外出时由中方教师、导游或其他工作人员带领，一般为集体行动，有时允许学生进行"有限制的自由活动"。如，在某些封闭或半封闭区域（博物馆、商场、步行街等）分组游览，要求每组有年龄较大、中文较好的同学担任组长，最好有手机网络随时沟通；教师应来回巡视，随时发现并处理问题。

需预先对学生进行安全教育，指引他们认知中外文化差异，着重提醒以下六点。

1. **务必记住地址**

随身携带印有学校、酒店中文地址和教师电话的胸卡、贴纸或名片。亦可将这些信息拍照留存。

2. **切勿单独行动**

集体前进时勿随意离队拍照，或私自跑去买小吃、上厕所等。即使自由逛街，亦必须分组结伴，切不可独来独往。

3. **过马路多等多看**

首先，中国街头习惯"车辆优先"，而非发达国家的"行人优先"，过马路要多加小心，即便绿灯时走人行道，也要留心突然从旁边拐过来的车辆；

其次，若遇从英国、澳大利亚、新西兰、日本、印尼、泰国、马来西亚、新加坡等"车辆靠左行驶"国家来的学生，需额外提醒中国是"靠右行驶"；

再次，除了要小心汽车，在辅路或自行车道时，还要小心左右方向皆可能有电动摩托车、三轮车、自行车等飞驰而过；遇到车辆鸣笛、喇叭响起，也要保持镇定，了解这是中国街头常见现象。

4. **警惕陌生人**

不要轻信陌生人，尤其是很热情的陌生人。正常情况下，中国人并不习惯跟陌生人打招呼和热情攀谈。

5. **小心街头骗术（street scam）**

例如，故宫北门（神武门）外聚集着不少来路可疑的乞讨者和小贩。有乞讨者利用或真或假的身体残疾，常年徘徊在大巴车临时停车点，骚扰众多等车游客；有街头小贩利用外国学生不熟悉人民币的特点，找零钱时以很便宜的外币代替人民币（如面值为 50 的某国纸币，实质价值远低于人民币），欺诈谋利，等等。

6. 注意饮食安全

第一，须嘱咐学生出游时勿随意尝试街头小吃，如景区常见的烤肠、烤玉米、冰糖葫芦、老北京冰棒等，看起来诱人，但卫生状况可疑。

第二，务必预先确认学生是否有食物过敏问题，并提醒食堂、餐厅等配餐时加以注意，集体用餐时亦需额外关照特定同学。

第三，若干食物的吃法存在风险。如，学生买了糖葫芦边走边吃，或带到车上吃，要小心被竹签扎伤，若因突然刹车戳到眼睛，将不堪设想；火锅虽有特色，但存在烫伤危险，要多加小心；等等。

【案例 4-1】英国学生防走失铭牌

2018 年，英国嘉德中学（Calday Grange Grammar School）游学团来华，英方为每位学生配备了一个小铭牌，上面用中文写着如下内容。

我是英国 Calday Grange Grammar School 的互访学生：某某

北京的联系人：某老师（某学院）电话：……

请联系我的英国中文老师某某—电话：……

电邮：……

抵京之后，接待方也为学生配备了胸卡，上有团队名称、住址、带队教师电话等信息。自始至终，他们都随身佩戴着两种卡片，略显麻烦，但做到了"双重保险"。

三、赴异地游览

有时候，游学项目包含赴异地游览、在异地住宿的内容，接待方需派出中方教师随行，并在当地联络好旅行社。因教师对目的地亦不熟悉，加之需搭乘火车等交通工具，入住新的酒店等，所面临的情况较本地游览更为多变，学生出现大小意外的概率亦相应增加。

（一）全陪角色

赴异地游览时，抵达后有"地陪"（或称"地接"），即当地导游处理一应事宜；中方教师将扮演"全陪"角色，即全程陪同外方师生，[①]不必再操心大家的衣食住行，仅需做好必要沟通和辅助工作即可。（参见本章第三节"与中方司陪人员之沟通"相关论述）不过在来回途中，中方教师需一力承担所有事宜，宜加倍谨慎小心。

（二）火车

1. 进站与候车

火车站人流量巨大、人员复杂，尤其某些年代较久远的火车站设施陈旧、空间逼仄，要反复叮嘱学生照看好随身财物，在候车室不要乱跑。车票除了进站检票时须发到每人手中外，尽量由老师统一保管，以免被学生弄丢（该情形很常见）。另外确保所持护照与购票证件信息一致，偶尔有同学在报名时提供

[①] 关于"全陪""地陪"概念，参见：熊剑平、石洁. 导游学 [M]. 北京：北京大学出版社，2014：11.

了旧护照信息，来中国时则更换了新护照，若遇到检票员严格核查证件，造成不能进站，会分外棘手。

2. 卧铺列车

仅在地域广阔、铁路线较长的国家才会有卧铺列车，对绝大多数外国学生而言，跟小伙伴们在火车上过夜是异常新奇的经历。没有课程压力，挤在封闭式小天地熬夜打牌聊天，时不时再去隔壁串门"探亲访友"，仿佛这才真正开启轻松愉悦的度假模式。

应帮同学们按性别等调整包厢，若首尾学生与其他陌生乘客分配到同一包厢，需尽力调整，让学生们住在一起，教师与陌生人同住。如人数过多，分散在不同车厢，应来回巡视，确保一切正常。有些同学会兴奋熬夜，由于独立小卧室的私密性，教师亦无法一一强制其休息，但应提醒勿制造太大噪声、干扰其他同学或旅客。

搭乘卧铺，通常是前一天晚上出发，第二天早晨抵达。应明确告知大家抵达时间（火车票上不会显示），并据此规定抵达前半小时至1小时起床。带队教师应提早起床，并挨个敲门叫醒学生。将抵达时，提前10—30分钟提醒学生收拾行李，清理垃圾，以免下车时手忙脚乱。到站后，再次提醒检查个人贵重物品。

（三）外地酒店

预先跟地接旅行社导游确认清楚，抵达后是先入住，还是先游览，并将该信息准确转达给外方师生，以免大家疏于准备。若出发地与抵达地温差较大，或需相关装备从事某类活动时，尤须留心。例如，到站后需马上参加一个联欢会，有舞台表演环节,则演出服装和道具就要提早备好。某次,某冬令营由北京乘卧铺列车至哈尔滨,抵达后先赴滑雪场,教师未予事先提醒,结果同学们以为会先入住,将厚衣服、滑雪装备都放在行李箱里,而箱子都已装入大巴行李舱。此时还要在冰天雪地中翻箱倒柜,既不方便,又白白浪费了原本可用于游玩的宝贵时间。

办理入住时,在早已打印好的学生名单上登记每人房间号,为学生派发酒店名片,或将名片拍照分享给大家,确保人人知晓地址;申明规定,未成年学生不可私自外出;协助领队检查房间,处理房间问题。

退房、离开酒店时,再次提醒检查个人贵重物品。

【学生视角4-1】卧铺列车初体验

① 平安夜晚上,我们坐上了卧铺,圣诞节早上到达了哈尔滨。这是我第一次坐卧铺,也是我第一次过白色圣诞节。

(*纹秋,女,14岁,新西兰;2018年冬令营——塞外北国感知营)

② 过几天,我们去哈尔滨玩。这还是我初次去哈尔滨。刚好那一晚是平安夜,我和朋友们在火车上一起守夜。过了十二点,大家互相祝福圣诞节快乐。想到当时快乐的时光令我感到时间过得很快。

(*嬿怡,女,14岁,印尼;2019年冬令营——塞外北国感知营)

③ 还有我也体验了在火车上过夜。这是一个很特别的体验,虽然火车不比家里舒服,也不比家里宽敞,

但是很温馨。我在火车上认识第二组的队员,他们很友善和热情。

(*千盈,女,14岁,马来西亚;2018年冬令营——塞外北国感知营)

④ 火车上就尴尬了……我们要在火车上过夜,所以就有上下铺,而且没有分男女,自然而然我们就和某男同学一个小房间了,但是庆幸的是那个男同学说他不睡这里(我绝对没有说让他离开),别提我有多开心了!嘿嘿!圣诞节我们就在火车上度过了,本来说好通宵的我就在等待中睡着了。

(*安妮,女,12岁,巴西;2019年冬令营——塞外北国感知营)

⑤ 结束了在北京的行程,我就要跟着老师们和同学们去哈尔滨,有着外国氛围的城市。可是我完全没想到在火车上会很尴尬!以前我也看到过卧铺火车里面,但那是在电影里,现实中的卧铺房间实在是太小了,行李,背包,等等,都没地方放!幸好最后只有我和我姐姐在同一个房间。现在想想就觉得我们俩捡了个大便宜!

(*娜娜,女,12岁,巴西;2019年冬令营——塞外北国感知营;注:安妮与娜娜为双胞胎姐妹)

【案例4-2】安全用餐反面案例:泡面与小火锅

2017年,某华裔青少年冬令营由北京赴哈尔滨游览,为解决长途列车上的用餐问题,中方带队教师为每位同学配发了桶装泡面、火腿肠、面包、香蕉等。一位同学在接满热水返回座位的途中，因列车突然晃动等原因，不慎将泡面倾洒在某位乘客头上，当场造成明显烫伤。所幸有随行护士为其做了紧急处理，带队教师又进行反复沟通，最后大家凑钱，赔偿数千元了结此事。返京后的总结会上，该教师痛定思痛，请同事们务必反复提醒学生用餐安全事项，并建议乘坐火车时不要再由校方统一配发泡面等有隐患的食物。

2019年，某华裔青少年夏令营赴北京某单位参访。该单位领导相当重视，以接待外宾的高规格，安排了一次火锅大餐，菜肴极为丰盛，还额外加了烤鸭，并考虑到国外分餐制，特意给每人准备了小火锅。每桌八人，圆桌中间堆满食材，小火锅摆在外围，同学们需绕过身前的火锅，伸长手臂到中间夹菜。桌子不大，菜肴满满，装着滚热开水的火锅就贴在面前，很是危险。饭前，几位老师反复嘱咐同学们千万不要被烫到；所幸用餐平安无事，但这顿饭仍然吃得带队教师胆战心惊，后怕不已。原来，该单位虽有外事经验，却尚是首次接待未成年学生团队。他们的热情宴请令人感动，其方式则有待商榷。毕竟吃得好坏尚在其次，安全才是第一位的。青少年学生本来吃饭时就喜欢说笑打闹，在国外又很少吃火锅，一旦身体不慎碰到热锅甚或打翻，将凶多吉少。

第二节　日常管理方法

一、全天候在岗

短期游学项目在中国停留天数很有限，为充分利用时间，每天都日程满满，既不可能休周末，亦不可能留出太多自由时段。这就要求中方主管教师全天候在岗，与学生同吃同住，及时发现问题、解决问题；在结束当日课程或行程后，仍不能放松，需为第二天做好准备，并随时待命，应对突发事件。一个短期项目正如同一场战役，只有等它圆满落幕，将学生送走，并处理完报账等后续事宜，才能真正休息。这种短期团队管理与导游带团有某种程度的相似性，有时亦径直以"带团"称之。

在某些公费项目中，出于节省成本、简化管理等原因，晚上并不安排活动，接待方教师仍然沿袭"白天上班，晚上下班回家"的工作模式。这种模式在日常工作中无可厚非，却并不适用于短期游学项目，可能造成管理疏漏，出现外方师生需要求助时难以及时联络到有关人员的情况。在服务意识上，某些中方学校仍然不够专业，宜虚心向"顾客至上"的旅行社或游学机构学习。

二、督促学生自治

在"大人管理小孩"的常规模式之外，还可采取学生自治。

比如在华裔青少年公费营中，绝大多数营员通过所在国家和城市的中文学校、华文教育组织或同乡会等集体报名，常见兄弟姐妹一同报名，或营员年龄差距很大的情形。嘱咐哥哥姐姐照顾好弟弟妹妹，指定年龄较大的营员照顾年幼营员，既让家长更放心，又辅助了教师的管理工作。

自费游学项目则多由该校中文教师任领队，带中文课/汉语班学生来华。领队往往主动督促学生自治，按性别、年级等分组，或指定男女生组长、班长，其职责包括监督组员上课出席情况，课下召集小组活动，出游时清点人数，等。接待方应配合领队加强学生自治，并适当给予尽职尽责的组长或班长精神性、物质性勉励。

自由逛街是同学们普遍最喜爱的活动之一。虽名为"自由"，其实亦不允许个人单独行动，一般都是限定区域内的结伴或分组行动。分组时注意以下四点。

1. 自愿组合。首先，要尊重同学们个人意愿。几个情投意合的小伙伴一同逛街本来是件开开心心的事，若老师强行分配，就可能造成"强扭的瓜不甜"，将好事变成坏事。

2. 大小搭配。在自愿组合基础上，还要注意每组要有年龄偏大的同学"坐镇"。例如，不能全组都是十二三岁的小孩子，最好有 15 岁以上的同学领头。

3. 保持联络。每组至少一个人有手机、有网络，随时可在微信群中汇报情况，或联络到老师。

4. 语言过关。每组至少一个人具备汉语会话能力，以便在购物、点餐、寻求帮助时，代表组员与中国人沟通。

当然，这只是理想情况，实际操作中未必都能符合。带队教师应客观评估彼时彼地的自由活动风险，采取或严格或宽松的分组标准。

三、因材施教

（一）不同国家学生特点

"因材施教"是合格教师的必备能力，而面对年龄不一、来源不一、背景文化各自不同的外国学生，如何因材施教，颇具挑战性。

《导游学》中曾提到，为了向各国游客提供更好服务，外语导游应了解中外文化差异及代表性国家的群体特征。例如，首先，东方人与西方人在性格及思维上有明显差异；其次，具体到不同国家，也各有特色，仅以西方国家而论，"英国人矜持，讲究绅士风度；美国人开朗，随意，重实例；法国人浪漫，追求华丽，爱享受生活；德国人踏实，勤奋，守纪律；意大利人热情，热爱生活；等等。"①

　　《导游实务》在"跨文化交流能力"一节中，一一总结了美国、加拿大、日本、韩国、新加坡、印尼、泰国、英国、法国、德国、荷兰、比利时、意大利、西班牙、北欧、俄罗斯、澳大利亚、中东、拉美等国游客的群体特征和文化特性，对导游的带团工作起到指导作用。

　　美国游客独立自主，不喜欢被导游过分管制或太多提醒。

　　新加坡华人游客擅长多种语言，可讲英语、中文、粤语和闽南话，若导游人员能用其家乡方言与之沟通，会增进他们的好感。

　　来自苏格兰地区的（英国）游客说英语带有比较浓重的地方口音，导游人员需要尽快适应，没听明白的地方可以请客人重复，避免误会。

　　澳大利亚游客不喜欢别人把他们与美国人、英国人相提并论，而是自豪地称自己是澳大利亚人，突出他们自身的性格特点。

---

① 熊剑平、石洁. 导游学 [M]. 北京：北京大学出版社，2014：242。

……①

下面依据笔者阅历，亦对几个代表性国家的未成年学生特质稍做概括性描述，或有"刻板印象"之嫌，但可反映中国老师对各国学生群体的整体观感。

日本、泰国学生，普遍乖巧、有礼貌、服从性强，均擅长画画（手绘），经常准备贴心小礼物，但不太活泼，课上发言不积极，课下习惯跟老师保持距离。

印尼学生，普遍汉语较差，较守纪律，觉得中国发展程度很高。

澳大利亚学生，多淳朴、热情、懂得感恩，常送老师及工作人员小礼物。

美国学生，崇尚自由平等，多性格开朗、活泼好动、善于表达，与老师关系融洽，但也有些散漫不羁、自以为是。

英国学生，较为矜持，守规矩，彬彬有礼，但较难跟老师打成一片。

意大利、西班牙、葡萄牙学生，笔者接触的主要是参加寻根夏令营的华裔同学，而其中又以保留中国籍者居多。他们多数汉语较好，常回国探亲，甚至每年暑假都在国内老家度过，对中国生活比较适应，跟老师比较熟络，有时嬉皮笑脸、没大没小，总体上更近似同龄中国学生。

在华裔与非华裔学生中，不得不指出，华裔学生更难管理一些。或许跟华裔学生多属于公费夏令营，其组织形式偏于松

---

① 易婷婷，等. 导游实务（第2版）[M]. 北京：北京大学出版社，2018：140-146.

散有关。某些欧洲国家未成年华裔学生，因崇尚自由浪漫、贪图享受，再加之家庭背景因素（父母多为做小生意的新移民），往往活泼有余、自制力不足，更有甚者，藐视规则及权威，既不遵守管理规定，亦不尊重老师。若对其过于温柔和蔼，则课堂内外难以有效掌控；若过于严厉，则易引发逆反心理，加剧对立。总之，此类学生对中外教师均不友善，是公认最难管理的群体。

关于华裔学生与非华裔学生的区别（仅就多数情况而言），参见表4-1。

表4-1 华裔学生与非华裔学生对比

	华裔学生	非华裔学生
汉语学习方式	在家多与父母使用中文（有时是方言）交流，或固定去周末中文学校	选修学校开设的汉语课，每周1-2次
汉语水平	较高，多半口头交流无障碍，但读写较差	较低，大多不能正常交流，但已掌握拼音知识和若干词汇，会说简单句子
中华文化背景知识	了解较多，但比较浅薄	不甚了然
饮食习惯	可接受中餐（但不一定喜欢）。较少食物过敏，较少特殊饮食习惯	可尝试中餐，但不太习惯将之作为日常饮食。较多食物过敏，较多特殊饮食习惯（如素食、清真餐等）
通信方式	部分使用微信	极少使用微信
来华经历	可能反复到访（如常随父母回中国老家探亲等）	大都为第一次
家人	多由中文学校或华人社团组织来华，常遇有兄弟姐妹结伴或家长作为领队的情况	多由当地学校组织同年级汉语班学生来华，无家人陪伴

续表

	华裔学生	非华裔学生
中国亲友	中国亲友较多，常遇有当地亲友前来探望，或寄来生活物品的情况	一般无中国亲友

注：东南亚国家如印尼、泰国、菲律宾等国，历史原因导致华文教育断层，华裔青少年汉语水平通常较低，且在家也未必说中文。

【案例4-3】外国"熊孩子"的"恶形恶状"

有学生懒惰贪睡，随意旷课，或以"头晕""腹痛"等借口请假，逃避不喜欢的汉语课，任课教师难以判别真假，为保险起见而准假，造成该类学生屡屡得逞。

有学生熬夜不睡，在宿舍楼道追逐打闹，给其他师生造成困扰。

有男生因为玩"真心话大冒险"（Truth or dare）游戏，深夜敲开另一团队年轻女领队的门，说"我爱你"，导致该领队感觉被"性骚扰"，向该男生领队及接待方投诉。

有女生因为跟小伙伴喝酒、撒酒疯，被领队批评，威胁说"如果向家长打小报告就跳楼"，令领队无奈妥协。

有男女生两人携手爬上八层楼高的宿舍楼顶，在屋脊上约会，竟然还隔空与楼下同学聊天。（注：该楼顶并无可驻足的平台，仅有倾斜式屋脊；原来通向楼顶的门是封锁的，但不知为何损坏。）

有小男孩跟家长闹别扭，爬出八楼宿舍窗户，坐在狭窄的窗台上生闷气。（注：该楼无阳台。）

有小男孩在留下的感言中充满负能量，"我是被妈妈骗来中国的。这里的课都很无聊，饭很难吃，景点没什么意思，也不带我们去游乐场"。

有一群男生跟另一团队的本国学生产生矛盾,双方数人发生群殴,动用了棒球棒等物品。

有一群男生在赴某公园游览时,嬉戏打闹,合伙将同伴扔进湖里。幸而湖水不深,未出事故。

有男生下午私自离校外出,失联5—6小时,接待方发动众多师生寻找其下落,并上报上级主管部门及该国大使馆,结果当天晚上,他自己安全返回了校园,原来只是跑出去见朋友。(注:该校对未成年学生团队采取封闭式管理,但个别偷偷溜出校园的却防不胜防。)

有一群男女生在下午休息时段私自离校,结伴到附近商场购物,临时起意偷窃衣物,被当场抓获,扭送当地派出所。派出所对他们十分重视,连夜审讯并通知接待方。接待方上报上级主管部门、外交部及该国大使馆,动用了各种关系,于第二天下午顺利将其保释。而这些学生被关了一整天之后,仍然嬉皮笑脸,并无悔改之心,甚至不肯吃派出所提供的盒饭,而要求领队去为他们买肯德基……

以上所列,皆为未成年华裔学生案例,集中发生于某国际学校的夏令营高峰期,年龄集中于十五六岁,且多半出自某欧洲国家。

应当说,多数外国学生是可爱的"天使",也确有少数"恶魔";多数外国学生彬彬有礼,对接待方心怀感恩,亦有少数人自幼娇生惯养,对接待方挑三拣四、恶意满满。现实总没有想象中那样美好(far from rosy),中方教师应对此有清醒认知,并用以指导自己的实际工作。无论如何,应以保障学生的人身安全为第一要务,其他则难以强求。

(二)对待不同学生的不同方式

《论语·先进》曾记载,孔子对不同性格的学生采取不同教育方法,或告诫其谨慎行事,或勉励其大胆行动,是"因材施教"的典范。

> 子路问:"闻斯行诸?"子曰:"有父兄在,如之何其闻斯行之?"
>
> 冉有问:"闻斯行诸?"子曰:"闻斯行之。"
>
> 公西华曰:"由也问:'闻斯行诸?'子曰:'有父兄在。'求也问:'闻斯行诸?'子曰:'闻斯行之。'赤也惑,敢问。"
>
> 子曰:"求也退,故进之;由也兼人,故退之。"

(译文:冉有行事犹豫畏缩,所以勉励他前进;子路行事莽撞冒失,所以约束他后退。)

同理,针对不同类型的外国学生,亦应采取不同教育方式。

乖巧可爱型——这是老师们普遍最喜欢的类型,可多加爱护、表扬,鼓励其争当学生代表发言、活动结束后整理感想并积极投稿。但也不可表现得对个别同学太过偏爱,并注意分寸和中外差异,不能随意有肢体接触(如表示亲切的摸头动作),不能随便送零食小吃,更不能随便拿药给生病同学服用,以防食物、药品过敏等问题。①

捣乱不乖型——这是老师们普遍不喜欢的类型,是教学和

---

① 参见《为师有道》相关论述:11.11 "不可以跟学生有身体接触";11.14 "鼓励和奖励"。

[新西兰] Victor Siye Bao、曾凡静、鲍思欢. 为师有道:对外汉语教师修炼指南 [M]. 北京:北京大学出版社,2014: 153,156.

管理中的最大变数。对待他们，不宜放纵，亦不宜太严厉。一方面，要对其各种言行保持警觉，配合领队和/或家长适当施压；另一方面，若察觉闪光点应及时表扬肯定，以收"安抚"之效。遇有顽劣不堪、无理取闹者，应冷静沉着、有理有据地沟通，避免当场直接冲突，必要时可自己或请旁人进行手机录像取证，做好自我防护。①

热情奔放型——该类学生性格外向，多动、爱说，在教学中会积极配合老师、活跃课堂氛围，但也可能干扰教学秩序；在微信群中过于活跃，可能制造冗余垃圾信息；在外出游览时可能不那么守时守规，给管理带来少许小麻烦。对待他们，勿打击其热情，但要适当控制、引导，以扬长避短，如，让他们做学生代表发言、做晚会主持、表演节目；在课堂内外指派他们做助教和小组长，辅助老师带队、维持秩序、清点人数等。

腼腆害羞型——该类学生本身性格内向，加之多半中文不佳，跟同龄人相处尚可，但在课堂内外都显得沉默，很少跟老师交流。可鼓励其多开口，如对其说，"你说中文很可爱，要多说、多练习！"或"你的发音不错啊，继续加油！"。

孤独想家型——该类学生通常是年龄偏幼的小女孩，首次离家出国，且无熟人陪伴，故敏感而脆弱。应配合领队和/或家长，对其适当开导，鼓励其多与同龄人交流。当她们跟小伙伴熟悉起来，玩得开心，就会克服想家情绪，甚至将家人抛到脑后。

不合群受排斥型——该类学生很少见，但不能完全避免。

---

① 参见《为师有道》相关论述：11.28"不要跟问题学生正面冲突"。
[新西兰] Victor Siye Bao、曾凡静、鲍思欢.为师有道：对外汉语教师修炼指南[M].北京：北京大学出版社，2014：166.

若发现类似学生，应配合领队予以必要关照、保护，并制止来自其他同学的明显的欺凌行为。

当然，只有在团队规模较小时，方可留心到每位同学特点并采取针对性行动。若团队过大，则无法关注到每个个体，这点十分遗憾。（参见第三章第二节关于"大型团队弊端"的论述）

【案例4-4】被小伙伴排斥的学生

2016"寻根之旅"国学营中，一位壮硕憨厚的15岁美国华裔男生人缘不佳。赴山东游览入住酒店时，没人愿意跟他同屋，连在北京的室友也抛弃了他。中方教师（男）看他手足无措，只好临时与美方领队（女）商量，让他与自己同住双人标间。后来，返京火车上，他又将自己的钱包弄丢。这位同学外表成熟，实则独立生活能力很差，希望这次充满挑战的旅程对其成长有所裨益。

2018英国爱丁堡北京游学团中，一位乖巧害羞的14岁小女生因健康原因需频繁去洗手间，遭其他同学嫌弃，委屈地在领队面前哭鼻子。中方教师了解情况后，便在带队出行时特别留心如厕安排，并当面鼓励她："你很可爱，要多一些笑容！"最后，她玩得还不错，并在机场告别时表示要再来北京。可见，这些正处于青春期的少男少女虽然自以为成熟，实则仍是敏感多变的小孩子，伤心和开心都很容易，来自老师的关爱、抚慰、鼓励和帮助，是不可或缺的。

四、以诚感人、以心暖人、以情动人

前文提到，来华游学项目是外国青少年学生感知中国国情的重要途径。中国主办方或承办方/接待方，总是希望这些学生能够因此"爱上中国"，但做到这点绝非易事。常常有寻根营华裔营员表示，他/她在该营最重要的收获是来自不同国家同龄人的友谊。收获友谊固然是件好事，但若他们只记得这点，事实上将是对中方辛勤工作的否定。因为该类夏令营的办营主旨，绝不仅仅是给各国华裔青少年创造一个"交友平台"，而且是为了培养他们作为炎黄子孙的民族情感。包括寻根营在内，大多游学项目短则一周，长则两三周，中方教师与学生刚刚熟悉，马上就面临分别，且因相隔千山万水，这种分别几近"永别"。中外师生之间是短期性、一次性的相处，这种关系并不稳定，也不容易建立起深厚感情，给接待方工作带来很大挑战。

在外交层面，习近平总书记曾指出：

国之交在于民相亲，民相亲在于心相通。[①]

……

民间外交要开拓创新，多领域、多渠道、多层次开展民间对外友好交流，广交朋友、广结善缘。要以诚感人、以心暖人、以情动人，拉近中外人民距离，使彼此更友善、更亲近、更认同、更支持，特别是要做好中外青少年交流，培养人民友好事业接班人。[②]

在服务层面，《旅游心理学》指出，旅游服务包含功能服务和心理服务双重含义，前者是衣食住行上的常规服务，后者

[①] 习近平在"一带一路"国际合作高峰论坛开幕式上的演讲 [EB/OL]. http://www.xinhuanet.com//politics/2017-05/14/c_1120969677.htm. 2017-05-14.
[②] 习近平. 在中国国际友好大会暨中国人民对外友好协会成立 60 周年纪念活动上的讲话 [EB/OL]. http://www.xinhuanet.com/politics/2014-05/15/c_1110712488.htm，2014-05-15.

则为：

> 让客人在旅游中获得轻松愉快的经历，特别是要让他们经历轻松愉快的人际交往，从中获得亲切感和自豪感……心理服务的质量主要取决于服务人员是否具有爱心、工作热情和一定的表现能力，以及能否善解人意。[①]

让来华学生对生活短短数日的校园产生感情，对北京（或其他到访城市）、对中国产生感情，中方教师扮演的角色十分关键。在极其有限的时间内，需谨记"以诚感人、以心暖人、以情动人"。课堂教学仅仅是诸多活动环节之一，而老师与学生们朝夕相处，传递关怀、善意，才是更重要的言传身教。

美国营地协会（ACA）专家在《夏令营完全手册》中指出，早期美国夏令营的住宿营地条件简陋，但孩子们仍然能度过一段快乐时光，其原因在于管理者是"喜爱孩子的好人"，因此"'人'是营地的根本。人优则营地佳，这一点要牢牢记住"。[②] 硬件不足，尚可用软件来弥补；若软件（即"人"）出了问题，例如负责一线事务的管理人员缺乏爱心、责任心、职业素养等，必将危及活动整体成效。硬件好坏一望而知，管理者／教师们的心血付出多少，却很难精确衡量。俗话说："以真心换真情。"感情是相互的，若老师对学生没有感情，学生对老师也不会有感情。在游学实践中，即使食宿、课程、参访安排都类似，不同团队的学生体验亦会出现较大差异。某些中方教师虽能按部就

[①] 吕勤、沈苑.旅游心理学[M].北京：中国人民大学出版社，2019：65.
[②] [美]克里斯托弗·瑟伯、乔恩·马利诺夫斯基.夏令营完全手册[M].赵蔚，译.北京：外语教学与研究出版社，2018：9-10.

班地完成接待任务,但在细节上掌控不够,或者工作态度、责任心有问题,致使学生们在情感上并不能得到触动,体验大打折扣。小孩子尚不成熟,但感觉敏锐,老师是充满爱心还是漠不关心,他们冷暖自知,会童言无忌地反映给领队及家长,其反馈将直接影响外方对中国接待方的评价。

从接待方角度出发,亦绝不能仅靠带队教师单枪匹马之力"无私奉献",还要完善接待制度,建立一套成熟而且人性化的接待模式与管理制度,关注学生个体体验,让他们从每一细节均感受到中方的热情、贴心与善意。

五、同理心

细心、爱心、责任心、同理心……是一名教师应具备的基本素养,而在管理外国青少年团队时,"同理心"尤为关键。

同理心(empathy)是一个心理学概念,牛津词典将其解释为"可以理解他人感情、经历的能力"(the ability to understand another person's feelings, experience, etc.);[①] 在线心理学词典将其解释为"从某人自己的参照标准去理解某人之所以成为某人"(Understanding a person from their frame of reference so we know where they are coming them.),[②] 亦即古人所谓"人同此心,心同此理,将心比心",今人所谓"移情""换位思考",是一种能够设身处地为他人考虑的高情商表现。美国知名教育家杜威在《我的教育信条》(My Pedagogic Creed)中声称:

> 经常而细心地观察儿童的兴趣,对于教育者是最

[①] 见网页:https://www.oxfordlearnersdictionaries.com/definition/english/empathy.
[②] N., Pam M.S., "EMPATHY," in PsychologyDictionary.org, April 7, 2013, https://psychologydictionary.org/empathy/.

重要的。……我认为成年人只有通过对儿童的兴趣不断地予以同情的观察（sympathetic observation），才能够进入儿童的生活里面（into the child's life），才能知道他要做什么，用什么教材才能使他工作得最起劲、最有效。①

上述言论反映了一位大教育家在面对儿童时的谦卑和尊重。教育工作者必须具备这种意识，才能更好地去理解学生，去关怀和引导他们。

（一）同理心之体现

同理心体现在生活、教学、游览中的各个方面，重点是理解外国青少年的真实感受。大体上，可用"三心"去描述许多学生来华的心路历程，即，从开始的担心（忐忑不安），到逐渐放心（一切顺利），到玩得开心（享受旅程）。中方教师应在工作中运用同理心去感知这"三心"，对学生多一些"同情之了解"。

1. 熟悉环境

外国未成年学生远离家人，来到一个陌生国度、陌生城市，报到入住后，将在全新环境生活数日，对他们来说并不是一件轻易就能适应的事。如入住某校园，校园虽不大，但建筑复杂，教室分布在不同楼层、不同场馆，初来乍到的学生很容易迷路。熟悉新环境并非一朝一夕之功，更何况文化背景差异较大的外国学生，他们之中还有不少人因汉字读写较差而看不懂路标或地图。起码在最初几天，中方教师应耐心陪伴学生慢慢熟悉每一处重要地点，而非坐等学生自己摸索着抵达；每次课前、活

---

① ［美］约翰·杜威.学校与社会·明日之学校（The School and Society. Schools of Tomorrow）[M].赵祥麟，等，译.北京：人民教育出版社，2005：12-13.

动之前,皆应通知学生在某一固定地点集合(如宿舍楼下),然后亲自带领前往。

有接待方教师在发放行程表后,对环境稍作介绍,即通知几点几分在某处集合,到某处用餐,或某教室上课,某场馆活动——他/她相信学生会马上熟悉环境,顺利找到该去的地方。究其心理动机,这类教师并非出于信任,而只是为自己的懒惰开脱,不愿事事亲为而已;若学生因迷路而迟到,亦与其无关,毕竟校园内迷路并无大碍。这即是缺少同理心的表现。

【学生视角4-2】给老师的建议

① 第一天来华文学院时,我什么都不知道。我不知道教室在哪儿,运动设施在哪儿,餐厅都不知道在哪儿。但是,随着时间的传递,我慢慢地明白了学院的设施。

(*凯文,男,14岁,澳大利亚;2018年春令营——澳大利亚华裔青少年北京游学营)

② 第一天早上到华文学院时,老师们给了我们房卡。下午他们让我们(自己)熟悉校园环境。我觉得这个安排得不好,要是我当老师,第一天我会给学生们介绍一下学校的环境,因为这里的学校太大了,我找不着我住的那栋楼。

(*当富,男,16岁,法国;2017年夏令营——中华经典诵读营)

2. 行程与用餐安排

出国旅行总是令人无比兴奋的,当搭乘数小时航班,来到一个陌生的国家、陌生的地方,你会期望看到什么、吃到什么、遇见什么样的人、经历什么样的事？对什么最感兴趣？对什么没兴趣？……用心换位思考并认真回答以上问题，就会大概明白海外学生来中国游学时的所思所想所感。通常，他们希望可以多玩多看，并不想被限制在校园内；他们愿意尝试地道中餐，但也免不了想念汉堡、比萨、三明治或其他家乡味道；他们希望多些购物机会，绝不想空手而归；他们希望碰到充满关爱的中国老师、尽职尽责的导游、友善热情的当地人……

在行程方面，有些接待方安排得很宽松，不仅校园内上课日留出大段空白，连出游日也早早结束、返程休息，美其名曰"劳逸结合"，实则是为了简化管理、降低成本。不妨设想一下：当我们自己出国旅行时，往往感到每个小时，甚至每分每秒都很宝贵；若因意外而损失几个小时，则颇感懊恼。"时间就是金钱"的道理在旅途中愈加深刻，没人愿意整天待在酒店内不出门。游学活动亦然。作为接待方，作为成人，作为管理者，我们应当理解外国学生的贪玩心理，特别是当他们有着在中国"多走一走，多看一看"的强烈意愿时，应予以鼓励而非限制，应尽力创造便利条件而非出于私心设置各种障碍。"讲好中国故事"不能只在课堂讲，更应该在旅途中讲，在活动现场讲，在师生交流中讲，如此方能收到事半功倍之效。

在用餐方面，有些国内接待单位一厢情愿地认为外国学生来到中国，当然要吃中餐，于是每天食堂供应丰盛的多种炒菜，外出观光时亦全部是中式团餐。殊不知，人的饮食习惯乃长期培养而成，萝卜白菜各有所爱，出国期间品尝当地美食固然是件乐事，但若连续数日吃不合胃口的所谓"异国美食"，就会变成折磨。笔者发现，不少国人喜爱的经典菜肴，学生或浅尝辄止,或根本不动筷子,因为中式炒菜并不在他们的日常菜谱上。假如一家经常接待外宾,尤其是未成年学生的单位只能供应中餐,其实是不合格的。关键在于思维上的误区、对文化差异的无知与傲慢,乃至官僚作风等,转变起来并非一朝一夕之功。

【学生视角4-3】中国夏令营的遗憾

① 遗憾的是,在这十天里我们就出去了两天,有一天还是下暴雨的,这让我们不得不取消当天后面的行程。但我希望以后能更合理的安排时间,让我们度过更快乐的时光。

(*珊珊,女,16岁,西班牙;2019年夏令营——民族舞蹈营)

② 这是我第一次在北京。我知道北京特别大,可是有点儿可惜,我们大部分时间是在学校学习。

(*骏斌,男,16岁,法国;2018年夏令营——传统书画体验营)

③ 北京是个很美丽的城市,但不管它多么漂亮,只能待在学院里很无聊。去王府井的时候那三个小时的自由活动对我和同学们来说是最欢乐和有趣的时刻。……可惜的是,没足够的时间出去玩,这是我唯一的最讨厌的事。出国就是要出去看中国的风景,不是待在一个不能出去玩的地方。

(*奕彰,男,16岁,意大利;2018年夏令营——意大利协议营)

(二)具体案例对比分析

一位缺乏同理心和一位具备同理心的中方教师,对学生实际游览体验到底有何种影响？姑且举例对照分析。假设某日基本行程为上午天安门、故宫，下午胡同，晚18点为学校食堂开饭时间，由教师A和B分别带队。因带团风格差异，可能出现以下两种情况。

A团16点之前即返程，17点左右抵达学校，结束当日活动；B团16点结束胡同游，另赴附近前门大街，并发餐费自由用餐，18点之前返程，19点左右抵达学校，结束当日活动。

两团共同点：上下午常规行程一致，成本一致，无额外支出。前门大街属于免费景点，发餐费并不超出集体用餐标准。不同点：B团比A团多出2小时游览，且在外自由用餐。

结论：对A教师而言，A团相对轻松，可提前返回休息；对A团学生而言，则错失了2小时逛街和品尝美食的机会。B团反之。

平心而论，B团安排对中方带队教师利益有所损害：一则，他/她须陪伴学生在外游览更久，等于变相加班；二则，在外停留越久风险越高，待在校园内或酒店内是最安全的。但也应认识到："游学"怎可能不"游"？出门就会有风险，不能一味夸大风险，剥夺学生正常游览的权利。只要在常理之中、风险可控，就应当保障其权利。之前曾有某单位承办华裔青少年夏令营，完全不安排自由活动与购物环节，即因不放心未成年营员上街。这种做法方便了管理方，保证了"万无一失"，却伤害了营员体验，因噎废食，殊不可取。更进一步，哪怕B团不发餐费，需学生自费用餐，相信他们也很乐意。提早返程不光意味着损失游览时光，还意味着回去后只能吃单调乏味的自助中餐（出于成本差异，中餐的可能性大大高于西餐）。

此外，B团对司机师傅利益亦有轻微损害，因为会延迟其下班休息。但首先，依照行业惯例，司机师傅的任务是配合导游工作，而非对行程指手画脚，此处中方教师就扮演着导游角色，有权根据实际情况调整。其次，旅游团早出晚归是常态，学生团本就比常规成人团要轻松，19点前后返回绝不算太晚。①以北京夏天为例，20点左右天才黑，且夏季气候炎热，傍晚才是逛街最舒服的时段。当然，亦应尊重、保障司机师傅的正常权利，不可忽视其用餐问题，通常他们也更喜欢发餐费形式。

上述对比，显然A团同学玩得要差一些，但A教师已顺利完成任务，提早返回并不属于工作失误。而从绩效评定角度，尽管B教师加班加点，亦无额外物质利益回报。这是在实际工作中经常遇到的现象。由此可知，同学们会有怎样的体验，是需要一点运气的。哪怕表面上看起来相差无几的行程，是否由具备同理心的教师带队，其实施效果也将大为不同。

第三节　沟通的艺术

一、与外方领队之沟通

（一）外方领队多元身份及特点

"领队"原指国际出境旅游导游人员，分为职业、业余和义务三种。他们带领团队客人出国旅游，既对本国组团方负责，又代表组团方与目的国接待方进行沟通，随团活动，陪伴始

---

① 按，常有旅游大巴司机师傅反映，他们喜欢到学校"出任务"，因为比成人旅游团轻松。

终。[1] 参照此概念，在海外来华游学团接待工作中，一般将外方带队人员称为"领队"，其身份多为教师，但不只限于教师。其多元身份及特点，如表4-2所示。

表4-2 外方领队身份及特点

外方领队身份	总体评价	特点
校长	最佳	校长对学生威慑力很大，管理上极为高效；在产生额外费用时（如增加景点门票、用餐时临时加菜、购买生日蛋糕等），亦可一言而决，省去层层请示环节
授课教师/该校教师	较好	授课教师最熟悉学生，便于管理；或虽不直接教这些学生，但来自该校的专职教师，大都亦具备应有的责任心与掌控力
组团报名方工作人员	一般	多见于公费华裔青少年夏令营，由负责报名的组团单位（国外华人社团）委派工作人员担任领队，事先并不认识学生。总体而言，在责任心与管理水平上，均弱于专职教师
家长	一般/较差	多见于公费华裔青少年夏令营，由某学生家长以"义务劳动"形式担任领队，之前并不认识其他学生。管理成效不一，与该家长本人责任心直接相关。常见情况是，过分关注自己的孩子，对其他学生不怎么用心
中国留学生	较差	多见于公费华裔青少年夏令营，组团方为节省成本，招募/委派当地中国留学生担任临时领队，事先并不认识学生。因经验匮乏、威信与魄力不足，较难管好学生

其中，校长与专职教师相当于旅游学中的职业领队，组团方工作人员和留学生相当于业余领队，家长相当于义务领队。

（二）最佳领队——校长与专职教师

首先应意识到，中方教师与外方领队是"友军"，不是"敌

---

[1] 熊剑平、石洁.导游学[M].北京：北京大学出版社，2014：10.

军"，双方应密切协作，将队伍带好；若因理念或琐事产生嫌隙，形成对立，则将给团队管理造成不必要的人为障碍。

专业的外方领队处理学生事务游刃有余，可明显减轻接待方负担。如领队为专职教师，已连续几年/数年带学生来中国，则一切皆驾轻就熟；又如某校长亲自带队，学生们就每每慑服于校长权威，变成听话的"乖宝宝"。

在各国学生团队中，一般公认日本团最令人省心。除了学生乖巧、服从度高之外，日方领队亦普遍态度严谨、要求严格。笔者曾接触过日本神户中华学校与横滨山手中华学校师生，在其数次中国之旅中，大多由校长亲自带队，而在去某地游览、某餐厅用餐、某商场购物之前，校长必定亲赴现场勘查、熟悉环境；不允许学生来华时携带手机，只准带相机；外出时很少允许自由活动，偶尔逛街，则要求不得离开主街，若发现有学生进入侧街、胡同，则予以惩罚。"基本上不用管，轻松愉快"是不少中方教师给予日本团队的好评。

笔者还曾遇到来参加寻根夏令营的葡萄牙和澳洲两所中文学校，皆由校长亲自率队。为保证学生正常作息，他们均采用了"电子设备宵禁"措施，即晚上睡前（如22点）收手机和平板电脑，统一保管，第二天一早再发给学生。这种做法有点过于强势，但他们表示事先已约法三章、征得家长及学生同意，故而实施顺利。

来华游学的欧美澳主流学校团队中（以非华裔学生为主），亦常见校长随行的情况。学生多来自同一学校乃至同一年级，又由其任课教师及校领导共同带队，管理工作可谓井然有序。有幸遇到这样的外方领队，中方教师便无须在管理上多费心，只专心完成接待、授课、导览等任务即可。

【案例4-5】之前的老校友，现在的泰国外方领队

作为泰国清迈王子学校的华裔汉语教师，王老师已连续十几年带学生来京参加寻根秋令营。王老师20年前曾在京留学，对北京充满感情，而秋令营的承办方恰是她曾求学的母校。其团队有几大特点，颇令人称道。

1. 中等规模，管理得心应手。每年学生人数30—40人，王老师及其同事两人，每次均游刃有余，无论在校上课或外出游览，都很少给中方教师"添麻烦"。逛街时，学生们各自分组，准时集合，极少迟到或发生其他意外。

2. 身为老校友，王老师与接待方管理层颇为熟悉，对一线授课及带队教师也很友善。因熟悉内情，她对常规秋令营行程每每提出个人意见，通过友好沟通，与带队教师协商一致后，再做适当调整。有些情况下，如延长游览时间导致返程较晚，还会主动向带队教师赠送礼物表示歉意，甚至给司机师傅也准备一份礼物或小费。

3. 在秋令营闭营式上，学生们排队轮流向所有授课及带队的中国老师赠送小礼物，有多少学生，老师们就会收到多少份礼物，包括泰国特色零食、工艺品、生活小物品等。这固然跟泰国的佛教感恩文化有关，但若没有领队事先教导，学生们不会如此整齐划一地行动。小小礼物，满满心意，常令老师们十分感动。

4. 相较于常规秋令营，王子学校的泰国学生们幸运地收获了更佳体验。王老师会分享对中国和北京的热爱，尽力带他们去自己喜欢的、曾经学习和生活过的地方。并且，因为已培养出自我管理能力，学生让老师更放心，进而享受到更多自由——吃吃吃，买买买，这些青少年最钟爱，但在秋令营中所占比重很小的遗憾，就很大程度上被弥补了。当即将离京回国，身上的钱所剩无几时，他们仍然流连不舍，深感"北京太好玩，老师们都很亲切"。试想，如若不是有王老师这位灵魂人物的"加持"，若不是这位知悉内情、充满爱心且待人接物颇具亲和力的外方领队，孩子们的收获恐怕将差上许多。

（三）公费夏令营领队遴选困境与应对

如前所述，自费游学项目的领队大都为专职教师，在学生管理上驾轻就熟，无须中方教师费心，而公费夏令营情况就较为复杂。据"寻根之旅"主办方中国侨联规定，"领队要求年龄在 60 岁以下，身体健康，责任心强，有一定带团经验，且汉语流利"，[①]"在领队遴选过程中，应先期建立联系，沟通有关信息，并考察领队是否胜任相关工作，如明显感觉经验、能力不足或难于合作，应及时协调海外组团单位更换人选"。[②] 主办方确实对领队资质提出了明确要求，并注意到存在不称职现象，可是这种要求仅为指导性建议，无硬性约束力。有研究者观察到：

> 历年的"中国寻根之旅"夏令营，除了由海外华裔学校组织的夏令营以外，还有一些是由海外的社会团体组成的夏令营，这些团体组成的夏令营，其领队并非参营学生所在校任教教师。与由参营学生所在校任教教师担任领队的夏令营相比，非任教教师担任领

[①] 参见中国侨联官网"寻根之旅"夏令营网上交流平台（http://xgzl.chinaql.org/news/category/cateid/12）。

[②] 中国侨联办公厅. 中国侨联办公厅关于做好 2019 年"中国寻根之旅"夏令营申报和筹备工作的通知 [S]. 中侨厅函 [2019]74 号，2019.

队的夏令营无论是内部管理、组织活动还是课堂教学效果都较差一些。[1]

寻根营领队多由海外组团单位指定，接待方仅能在工作接触中逐渐了解该领队，若发现领队问题，即便马上反映给组团单位，也为时已晚。而组团单位往往人手紧张，在领队派遣上有心无力，更无法做到严格筛选。一方面，多数夏令营领队均能密切配合接待方工作，称得上尽职尽责；另一方面，亦有少数领队资质堪忧，或缺乏责任心及管理经验，或利用制度漏洞钻空子、占便宜等。

笔者认为，主办方应进一步加强对外方领队的要求，制定"领队须知"细则或编写"领队工作手册"等，用以实际指导工作。接待方可由单位或部门领导出面参加开营仪式，既表示对活动的重视、对领队的尊重，也顺势在开营式后召开领队座谈会，开诚布公，申明管理规定，寻求对方理解与合作。这种"打预防针"的方式，至少尽到了提醒告知义务，若此后发生不愉快事件，导致纠纷，亦有理可据。

【案例4-6】夏令营华人领队之人情百态

有营员家长担任领队，觉得自己牺牲假期带团，本来就是义务劳动，带好自己孩子即可，对其他孩子并不上心。

有留学生领队年纪轻轻，亲切有余，威严不足；遇到乖孩子还好，遇到调皮捣蛋的孩子，只是一味纵容，无计可施。

有领队常常往返中外之间，人脉很广，夏令营期间心不在焉，每每告假或"失踪"，到处跑关系。

---

[1] 张嫱. "中国寻根之旅"夏令营的特点及问题浅析——以北京华文学院海外华裔青少年"中国寻根之旅"夏令营为例[J]. 世界华文教育，2019（3）：51-58.

有领队以"归国贵宾"自居,常提各种有理或无理要求,短短几天,中方教师就替他/她收了好几个快递,处理了一堆琐事。

有领队认为自己是"海外精英""成功人士",将接待方城市与自己所定居的欧美大城市对比,评头论足,扬扬自得。

有领队意识不到自己所应承担的责任,当面顶撞中方教师:"管理学生不是你们接待方的责任吗?否则要你们干吗?"

有领队私自带幼儿随行,被发现后,还辩驳说孩子跟自己住同一房间,又多吃不了几口饭,"与他人无碍",接待方为何苦苦相逼?

……

以上所列,皆出自华裔青少年夏令营之华人领队群体。无规矩,不成方圆。接待方应对外方领队怀有善意,理解并尊重其职责,但也不可理想化,更不可对其一味容忍退让,在某些原则性问题上,还是要照章办事,维护中方尊严。

二、与外方家长之沟通

在多数情况下,中方教师并不与学生家长建立直接联络。一是无必要,外方领队作为学生旅行期间的监护人,可代理行使家长职能;二是联络不便,微信、Line、WhatsApp、Messenger 等即时通信软件,各有特定国家用户群,微信虽然风行,也仅限于华人世界而已。

少数情况下,通常是在华裔青少年夏令营中,中方带队教师会受邀加入家长群,详情将在下一节探讨。有时,华裔家长会通过微信、电话、邮件等方式,主动与带队教师建立联络,多半是寻求某些私人帮助，如代收快递、打印旅行文件、对孩子额外关照等。若遇此类情形，可参照导游学中"合理而可能"的服务原则，尽力给予帮助，但对超出接待方能力或不合理、不合规、不合法的要求，应委婉推辞或严正拒绝。[1]

三、与中方司陪人员之沟通

"司陪"是旅游行业术语，指司机和导游等陪同人员，如"司陪餐"指团队用餐时，司机和导游单独一桌用餐；"司陪房"指酒店住宿时，司机与同性导游同屋。

游学活动兼具观光性质与学习性质，因而常会出现学校与旅行社"跨界合作"的情形。合作方式约有以下三种。

其一，学校为主，旅行社为辅。团队由某学校全程负责，教师全程带队，同时扮演导游角色，仅在必要时聘请专业导游协助工作。如教师带队赴其他城市，则由当地旅行社派出地陪导游接待。

其二，旅行社为主，学校为辅。团队由某旅行社全程负责，导游全程带队，仅在需要时，赴某学校上课或交流。

其三，各占一半，无所谓主次。学校只负责教学，旅行社只负责游览。如某团队前几天由学校接待，完成课程部分；后几天则由旅行社接待，完成游览部分。两者虽有合作关系，但各自行程和管理人员泾渭分明，互不干扰。

后两种暂且不论，本书主要聚焦第一种方式。该情形下，中方带队教师总领全局，外出游览（特别是赴外地游览）时经

---

[1] 北京市旅游业培训考试中心. 导游服务规范 [M]. 北京：旅游教育出版社，2015：11.

常要与司机和导游打交道，应充分理解其工作性质和难处，怀着同理心加强沟通，齐心协力将团队带好。这种沟通本身虽不属于涉外工作，但就发生在外方师生面前，沟通的质量将直接影响带团质量，若互相之间产生矛盾，也很容易影响外国师生的观感。

（一）与司机师傅相处

某些情况下，带队教师自己要扮演导游角色，负责直接与巴士司机师傅沟通。在相处时，应本着"互相尊重、互相理解、密切配合"的原则。一方面，要多为司机师傅着想，不添额外麻烦；另一方面，也要对其进行监督，若发现其不当行为，如在车内吸烟、行驶中随意看手机和接打电话等，要及时提出意见。在行车路线上，需尊重师傅的专业技能，但他们无权对行程指手画脚，如司机师傅拒不配合、故意刁难，沟通无效，立即通过有效渠道向其上级管理部门反映，要求更换车辆。

旅游大巴车型特殊，停车是个严重问题。以北京为例，随着城市交通管理逐渐加强，可放心停靠的位置越来越少（这是最常听到的司机师傅的抱怨）。有些景区配套设施不完备，无停车场或停车场过小，不能满足大巴要求，往往要把客人放在路边，然后立即开走，等游览结束再来接。带队教师须跟师傅约定何处上车，并正确引导大家前往。时间的掌控也很微妙，一则约定的上车地点（路边某处）只能暂停一两分钟，车辆无法提前赶到；二则又不能让大家在路边等太久，需集合完毕后估算大巴多久能开过来，及时致电师傅。

在《导游学》一书中，曾提及"导游员与司机的协作"，包括及时向司机通报相关信息、协助司机做好安全行车工作、征求司机对日程安排的意见等，[1]可供参考。笔者在实践中总结出与司机师傅和谐相处、改善关系的几个小技巧，兹分享如下。

1. 主动替师傅寻求谅解

在停车不便时，向外国师生解释司机师傅的难处，请他们上下车加快动作，勿给师傅增加困扰（停靠过久会吃罚单）；在上车点候车时，请他们耐心等待，若遇有交通堵塞等意外导致等待较久时，则主动道歉并诚恳告知原因。

2. 协助维护车厢整洁

当日游览完毕返回住处，提醒大家下车时帮忙收拾一下，勿乱扔垃圾，这样会加重师傅清洁车厢的负担。教师应最后下车，检查车厢内是否有学生遗漏之个人物品及垃圾。

3. 保证师傅用餐

北京市区多数餐厅并无大巴停车位/场，门口路边亦不能随便停靠，司机师傅被迫"打游击"，很难吃上一口热饭。对师傅的尊重，首先就体现在怎样解决其用餐问题上。若对此不闻不问，既有失礼貌，又容易造成对方消极怠工，甚者故意刁难，给大家"添堵"。应对方法为：假如门口附近可停，但师傅不能离车，则嘱咐餐厅打包，并送到车上（必要时需教师自己去送）；假如不得不将车开走、停在较远处，则跟师傅商量，是否可餐后打包，等大家上车时拿给他，赴下一景点时再停车用餐，但此方法有明显弊端，即师傅常被迫错过饭点，要饿肚子一两个小时后，才能用餐。若符合财务规定，可给司机师傅发放餐费，这样在团队用餐时，师傅也能通过叫外卖的方式，让送餐员直接送至停车地点，及时用餐。

---

[1] 熊剑平、石洁.导游学[M].北京：北京大学出版社，2014：265.

4. 争取小福利

在合情合理合规范围内,尽力给司机师傅争取些小福利。比如赴某单位参观交流,对方准备的免费赠品不妨替师傅拿一份;给师傅打包餐点时,要求多一两个配菜;吃烤鸭时,事先询问司机师傅是否需鸭架外带(团队用餐,常有剩余鸭架待处理);若管理制度及条件许可,尽量为早出晚归、回家不便的师傅加开客房,供其充分休息;等等。多多释放善意,将有利于双方维持融洽关系、密切沟通合作。师傅休息充足、精神饱满,也有利于保证安全驾驶。

5. 鼓励小费

依照国内旅游行业现状,并无给小费的风气习惯,因而不宜公开替司机师傅索要小费。但不妨以教师身份,在课上提醒大家要懂得感恩,向为自己服务的人表示感谢。亦可在游览将结束时,在车上跟大家寒暄几句:"感谢各位老师和同学们的配合,这几天一切顺利。也感谢司机师傅,每天早出晚归,任劳任怨,保障了我们的顺利出行。让我们一起给他掌声好不好?"若有外国领队自发询问是否要给小费,可如实告知:中国服务行业没有给小费的惯例,故而并不强求;但若确实愿按照国外习惯表示一下心意,则值得鼓励,对促进游览顺利进行也有好处——譬如,接下来几天行程都是同一辆车,提前给小费,有利于司机师傅带着愉快的心情提供驾驶服务。从中国国情来看,若真的给小费,"早给"比"晚给"好。"早给"可发挥"笼络"之效,而"晚给"虽符合国际习惯,却常于事无补。

(二)与导游相处

中方教师与专业导游的相处原则,近似与司机师傅相处,亦为"互相尊重,互相理解,密切配合"。

若中方教师此前曾扮演导游角色,了解该职业性质,则会充分理解导游工作之繁杂不易,应尽量配合,并在力所能及时予以帮助,如协助清点人数、维持秩序等。若外国师生与导游之间出现意见分歧,则应发挥沟通桥梁的作用。毕竟,中方教师在此前已跟大家相处一段时光,更熟悉外方情况,也了解几分行业内幕,明白导游在某些问题上确有难处,无法有求必应。

《导游实务》中曾列举"地陪、全陪、领队巧分工,观光、用餐、拍照三不误"的例子,论述三者分工协作对于提升游客体验的重要性。[1] 游学活动中,中方教师扮演全陪角色,与外方领队、地陪导游关系融洽,有助于塑造团队和谐氛围,提升学生游览体验。同时,也对地陪实施监督之责。若发现其不当行为,如强制购物、变相索要小费、随意增加行程表之外的自费活动等,及时提出意见,甚者向其所属旅行社投诉举报。

【案例4-7】协助地陪导游订餐

美国华盛顿国际学校游学团从北京搭卧铺列车赴西安,第二天早晨抵达,匆忙入住酒店后,即开始游览。当日行程紧凑,傍晚时学生已疲惫不堪,美方领队遂要求提早返回酒店休息,但原计划还要赴某餐厅用晚餐,令地陪导游左右为难。中方带队教师与导游沟通后,改为取消团餐,先回酒店休息,再自己为大家叫麦当劳外送,发票交由导游报销。这样,既满足了美方师生要求,导游和司机师傅也能早些下班休息,一举两得。

由于该团较小,仅十人左右,故可采取此种应变方法。若团队较大,一则叫外卖难以操作,二则不能随意取消预订餐,

---

[1] 易婷婷, 等. 导游实务(第2版)[M]. 北京:北京大学出版社, 2018:148.

因餐厅已提前备好食材，人数较多会造成可观的损失。

第四节　新媒体与团队管理：以微信为例

受惠于新媒介技术发展，即时通信软件——微信不仅风靡全国，在整个华人世界亦普遍应用。鉴于我国国情特殊性，外国学生熟悉的通信软件多受限，指引他们使用微信，既是为了更便利的交流，也是入乡随俗、体验中国生活的良好方式。

一、交流平台：微信群

今天，我们已经可以通过建立微信群等途径，更好地展开团队沟通与管理。可按不同目的成立如下群组。

（一）工作群——管理人员交流平台

由外方领队、中方教师、导游、实习生助手等中外工作人员组成，随时就各种事宜发布通知，进行正式或非正式磋商、协调。这种工作群在小型团队中用途有限，但在来源复杂的公费夏令营（由多国多地师生组成）等大型团队中，会带来许多便利。

（二）家长群——管理人员与学生家长交流平台

家长群尤适用于华裔青少年夏令营。在微信风行之前，管理人员与家长的沟通并不方便。目前，海外华人家长亦普遍开通微信，使得即时沟通得以实现。轻松上传文件、照片、视频的功能，更令相隔千万里之遥的家长们能随时关注孩子们的中国现场资讯。寻根营中，不少孩子都是第一次离开父母，又孤身一人来到如此遥远的地方，家长群就成为记录孩子们每日生活和个人成长的有效路径。外方领队与中方教师上传食宿条件、课堂、出游现场等实时记录照片和视频，既满足家长需求，也对游学活动乃至接待单位是极好宣传。有些小孩子不懂事，毫无"儿行千里母担忧"的概念，玩疯了就把家人抛在脑后，连父母发来的信息或打来的电话都懒得回复，这就需要老师提醒和督促，并保证让他们在群里不时"露脸"，让家长放心。因国内外存在时差，家长们每每彻夜守候，翘首以盼最新影像资料的上传，只为在第一时间分享孩子的喜悦。

微信家长群的正面效用已得到实践的反复验证，但同样存在副作用，即增加了管理人员的工作量。一旦家长群建立起来，中外教师都要随时应付家长们对自己孩子无微不至的关心、对管理工作事无巨细的质询，这种信息甚至是不分日夜的全时段"轰炸"，有时会令人不胜其扰。

【案例4-8】微信群里家长的期盼

2019年澳洲悉尼中国育才学校北京游学班（20人），笔者作为中方主管教师，受外方领队——育才校长之邀，加入了家长群。秉着一种父母关爱孩子的同理心，笔者很理解海外家长们"每天都想看到孩子身影，看他/她过得好不好"的需求，虽然教学和带队事务繁忙，也尽量多拍照片、多录视频发到群里。由于校长上了年纪，又久居国外，对微信不太擅长，每天上传的照片数量有限，而笔者加入后，显著提高了照片的数量与质量，更辅以诸多短视频与背景介绍（如今天上课讲了什么、去了哪里、谁谁表现如何），令家长有种身临其境的现场感，仿佛与孩子同游。校长也在游学班结业后的感言中说道，"家长们每天都等着看我们发回来的照片和录像，寻找自己孩子的踪影，看到自己平时看不到的另一面，看到孩子们自信，乐观，团结友爱,阳光,活泼"。

下面撷取若干家长在群里的发言,他们的肯定和鼓励让笔者深深感受到这份工作的意义所在。

好棒的照片,喜欢!

他们在回程的大巴上了,应该很快又有新照片了。

品种多样,都是孩子们喜欢吃的菜,感谢大厨师傅的爱心烹饪!

谢谢老师拍摄上传这么多图片视频,很花时间,辛苦了!

昨晚都睡了,一早看见老师好用心,拍、发这么多照片。好有爱心。真的非常感动感激。谢谢!

是啊,看每一天的照片都是那么开心欢乐,连我们这些家长都被感染。

从每天上传的照片上看得出来,此次活动安排得有多丰富,孩子们有多开心多享受,我们这些当父母的看着从心里感到欣慰和开心!校长和老师们辛苦了!点赞!

这活儿得多有爱心和精力才干得下来啊……跟群孩子跑一天,累死了……

多谢老师这些天对孩子的照顾和实时报道,给家长很多惊喜和欣慰。

(三)学生群——学生彼此或师生交流平台

微信在华裔青少年群体间并不十分流行,其中或有家长限制孩子使用手机的因素。不过,在来华参营时,几乎所有营员都配有手机。管理人员应事先建议或现场指导营员们学习使用微信，建立学生群，并告知他们，微信是目前在中国最风靡的即时通信工具，如果想多交中国朋友，更好地学习中文、了解中国，微信是必不可少的。

除了提供给学生们一个"中国式"交流平台，该群也便于教师发布通知和提醒，亦可鼓励同学们将拍摄的精彩照片上传，并最终评出优秀摄影作品予以小小奖励。活动结束后，该群还可转型为"校友联络平台"，发挥其后续沟通作用。可惜的是，这种作用远未得到体现。

曾有学者毫不客气地批评道，"请进来"的华裔青少年夏令营本意虽好，但在实践中却缺少保持长期联系的机制。

> 就当前情况来看，夏令营活动结束后，主办方与营员就"失去了联系"，没有专门团队对这些成员进行追踪联系，任其流失。这种"一锤子买卖"，使得夏令营成为一个"半拉子"工作，既不能完全达成我国针对华裔新生代开展文化工作的终极目标，也不能满足这些华裔新生代持续的信息需求。这种短期接触、永不联系的方式，将导致举办者、参加者双方对夏令营的积极性下降。[①]

这的确是该类活动的一大缺憾。而借助微信群等交流平台，将成为未来可行的应对措施之一。

另需指出，微信家长群、学生群都只适合中小规模的营队，若超过五十人，乃至上百人的大营，则有些不太现实。群组过于庞大的话，其缺点亦将随之放大，容易成为干扰管理的噪声

---

① 夏雪. 华文夏令营对华裔新生代中华文化认同的影响及思考[J]. 当代青年研究, 2020（2）: 34-38.

源,甚或激化家长与管理人员之间的矛盾。

在非华裔学生项目中,若外方领队、学生和家长不使用微信,微信群便无用武之地。有些项目,如前书提及的华盛顿国际学校中国夏令营、"美中教育"策划的游学团,都会在启程前专门指导美国家长和学生下载、使用微信,并建立微信群即时沟通,颇值得称道。

二、宣传平台:微信公众号

在微信群的联络功效之外,微信公众号的"广而告之"功效也不可忽视。对接待方而言,它是一个极好的对外宣传与成果展示平台;对华人世界而言,它亦被越来越多海外中文学校、华人社团等认可,用来发布新闻、通知、活动资讯等。

(一)发表功能

通常,当学生们顺利返程,接待方任务就结束了。不过,对那些仍保持联络的国外师生,其实还可让活动成效进一步发酵。例如,可鼓励学生用中英文将此次来华体会写下来,在微信公众号上择优发表。这种鲜活的一手资料,将比中规中矩的新闻资讯更具感染力,而发表对学生更是一种褒奖,若能提供些许稿费,哪怕稿酬微薄,都将成为学生和家长们津津乐道的荣誉。

例如,我们曾推荐数篇营员的开闭营发言稿及优秀作文,发表在我院的微信公众号以及受中国海外交流协会委托编辑的《华文教学通讯》报纸上。小作者们还拿到稿费,这笔"意外之财"将对其中文学习产生激励作用。而家长们对于这种文章公开发表的荣誉,尤其激动。有家长将公众号文章贴在朋友圈或转发给亲友，骄傲分享孩子的中文"大作"；有家长反馈，孩子自己赚到的人生中"第一桶金"就是这笔稿费，意义太特殊了。这都对树立项目口碑、提升接待方声誉大有裨益。

【学生视角4-4】我爱北京（小诗一首）[①]

　　首都北京很好玩，华文学院真漂亮。育才学校组个团，老师们不怕麻烦，带着大家到处玩。

　　天安门又广又宽，故宫太大看不完。四合院里喝杯茶，再把辫子编一编。

　　长城长长努力爬，爬到顶上成好汉。奥运宝宝去鸟巢，我们马上十一岁。

　　两桌饺子吃得香，六只烤鸭全抢光。

　　汉语课堂真有趣，中国文字变变变；国画书法一起上，中华武术十分棒。

　　砍价课程很有用，红桥市场砍砍砍，商店老板卖卖卖，可是出了商场后，大家都成穷光蛋。

　　首都北京太好玩，欢乐时光过得快，转眼就要把家还。

　　结业仪式颁大奖，五个奖拿到手软。北京北京我爱你，希望以后又回来！

（*青豆，女，10岁，澳大利亚；2019澳大利亚悉尼中国育才学校北京游学班；注：作者出生于2008北京奥运年，故自称"奥运宝宝"。）

[①] 北京华文学院微信公众号. 澳洲华裔青少年最佳照片展示（二）[EB/OL]. https://mp.weixin.qq.com/s/57zzgFyaEPE3f9ZH85ycFg, 2019-05-09. 此诗亦发表于《华文教学通讯》, 2019年第7期（总第285期），第5版"学生习作"。

（二）活动功能

2015—2017年，中国国际广播电台曾与国侨办联合主办"发现东方之美"华裔青少年寻根之旅微信大赛，即借助微信公众号的宣传平台功能，请华裔营员们上传自己的摄影作品，并评出最佳摄影奖、最佳创意奖、最佳设计奖、最佳美文奖、最佳人气奖等。[①]

此外，有游学机构正在探索是否可将微信作为一个"笔友平台"，其理念是：在中外教师的监控、指导、牵线之下，协助中外姊妹学校的同龄学生建立联络，通过微信语音或文字交流，外国学生学习汉语，中国学生则学习外语（主要是英语）；在将来双方学校展开互访时，这些"笔友"或"网友"还能线下相聚。这种探索亦极有价值。[②]

第五节　仪式感与荣誉感之培育

近年来，"仪式感"一词颇为流行。到底什么是"仪式感"？一般认为，以世界儿童文学名著《小王子》（*Le Petit Prince*）中的描述最为经典。

"仪式是什么？"小王子问道。

"这也是一种早已被人忘却了的事。"狐狸说，"它就是使某一天与其他日子不同，使某一时刻与其他时刻不同。比如说，我的那些猎人就有一种仪式。他们

[①] 中国国际广播电台"发现东方之美"微信公众号. 爱的召唤 LOVE [EB/OL]. https://mp.weixin.qq.com/s/iYE5vm61jIwJEm-lbBPhsw, 2017-12-21.

[②] 按，该想法源于"SLB 美中教育"负责人于娜女士，正在逐渐落实中。

每星期四都和村子里的姑娘们跳舞。于是，星期四就是一个美好的日子！我可以一直散步到葡萄园去。如果猎人们什么时候都跳舞，天天又全都一样，那么我也就没有假日了。"①

《小王子》只是描述"仪式"（rite）的功能，并未使用"仪式感"一词。很难查到该词的明确出处及权威定义。它大致指某种人为附加的特殊礼仪、礼节，使得平凡的事物、行为具有了不凡意义，从而令人获得精神上的愉悦或满足。"仪式感"被国人英译为 sense of ritual 或 sense of ceremony，但检索这两个词在真实英文语境下的使用情况会发现，一则并不广泛，二则似乎与"仪式感"的中文含义也并不对应。当英文语境强调"仪式"在日常生活中的独特作用时，常径直使用 ritual 或 ceremony，如以下几条使用必应（Bing）国际版检索出来的英文资讯：

The Big Power of Small Rituals.（小仪式的大功用）

New Research：Rituals Make Us Value Things More.（研究新进展：仪式令我们更加珍视某种事物）

10 Ways Rituals Help Us Celebrate Our Lives.（用仪式帮我们庆祝生活的 10 种方法）

Self-created ceremonies give meaning and order to our personal lives.（自我创造的仪式令我们的私人生活有意义、有条理）

Ritual and Ceremony in Everyday Life | Pathway to Happiness.（日常生活中的仪式与礼仪：通往幸福之路）

……

---

① [法]圣埃克苏佩里. 小王子（第 21 章）[EB/OL]. http://language.chinadaily.com.cn/2016-10/12/content_27039753.htm，2016-10-12.

以日常用餐为例，虔诚基督徒会在餐前祷告，感谢神赐予食物的恩典；普通日本人会在餐前合掌说"领受了"（いただきます，通俗译为"我开动了"），餐后说"感谢款待"（ごちそうさま，通俗译为"我吃完了"），都表达了对享用食物的感恩之情。这种仪式，对养成珍惜食物的习惯大有益处。中国儒家传统亦有"谁知盘中餐，粒粒皆辛苦""一粥一饭，当思来之不易"的训诫，但并未落实为一种日常仪轨。

某种私人仪式可以让人愈加专注、享受某个瞬间，油然而生神圣感和崇高感；某种集体仪式则在此基础上，进一步培育参与者的集体荣誉感。日本中小学在修学旅行中，即十分重视"仪式场面"的教育，包括开幕式、闭幕式、篝火晚会、烛光晚会等场面的总结表彰，纪念品赠送与接收，结业证、体验证发放，生日庆典、告别晚会等场面的礼仪指导等。[①]

在来华游学项目中，仪式感和荣誉感多体现在开/闭幕式、颁奖仪式、生日庆祝、联欢会等活动。

一、开幕式与闭幕式：善始善终

海外游学对学生意义非凡，若接待方在开始和结束时举行类似开幕典礼（opening ceremony）、闭幕典礼（closing ceremony）之类的活动，将格外有助于培育青少年的仪式感与荣誉感。根据项目类型，有时称之为开营仪式、闭营仪式（如某夏冬令营），有时称之为开班仪式、结业仪式（如某游学班）等。这种仪式可以非常隆重，例如多位国家领导人曾出席在人

---

① 田辉. 日本中小学观光教育怎么做——基于日本《学习指导要领》的思考[J]. 中国德育，2016（23）：27-30.

民大会堂举办之"中国寻根之旅"夏令营开营仪式;① 亦可以非常简单,例如在一间小小的会议室以圆桌形式举行。

开营/开班式可以让同学们对活动概况有初步了解,消除其陌生感与紧张感,近似于"破冰""暖场"性质的见面会。闭营/结业式则为该活动划上圆满句号,既是落幕,也是重新出发的契机。正所谓"善始善终",这种仪式将为同学们标示出人生中一段奇特时光的开端与结束,在其记忆中留下浓墨重彩的一笔。

开营/开班式通常包含承办方/接待方领导讲话、外方领队致辞、学生代表发言、集体合影等程式化内容;闭营/结业式的内容更为充实,在常规环节之外,还包含观看游学生活回顾视频、学生作品展示或才艺表演、向优秀学生颁发奖品、中外双方互赠礼物等。正如《庄子·人间世》云:"其作始也简,其将毕也必巨。"中外师生从初次见面到日益熟悉总需要一个过程,开始时的仪式仅为例行公事,而结束时的仪式才是"重头戏",常常上演悲喜交集、难舍难分的场景,感情色彩更加浓郁。是故,闭营/结业式的分量远超过开营/开班式。

《导游学》指出:

> 心理学中有一种"近因效应",它是指在人际知觉中,最后给人留下的印象因时间距离最近而对人有着强烈的影响。国外一些旅游专家有这样的共识:旅游业最关心的是其最终的产品——游客的美好回忆……美好的最终印象能使游客对即将离开的旅游目的地和导游员产生较强烈的依依不舍的心情,从而激起再次

---

① 新华社."中国寻根之旅"夏令营开营 习近平出席并讲话 [EB/OL]. http://www.gov.cn/ldhd/2010-07/25/content_1663626.htm,2010-07-25.

出游的动机。游客回到家乡后，通过口碑相传还可起到良好的宣传作用。[1]

美国旅游心理学家 Jaime Kurtz 参照心理学中的"峰终定律"（the peak-end rule）指出，一场旅行的好坏，受其高潮（"峰"）与结局（"终"）影响最大。不愉快的结尾（如返程航班延误、疲病交加地返回家中）会给人留下糟糕的整体印象，而愉快的结尾（如最后享用一顿大餐或度过一个浪漫夜晚）则令人回想起来就感觉整个旅程很棒。据此，她给出了提升旅行感受的有效策略——"以高音符结束旅程"（end on a high note），带着心满意足的巅峰体验踏上归程，为整场旅途奠定正面基调。[2]

同理，若游学活动来一场独特的、高潮迭起的闭营/结业式，用高音符划上圆满句号，将会令学生们刻骨铭心、回味无穷，纵然之前对某人某事心存芥蒂，有些小遗憾或不愉快，亦将被其光芒所冲淡。

办好闭营/结业式，宜从以下方面努力。

（一）总体目标：营造欢乐、温馨氛围

让这场仪式动人心弦，师生同乐，而非走走过场、草草了事。

（二）用心制作回顾视频

精彩纷呈的中国之旅即将结束，应及时做一番回顾总结。而视频，就是最直观的展现形式。这种视频无需过长，几分钟

---

[1] 熊剑平、石洁. 导游学 [M]. 北京：北京大学出版社，2014：241.
[2] Jaime Kurtz. The Happy Traveler: Unpacking the Secrets of Better Vacations [M]. Oxford University Press, Oxford, 2017: 80–81.

即可，由接待方精选学生照片、短视频制作而成。它可以是数百张静态照片排列组合、配乐播放，可以是多个小视频的串联，更可以是一部将照片、视频融为一体，妙趣横生的纪录片。首先照片要精心挑选，其次选好配乐，再次要体现制作者的某种逻辑或欲抒发的情感。为了最后的视频制作，中方教师从一开始就要做好忠实的记录者，善于抓拍游学过程中的点点滴滴，定格一幕幕精彩瞬间。若视频做得不好，仅是诸多照片的堆积罗列，同学们看过便罢，无法产生共鸣；视频做得好，可引发同学们的欢笑、尖叫，瞬间点燃全场热情，甚至有令人又哭又笑的魔力，值得珍藏一生。该视频可拷贝在"中国风"U盘中，作为一份精致的小礼物赠送给国外师生，亦可同步上传至网络，供所有老师、同学、家长下载保存。

（三）学生作品展示

大部分游学项目含有中华才艺课程，如写书法、画国画、做手工等，可选取优秀作品予以展示，既能将仪式会场布置得五彩缤纷、琳琅满目，更是一种荣誉表彰。若大家曾学习中文歌、民族舞、功夫套路等，则不妨载歌载舞，用才艺表演方式表达内心激动之情。

（四）发挥学生积极主动性

作为代表发言的学生通常由外方领队指定，但不妨先咨询一下同学意见，由他们毛遂自荐更佳。发言人数亦不必仅限定一位，多找几位无妨。比如领队指定一位，另加主动请缨者一位；男生一位，女生一位；等等。要鼓励同学们抓住这个展示自我的机遇，明白这是一种巨大荣誉，而且完全是自己可以争取到的。有人担心自己中文水平不够，教师要消除其疑虑，并帮忙准备发言稿。若能及时摄影、录像，分享给发言学生家长，会令其万分欣慰。

（五）颁奖仪式

在闭营/结业式中，颁奖仪式并非必要环节，但属于"加分项"，对培养学生的仪式感和荣誉感有锦上添花之效。下文将单独阐述。

二、颁奖仪式：高光时刻

不少汉语教师在授课时，都会准备中国特色的小奖品，激励学生积极参与课堂问答。这种"小恩小惠"对未成年学生的刺激效果还是相当明显的。如何奖励，奖励什么，老师们各有各的诀窍。例如，有老师会别出心裁地准备"熊猫印章"，适时给表现优异的学生盖章，最后一节课再按照印章数目兑换相应奖品。[1]

在游学活动中，学生们还拥有另一个身份——游客。《旅游心理学》认为，为显著提升游客体验，旅行社的产品设计应做到：

> ……第六，要考虑能够给旅游者一种荣誉、一种象征性的东西，增加旅游者的自豪感。第七，要考虑给旅游者一些可以带走的有形纪念品，让旅游经历这种无形产品有形化，旅游者凭借这些有形的纪念品可以回忆起旅游中的愉快经历，同时还能够为旅游企业做宣传。[2]

---

[1] 冯若语.国家汉办"你和我·在北京"夏令营教学实践与反思——以保加利亚中级班为例[D].北京外国语大学，2014：18.
[2] 吕勤、沈苑.旅游心理学[M].北京：中国人民大学出版社，2019：59.

不管面向大众游客，还是青少年学生，奖品/纪念品都有其特殊价值。颁奖仪式针对那些游学期间表现突出者、竞赛优胜者、作业及汇报优秀组等，意在帮他们记住自己的高光时刻，留下最美回忆，同时培养团队意识与集体凝聚力，形成对接待方乃至该城市、该国家的认同感、亲近感。奖品/礼物虽小，其"收买人心"、以情动人的功效却物超所值，绝不可小觑。

（一）颁奖须知

第一，注意代表性与广泛性。颁奖不是为了"拔尖"，而是为了"普惠"，要保证让更多同学"受惠"，用各种名目颁奖；若得奖者仅"冠、亚、季军"寥寥几人，则效果有限。应事先设计具有竞赛性质的活动，吸引大家踊跃参与。

第二，要表彰学生付出的努力，而非只看最终结果。不要只依照汉语水平来选拔优胜者，对那些汉语虽差但努力开口表达、热心参与集体事务的同学，更要予以嘉奖。

第三，要奖励有突出表现者，但不能冷落其他同学。给少数优异者颁奖，并给所有人赠送小礼物，是比较可行的做法。

第四，应建立制度与资金保障。既不能靠中方教师个人意愿来决定颁奖及赠送礼品与否，如想送就送，不想送就不送；亦不能寄托于教师"爱心泛滥"、自费准备奖品与礼品——面对庞大的学生数量，这是极不现实的。

（二）亦庄亦谐的颁奖仪式

颁奖须郑重其事，方能凸显其独特意义；但大可不必一本正经，亦庄亦谐方能活跃气氛。如，可模仿奥斯卡颁奖仪式，"巧立名目"、分设奖项如下。

最佳照片（Best Picture）：活动期间最佳学生摄影作品。

Best Picture 又指奥斯卡奖中的"最佳影片",一语双关,更增谐趣。

最佳男演员(Best Actor):在联欢会、文艺汇演中表现突出的男生。

最佳女演员(Best Actress):在联欢会、文艺汇演中表现突出的女生。

最佳男助理(Best Supporting Boy):热心助人的男生,或协助老师工作的男助教。在奥斯卡奖中,Best Supporting Actor 是"最佳男配角"的意思,此处取 Supporting 的"帮助、支持"含义。

最佳女助理(Best Supporting Girl):热心助人的女生,或协助老师工作的女助教。

最佳中文(Best Chinese):公认汉语水平最高的学生,或小测验、演讲比赛优胜者。Chinese 亦有"中国人"之意,该奖项尤适用于华裔学生,若用于中外混血学生则颇具幽默感。

最佳进步(Best Progress):汉语不甚佳,但课上踊跃发言、课下勇于表达的同学。

最佳发言人(Best Speaker):在开班/开营式、结业/闭营式上作为学生代表发言的同学。

最佳球员(Best Player):在篮球、足球、乒乓球、羽毛球等运动上有专长者,或在运动比赛中表现最优异的选手。

最佳团队领袖(Best Team Leader):协助老师工作的小组长代表。

最佳团队(Best Team):某分组竞赛的优胜组。

……

可按情况，决定奖项类别及获奖人数，要照顾到男女生获奖比例大体平衡；有时学生来自多国，则要照顾到不同国家的获奖者比例平衡。不必太纠结具体的颁奖理由，甚或可采用一些无厘头说法。若颁奖时配以投影（PPT）及该获奖学生可爱、扮酷、搞笑的特写照片，更具"笑场"效果。

（三）奖品/礼品之选择

针对外国青少年，奖品/礼品的选择也是一门艺术，若挑选不当，不但起不到表达心意的作用，反而形同鸡肋，给对方带来困扰。

1. 不宜贵重

因赠送数量较多，过于贵重的物品显然不恰当。若单价过高，势必导致数量有限，仅能作为优异奖项颁发，不适合大规模赠送。

2. 便于携带

因涉及行李装箱问题，太大、太重、易碎等不便携带之物皆不适宜。来华游学毕竟是一次跨国旅行，学生购物热情很高，回程时行李箱爆满的比比皆是。此时若再送给他们不便携带之物，反会造成困扰。不过亦有例外，比如体积大但很可爱的布偶、抱枕等广受欢迎，有同学会心甘情愿地一路都抱在怀里。

3. 具有中国特色

鉴于中国主办方及承办方/接待方自身定位，那些缺少中国特色的物品，如欧美卡通玩偶或日本动漫公仔等，并不适合作为官方礼品赠送。

4. 易于理解

鉴于海外学生对中华文化一知半解，某些颇具中国特色但含义过深、过于晦涩之物，如民间故事小屏风、名人画像、知名文物仿制品等，皆不适宜。

总之，应以物美价廉、小巧可爱的"中国风"礼品最佳。表4-3罗列几种代表性小礼物/纪念品，仅作粗略分类，物品互有交叉。

表4-3 送外国学生礼物备选

种类	物品	特色
中国标志	多种熊猫周边产品，如文具、摆件、钥匙链、毛绒玩具等	熊猫人见人爱，也是最具代表性的中国动物，不论学生到访中国何地，熊猫礼品均适用，尤以熊猫文具等实用性物品最佳
中华传统艺术	卷轴画、书法作品、折扇、剪纸、中国结等[①]	与游学中的绘画课、书法课、手工课等有关，乃中华传统文化最佳展示
地域特色	城市明信片、冰箱贴、景点周边产品等	适用于某城市或某地点，如北京明信片、长城冰箱贴、故宫"皇家小物件"等，都带有此时此地的"现场感"；明信片若寄出给家人朋友，还富于实用价值

三、生日庆祝：人生新阶段

对未成年人，特别是年龄偏低的小孩子来说，他/她的这次生日出现在异乎寻常的时空背景之下：也许是第一次在异国度过，也许第一次父母不在身边，也许第一次周围不是熟悉的小伙伴而是刚刚结识的来自不同国家的新朋友……种种因素综合

[①] 根据一项针对二百多位武汉高校留学生旅游行为的调查，他们旅行时最喜欢购买的中国特色手工艺品为皮影画、刺绣、剪纸等。此调查结果可供参考。参见：耿闻雷、余倩. 来华留学生旅游行为研究——以武汉高校留学生为例[J]. 青少年学刊，2020（1）：11-14.

作用下，该同学或许根本没想到会有人为他/她庆贺。当他/她怀有较低期望值时，中外教师和小伙伴们可以携手制造一场惊喜（名单、护照上会透露其生日信息），这种意外之喜会让"小寿星"被巨大的幸福感包围——"与来自全世界的小伙伴们分享蛋糕"，简直太酷了，或将成为他/她人生中最难忘的生日经历。

可在午餐或晚餐时与用餐合并庆祝，大家齐唱中英文生日歌，另嘱餐厅端上一碗"长寿面"，并讲解其中文化寓意。中方教师应及时留存影像，并分享至微信群，还可代表接待方赠送官方生日礼物，或自备私人小礼物。如条件许可、人数不多，可另安排卡拉OK，用歌声助兴。亦可发挥同学们聪明才智，一起动手设计、装饰"小寿星"房间，在其不知情时效果更佳。

若已有相关预算，中方教师可主动或至少协助购买生日蛋糕，但应优先让外方领队挑选款式，并避免杏仁、核桃仁等口味，以防出现坚果过敏意外。在分享蛋糕前，保险起见，应再次询问同学们是否存在坚果、水果、蛋奶或其他食物过敏情况。

【案例4-9】多视角下的生日庆祝

2017"寻根之旅"国学营中，美国华裔小男生Max迎来13岁生日，中外师生一起为他庆祝，以下是当天中方教师、美方领队、学生家长的三种视角记录（摘自该营家长微信群）。

中方教师（D老师）：上午天安门，比较热；下午中医药文化体验活动，每个人都拿到了小礼物！今天Max生日，很害羞，躲着不参加蛋糕party，几经曲折，终于吃上蛋糕！稍后杜老师应该有更多相关照片传上来。明天上午闭营仪式，夏令营即将落下帷幕。

美方领队（杜老师）：蛋糕是美国的孩子们一起花钱买的。D老师帮忙订和取的。本来在中午饭厅吃的，来不及，带到下午的活动。唱了生日歌，还是没吃成。最后还是回到学校晚餐后终于吃上了。

Max妈妈：太谢谢老师们和所有的营员们了！我本来是准备买一个送到学校的，但是怕时间上无法协调，就没有提。谢谢大家！

四、联欢会/才艺汇演：同龄人狂欢

当某游学团队规模较大，或几个不同团队集中在某一时段时，举办一场海外青少年大联欢是个好主意，它将起到的效用如下。

其一，展示自我。为能歌善舞、有才艺特长的同学提供展示自我风采的舞台，既迎合了青少年的高度自尊心，也符合旅游者的心理期待。正如《旅游心理学》所指出的，旅游产品的设计应以人为本，"要考虑为旅游者提供一个表现自己的机会，让旅游者不仅是被动地接受一些东西，而且有机会进行自我表现"。[1]

其二，通力协作。合唱、群舞、小品等集体节目，在反复排练过程中可培养团队协作精神，增进彼此感情。这种小伙伴之间的"革命情谊"，将弥足珍贵。

其三，疲劳战术。由于要为晚会排练节目，势必占用大量精力，学生在空闲时调皮捣乱的可能性相应降低。这是一种很有效的"疲劳战术"，正如某些游学团故意把日程排得密密麻

---

[1] 吕勤、沈苑. 旅游心理学[M]. 北京：中国人民大学出版社，2019：59.

麻，一整天下来，学生已筋疲力尽，只想着早点休息。

其四，发挥创意。除各类才艺展示外，亦可结合游学情境，奉献文化创意节目，如本国特色之展示（本国国歌、民族舞）、中华古诗文朗诵、中外文化冲突小品等。

其五，借机颁奖。是又一次颁发奖品的机会：可颁奖给现场互动游戏的优胜者，让他们收获一份额外惊喜，但不宜对节目质量进行评比，以免顾此失彼，弄巧成拙。

其六，联谊交友。如规模庞大、参加者多元，还可成为一次异国同龄人联谊平台。接待方可在现场供应零食、饮料，于节目中穿插互动小游戏，让同学们吃吃喝喝、唱唱跳跳之中，轻松联谊。若能邀请一批中国学生加入，将更趋完美。

【案例4-10】华裔青少年夏令营大联欢

每年6月底至8月初，某学院会集中接待十几个海外华裔青少年夏令营，近千营员。校方每每在夏令营最集中的时段（如7月中旬或7月底）举办大联欢活动，收效良好，多为海外师生所津津乐道。

附：2018年联欢会节目单（隐去营员姓名）[1]

1. 集体舞《Mii Song Dancing Team》

表演者：美国芝加哥瑞华中文学校全体营员

2. 合唱《童话》

表演者：意大利协议营全体营员

3. 舞蹈《伞舞》

表演者：美国芝加哥瑞华中文学校营员

---

[1] 北京华文学院官网. 2018年海外华裔青少年联欢会在我院成功举办 [EB/OL]. http://www.bjhwxy.com/detail_3524.html,2018-07-18.

4. 合唱《梦见香榭丽舍大道上的朋友们》

表演者：传媒文化体验营法国营员

游戏一　抱团游戏

5. 舞蹈《舞蹈串烧》

表演者：意大利协议营营员

6. 独唱《追光者》

表演者：传媒文化体验营法国营员

7. 诗朗诵《寻根之旅随感》

表演者：加拿大华人同乡会联合会全体营员

8. 合唱《巴西国歌》

表演者：巴西天主教堂中文学校全体营员

游戏二　逛三园

9. 小合唱+B-box《Always Online》

表演者：意大利协议营营员

10. 歌曲《Make A Man Out Of You》+武术表演

表演者：美国光华中文学校

11. 独唱《最美的太阳》

表演者：法国优秀体验营营员

12. 合唱《有点甜》

表演者：法国优秀体验营全体女生

13. 舞蹈《劲舞》

表演者：法国优秀体验营营员

14. 歌曲《See You Again》合唱

表演者：意大利协议营全体营员

第五章　华裔青少年夏令营研究：
以"中国寻根之旅"为例

　　进入21世纪，面向海外华裔青少年的夏令营及春、秋、冬令营（下文用"夏令营"概指春、夏、秋、冬令营）活动在神州大地蓬勃开展，搭建了各国华裔青少年与祖籍国中国联络交流的桥梁，并作为华侨华人公共外交的一种有效方式，提升了国家软实力。它们作用的范围绝不仅限于来参营的华裔青少年，甚或不限于华人群体，更能透过文化小使者的分享，将影响力拓展至海外主流社会，为中国作为大国的崛起创造有利、友善的国际环境。目前相关工作在实践层面取得不俗成绩，在理论研究上却很薄弱，亦缺乏完善的管理机制和行业规范，已造成发展瓶颈。鉴于此，进一步探究该类夏令营的运作机制，总结经验和不足，不单单是为了改进办营工作，更有着积极的国家外交层面的意义。

　　原由国务院侨务办公室（下文简称"国侨办"）主办的海外华裔青少年"中国寻根之旅"（或简称"寻根之旅"）系列夏令营，在华人世界颇具公信力。2018年国家机构改革，国侨办并入中央统战部，中国侨联遂于2019年正式成为"寻根之旅"的新主办方。20年来，数以几十万计、一百多个国家的海外华裔学生来华参营，借助课堂学习、课外活动、参访名胜古迹、开展文化交流等方式，增进对中华文化的理解，对祖籍国的感情、对中华民族的认同，影响遍及海内外。[①]

笔者任职的北京华文学院曾连续多年承接"寻根之旅"项目。作为多个夏令营的主管及任课教师，笔者深感该活动意义重大、成效斐然，但也存在一些疏漏之处。在本章中，笔者将参照国内研学旅行行业发展现状，以及发达国家夏令营管理经验，给出若干建设性意见。

第一节　华裔青少年夏令营特点

与国内外常见的各类夏令营相比，华裔青少年夏令营有其显著特点，兹简述如下。

一、营员身份

这类夏令营的参与者是海外华裔青少年，他们身具中华民族血统，但多在国外出生或长大，拥有外国国籍，或已取得所在国的永久居民身份，被称为华裔、华人或华侨。虽然跟中国血脉相连，但其成长经历各自不同：有的出生在中国，年龄尚幼时便移居海外；有的生于海外、长于海外，但假期常回中国老家居住；有的曾回中国一两次，旅游或探亲；有的则是借着参营才首次踏上父母祖辈的故土。彼此之间汉语程度也差距极大：有的已是高级水平，堪与中国同龄人比肩；有的仅相当于初学者，听说读写都成问题；有的听说尚可，读写却很差。其汉语水平、中华文化素养、对中国的了解和祖籍国情感等或浅

[①] "中国寻根之旅"官方微信公众号. 今天，龙龙20岁了！20周年寻根回顾[EB/OL]. https://mp.weixin.qq.com/s/eklaSyzd4LgwCUGaBY0sog, 2019-02-04.

或深，皆与家庭教育环境密切相关。若父母对祖籍国感情深厚，重视中文教育，小孩子耳濡目染，就会受潜移默化的影响，反之亦然。

该群体具备双重文化背景，既区别于典型的"老外"，又区别于地道的中国人。其虚荣心、自尊心很强，而心理上又不太成熟，有着爱吃爱玩的天性，很多人是抱着来中国度假游玩而非学习目的参营的。

东南亚地区是传统华人聚居区，分布着最大数量的华人群体。近年来欧美与大洋洲地区华人人口也呈现不断增长趋势。① 以全年春、夏、秋、冬令营的整体情况而论，营员多半来自东南亚国家，尤以印尼、泰国、马来西亚、菲律宾等国居多，而来自日本及欧美澳地区的营员也占据相当比重，主要集中在暑期时段。②

二、办营目的

夏令营活动都是为了让营员们开拓眼界，增长知识、技能，在身心某方面获得锻炼，而"寻根之旅"则正如其名，还富含文化寻根、培养民族情感的特殊目的。其活动安排，当然能给营员们带来某种锻炼、提升，更重要的则是帮助他们发掘、认知自己的华裔身份，加强与祖籍国的联系。2021年初，中共中央印发了修订后的《中国共产党统一战线工作条例》，③以"坚

---

① 朱东芹，等.多元视角下的海外华侨华人社会发展[M].北京：社会科学文献出版社，2018：141-142.
② 王伟伟."中国寻根之旅"夏令营现状研究——基于官方网上平台的分析[J].八桂侨刊，2017（03）：22-30.
③ 中共中央.中国共产党统一战线工作条例[N].人民日报，2021-01-06（01）.

持大统战工作格局"作为工作原则,将"华侨、归侨及侨眷"作为新时代统战工作范围所涵盖的十二类群体之一,并新增"海外统一战线工作和侨务工作"一章,表明党中央和习近平总书记对海外华侨华人群体的高度重视。

华裔青少年,尤其是寻根夏令营所面向的12—18岁未成年人群体,朝气蓬勃、思想活跃,且较其父辈祖辈更易融入当地社会。欲筑牢中华民族共同体意识,从娃娃抓起、从青少年抓起,当可收事半功倍之效。"请进来"的夏令营活动,享有天时、地利、人和的"主场优势",不必走出国门,即可对其从容开展统战工作。如果我们能够充分利用夏令营这一寓教于乐的宽松氛围,春风化雨、润物无声地去影响华裔青少年心灵,向他们传递正能量、发出好声音、讲好中国故事,将十分有利于发挥其促进中外友好的桥梁纽带作用,并为我国和平崛起、实现中华民族伟大复兴营造良好国际环境。

三、夏令营性质

这类夏令营关系到国家形象和软实力,是我国对外宣传的重要窗口,属于涉外活动。而出于特殊办营目的,它们大多为公益性、非营利性活动,拥有来自官方或其余途径的资金支持。如原国侨办在发给寻根营各承办单位的公函中,明确规定按照每人每天350元的标准核拨经费,并鼓励各承办单位积极争取当地政府1∶1经费支持,[①]而中国侨联在关于寻根营工作的通知函中,仅稍作调整,改为300—350元,并允许各地方侨联使用

---

① 国务院侨务办公室.关于合作举办2018年"中国寻根之旅"夏(冬、春、秋)令营的函[S].侨文函[2017]339号,2017.

相应配套经费。①

该经费可大致涵盖营员在华期间的集体活动开销，营员需负担的只是往返路费。而许多营员（尤其是欧美新移民）原本就有假期回国探亲的计划，连国际旅费都可忽略掉。这一资助标准，不只对发展中国家营员是巨大福利，即便对发达国家营员也充满吸引力。

四、夏令营内容

关于内容安排，中国侨联在办营文件中要求如下。

> 夏令营课程内容要紧扣"汉语、文化、寻根"主题，以增进海外华裔青少年对中国国情的认知，对中华文化和中华民族的感情认同为主线，根据海外华裔青少年的特点，精心设计内容，将课堂教学、文化考察和参观访问三者有机结合，真正把"寻根之旅"办成"中华文化之旅""中国国情之旅"，坚决杜绝办成一般的"旅游团""观光团"。②

该要求与此前侨办的精神一脉相承。可见，寻根夏令营既与强化学习性质的汉语短训班有着本质区别，又与度假休闲性质的观光旅游团大为不同，更非二者的机械组合。在实施中依照各承办单位情况，其内容各具特色，大多包含开营与闭营仪式、汉语课、中华才艺课（文化体验课）、课外活动（包饺子、联欢会）、游览景点、参加民俗文化活动、参访文教单位（学

---

① 中国侨联办公厅. 中国侨联办公厅关于做好 2019 年"中国寻根之旅"夏令营申报和筹备工作的通知 [S]. 中侨厅函 [2019]74 号，2019.

② 中国侨联办公厅. 中国侨联办公厅关于做好 2019 年"中国寻根之旅"夏令营申报和筹备工作的通知 [S]. 中侨厅函 [2019]74 号，2019.

校、博物馆、文化中心）等。

第二节　问题与对策

"中国寻根之旅"是广受好评的大型系列活动，经多年经验积累，已经形成较为完善、行之有效的运作模式。笔者无意贬低其巨大成绩，只是在实际工作中也常常遇到某些困惑和问题，在此列出，并尝试提供一隅之见，以期为推进夏令营工作贡献智慧和力量。

一、淡化官方色彩，主办方、承办方多元化

此前，华裔青少年夏令营基本上是由国家侨务部门主导，官方色彩较浓，其余组织和机构往往处于承办、协办的附属角色。"中国寻根之旅"主办方为国侨办，承办方为各地侨办，直属于国侨办的暨南大学、华侨大学、北京华文学院，以及其他大中院校等。这种"官办模式"的优势不言而喻，但"官办"也是一把双刃剑，例如，政治气息较浓、上级领导意志过于凸显、运作程序有些僵化、重视大局而忽略细节等，皆为其缺憾。

有学者针对孔子学院在海外受抵制的现象，呼吁逐渐淡化孔子学院的官方和政府色彩，以便它能深入外国民间社会，得到更广泛认可。[1] 美国国家公共电台（National Public Radio，NPR）曾报道 2018 年在广州台山举办的"寻根之旅"夏令营，文末引用了新加坡研究华人问题的 Suryadinata 教授观点，"他

---

[1] 刘宏.海外华侨华人与中国的公共外交：政策机制、实证分析、全球比较[M].广州：暨南大学出版社，2015：127.

对那些试图吸引外籍华裔青少年的中国官方的建议很简单：聚焦中华文化，淡化政治（Focus on the Chinese culture — but skip the politics.）"。① 在英语中，propaganda（宣传）是个带有贬义的词汇，牛津词典解释为：ideas or statements that may be false or present only one side of an argument that are used in order to gain support for a political leader, party, etc. 意即：某种可能错误或片面的理念或声明之宣扬，意在为某政治人物或党派寻求支持。在西方文化中，公众对含有政治意图的宣传推广活动，总是持有警惕乃至反感态度。因此，当那些大张旗鼓的文化传播项目背后有官方支持时，往往效果大打折扣，甚至起到反效果。这一点，在中国文化语境之中并不敏感，是故，许多官方背景的外宣活动，追求一时声势和规模效应，徒然耗费大量人力物力，却收不到理想成效。出于意识形态偏见等原因，外方对中方文化宣传活动是心存警惕的。迄今寻根营尚未遭遇明显抵制，仍应引以为戒，未雨绸缪。

在国家机构改革大背景下，接手"寻根之旅"主办职责的中国侨联并非政府机关，它全名为中华全国归国华侨联合会，是一家人民性团体（当然也带有一定官方色彩），反映了该活动确实将进一步"去官方化"的趋势。

华裔青少年夏令营拥有极为广阔的市场，"寻根之旅"项目二十年来在全球华人界惠及良多，但限于资金和规模，仅能满足一小部分受众需求。"物以稀为贵"，每年寻根营的公费名额

---

① Anthony Kuhn. China Tries To Woo A Sprawling Global Chinese Diaspora [EB/OL]. https://www.npr.org/2018/10/29/659938461/china-tries-to-woo-a-sprawling-global-chinese-diaspora, 2018-10-29.

都十分紧张，尘埃落定后，往往造成"几家欢喜几家愁"的局面。应鼓励更多民间基金会、教育机构、公司企业等社会力量进入该市场，不仅有利于其多元化发展，还能普惠更广大的海外华裔青少年群体。如2013年在古都西安，马来西亚崇德文教基金会、马来西亚富贵爱心基金会、西安曲江文化旅游股份有限公司等联合举办了"曲江游学'中华文化寻根之旅'国际华裔青少年国学夏令营"，[①]即是国外华文教育组织与国内旅游公司直接合作，其中没有官方参与，更加自由，更可以充分发挥公司特长、开展特色项目。平心而论，相较于政府机构，盈利机构的运转往往更加简洁、高效，而且注重客户体验，致力于给顾客提供完美服务。

在运作方式上，侨务部门（含侨联）亦可跟民间组织、盈利机构合作，前者作为主办方，确立大方向和大方针，后者作为承办方，负责具体实施。前者掌握政治资源和项目资源，通过官方渠道招生更具有权威性和可靠性；后者则拥有经济资源和文教资源，比如有住宿、餐饮等服务设施，茶馆、剧场等文娱场所，风景区的经营管理权、专业演艺团队和师资队伍等，便于提供一条龙服务。前者对后者负有监督之责，防范后者因过于追求经济效益而损害海外营员利益，这关系到国家形象问题；后者拥有相对独立的经营权，可以放开手脚，向着"让顾客百分百满意"的方向努力。合则两利，"官方+民间"的合作模式颇值得期待。

---

① 曲江游学"中华经典文化寻根之旅"国际华裔青少年国学夏令营隆重开幕[EB/OL]. http://kfq.ce.cn/kfqsy/gdxw/201308/13/t20130813_1033624.shtml,2013-08-13.

二、建立行业标准，推动管理规范化、制度化、专业化

鉴于寻根夏令营的举办历史和规模，它已经形成一个庞大产业链，亟须建立行业标准，推动其规范化、制度化、专业化发展。

近几年，"研学旅行"成为国内中小学教育界的热门词语。它在游、学结合及未成年人集体旅行的活动模式上，与寻根夏令营颇有相通之处。自2014年开始，国内有关部门出台了一系列政策和指导意见，如《中小学学生赴境外研学旅行活动指南》（2014.7，教育部）、《关于公布首批"中国研学旅游目的地"和"全国研学旅游示范基地"的通知》（2016.1，国家旅游局）、《教育部等11部门关于推进中小学生研学旅行的意见》（2016.11，教育部等）、《研学旅行服务规范》（2016.12，国家旅游局）等，亦涌现出一批有关教材和论著，逐渐建立起行业标准，使研学旅行越来越向规范化、行业化发展。据此，并参照国外经验，建立华裔青少年夏令营行业规范，宜从完善规章制度、建立营地认证机制、加强管理人员职业培训及资质认定三个方向努力。

（一）完善规章制度

原国侨办在发给各"寻根之旅"承办单位的公函（以下简称"侨办公函"）中，已制定了明确的办营规范，针对夏令营报名、内容设计、师资团队、安全与后勤保障、营员管理、宣传报道、总结汇报等环节，做出了若干规定及指导性建议。该规范足以把握全局，为夏令营宏观管理奠定了基调，但仍有许多细节照顾不到。侨联也提出了诸多办营要求，但总体来看，尚不成体系，缺乏系统性、权威性与普适性。

如侨办公函后附《家长同意书》《领队须知》《营员须知》《调查问卷》。来参营的领队和营员，理论上均已分别签署了《领队须知》《营员须知》，然而约束力有限。换言之，少数不负责任的领队仍然不负责任，调皮捣蛋的营员仍然调皮捣蛋，他们仅仅是走过场签个名，并未认真阅读各项规定。《营员须知》各项细则约30条，且只有中文版，海外营员大都既无耐心，也无足够语言能力去理解上述烦琐条文。在实践中，我们曾遇到数起领队和营员违反规定的恶劣案例，遂痛定思痛，调整工作方法，如：制定条文简化，却更有针对性、更加严格的《营员须知》，在开营仪式上请外方领队用中英文或本国语言逐条宣读，保证做到人人心中有数；开营式后，顺势召集领队会议，开诚布公，寻求中外双方管理人员的互信互助，收效良好。

在广泛调研基础上，主办方宜推动制定《营地及活动管理规范》《安全管理规定》《带队教师资质规定》等条例草案，为建立华裔青少年夏令营实施和管理领域的行业规范奠定基石。

（二）建立营地认证机制

夏令营（summer camp）原指在野外露营的集体活动，露营就要有营地，营地设施好坏是相当重要的考量标准。现在其含义已经扩大，不只限于野外露营，还拓展至学校、少年宫等文教场所，甚至酒店、度假村等商务场所举办。华裔青少年夏令营毕竟不同于国内的普通夏令营，营地设施标准要求较高。它每年在全国多地办营，而各地发展不均衡，承办单位资质不一，营地条件、教学资源亦不相同，虽说可给营员们带来多样化体验，却也暴露出不少问题。不同类型的营地各有优劣。例如目前很多华裔夏令营都以某学校校园为营地，各种教学资源比较丰富，配套活动设施也较完善，但可能由于历史悠久、设施老化、服务不够专业，造成食宿条件不尽如人意。又如某些地方侨办和侨联并无附属校园，便将营员们安排在酒店，服务较佳，但可能缺乏教学资源与活动场所。理论上，夏令营营地应当是个相对封闭的区域，既保障安全，又便于管理；食宿条件不低于三星级，能提供多样化餐点和客房服务；有宽敞的教学空间和活动空间，并配置适量安保和医护人员等。一般而言，大学与中学校园较为理想，而酒店仅能作为不得已选项。诸如青少年中心、文教场馆、文化园区、特色村镇等地点，亦可作为备选，但需符合安全、卫生、教学、食宿、文娱等各项要求。

美国营地协会（American Camp Association，ACA）是已有上百年历史、全美最权威的夏令营联盟组织，它通过一整套同行评议（a thorough peer review）体系，对各营地实行多方面评估，包括营地管理（administration）、营地设施（facilities）、卫生医疗保障（health and wellness）、员工及监管（staff and supervision）、项目设计及活动（program design and activities）等，各大类之下又分为若干细则，总条目达170余则。经过认证的营地（ACA-accredited camp）就能以此作为宣传卖点，让广大家长放心报名。[①]该模式很值得参考。

（三）加强管理人员职业培训及资质认定

就寻根夏令营工作实践来看，中方主管人员以华文（汉语）教师、侨务干部居多，除去一小部分专职负责青少年活动的教师之外，大多为兼职。因我国整个夏令营行业发展尚不成熟，

---

① ACA. Standards At A Glance, 2019 Edition [EB/OL]. https://www.acacamps.org/staff-professionals/accreditation-standards/accreditation/standards-glance, 2019.

该领域专家和专业工作者稀缺，目前寻根营管理人员大多凭经验带团，摸着石头过河，而这些并非专职的管理者在积累经验后，又很容易因人事调整，不再负责夏令营事务，转由新手接班。加之常需招募实习生和志愿者，带来助力的同时，其社会阅历不足、培训不到位等也会造成新的问题。[1] 每年全国各地有上百个寻根营举办，语言、文化、艺术类课程尚可聘请各学科专任教师，但全程陪伴营员的中方主管/带队教师，其资质如何，是否具备丰富的营地管理经验，是否掌握必要的外语沟通能力，是否经受过教育学、心理学、跨文化交流、青少年事务管理、医疗及安全常识的培训……揆诸现实，并不乐观。

研学旅行领域有"研学导师"一说，据国家旅游局分布的《研学旅行服务规范》，指"在研学旅行过程中，具体制定或实施研学旅行教育方案，指导学生开展各类体验活动的专业人员"。该规范中多次提到，主办方和承办方应有明确的教育培训计划，定期对参与研学旅行活动的工作人员进行培训，培训内容包括安全管理工作制度、工作职责与要求、应急处置规范与流程等。[2] 社会上关于研学导师的培训亦逐渐升温，并涌现了"中国研学旅行联盟"等行业组织和研学导师学业证、研学导师岗位能力证书等资质认定举措。[3] 2019 年 10 月，教育部下

---

[1] 邵洁. 志愿者管理存在的问题及对策研究：以海外华裔青少年夏令营志愿者管理为例 [D]. 云南财经大学，2015：22.

[2] 国家旅游局. 研学旅行服务规范 [EB/OL]. http://zwgk.mct.gov.cn/auto255/201701/t20170110_832384.html?keywords=，2017-01-10.

[3] 中国研学旅行联盟. 首届中国研学旅行研学导师培训圆满落幕 [EB/OL]. https://mp.weixin.qq.com/s/tNnYerup5xXcAiTKicXzvw，2018-08-28.
北师大教育培训中心. 首届研学导师培训班在北京师范大学举行 [EB/OL]. https://mp.weixin.qq.com/s/-1Jzwh9VZxBaIKFmSXvUWw，2018-04-28.

发《普通高等学校高等职业教育（专科）专业目录》，确定2020年起各高校将在旅游大类下增补"研学旅行管理与服务"专业，标志着该专业被正式纳入高等教育体系，相关人才培养前景光明。[1]

总部设在加拿大的国际营地协会（International Camping Fellowship，ICF），为全球夏令营营地管理人员开设"国际营地主管课程"（International Camp Directors Course），四天的密集培训涵盖营地可持续经营、食宿设施标准、风险评估、活动管理、员工招募等多项专题，不单提升参与者专业素养，亦创造一个便利的同行交流平台。[2]

参照以上国内外实践，华裔青少年夏令营核心管理人员的系统化、专业化培训，应尽快提上日程，并最好由主办方或权威机构组织专家研究实施。

三、由"宣传报道"升级为"深度调研"

多年来，关于"中国寻根之旅"春夏秋冬令营的资讯可谓汗牛充栋，但大抵只是侨界媒体的任务式新闻宣传，甚少有客观中立的深度报道。它们只能让公众知晓举办了这一活动，内容很丰富，营员收获很大，至于其具体运作机制和有待改进之处，则语焉不详。很遗憾，侨界对于"寻根之旅"的观察一直停留在表面，少有人关心其深层内涵，并不利于该工作长期可

---

[1] 教育部.《普通高等学校高等职业教育（专科）专业目录》2019年增补专业[EB/OL]. http://www.moe.gov.cn/s78/A07/zcs_ztzl/2017_zt06/17zt06_bznr/bznr_ptgxgdzjml/ptgx_mlxjzydz/201910/t20191018_404286.html,2019-10-18.

[2] ICF. International Camp Director Course [EB/OL]. http://www.campingfellowship.org/international-camp-director-course-106.html,2019.

持续发展。

美国营地协会（ACA）孜孜不倦地投入大量人力物力进行学术研究。其官方网站将"研究"（Research）专栏列在首页显著位置，栏目内详细介绍了它近期从事的学术研究、夏令营产业化经营状况、ACA 年会研究论坛注册信息，以及夏令营研究的专门奖项等。目前它正在开展一项五年跟踪研究计划（5-Year Camp Impact Study），考察参营经历对青少年营员未来大学、职业和生活的长期效应。该研究与犹他大学（University of Utah）合作，受到斯宾瑟基金会（Spencer Foundation）资助，共涉及约 80 个营地，已发布了初步研究成果。[1] ACA 的研究精神令人叹服，反观寻根营，在"深度调研"上尚需大力提升。

（一）媒体报道

将来的寻根营新闻报道，一应提升广度，不仅限于侨界媒体，也力争吸引其他大众媒体、主流媒体及海外媒体关注；二应提升深度，通过深入调研、访谈，秉持公正客观的立场，刊出专栏报道与深度报道，既履行媒体的舆论监督职能，又为改进活动建言献策。比如，邀请国内外媒体记者入驻，全程跟踪，发布即时新闻、深度评论、人物访谈，录制专题纪录片等，同时鼓励外方师生做好生活点滴记录，发表于国外华文媒体乃至主流媒体，以拓展"寻根之旅"的海外影响力。

（二）夏令营资料库的开发利用

二十载耕耘，"寻根之旅"系列活动已累积了无数文字、图片和影像资料，包含营员感言、作文稿、手绘作品、教师教案、

---

[1] ACA. Our Research[EB/OL]. https://www.acacamps.org/research/our-research，2020.

总结报告、调查问卷、照片、视频、媒体报道等多元素材。这是一个极其庞大的资源宝库，完全可用以分析考察夏令营的运作机制、对海外华人社会及华裔青少年身心成长的作用等重要议题。但很可惜，该资源库目前乏人问津。王伟伟曾根据"寻根之旅"官方报名平台的后台数据，考察了2012—2016年营员的来源地及数量、年龄及性别，并据此提出开设集中提升营员专项技能的课程、加强对营员的筛选和管理、培养夏令营工作专门人才等建议。[①] 该研究是建立在大数据上难得的定量分析，做出了很好尝试。此外，利用已有材料，可整理编撰成《华裔青少年夏令营剪影》《华裔青少年优秀作文赏析》等图文并茂、充满青春气息的通俗读物，或《华裔青少年夏令营组织与管理》等指南性教材，或《华裔青少年夏令营研究报告》等专题学术论著，甚或剪辑成专题纪录影片公开发行，等等。

（三）客观评估

侨办公函后附《海外华裔青少年"中国寻根之旅"夏（冬）令营——＿＿＿＿＿＿营调查问卷》，这是一份中英双语问卷，包含对该营活动安排评价，对服务品质满意度、参营原因、饮食偏好、对将来办营的宝贵建议等，共计十题。该问卷目的是"以便我们不断改进夏令营的组织规划、内容安排和服务接待"，并指出答案的真实性"对我们的研究很重要……我们保证您对此问卷中所有问题的回答仅做研究之用"。这份问卷并不仅仅是一份工作效果评估，还带有深入研究的意图。可迄今为止，基于此问卷的公开研究成果仍付诸阙如，既无官方机构的统计结果

[①] 王伟伟. "中国寻根之旅"夏令营现状研究——基于官方网上平台的分析 [J]. 八桂侨刊，2017（03）：22-30.

报告，亦无专业学术论著，不得不说极为遗憾。

另外，某些承办单位自行设计了评估问卷，用以改进将来工作，用意虽好，具体实施却遇到不少问题。

1. 问卷设计不合理

设计者多半未受过社会学专业调查训练，造成问卷题目不恰当、评估事项太琐碎等问题，不能很好反映营员的真实意见。例如，在针对"中华国学营"的研究中，笔者曾指出，由营员填写的《课堂教学评估表》对每一位教师的评估细则多达十项，过于烦琐，且该营的授课教师有十位，营员们要在短短几分钟内给出一百个1—5分的分值，其难度不亚于一场考试，对其耐心是很大考验。更让他们困惑的是课程名称和教师名称只有汉字，很多人都要一一询问才能把教师与课程对应上。这样做的还是比较认真的同学，不认真的同学或许根本不问，乱画一通。[①]另一份由外方领队填写的《接待情况评估表》同样存在问题：一是过于琐碎，如对出游乘车时"司机服务"的评价，就细分为"驾驶技术""驾驶规范""出车时间""服务质量及态度"四项，毫无必要；二是领队们据实指出的交通不便、硬件不足、设施老化等问题，限于现实条件，接待方也很难解决，亦即该评估不论结果如何，都难以产生实质作用。

2. 评估程序不合理

在评估程序上，由中方教师发放问卷，评估自己及同事；随后整理问卷，并统计分数上报。其过程欠缺监督手段，类似于自己给自己打分，显然背离评估本意。

---

① 党伟龙、魏晋. 华裔青少年夏令营的新探索——以"中华国学营"为例[J]. 八桂侨刊，2015（2）：66—71.

3. 流于形式

多数评估仿佛"走过场",评估结束后,问卷便被束之高阁,无人问津。评估结果很少发挥实际效用,既浪费纸张,也浪费师生精力。

4. 学生评价不客观

除前三点外,学生的主观原因也容易导致问卷失效。对老师抱有善意的学生不好意思给低分,就一律都打最高分;少数学生则抱着胡闹或报复心理,乱写乱画,或一律给最低分……导致最后统计出来的结果准确性存疑。

为规范化管理,建议将来由主办方聘请社会学、统计学专业人士,照顾到不同夏令营类型,统一设计几种问卷——对夏令营活动的评估,对营员心理的评估,对授课教师、导游、主要工作人员的评估,对夏令营长期影响的跟踪评估等,并下发给各承办单位。从主办方角度,不仅要有魄力开放各处营地,供海内外媒体监督、供侨务工作者或第三方研究机构、独立学者入驻调研,还应有远见地资助一些重要研究课题,尤其是教育学、社会学、人类学、心理学方面的跨学科研究。研究人员收获论文、专著等学术成果,而主办方和承办方则得到较公正、客观的评估报告,起到切实改进工作之效。

四、保证其公益性与公信力

得益于官方的大力支持,"中国寻根之旅"资金充裕,保障了其公益性。再者,主办方国侨办、中国侨联的权威性不容置疑,保障了其在海外华人社会的公信力,树立了强大品牌效应。正因为要用心呵护这个来之不易的品牌,才更需积极面对实践中所暴露的问题。比如，寻根营面向世界多国多地营员，情况极其复杂，在收费和报名问题上，均存在一些漏洞。

　　侨办公函明确规定"严禁在公费营期内向营员收取费用"，又指出"营期以2—3周为宜，如营员希望延长营期，可视情况通过营员自费的形式适当延长"。该规定本意虽好，却存在模棱两可之处：其一，它对国内承办方有约束力，对海外组团单位并无约束力。当海外某中文学校、华人社团等作为组团单位招募营员时，是否收取报名费、手续费、管理费，各地做法并不一致。据笔者了解，某澳洲中文学校校长表示，他组团来参营完全是义务劳动，不会向营员收取任何额外费用，但不敢保证别的同行也这样做；亦有某意大利营员表示，自己和同学们并不知道来参加的是由中国官方资助的公费活动，因为报名时就上缴了不菲费用……可见，有可能存在少数海外中文学校、华人组织利用信息不对称，或手中掌控公费名额之便，居中谋利的行为，需加以警惕。其二，假设延长营期，各地物价、营地食宿条件、活动内容各不相同，如何界定可行的自费标准？若收费过高，是否有营利嫌疑？其三，即使纯粹的公费营，如何保证承办单位将项目经费全部（或尽可能多）用于实际办营？承办方的人力成本和管理成本宜占多大比重？……上述问题均应予以面对。

　　2012年，"海外华裔青少年夏令营网上交流平台"（http://summercamp.hwjyw.com）创立，从此成为"寻根之旅"的官方报名平台，所有海外组团单位均须在平台上申请开通账号，方可申报。[①] 该举措大大提升了前期管理的便利性，加强了海外侨

[①] 2019年中国侨联接手"寻根之旅"后，改用 http://xgzl.chinaql.org/site/index 平台。

胞与国内联络，对品牌推广具有里程碑效应。它相对公开公平，却不免存在灰色地带。首先，并非所有海外组织的账号申请均能获批，比如某地区的多所中文学校，仅寥寥几所有账号及报名资格，亦即掌握着话语权。曾有华人家长反映，对寻根营很感兴趣，却不知道如何报名（官方平台不接受个人报名），不知道去哪里"找组织"。其次，在名额紧张的现实下，谁能抢到名额？原则上是"先到先得"，但主办或承办单位控制着审批权，会权衡各方报名状况做出审批决定。消息灵通人士，可能在开放网络报名瞬间就同时抢占好几个营的名额；人脉广泛者，可能提前很久就已跟有关单位打好招呼；曾做出突出贡献的重量级侨领或华人社团，亦可能每年均获赠保留名额……这一操作上的灵活性有其存在的必要，只是很难做到完全公正公平。

上述问题如处理不好，将逐渐侵蚀"寻根"活动的公益性和公信力。曾有学者针对国内夏令营行业暴露的监管部门及制度缺失、收费无固定标准、安全无保障、商业化运作模式突出等问题，倡议有关部门成立"夏令营监管委员会"、出台《夏令营管理条例》等，可资借鉴。[1] 寻根营应建立更加透明的报名收费机制，并将不涉密的官方文件公开、广而告之，让海外组团单位和华人家长都了解运作细节，知晓可靠的报名渠道与应缴纳的大略费用，同时细化管理规定，查漏补缺，堵住"钻空子"的缝隙；设立举报热线和巡视组，行使监察功能，发现有违反规定的国内承办单位或海外组团单位，一律列入黑名单严肃处理。

---

[1] 段忠贤. 我国青少年夏令营监管问题研究 [J]. 少年儿童研究，2010（08）：47-51.

随着中国海外影响力持续提升，来华寻根的华裔青少年人数势必呈直线增长，面向该群体的夏令营活动也将迎来日益广阔的市场，会有越来越多的文教机构涉足这块"大蛋糕"。在国家机构改革的宏伟时代背景下，机遇与挑战并存，国内研学旅行的行业建设、发达国家的办营经验都值得认真学习。张旭东在《国外青少年夏令营运作模式及启示》一文中，介绍了欧美及日本夏令营实践，给出四点启示：明确夏令营职能定位，坚持育人第一、公益至上；突出青少年主体地位，为他们量身定做体验性活动；鼓励社会各方广泛参与，整合资源，优势互补；加强夏令营规范管理，建立国家级夏令营协会。[①] 对华裔青少年夏令营来说，这几点均有很强的现实意义。

【案例5-1】"糊里糊涂"的营员

由于"寻根之旅"夏令营面向全球华人世界，时常一个营就包含来自多国、多地、多个组团单位的营员，造成中外双方在管理上都存在若干疏漏，虽尚不至于影响整体办营效果，但会影响营员的个人体验。例如，因公费名额一向紧张，若干海外组团单位以"抢占名额"作为首要任务，却未尽到告知各营行程的义务，忽略营员个人意愿及其知情同意的权利。而营员报名多由中文学校老师或家长一手操办，自己对所报夏令营的情况一无所知。这就导致出现如下尴尬的事情。

有人参加的是对汉语水平要求较高的"中华国学营"，实则自己只是初级水平，连听、说都不过关；

有人参加的明明是"民族舞蹈营"，却事先完全不知道要学

---

① 张旭东.国外青少年夏令营运作模式及启示[J].中国青年研究，2014（10）：114-119.

习跳舞，而自己对舞蹈既无基础又无兴趣；

有人兴致勃勃报了"中华功夫营"，却没想到每天有5—6小时的武术课，训练强度相当高；

有人更直言自己是被家长"骗"来中国的，因为父母告诉他这个夏令营都是吃喝玩乐，不会上课、没有作业……

总之，从与营员的面对面交流，以及他们留下的感言中，可以发现，有不少人似乎是被"蒙在鼓里"，糊里糊涂地来中国参营，来之后想后悔已经晚了。其中一部分人会"既来之则安之"，认真参与活动，最终获得超出预期的体验；另一部分人则会产生巨大心理落差，从而消极抱怨，对夏令营给出较低评价。

第三节　营员视角下的中国体验：基于问卷调查的分析

2019年夏，"中国寻根之旅夏令营——首都历史文化营"顺利举办。该营营员由来自西班牙巴塞罗那孔子文化学校和美国加州金钥匙中文学校的约40位华裔青少年组成。十天里，营员们在雄伟的万里长城、庄严的天安门广场、金碧辉煌的故宫、山清水秀的颐和园等地都留下了足迹；在课堂上也学习到汉语和文化知识，并体验了绘画、手工、书法等中华才艺。[①] 为评估夏令营成效，笔者利用自己设计的一份不太成熟的中英双语问卷进行了匿名调查，期望从中获知营员们的真实感受。

该营营员具体情况见表5-1。

[①] 北京华文学院官网. 2019年"寻根之旅"夏令营首都文化营在我院闭营[EB/OL]. https://www.bjhwxy.com/detail_3862.html,2019-07-15.

表 5-1　2019 首都历史文化营营员情况

来源国家	人数	国籍	年龄
西班牙	男 11 人，女 17 人 共 28 人	中国籍 18 人 西班牙籍 10 人	12–17 岁
美国	男 6 人，女 7 人 共 13 人	全部为美籍	13–17 岁
总计	41 人		

一、问卷调查综述

问卷共计 12 题，大致分为四部分：1—4 题为营员背景情况调查，5—7 题为夏令营具体内容评估，8—11 题为对该营或本次中国之旅的整体感受，12 题为开放题目，征集营员的其他意见。

本次共发放问卷 41 份，回收有效问卷 39 份，有效率 95%（按，取四舍五入后的整数，下同）。有效问卷中西班牙同学 26 份，美国同学 13 份。

二、调查结果分析

（一）第一部分：背景情况

该部分题目如下。

　　1. 你以前来过中国吗？
　　2. 你可以用中文交流吗？
　　3. 在家跟父母、家人沟通，主要使用哪种语言？
　　4. 为什么会报名参加这次中国夏令营？（多选题）

根据答案，绝大部分同学之前来过中国探亲或旅行，仅有一位西班牙同学是首次来华；绝大部分同学可用中文交流，仅有两位西班牙同学和两位美国同学认为自己无法交流，约占总人数的 10%。

在与家人交流时，多数同学混合使用多种语言，如中文普通话、中国方言、当地主流语言等。其中，主要用普通话交流的为 17 人，占 44%；主要用当地主流语言（西班牙语或英语）交流的为 8 人，占 21%。

第 4 题答案统计如下。（多选题，可同时勾选多个选项）

  提高中文水平——勾选 21 次，出现频率为 54%；

  了解中国文化——勾选 21 次，为 54%；

  游览中国景点——勾选 21 次，为 54%；

  认识新朋友——勾选 19 次，为 49%；

  父母要求——勾选 14 次，为 36%。

前三点反映了中国夏令营在"学"和"游"方面的双重吸引力；第 4 点则表示营员们对同龄人集体生活的期待，"交朋友"是来参营的重要原因；第 5 点透露出家长的强大影响力，"父母要求"可能与营员个人意愿一致，亦可能不一致，比如有 4 位同学即单选了"父母要求"，视之为来参营的唯一原因。

（二）第二部分：兴趣点分析

该部分题目如下。

  5. 这次夏令营，你认为很棒的，或者你非常喜欢的，是哪些内容？（多选题）

  6. 这次夏令营，你认为没意思的，或者你不喜欢的，是哪些内容？（多选题）

  7. 这次夏令营，你认为令人失望/可以改进的方面是？（多选题）

表 5-2 为第 5 题答案统计结果。

表 5-2　营员喜爱的夏令营内容统计

内容	勾选次数	出现频率	备注
交朋友	33 次	85%	
购物	27 次	69%	
美食	25 次	64%	
名胜古迹/景点	24 次	62%	
中华才艺体验课	11 次	28%	在第 6 题中，勾选该项 9 次，占 23%
中国老师	9 次	23%	
汉语课	6 次	15%	在第 6 题中，勾选该项 26 次，占 67%

该题直观地反映了营员兴趣点。交友购物、吃喝玩乐是他们钟爱的内容，而课程则缺乏吸引力，最不喜欢的首推汉语课，这在随后第 6 题答案中也得到反面佐证。

可能受课堂教学"牵累"，营员对中国老师的好感度并不高。但在第 6 题中，仅有个别同学从负面角度去勾选"中国老师"，说明他们并不讨厌中国老师，只是老师的分量远不如同龄朋友，也不如吃喝玩乐来得更重要而已。

第 7 题，营员们不满意之处集中在住宿、用餐、上课三个选项，其中，勾选用餐 17 次，占 44%；住宿和上课各 10 次，各占 26%。这说明，接待方在食宿方面的后勤服务还有待改进。

（三）第三部分：整体评价

笔者在设计这部分问题时，以为绝大多数同学都会毫不犹豫地给出肯定答案。然而现实是，尽管给出肯定的仍占半数以上，但给出否定或不确定的却占了相当高的比重见表 5-3。

表 5-3　营员对夏令营的整体评价

内容		是 (人数/占比)	否 (人数/占比)	不确定 (人数/占比)
第8题	如果明年还有机会来中国夏令营（到另外的城市），愿意参加吗？	25人/64%	2人/5%	12人/31%
第9题	这次中国夏令营，会对你学习中文或中国文化有帮助吗？	23人/59%	4人/10%	12人/31%
第10题	愿意跟更多人分享你美好的中国经历吗？	31人/79%	1人/3%	7人/18%
第11题	会推荐其他朋友参加类似的中国夏令营项目吗？	32人/82%	1人/3%	6人/15%

第8题，有30%以上的同学表示即便有机会，也不一定考虑再来参营；第10题和第11题，均有20%的同学表示不一定会跟他人分享或推荐该营。

第9题，竟然有近半数同学觉得，这次夏令营好像并不会给自己的中文及中华文化学习带来帮助。

以上答案，某种程度上颠覆了我们的心理预期，寻根营的办营效果似乎远不如想象中那么乐观。数年来，笔者跟若干之前参营的营员及其家长保持了联络，也通过随访了解到：某些营员的中文交际水平在来华参营期间确实获得了短暂提升，令家长喜出望外，但返程之后，因无语言环境和实际需求，便逐渐回落至原先水平。只有那些坚持去中文学校上课的营员，才能继续进步。这印证了第9题答案，表明寻根夏令营只是一个契机、一个引子，若不加以珍惜和利用，便会白白错过。

当然，我们的眼光亦不能太过狭隘，仅停留在寻根营促进中文学习的效用上。作为一次美好的、与同龄人朝夕相处的中国旅行经历，至少它可以帮助营员们在旅途中成长，帮助他们更了解中国，加深对祖籍国的感情，这种长远影响是不可抹杀的。

（四）第四部分：感想和建议

12题"对这次夏令营的感想和建议"是开放题目，不少同学留下了他们认为很重要的个人意见。西班牙同学们的主要意见如下。

晚点睡，晚点起。

多做些趣事和上课时更有活力点儿；

上课时间短一点，也做更有趣的事情；

汉语课时间少点，做体育课，茶艺等；

时间久一点，安排更满，可以自由出校；

房间里有电视真好，不过网络有时候很差；

多一些面条、小笼包之类的美食，座位更舒适的大巴车，汉语课有更多好玩的主题。（此条原文为英语，上面几条皆为中文）

美国同学们的主要意见如下。（原文皆为英语，笔者做了翻译）

宿舍下水道需要修理；

学校食堂可以再好些；

请不要留作业；

不要有作业或汇报；

日程安排再轻松一些；

少一些压力，更好玩一些；

有更多好玩的活动；

有更多的校外活动。

可以看到，这些留言跟之前题目答案反映的情况一致。基本上，营员们关心的就是吃好玩好，对于校内课程意见比较大，对食宿条件也有不满。

三、反思

2019年，中国侨联接手原由国侨办负责的"寻根之旅"。由于资助削减，北京华文学院在承办寻根夏令营时，不得不将原来常规的14天活动削减为10天。若再去掉接机和送机两天，实际仅有8天，且大多是在校园学习，外出游览仅3天而已。这种行程设计，也的确容易导致营员们意犹未尽，甚或不满意。

此次问卷调查仅涉及一个营两个国家约40位同学，样本量很有限，这是其缺憾。单从该营营员的视角来看，寻根夏令营活动只能说"还行""还可以"，满意度在及格线之上，不低也不高。这种评价可能有小孩子的挑剔或逆反心理作怪，有失公允。但毕竟夏令营是为他们而办，就不能不考虑他们的心理感受。作为实际办营的教师和工作人员，我们也必须认真思考和检讨。主办方、承办方工作人员受各方面因素所限，确有若干疏失，忽略了未成年营员的心理特征，也不够尊重其个人意愿。

此次调查的结果可以带来一些警示，提醒我们切勿满足于已有成绩的汇报和宣传，而是要放低姿态，真正理解海外华裔青少年的所思所想所感，由此出发为他们办好寻根营活动。其中所反映出来的种种问题，在下一节针对营员感言的考察中得到了进一步验证。

四、附录：行程安排及调查问卷

（一）行程安排

表5-4　2019"寻根之旅"夏令营——首都历史文化营行程

日期	星期	上午	下午	晚上
6月30日	日	接机，入住北京华文学院，熟悉校园环境		
7月1日	一	10：00开营仪式及分班	14：00参观华文艺术馆 16：00包饺子	
7月2日	二	8：30-12：00汉语	14：00-15：30绘画	
7月3日	三	8：00游览天安门广场、故宫，中午在外用餐，下午参观首都博物馆，晚上返回学院用餐		
7月4日	四	8：30-12：00汉语	14：00-15：30手工	18：30影视欣赏
7月5日	五	8：30游览居庸关长城，中午返回学院用餐，下午参观奥运场馆鸟巢、水立方外观，新奥购物中心，晚上返回学院用餐		
7月6日	六	8：30-12：00汉语	14：00-15：30书法	
7月7日	日	8：30游览颐和园；中午在外用餐；下午在王府井大街购物；晚上发餐费自由用餐（王府井）		
7月8日	一	8：30-10：10汉语 10：10-12：00分组汇报	14：30闭营仪式	
7月9日	二	送机		

（二）调查问卷

海外华裔青少年中国夏令营调查问卷
Questionnaire of the Overseas Chinese Students' Summer Camp to China

年龄 How old：_____岁 Years old

性别 Gender：男 Male / 女 Female

来源城市 From：_____city

来源国家 From：_____country

中国家乡 Chinese hometown：_____city/province

　　调查说明：这是一个匿名调查，以便了解同学们对于此次中国夏令营的感受。希望大家认真完成问卷，帮助我们改进将来工作。非常感谢！

Note：It's an anonymous survey in order to know your feelings about this China summer camp. Please kindly finish it and help us do a better job in future. Really appreciate that!

1. 你以前来过中国吗？ Have you ever been to China before?

　　是 Yes / 否 No

如果是，来中国的目的是什么？（多选题）If yes, for what reason?（multiple choices）

　　A. 探亲 Visiting relatives　　　　B. 旅行 Travel

　　C. 其他目的 Other purpose：_____

2. 你可以用中文交流吗？ Can you communicate with others in Chinese?

　　是 Yes / 否 No

3. 在家跟父母、家人沟通，主要使用哪种语言？

What language do you speak most with your families?

A. 中文普通话 Mandarin Chinese

B. Cantonese 广东话

C. 当地语言（如英语、西班牙语等）Local language（like English, Spanish…）

D. 多种语言 Multiple languages

4. 为什么会报名参加这次中国夏令营？（多选题）

Why did you join this China summer camp?（multiple choices）

A. 提高中文水平 To learn more Chinese language

B. 了解中国文化 To learn more Chinese culture

C. 游览中国景点 To visit the famous tourist sites

D. 认识新朋友 To make new friends

E. 父母要求 Parents' request

F. 其他原因 Other reasons：_____

5. 这次夏令营，你认为很棒的，或者你非常喜欢的，是哪些内容？（多选题）

What are the amazing parts / your favorite parts of this summer camp?（multiple choices）

A. 汉语课 Chinese language classes

B. 艺术课（手工、书法或绘画等）Chinese art classes（handicraft, calligraphy or painting…）

C. 名胜古迹 / 热门景点 Famous historical/tourist sites

D. 购物 Shopping

E. 中国美食 Chinese Foods

F. 交朋友 Making new friends

G. 中国老师 Chinese teachers

H. 其他 Other parts：_____

6. 这次夏令营，你认为没意思的，或者你不喜欢的，是哪些内容？（多选题）

What are the boring parts / your least favorite parts of this summer camp?（multiple choices）

A. 汉语课 Chinese language classes

B. 艺术课（手工、书法或绘画等）Chinese art classes（handicraft, calligraphy or painting…）

C. 名胜古迹 / 热门景点 Famous historical / tourist sites

D. 购物 Shopping

E. 中国美食 Chinese Foods

F. 交朋友 Making new friends

G. 中国老师 Chinese teachers

H. 其他 Other parts：_____

7. 这次夏令营，你认为令人失望 / 可以改进的方面是？（多选题）

Are there any disappointing parts of this summer camp?（multiple choices）

A. 住宿 Accommodation

B. 用餐 Meals

C. 上课 Classes

D. 名胜古迹 / 热门景点 Famous historical / tourist sites

E. 出行大巴 Tourist bus

F. 校园活动 Activities on campus

G. 其他 Other parts：_____

8. 如果明年还有机会来中国夏令营（到另外的城市），愿意参加吗？

If there's another China summer camp（to other cities）next year, would you like to join it?

是 Yes / 否 No / 不确定 Not sure

9. 这次中国夏令营，会对你学习中文或中国文化有帮助吗？

Do you think that this China summer camp would be helpful to your Chinese study?

是 Yes / 否 No / 不确定 Not sure

10. 愿意跟更多人分享你美好的中国经历吗？

Would you like to share your wonderful China experiences with more people?

是 Yes / 否 No / 不确定 Not sure

11. 会推荐其他朋友参加类似的中国夏令营项目吗？

Would you like to recommend this China summer camp to your friends back home?

是 Yes / 否 No / 不确定 Not sure

12. 对这次夏令营，还有哪些感想和建议？

Any other thoughts or suggestions for this China summer camp?

_____

_____

第四节　营员视角下的中国体验：
基于夏令营感言手稿的考察[①]

学界曾从多角度对"中国寻根之旅"项目展开讨论：或关注它与华文教育之间的密切关系[②]，或聚焦特定侨乡华裔青少年的民族文化认同[③]，或调查营员对"中国梦"的认知程度[④]，或从侨务公共外交视角评估其办营效果[⑤]，或基于官方网络平台分析其运作现状，等等[⑥]。以上论著偶尔也引述营员感言作为佐证，但并非重点。与本节研究直接相关的论文仅有一篇：袁乃青从语言学话语分析的角度考察了"寻根之旅"——欧美优秀学生中华文化体验营的营员感言，通过自建8000字小型语料库，对态度、情感、鉴赏三个系统词汇的出现频率进行统计，揭示华裔学生对夏令营活动的积极评价和消极评价，为夏令营工作提供借鉴。[⑦] 该文做了很好尝试，只是偏重于语言学研究，且

---

① 按，本节部分内容已发表于《少年儿童研究》，见：党伟龙. 华裔青少年视角下的中国体验——基于寻根夏令营感言手稿的考察[J]. 少年儿童研究，2020（12）：60-69.
② 王治理、蓝莉蓉. 中国寻根之旅与文化认同及华文教育之关系[J]. 绍兴文理学院学报，2013（5）：112-116.
③ 王洁曼、严晓鹏. 温州华裔青少年的文化认同调查[J]. 八桂侨刊，2011（1）：24-27.
④ 金鑫、熊佳怡. 海外华裔青少年"中国梦"认知、认同情况调查与分析[J]. 海外华文教育，2016（6）：852-858.
⑤ 林逢春. 建构主义视野下的侨务公共外交——基于华裔青少年"中国寻根之旅"夏令营的效果评估[J]. 东南亚研究，2015（6）：72-78.
⑥ 王伟伟. "中国寻根之旅"夏令营现状研究——基于官方网上平台的分析[J]. 八桂侨刊，2017（3）：22-30.
⑦ 袁乃青. 欧美华裔学生书面叙事中的态度研究[J]. 世界华文教育，2018（4）：32-39.

仅涉及一个营，样本数量有限，并不能反映感言全貌。

在承接寻根夏令营过程中，因主办方要求各营留存并报送5—10份代表性营员感言，闭营前我们会给营员发放一张白色或彩色A4纸，请其书写感言并上交。长期以来，积攒了大量多营、多国营员感言手稿，但一直缺乏系统整理与分析。为深入探究营员内心，笔者梳理了北京华文学院留存的2016—2019年数十个营约两千份原始感言，并精选出200篇配有手绘插图的感言，及300篇文字感言，基于第一人称叙事视角考察其多元化的中国体验。

一、2000篇感言手稿综述

笔者通读了约两千篇感言后发现，大部分营员对夏令营活动的感受是正面的；少数人会提出一些合理质疑、意见或抱怨，可供改进工作参考；个别营员通篇"负能量"，用语偏激，估计与其不愉快的私人经历有关。在写作质量上，许多同学或因态度敷衍，或受汉语水平所限，没能确切表达出自己的感受。某些感言看起来工工整整写了大段文字，但仅是记流水账，机械介绍每日行程：第一天做了什么，第二天做了什么，第三天……等于将《夏令营活动安排表》复述了一遍。多数感言篇幅都很短，且多平铺直叙、泛泛而谈，如"我叫××，今年××岁，我去了……我吃了……我学习了中国文化知识，认识了新朋友，玩得很开心，希望下次再来，谢谢！"，而他们所去的地方，所吃的东西，也大抵雷同，并无新意。是故，必须对这些手稿进行筛选方能得到有效信息。笔者筛选的唯一原则是：

言之有物——不求图文并茂、文笔优美、长篇大论,但应有图画提供了有意义的信息,有段落或句子表达了真实、独特感悟,可给人以某种启发。

整理感言手稿的重要意义在于,它提供了未加修饰的"营员视角",即作为未成年人的华裔营员怎样看待此次来华参营经历?有哪些真实感受(不论好坏)?这是深入探究营员内心、弥足珍贵的第一手资料,而营员视角明显区别于成人视角,包含家长、教师、主办方、管理方、媒体宣传方等。正如美国营地协会专家所指出的,"大人会给夏令营活动赋予各种各样的意义,但在孩子们眼中,营地的吸引力更多来自快乐和交友,而不是太过现实的价值"。[①]下文论述中,我们将更清楚地看到这一点。

二、200篇插图感言考察

西谚云:"一张图画胜过千言万语。"(A picture is worth a thousand words.)图像可用比文字更直观、醒目的方式传达信息。某些营员汉语水平有限,便在感言撰写时辅以手绘图画,这些插图超越了文字和国界,如实反映了其兴趣点和收获。凡呈现在插图中的,必然是夏令营中值得记录、曾给他们带来强烈内心触动的事物。

(一)插图文化元素统计

200篇插图感言共涉及10个营、9个国家,具体来源情况如表5-5所示。

---

① [美]克里斯托弗·瑟伯、乔恩·马利诺夫斯基. 夏令营完全手册[M]. 赵蔚,译. 北京:外语教学与研究出版社,2018:4,19.

表 5-5　插图感言来源营、国别与篇目

	时间	名称	国别	篇目
1	2016年夏令营	亚欧华裔学生中华文化体验营	瑞典	13篇
2	2017年夏令营	传统书画体验营	加拿大	14篇
3	2017冬令营	冬奥文化体验营	日本	15篇
4	2018年春令营	澳大利亚华裔青少年北京游学营	澳大利亚	17篇
5	2018年夏令营	意大利协议营	意大利	28篇
6	2018年夏令营	传媒文化体验营	法国	14篇
7	2019年夏令营	华夏文化营	日本	20篇
8	2019年秋令营	金秋文化营	泰国	38篇
9	2019年冬令营	冰雪文化营	马来西亚	26篇
10	2019年冬令营	塞外北国感知营	巴西	15篇

以性别而论，插图感言的作者多半为女生，因为女生更喜欢画画，态度也更认真。以国别而论，泰国38篇最多，其次日本35篇，乃因这两国学生普遍擅长手绘，作品赏心悦目。以大洲而论，亚洲99篇，欧洲55篇，大洋洲17篇，南美洲15篇，北美洲14篇。

对插画中蕴含的多种文化元素，笔者按"景点/地标、中国象征、中华美食、人物、其他"，做了分类统计，见表5-6。那些装饰性花边或图案，如气球、云彩、太阳、爱心、笑脸等，清新可爱，却无甚研究价值，是以忽略不计。

表 5-6　插图文化元素出现频次统计

分类	事物	出现次数	备注
景点/地标	长城	76	
	天安门	24	
	天坛	22	
	故宫	17	
	颐和园	6	
	鸟巢	5	
中国象征	熊猫	58	
	中国国旗	46	
	人民币	5	
中华美食	冰糖葫芦	23	
	珍珠奶茶	15	
	北京烤鸭	15	
	小笼包	8	
人物	自己	37	
	朋友	18	
	毛主席	11	5 例出现在天安门城楼上，4 例出现在人民币上，2 例为单画
	老师	5	
其他	购物	18	不含零食小吃
	本国国旗	15	与中国国旗同时出现 11 次
	校园	14	不含教室/课堂
	雪人	10	
	滑雪	10	
	飞机	9	
	教室/课堂	5	

按，每篇感言可能包含多幅插图。另，出现低于 5 次者不计入，如水立方、胡同（四合院）等景点，龙、中国地图、国徽等中国象征，饺子、火锅等中华美食。

出现频率最高：长城（76）、熊猫（58）、中国国旗（46）、自己（37）；

20次以上：天安门（24）、冰糖葫芦（23）、天坛（22）；

10次以上：朋友（18）、购物（18）、故宫（17）、烤鸭（15）、珍珠奶茶（15）、本国国旗（15）、校园（14）、毛主席（11）、雪人（10）、滑雪（10）；

5次以上：飞机（9）、小笼包（8）、颐和园（6）、鸟巢（5）、人民币（5）、老师（5）、教室/课堂（5）。

（二）插图分析

以上统计结果较直观地展示了营员对哪些东西最感兴趣，以及他们关于重要事物的排序。景点中，长城＞天安门＞天坛＞故宫＞颐和园＞鸟巢；美食中，糖葫芦＞奶茶＝烤鸭＞小笼包；人物中，自己＞朋友＞毛主席＞老师。然而，该排序也不可避免地受到绘画难度干扰。例如，故宫的重要性远超天坛，但三层重檐圆形的天坛祈年殿造型简洁，画起来比飞檐斗拱的故宫宫殿容易得多；又如，营员们最爱的北京美食首推烤鸭，但画起来有难度，而糖葫芦只需简单勾勒几笔即可。综合统计排名前四的长城（76次）、熊猫（58次）、中国国旗（46次）、自己（37次），占据压倒性优势。而这四个意象，恰好可用文字描述为：我（自己）、来中国（国旗）、爬长城、看熊猫。

2016—2017年，北京大学新闻与传播学院开展了一项针对多国民众的大规模"中华文化国际影响力问卷调查"，得出了不少有趣结论。在美国民众心目中，中华文化符号知名度排前三的为大熊猫、长城、中国烹饪；喜爱度前三是大熊猫、中国园林、长城。[①]在日本民众心目中，知名度前三为大熊猫、中国烹饪和长城；喜爱度前三为中国烹饪、茶和大熊猫。[②]该结论与以上统计结果可相互印证。

长城出现频率遥遥领先，比景点第二名天安门竟高出50多次，约每3篇中就有1篇画了长城。足以证明营员们公认排名第一的北京景点即为长城，它所代表的意义与其余地方截然不同，好像只有去过长城才算真正到过北京、到过中国。无论在插图感言还是文字感言中，无论春、夏、秋、冬令营，长城的提及度均为最高。克服疲劳、恐惧、恶劣天气等困难，终于登顶，给众多营员留下了极其深刻的印象。据笔者了解，几乎所有营员都知道长城，多半营员知道天安门、故宫，而知道天坛、颐和园、鸟巢、水立方的就不多。

熊猫不光是最具代表性的中国动物，其憨态可掬的外表也大大加分，且夏令营中常有绘画课，绘画老师又常教画熊猫，故而得以频频露面。至于绘画课所教的其余题材，如花鸟、水果、山水等，便极少出现。以标志性动物而论，龙也是中国的象征和中华民族图腾，营服上的徽标即举着"寻根"旗子的小龙人。但龙的外形并不可爱，绘图难度又高，故出现较少。偶尔可见到学生将长城画成龙的身体，颇具创意。

中国国旗在北京随处可见，画起来也很简单，而它与营员本国国旗同时出现11次之多，则显示营员已拥有一定国际交流意识。如某法国女生的彩绘是一位可爱小女孩左手举中国国旗，

---

① 关世杰.五年间美国民众对中国文化符号喜爱度大幅提升——中华文化国际影响力问卷调查之一[J].对外传播，2018（2）：40-43.
② 王秀丽.日本民众最爱中餐、茶和大熊猫——中华文化国际影响力问卷调查之四[J].对外传播，2018（5）：43-46.

右手举法国国旗，似乎想表现自己既是法国人，又是中国人，更是中法文化的融合和沟通使者。

"中华美食"类，烤鸭和小笼包榜上有名并不令人意外，而冰糖葫芦居然排在美食第一，珍珠奶茶紧随其后，与烤鸭并列，反映了青少年偏爱零食小吃的特点。糖葫芦作为一种北方传统小吃，酸酸甜甜，口味独特，常见于北京秋冬季节，又颜色鲜艳（"高颜值"），颇适合入画；珍珠奶茶则绝对是营员们最爱的中国特色饮料。

"人物"类，营员本人的卡通形象最为常见，体现了鲜明的自我意识和置身其中的现场感。朋友仅次于营员自己，实则"交朋友"在文字感言中提及频率极高，其重要性还要超过景点，但可能画人物有难度，故在插图中反映不够充分。"毛主席"可说是外国人最熟悉的中国人。来到中国就离不开人民币[①]，而1元到100元纸币上都印着毛主席头像，去天安门会经过毛主席纪念堂和天安门城楼的大幅画像，去长城也必然会听老师介绍毛主席的名言"不到长城非好汉"，看到现场矗立的毛主席书法石碑等。不论在日常生活、景点观光、课堂教学中，都常常接触到他，于是给营员留下深刻印象。值得注意的是，老师形象出现频次偏低，意味着老师虽在现实生活中扮演至关重要的角色，在营员心目中的地位仍远逊于同龄朋友。

"其他"类，涉及购物的插图包含王府井和前门大街的标志性建筑或店铺、大包小包的采购成果、团团围住小摊老板砍价

---

① 按，虽然中国的手机支付十分发达，民众的现金使用率越来越低，但短期来华的外国游客及学生仍主要使用现金支付。首先，他们很少用微信和支付宝；其次，即便用微信，也仅有聊天功能而未开通支付功能。

的趣味简笔画等，反映了营员对逛街购物的偏爱。涉及校园的多为学校主楼、宿舍楼、运动场，主要作为营员生活过的地方呈现出来。虽然许多营中课程占比重最大，但关于教室/课堂的插图仅有5篇，可见学习部分并不怎么被看重。雪人和滑雪均出现在冬令营感言中，"雪"是冬令营的显著特色。飞机是一种典型的旅行元素，还带有自由翱翔的意象，反映了营员离开家远赴异国的情形。

三、300篇文字感言考察

图像传达的含义更为直观，文字传达的含义则更为丰富、全面。从文字感言中，我们能获得更具深度、更有参考价值的信息。

（一）概述：文字感言特点与篇目来源

1. 文字感言与插图感言之异同

300篇文字感言与200篇插图感言仅有一小部分互相交叉，往往是那些写不了太多汉字的同学，更倾向于运用图像表达感受。文字感言对营员兴趣点的反映，与插图感言大体一致，如对长城情有独钟，喜欢吃烤鸭、交朋友、购物、滑雪，不怎么愿意上课等。然而亦有不一致之处。某些内容是图画难以表现，或表现不够充分的，某些内容则更适宜用图画表达。如熊猫在插图感言中出现了58次，仅次于长城；在文字感言中却只出现了10次，其中3次讲到绘画课上画熊猫，另7次中有4次是某位同学用一整段来描绘看到熊猫的激动心情。这大概由于北京动物园不属一线景点，时间紧张时较难排入行程；也可能是看过熊猫的同学，汉语较差，没办法诉诸文字。又如几大景点在插图中出现频次高于"朋友"，但在文字感言中，朋友的分量却远超过景点,估计是"交朋友""友谊"这类抽象概念较难用图像加以呈现。此外,出现在插图中的基本是营员们比较喜爱、留下正面印象的,而负面印象的事物则付诸阙如,只见诸文字感言中。

2. 篇目来源统计

300篇文字感言全文录入文档后总计8万余字,来源于2016—2019年的37个营,其中春令营4个、夏令营20个、秋令营5个、冬令营8个;涵盖多个主题,如国学营、武术营、舞蹈营、书画营、北京游学营、传媒文化营、丝路文化营、民族文化营、金秋文化营、冰雪文化营等。因过于繁琐,具体每营的名称不再一一列出。文字感言其他方面的统计见表5-7和表5-8。

表5-7 文字感言来源国家与篇目统计

大洲	国家	篇目	总计
欧洲6国	西班牙	33篇	109篇
	法国	31篇	
	英国	20篇	
	意大利	12篇	
	瑞典	8篇	
	葡萄牙	5篇	
亚洲6国	印尼	22篇	107篇
	菲律宾	21篇	
	马来西亚	21篇	
	缅甸	17篇	
	泰国	13篇	
	日本	13篇	
北美洲2国	美国	21篇	41篇
	加拿大	20篇	

续表

大洲	国家	篇目	总计
大洋洲 2 国	澳大利亚	19 篇	38 篇
	新西兰	19 篇	
南美洲 1 国	巴西	5 篇	5 篇
总计	17 国	300 篇	300 篇

表 5-8　营员国籍、性别、写作语言统计

		篇目	百分比
国籍	外籍	222 篇	74%
	保留中国籍（持中国护照）	78 篇	26%
性别	女生	195 篇	65%
	男生	105 篇	35%
语言	中文	276 篇	92%
	英文或中英双语	24 篇	8%

以上感言作者，中国籍营员所占比例显著高于现实情况，乃因其通常汉语较好，感言质量较高；女生远多于男生，亦因其认真程度通常较高。此外，来自英语国家的营员颇多，但因要求写中文，故保留下来的英文感言较少。营员汉语水平参差不齐，难免存在若干语言表述上的问题，如语法讹误、用词不当、句子啰嗦等。下文在引用感言原文时尽量保持原貌，仅对明显的错别字和词不达意的病句稍加处理。

（二）**参营动机分析**

主办方希望华裔青少年为学习中文、了解中国文化、加深对祖籍国感情来参营。不过营员的真实参营动机十分复杂。300篇感言中，有48篇明确提到参营动机/原因，见表5-9。

表 5-9　参营动机 / 原因分类统计

	参营动机 / 原因	出现次数	出现频率	备注
1	对中国或北京的向往	15 次	31%	其中 3 次向往中国，12 次向往北京
2	学习中文或中国文化	13 次	27%	其中 8 次明确表示为了提高中文 / 汉语水平
3	回祖籍国寻根	9 次	19%	其中 4 次提到为了父母而"寻根"
4	自己没兴趣但父母强迫	9 次	19%	
5	吃喝玩乐	4 次	8%	
6	交朋友	4 次	8%	
7	其他原因	2 次	4%	1 次是出于姐姐推荐，1 次是为了"改变自己"

（注：若干感言中包含不止一个原因，有所重叠，故百分比相加超出百分之百。）

若忽略掉一些特殊参营理由，则大约有三类营员。第一类抱着对中国及其语言文化的向往和兴趣来参营，他们是"寻根之旅"真正面向的对象（上表前三项相加，约为 77%）。第二类抱着"吃喝玩乐交友"目的，只想度假休闲，至于去哪里倒不是重点（约为 16%）。这类同学虽不符合主办方期望，却合乎青少年的自然天性，亦无可厚非。第三类则对此不感兴趣、并无参营意愿，但由于父母认为他们应该来，故而勉强参加（约为 19%）。这类同学尽管来的时候不情不愿，却多在最后转变了态度。之前相关新闻报道或工作报告、学术研究常聚焦第一类营员，然而，后两种所占比例亦不容忽视。如：

　　我的爱好是吃，我差不多什么都吃。我来北京的目的是来玩儿！去天安门、故宫、长城，最主要的是为了吃北京烤鸭！吃北京烤鸭！北京烤鸭！

（*锦晨，女，16岁，法国；按，为保护个人隐私，隐去营员姓氏，下同）

这位同学并不怎么在乎大人们念兹在兹的大道理，只想满足自己的口腹之欲和贪玩心思，"小吃货"形象跃然纸上，可爱而真实。又如：

> 我妈妈第一次跟我说这件事，我非常不开心，因为我以为去北京会很无聊，可是后来我知道是相反的。

（*奕轩，男，12岁，西班牙）

> 今年我来到了北京的夏令营……来到这之前我很不想过来。但是现在我很喜欢这里。

（*泽华，男，14岁，英国）

> 刚开始听说我要来到这个夏令营的时候，我很不愿意来。我的一个朋友以前有一次跟我说过她在中国参加夏令营时天气热得很，并且那里的人相互关系也不太好。其实我本来只想来中国见一见我的家人，可是我的妈妈觉得我每天只会在家里瘫着看手机，所以最后我就给扔到了这里面……我其实现在也不太想离开这个地方了。我和好多人成了朋友，也不太舍得离开他们了。这个夏令营很不错，我希望以后能再去一个像这样的地方。

（*子安，女，13岁，美国）

> 之前我想中国很没劲。今年我可以参加北京—哈尔滨冬令营活动。原来我不想参加这个活动，因为我

很懒惰。但是我的妹妹参加,所以我妈妈一定要我去一起参加……这里最有趣的事是我去万里长城玩,很累可是也很好玩。这里我交了很多新朋友。现在我特别喜欢中国。谢谢!

(*俐芽,女,17岁,印尼)

由上述内容可见,确实原来在某些同学心目中,中国/北京不太有吸引力,可一旦真的成行,这些同学又会明显改善其看法。这说明青少年的观念"可塑性"很强,是否有机会来华实地走访,在很大程度上决定了他们对中国的印象和态度。

(三)营员兴趣点分析

因 300 篇文字感言乃从两千篇原始感言中精选而来,已受到笔者主观因素干扰,是故对重要元素或词汇出现的频率,就不太适合一一做精确统计。再者,文字所表达的丰富内涵,亦非冰冷的统计数字能所能反映。因此,在考察插图感言时,笔者采用了定量分析法,而在考察文字感言时,将更多采用定性分析法,不做过多精确描述。

概括言之,文字感言所展现出来的营员兴趣点如下。

课程方面,较多提到书法、绘画、手工、武术、舞蹈等动手实践型中华才艺课,较少提到汉语课,反映出占据最多课时的汉语课似乎不太受青睐。

课余活动方面,对校园设施比较重视,常写到课后去玩乒乓球、羽毛球、篮球、足球、游泳等。2018 年意大利协议营举办期间,恰逢校园游泳馆因装修不开放,好几位同学在感言中为此事深表遗憾或愤愤不平。

景点方面,许多人用成段文字详述爬长城的经历,提到其余地方就常一笔带过。从词频统计来看,"长城"(含英文 Great Wall)共出现 107 次,"故宫"(含英文 Forbidden City)38 次,"天安门"22 次,"颐和园"16 次,"天坛"6 次。总体上,除了长城,营员们对名胜古迹多半兴致不高。

外出游览时,比起景点观光,他们更喜欢逛街购物和品尝特色小吃。许多人兴致勃勃地谈自己买了什么、吃了什么、如何成功砍价等。其中"买"及相关词汇(如购物、砍价)出现约 100 次,"吃"及相关词汇(如品尝)出现约 130 次。

人际交往方面,少数营员会提到本国领队老师或中国老师对自己或同学的关心爱护,表示感恩。与此相对照,许多营员都将结识新朋友作为最大收获。文字感言中,"朋友"一词出现 177 次,"伙伴"6 次,"友谊"5 次,英文 friend(包含 friendship)21 次,总计 209 次。与之相对照的是"老师"出现 169 次,英文 teacher 出现 8 次,共计 177 次。看起来老师跟朋友的分量相去不远,但仔细审读其内容则发现,大都只是礼貌性地提及老师,而提及朋友时却常浓墨重彩,难掩激动之情。

夏令营中,不少人会提到天气很热,但多认为这不影响整体体验;冬令营中,很多人会提到天气很冷,用较多笔墨描述下雪或玩雪、滑雪等活动。

(四)正面感受分析

绝大多数营员的参营体验以正面感受为主,或虽有不满,仍整体表示肯定。还有营员极为喜爱这次活动,将之誉为人生中最美好的经历,如:

这次来中国是我最开心的一次;

我来中国最好的一次;

> 我去过的最好的学习之旅；
> 生命中最难忘的一次旅行；
> 我记忆中最难忘的两个星期；
> the best three weeks of my life（我生命中最棒的三周）；
> the best camp that I have ever been to（我去过最棒的一个营）；
> ……

上面是整体评价，下面将从"第一次"的初体验、挑战与成长、友谊、中国印象、民族情感五方面分别论述其具体感受。

1. "第一次"的初体验

旅游文化学者认为，旅行的本质即新经验（new experiences）的获得，旅行者也因此变成一个与从前不同的新人。[①] 跨越千万里之遥到中国参加夏令营，是营员生命历程中极其特殊的经历，他们会去未曾涉足之地，看未曾见之风景，感触别样的人文风貌，尝试许许多多的新鲜事物。有营员之前已来过中国，他们多半保留中国籍，常回国探亲，但就算如此，也多是首次到访办营地点——首都北京，或上海、西安、哈尔滨等特色城市。这使得人生阅历尚浅的小营员们有机会实现众多"第一次"，该词在300篇感言中屡屡出现，共计125次，如：

> 第一次出国、第一次自己出国、第一次坐飞机；
> 第一次我跟父母分开、第一次离开父母独自一人到外国、第一次我自己出门旅游、第一次离开家出远门、第一次离家那么久又那么远；
> 第一次来中国、第一次单独在中国住、第一次来

---

① Craig Storti. Why Travel Matters: A Guide to the Life-Changing Effects of Travel [M]. London: Nicholas Brealey Publishing, 2018: 39.

北京；

第一次参加夏令营、第一次参加冬令营、第一次参加中国夏令营；

第一次坐高铁、第一次坐卧铺；

第一次看见雪、第一次滑雪、第一次看到下雪、第一次来到有雪的地方、第一次生活在零下10（摄氏）度、第一次过白色圣诞节；

第一次品尝到正宗的北京烤鸭、第一次看到熊猫、第一次砍了这么多的价、第一次画中国画……

有同学一口气多次使用了该词：

我是第一次来中国……我第一次看到天安门，第一次吃烤鸭，我的很多第一次在中国实现的，我感到很多幸福。

(＊和哉，男，12岁，日本)

短短时间里，我经历了人生很多的第一次。第一次独自和朋友来中国，第一次自己坐飞机，更是第一次参加暑期夏令营。第一个第一次让我兴奋，第二个第一次让我紧张，而第三个则让我开心的同时学到了很多知识和技能。

(＊念慈，女，13岁，英国)

这是我第一次参加冬令营，也是我第一次一个人和一团不认识的同龄人出国，这也是我第一次来到中国……很开心可以接触到中国文化，第一次深入了解中文文字的演变，第一次绑中国结，第一次画中国画，也第一次觉得自己写书法写得那么美。然后，哈尔滨也是个一生难忘的经历，第一次生活在零下10（摄氏）度，也是第一次在超冷的天气下滑雪，也是第一次亲眼目睹下雪，兴奋！

（*燕铃，女，17岁，马来西亚）

第一次登上雄伟的长城之巅、乘人力三轮车穿梭于老北京胡同、去动物园近距离看大熊猫、赴剧场欣赏精彩杂技表演、在秀水市场拼命杀价、在王府井大快朵颐等独特体验，均让营员们津津乐道。冬令营营员多来自印尼、马来西亚、巴西、澳大利亚、新西兰等热带、亚热带国家，当他们身处人生罕见的白色梦幻世界时，忍不住欢呼雀跃，感受到深深的震撼。

2. 挑战与成长

中国古人认为学无止境，应"读万卷书，行万里路"。西方文学和哲学亦将旅行当作自我提升与个人成长的极好机会。① 充满"第一次"的异域旅行体验，再加上同吃、同住、同游的集体生活模式，给营员带来全身心洗礼。正如《夏令营完全手册》所言：

> 住宿营的好处之一就是让家长和孩子暂时分开……事实上，离开家是学会独立的最大推动力。家长们都说营地让他们的孩子变得更成熟、更独立。②

父母亲人皆不在身边，对未成年营员们既是生存挑战，亦是成长契机。他们被迫去适应陌生环境，在克服种种困难中成熟起来，获得生活技能（life skills）与社交技能（social skills）。他们既要"走出自己的舒适区"（Come out of one's comfort

---

① Craig Storti. Why Travel Matters: A Guide to the Life-Changing Effects of Travel [M]. London: Nicholas Brealey Publishing, 2018: 1–2.
② [美] 克里斯托弗·瑟伯、乔恩·马利诺夫斯基. 夏令营完全手册 [M]. 赵蔚，译. 北京：外语教学与研究出版社，2018：19.

zone），学会独立生活，照顾好自己，保管好随身物品，合理地支配金钱，也要"走出封闭的自我"（Come out of one's shell），学会人际交往，去跟同龄人沟通，并进行必要的团队协作，如分组行动、准备集体节目等。虽无父母照顾，却一直处于中外教师的共同监管之下，处于同龄朋友的陪伴之下，风险很小，可预期的收获却很大。天气过冷或过热、房间不干净或床不舒服、食物单调或不合口味、需早起上课或早早出发、个人财物遗失、身体不适、情感焦虑……即使这些都是不好的事，若能尽力克服，却能将坏事变为好事，赢得成就感与自豪感，乃至骄傲之情溢于言表。如：

　　这是我第一次参加中国夏令营……我有点紧张，因为这是我第一次单独在中国住，但我克服了！
（＊语函，女，12岁，英国）

　　这次的旅行没有了父母的陪伴与照顾，这让我学习如何变得更加独立以及坚强。
（＊千盈，女，14岁，马来西亚）

　　在夏令营，我克服了许多困难。像，炎热的夏季和困难的语言。
（＊仲洋，女，14岁，加拿大）

　　我回到新西兰可以告诉我的伙伴，我可以生存在零下25（摄氏）度了！
（＊若瑜，女，14岁，新西兰；注：冬令营有赴哈尔滨行程）

　　参加冬令营也让我变成一个更负责的人，我学会了照顾好自己的东西。
（薇婳＊，女，13岁，印尼）

在这夏令营的生活里，我学会了自己解决问题，变得更加独立。

（*家辉，男，17岁，法国）

在这短暂的时间里，我收获了自信，收获了友谊，收获了坚强，收获了勇敢。我学会了如何关心他人，我学会了承担责任……

（*策，男，17岁，西班牙）

此外，与别国营员的交流也令他们成长，包括"了解了其他国家""学了很多别的国家的话""拓宽了我的世界观""让我变得更开朗外向""made me realize a lot of my selfish ways and that I should make changes（令我意识到自己的自私，应当做出改变）"等。

澳大利亚国际游学机构"旅行邦教育"（Travel Bound Education）在论述旅行对于学业成功的益处时指出：旅行可培养在舒适的家中难以获得的生活与社交能力，帮学生树立自信，养成时间管理观念，提高计划组织能力，并在与陌生人互动中表现出对他人及自己的尊重。[1]与上述营员感言颇可互相印证。

3. 友谊

如果问夏令营中最大的收获或最美好的回忆是什么，多数

---

[1] 参见旅行邦官网（https://travelboundeducation.com.au/the-educational-benefits-of-travel-for-student-success）。
原文：The Educational Benefits of Travel for Student Success：
Travel builds socialising and life skills… that are impossible to achieve from the comfort of home.
Reaching a new level of confidence…
Better time management, planning and organisation skills…
Showing respect, to others and yourself…

营员都会回答"交到了新朋友"。临近闭营时,他们普遍感到最难割舍的是新朋友,尤其是那些来自不同国家的朋友,因一旦分别将极难再聚。令人啼笑皆非的是,有营员在抱怨吃住差、上课无聊、逛景点太累的同时,仍然给予整体满意评价,即因友谊的光芒掩盖了其余缺憾。常用表述有"最喜欢的是认识来自各个国家的新朋友""喜欢和朋友一起出去玩""从陌生人到一辈子难忘的好朋友""不想和我的朋友分开""my friends felt like family(朋友就像家人一样)""enjoyed making friends and passing obstacles with them(享受交朋友并一起克服困难)"等。孟子云:"独乐乐不如众乐乐。"(《孟子·梁惠王下》)"抱团取暖"的美妙友情冲淡了想家的孤独感和对未知事物的恐惧,让他们面对困难时更加乐观,更加享受夏令营的每一天。如:

  这几天我觉的很好玩,还有交了美国朋友和意大利的朋友……我在这里每天都跟朋友玩到12点。我觉得太开心了。

(*浩正,男,13岁,葡萄牙)

  在这个夏令营,我最喜欢的东西就是跟着朋友一起玩。从去五大连池到跟着法国人一起吃饭,有我三四个好兄弟在我身边,不管到哪里,一定能玩得很开心。

(*天启,男,14岁,加拿大)

  我们这些陌生人在一起玩,一起聊天,从而变为好朋友。我们一起爬长城,参观天安门、故宫、天坛,吃烤鸭,最开心的就是一起购物。在玩的同时,在一起学习也让同学们更加熟悉……

（*楷昕，男，16岁，澳大利亚）

夏令营里有非常多的营员，他们各有各的有趣点与长处，让我不但有了很多的新伙伴，而且让我长了很多见识呢。我很喜欢每天和我的新朋友在一起聊天说话，让我平常孤零零的暑假充满了活力和笑容。

（*泽宇，男，17岁，英国）

以爬长城为例，为何营员们如此钟爱这一经历？不仅仅因为长城的伟大和登顶的快感，还源于与小伙伴齐心协力克服重重挑战，共同体会到美景及友谊的双重美好。

我最喜欢的就是爬长城，跟着朋友们一起爬感觉很幸福。

（*依娜，女，12岁，新西兰）

我们五个女孩玩得特别好。我们每天有太多可笑的东西。我们唱歌，吃方便面，笑得都快出眼泪了！我们也出去玩了几天。我最喜欢那一天是上午去长城，下午去逛街。去长城的时候，我，Lily，还有Christina爬上最高的那端。因为我们是"the banana squad"。我们都买了个大毛绒香蕉。

（*亦萱，女，13岁，美国；注：the banana squad 即"香蕉人小队"，因为她们都是"黄皮白心"的美国华人，有自嘲的口吻。）

One of my favorite activities that we have done is climbing the Great Wall of China. It was a tiring and gruesome activity, but me and a few friends motivated each other to make it to the highest point. I believe the hard work and exhaustion was very much worth it. Not only the majestic view from above, but the feeling of accomplishment. And knowing that we accomplished something together.

（翻译：我喜欢的活动之一就是爬中国长城。爬起来又累又可怕，但我和一些朋友互相鼓励，终于登顶。虽然精疲力尽，我却认为绝对值得。不只顶峰的景色壮美，还有着满满的成就感，而且这是跟我的小伙伴们一起做到的。）

（*亦璨，女，16岁，美国）

专注研究"快乐旅行"的美国心理学家 Jaime Kurtz 指出，旅途中的糟糕经历要辩证地去看，从好的方面来说，克服挑战令自己更成熟，而与旅伴一起面对挫折磨难，将成为彼此之间共享的经历（shared experiences）、共享的回忆（shared memories），又是一种极佳的友谊催化剂。[①] 同理，寻根夏令营中这种"甘苦与共的革命情谊"，大大加强了营员对该营及其举办地的正面印象。即便那些从未到过中国、对中国"无感"的同学，亦因"爱屋及乌"效应，而与这个看似遥远的东方国度建立起真切的感情纽带。

当某营规模较大、营员来源国家较多时，便成为事实上的"小联合国"，发挥着"国际交友平台"功能，为营员们创造了结识其他国家华裔同龄人的好机会。例如，2019年冰雪文化冬令营，由来自印尼、南非、巴西、西班牙、新西兰、澳大利亚

[①] Jaime Kurtz. The Happy Traveler: Unpacking The Secrets Of Better Vacations [M]. Oxford University Press, Oxford, 2017: 215-216.

六国的120多位营员组成，涵盖亚非拉及欧洲、大洋洲共计五大洲，给营员们带来十分多元的文化冲击。[1] 其中印尼同学与澳大利亚同学宿舍毗邻、同车出游，关系尤为密切。甚至有一对十六七岁的印尼男生和澳大利亚女生，还悄悄牵起了手。奇怪的是，在语言、文化和地理上，澳大利亚同学和新西兰同学都更接近，但他们之间反而没能迸发出太多火花。据新西兰领队老师分析，大概是"距离才能产生美"，而澳、新两国亲如一家，在各方面都趋于雷同，造成互相之间缺少新鲜感。

在多国营员的互相交流中（英语或汉语是共同语言），他们学到的不只是中国文化，还有多元文化，这帮助他们更好地认知世界、认知自我。负责夏令营管理工作的王伟伟老师指出：

> 他们的相聚本身就是一个东西方结合的文化大熔炉。中国是他们的祖籍国，是他们的另一个家……这将推动世界华侨华人从"同根"走向"同梦"。[2]

巴西领队陈老师亦表示：

> 孩子们在不同国家，有不同生活方式和环境，说着不同的语言。可是在我们这里他们用中文结识来自不同国家的小伙伴们，像一个小小联合国，增强了他们对祖籍国的认知感和亲近感，孩子们真正找到了自己的根。这就是我们真正的目的，也是我们所期望的，中国的强大也是我们海外华夏子女的骄傲，让我们海

---

[1] 北京华文学院官网. 2019年"寻根之旅"冬令营——北京华文学院营（冰雪文化2营）在我院闭营[EB/OL]. http://www.bjhwxy.com/detail_4044.html,2020-01-02.

[2] 王伟伟."中国寻根之旅"夏令营现状研究——基于官方网上平台的分析[J]. 八桂侨刊，2017（3）：22-30.

外学生永远记住自己是中国人。

（注：出自2019寻根夏令营——北京华文学院营微信工作群感言）

4. 中国印象

如前文所述，少数营员乃受家长所迫前来参营，并非出于本人意愿，他们对中国和夏令营都不抱兴趣，甚至受西方主流媒体的偏见报道所误导，还对中国持有先入为主的糟糕印象，如治安堪忧、卫生不佳、气候恶劣、终年雾霾、城市发展落后、民众粗鲁无礼等。不过令人欣慰的是，这类同学最后大都表示不虚此行，也明显改善了对中国的印象与感情倾向。如：

我其实特别反对父母逼我来中国。在我眼里，中国本来是一个非常恐怖的地方，到处都是小偷、雾霾，而且人们都很不礼貌。来到这里，我觉得没有我想象的那么差。雾霾没有我想象的那么严重，而且我的东西还没被偷走……这个夏令营还不错。

（*晴，女，13岁，加拿大）

来北京冬令营以前，我觉得有点儿着急。因为听说许多中国人都是坏人。我也怕中国的污染的环境。可是在北的时候，发现我的想法有不对的地方……出游时，我怕我东西被偷了，可是我东西都是安全！我觉得参加这样的旅游十分有用的。因为在印尼我很少讲中文，所以我不能提高自己的中文水平。可是去北京，就是非常好的机会。我跟中国人说话，就提高我的中文水平。在中国有些中国人很友善，所以我跟他们可以谈得来……啊！还有一个抱怨！因为这个旅游，我的体重已经加2公斤了！胖得不得了！哈哈哈！我更喜欢中国。

（*文富，男，16岁，印尼）

  这是我第一次参加夏令营，也是我第一次来北京。一直以来我觉得在中国天气特别热，虫子又那么多，我一直想着中国的生活会让人受不了的。可是，现在来到了中国我觉得其实还好，没有那么热，我就快习惯了。我家一般都很少出去度假什么的，今年我爸叫我和我弟参加夏令营。当时我是十分不想来中国或参加什么夏令营。看来我那时的想法是错的。我很高兴今年来到中国……这一场度假对我来说是最美好和有意义的。我很感谢所有老师和同学让我过了一个好的假期，也感谢我父母让我参加这一期的夏令营。

（*方鑫，男，16岁，法国；注：中国籍）

  有学者将"寻根之旅"当作"侨务公共外交"的有效途径，认为营员通过具体化的旅行生活，感悟到中国综合国力和国际形象的全方位进步，并存在对此进行正面性"二次传播"的可能。[1]耳听为虚，眼见为实，营员们的现场感官体验是笔墨难以形容的。他们亲眼目睹文明古国的深厚历史底蕴和当代建设的巨大成就，亲身感受到中国老师和普通民众的热情友善，在走走逛逛、吃吃喝喝之余见识到中国社会安定有序、经济繁荣、文化多元，从而建立起对中国形象的正面认知。许多营员都希望再来中国，再来北京，并愿身体力行，促进中国与本国的双

---

[1] 林逢春. 建构主义视野下的侨务公共外交——基于华裔青少年"中国寻根之旅"夏令营的效果评估 [J]. 东南亚研究，2015（6）：72-78.

向交流。如：

> 时间过得很快，一转眼十天就过去了，明天我们回日本了。我觉得有点儿舍不得离开中国。我希望下一次再来参加北京冬令营，谢谢老师十天的陪伴，您辛苦了。希望大家有机会去日本滑雪、看樱花。我们回国后，会给大家说中国的事情，希望有更多的朋友也能来中国、来北京，再见了北京。
> （*吏矩，男，12岁，日本）

> 我想长大以后，带爸爸和妈妈一起去万里长城！！这次冬令营我非常难忘。中日友好万岁！
> （*庆佑，男，12岁，日本）

> 从我来中国的第一天到现在，我都不想回家。我觉得我想学更多中文……我想向中国人介绍泰国的食物，比如冬阴功、木瓜沙拉等……我会告诉我的朋友们，让他们来中国。希望他们也会喜欢中国。我爱中国。
> （*美芝，女，17岁，泰国）

> 我希望下一次来到中国，是我参加中国的"一带一路"的那一天，让中国和法国有更好的未来和发展。
> （*雍慧，女，17岁，法国）

这种淳朴的愿望，或许还未能上升至两国外交高度，但已经不知不觉地让营员们开始扮演中外沟通的桥梁角色，称其为"文化小使者"或"中国亲善大使"，并不为过。

5. 民族情感

寻根夏令营为营员们创造了一个由多国华裔青少年组成的

特殊"场域",他们有着共同的身份、相通的语言(中文)、相近的年龄,互相之间容易产生某种惺惺相惜的认同感,也刺激他们对自我身份、血统、文化展开思考。如:

> 短短的时间里,我们互相了解,交到了来自不同国家的朋友。他们都和我一样,都是华裔,分别来自澳大利亚、新西兰、南非、巴西等。原来中国人都飘洋到世界各地了,真奇妙!

(*嬿怡,女,14岁,印尼)

> 来夏令营我交到了很多新朋友,他(她)们都来自不同的大洲,不同的国家,分别有美国、德国、西班牙、加拿大、瑞士和澳大利亚……来到中国就像回到家了,这儿的人对我们都很好。而且我也非常感谢这次的北京武术夏令营让我们这些在海外的华裔青少年都聚集在了一起。

(*运萱,女,15岁,缅甸)

300篇文字感言中,具备明确"寻根"意识的有37篇,约占12%。他们或提及父母及家中长辈对自己的中文教育或谆谆教诲,或提及父母出生在中国或是中国人,或认同自己是中国人,或称中国为祖国、家乡等。如:

> Thank you for being here with me as I learned about China's history and culture, my history and culture, helping me to reconnect with my Chinese roots.
>
> (翻译:谢谢大家跟我一起学习中国历史和文化,我学到的历史和文化,帮我再认识自己的中华血统。)

(*慧婷,女,12岁,美国)

第五章 华裔青少年夏令营研究 以"中国寻根之旅"为例

北京是我的家乡，来了四次，但是这一次真是神奇美妙。特别是因为今年是中华人民共和国成立七十周年，老师们让我更加明白北京的历史、地理、文化等。总结一下，这一次肯定是我来中国最好的一次。这一次，让我跟祖国和家乡站一起了！
（*承昊，男，12岁，新西兰）

虽然在北京华文学院，我们不是来自同一个国家，但是我每一个人的根在中国。所以为了对中国有更深的理解，我和弟弟来到了这次夏令营，开始中国寻根之旅。我在中国的这几个星期认识了像我一样在寻找自己的根的同学。他们和我一样，会讲流利的国语，却不住在中国。我很高兴，能够有这一次机会，让我正式地认识了中国。我也感谢我的父母让我去见识见识这宽阔的国家。
（*雍慧，女，17岁，法国）

而那些仍保留中国籍的营员对中国的认同感明显高于外籍营员，37篇具有明确寻根意识的感言中有16篇作者为中国籍，约占43%。如：

我是在日本出生的中国人。我是一直在日本生活的。但我不会忘记自己是中国人。我去年也去了夏令营，过得很开心，所以我就选了今年也去。今年有2个地方，有广州和我们祖国的首都北京。我没有思考3分钟就决定去首都北京。
（*旻慧，女，12岁，日本；注：中国籍）

经过这次的旅行，我更热爱祖国，更了解祖国的文化和国家的习惯。我感觉非常高兴我能回到我祖国的怀抱、我的发源地。我非常骄傲和感到荣幸我是一位中国人。

（*艺享，女，14岁，新西兰；注：中国籍）

我学了非常多的东西，也享受了很多中国的文化，吃了中国的饭，学了中文和汉语。说真的，这个假期里，我学到了很多中国的知识，学了这个美丽国家的历史，把我自己变成了一个"中国人"。

（*心洲，男，14岁，澳大利亚；注：中国籍）

我很喜欢长城，虽然爬得很累，但是是一个独一无二的经历，因为长城是每一个中国人的荣耀……这一次经历，我找到了自己的根，所以这是一次我一生难忘的回忆。我永远也不会忘记自己是一个货真价实的中国人！

（*天音，男，12岁，加拿大；注：中国籍）

我觉得这次夏令营充满着正能量，让我们大家学到了各种知识，还认识到了很多跟我们一样，不在中国成长的中国人。作为中国人，就算不在中国，也应该好好了解一下中国的文化和历史，所以我觉得这次的经历让我们真正体会到了这一切，让我能骄傲地说出我是中国人。

（*晨竹，男，16岁，西班牙；注：中国籍）

又如，2018意大利协议营，41位营员仅有6位是意大利籍，其余35位均为中国籍。在他们留下的夏令营感言中，7位同学（6位中国籍，1位意大利籍）明确提到了对"祖国"和自己"中国人"身份的认同,占到全体营员的17%。这个数字表面上看起来并不高,却已经远远超出普通寻根营。考虑到其成长和生活环境,能有这一认知,已相当不易。如:

> 要说北京是我一直很想停留的地方,没错,作为一个华人最想去的地方,这城市真的很大,当然也非常热闹……非常感谢侨办支持我们在国外的华侨与华裔回到自己的祖国,去了解去成长,去懂得怎么爱我们的国家,让我们再次以那五星红旗为荣。

(＊慧欣,女,17岁,意大利;注:中国籍)

> 从意大利飞往北京的时候心中十分激动,因为我即将来到中国的心脏北京。对于一个中国人来说是多么的激动。

(＊光伟,男,15岁,意大利;注:中国籍)

> 来到夏令营的第二个目的就是学习和增加自己对中国文化的知识,因为我虽然生在和长在意大利,但我还是觉得自己是个中国人,作为中国人就应该对中国文化有些了解。

(＊德华,男,17岁,意大利;注:中国籍)

必须指出的是,无论是否中国籍,总体而言,有以上认知的营员不多。鉴于这类感言是笔者从两千篇原始材料中精选出来的,则实际应远低于12%的比例。亦即一百位营员中,仅有寥寥几位才具备"回祖国寻根"的清晰意识。该现状并不乐观,恰可证明寻根活动开展的必要性。

曾有学者通过对温州籍华裔青少年中华文化认同的问卷调

查，得出了相对乐观的结果，[1]但该类研究似乎忽略了调查对象的国籍问题，也忽略了温州的地域特殊性。据笔者所知，温州籍华裔青少年多分布在法国、意大利、西班牙、葡萄牙等西欧国家，这一群体的显著特征是多保留中国籍，常回国探亲或回老家过暑假，汉语水平较高，对中国文化和生活方式较为熟悉，因此，他们对祖籍国文化认同感偏高并不奇怪。而从全世界范围来看，尤其是其他国家那些已入外籍的华裔青少年，则普遍认同感偏低。

（五）负面感受分析

旅游人类学者曾注意到"游客感言"的研究价值，即那些客栈前台、餐馆墙壁等地粘贴的各色小纸片上所留下的文字及图画等，在少数民族旅游地颇为常见，也成为一种新的旅游时尚。

> 游客感言属于典型的旅游追忆体验，这种旅游体验没有任何预先的设计和安排，也没有任何人或组织对其进行问卷和访谈等，完全是游客在不经意之间自然流露和表现出来的最真实的心理感受。这样一种游客体验值得我们特别关注和深入研究。[2]

这里强调了"游客感言"的非正式性和真实性，正因此，才具备了较高研究价值。这与本章讨论的营员感言有某种程度的相似性。很多新闻报道引用的寻根开营式、闭营式营员代表发言都很精彩，但不只"代表"经过挑选，发言稿也往往经教

---

[1] 参见：王洁曼、严晓鹏.温州华裔青少年的文化认同调查[J].八桂侨刊，2011（1）：24-27.陈美芬、汪雪娟.华裔新生代中国文化认同感的调查研究——以温州意大利华裔新生代为例[J].温州大学学报（社会科学版），2018（5）：110-116.

[2] 林越英.旅游人类学讲义[J].北京：旅游教育出版社，2019：161.

师修饰甚至代笔,并且在该场合,总要说一些应景之辞。这就很难说,营员代表是否说了自己的心里话,是否真能代表大多营员的内心想法。而我们所保存的营员感言手稿,既非正式作文,又非公开发言,是非正式的,甚或很随意的,并未经过教师润色,反倒可以表露小作者们的真情实感。例如,有人颇为直言不讳:"我讨厌这个营地,因为房间很脏";"这次夏令营不太好玩,我觉得很无聊"……这些话题不太可能在公开或官方场合听到的。袁乃青考察了"中华文化体验营"的营员感言语料库,注意到表示积极意义的态度评价占78%,消极意义的占22%。[1] 这与笔者的观察大致相符。我们既要看到营员的正面感受是主流,也要承认负面感受占据相当比例,是不容忽视的。

1. 天气太冷或太热

300篇感言中,提到该问题的有44篇。夏天顶着烈日爬长城,或冬天冒着寒风逛故宫,皆在所难免。有从全年温差不大、气候宜人的欧洲国家来的学生,觉得夏令营太热,冬令营又太冷,而从东南亚热带国家来的同学,觉得秋令营就够冷了,冬令营更冷。

> 到了北京,天气非常潮湿闷热,非常难受和不喜欢。
> (*惠蓓,女,16岁,法国)

> 我和我的朋友不喜欢北京的天气,因为天气冷死了。
> (*汀,男,17岁,菲律宾;注:北京秋令营)

---

[1] 袁乃青. 欧美华裔学生书面叙事中的态度研究[J]. 世界华文教育,2018(4):32–39.

2. 忐忑不安，孤独想家

提到该问题的有39篇。这类感受经常出现在夏令营初始阶段，出现在年龄较小的营员身上。他们多独自前来参营，无兄弟姐妹或已熟识朋友的陪伴，面对新环境总感到不安、恐惧，不敢主动去认识新同学，从而加倍思念父母等家人。常用词有怕、不敢、紧张、担心、孤独、害羞等，常见表述如"起初我感到非常害怕和害羞""第一天来到北京不敢多说话""第一天在北京我觉得又冷又孤独""怕自己不能照顾好自己""怕自己交不到朋友或不适应""非常地想念家""很想我的父母""不太开心，因为没有爸爸妈妈"等。

> 我的名字叫＊楚贞，今年12岁，汉语水平还在初级。这次跟随老师参加冬令营，虽然心里很是兴奋，可是刚来北京时我哭了3天，想妈妈，想妹妹。打电话时，妈妈在电话里告诉我，一定要坚持，坚持就是胜利。
>
> (＊楚贞，女，12岁，印尼)

> 我在北京的生活和家里的生活恰恰相反。我来到了北京这样陌生的环境里，没有家人的环境里，我学到了独立。每天晚上跟家人在微信里联系时，我边说话边哭泣。我们在北京已经生活了一段时间了，我已经熟悉这里的生活了。我们前天去了颐和园游玩……我很喜欢那里的风景。我在柳树下面拍了很多照。在一棵树下要拍照的时候，我顿时想起了家人。我这次是第一次离开家出远门。我很想我的父母……我最喜欢的景点就是颐和园。我在北京的生活已经适应了很

多。我现在已经会独立了。

（*加惠，女，12岁，缅甸）

3. 房间问题

从负面角度提及房间的有12篇。来自东南亚等发展中国家的营员普遍对住宿条件表示满意或超乎想象，来自欧美澳等发达国家的，则有人颇不满，常抱怨的问题包括不干净、有蚊虫、隔音差、浴室逼仄、设施故障等。宿舍是每天生活休息的重要场所，若留下糟糕印象，将严重影响对夏令营的整体评价。有同学说话委婉温和，有同学则很不客气。如：

我们在北京待了两个星期，很快会去内蒙古，我很想离开这里，因为房间有很多蚊子，而且我不想上课。

（*有怡，女，14岁，西班牙）

房间不好，我们在一楼，很多很多的虫子，我被蛰了20次。这学校里，我会思念老师们、吃和活动，但是我真的不会思念房间。

（*丽丽，女，17岁，法国）

4. 饮食问题

从负面角度提及饮食的有18篇。营员们大都喜欢外出游览时所品尝的烤鸭、涮肉、饺子、小笼包等特色美食，不甚满意的是学校食堂的菜式过于单调，且不习惯天天吃中餐。如：

如果食物可以花样品种更加多样化，我们会更加满意。

（*俊雄，男，14岁，英国）

除了这个，还有我最喜欢的食堂，每天很高兴的去那边吃一模一样的美味的菜肴,我最喜欢吃的东西就是米饭。

(*奕凡,男,16岁,法国;注:反讽语气)

我常常不喜欢北京的饭菜,因为饭菜没有让我们大饱口福……我常常想要回菲律宾,我思念我的家庭和我最喜爱的饭。

(*金汉,男,17岁,菲律宾)

我喜欢吃北京烤鸭。但是我不喜欢中国菜。

(*鑫骅,男,12岁,泰国)

我不太喜欢的是中餐,因为我不太吃中餐。我还是比较喜欢吃泰国菜,味道很可口,美味。

(*玉龙,男,15岁,泰国)

5. 课程与行程安排问题

对课程与行程安排表示不满的有17篇,其中11篇抱怨上课无聊。营员们都是利用假期来中国参营,倾向于将之当成一场"旅游"或"玩"。当他们发现课程所占比重甚高时,便感到理想和现实之间的落差。多数人承认从课堂学到了知识,却也认为不该待在校园上太多课,而应出去玩。比如一位印尼同学只在纸上写了大字号的一句英语:"Give more time for shopping!!"(给更多购物时间!!)这就是他对于整个冬令营活动的感受。又如:

这次来中国,活动很丰富。我很喜欢……但是我觉得,放假上课不好。这样让我们兴趣降低。

(*大卫,男,13岁,新西兰)

感觉这个夏令营安排得不好,15天在北京,却只有4天的外出时间，不符合我对夏令营的要求。我们大多数人是来夏令营玩的，不是来上课的。虽说是寻根之旅，可是未免也太多课了……希望下次外出的时间能多点。

（*雅琪，女，17岁，西班牙）

以中国功夫为主题的武术营及以民族舞蹈为主题的舞蹈营中，最后的闭营汇报演出是重头戏，时或有高层领导出席，亦有营员家长特意赶来参加。夏令营总共才10天左右，要拿出一两个像模像样的舞蹈或武术套路，可谓时间紧、任务重。为保证教学质量，上课日每天有6课时的武术或舞蹈课，一切为汇演服务，仿佛当成"政治任务"来抓。在此情况下，营员喜欢的武术课、舞蹈课就会变成一种折磨。如：

第二天开始练武术。每天练六个多小时。前几天我累死了，因为没多少休息时间，然后也练很多新动作。我觉得六个小时太多了。有的时候还得蹲很长时间马步……所以，除了太多武术，我在这个夏令营玩得特别开心。

（*亦萱，女，13岁，美国；注：2018武术营）

今年夏天我参加了北京武术夏令营学武术……我每天要做六个多小时的武术动作，好累啊。

（*陶然，女，13岁，美国；注：2018武术营）

这是我第一次参加寻根之旅夏令营，特别激动。我来北京之前不知道是来跳舞的，还以为就是来看看天安门，参观故宫，走走长城，逛逛街之类的。之后发现每一天至少要跳五个小时的舞，一想起来腿都软了！早上八点半的课，跳的是民族舞（我根本对舞蹈一点了解都没有！），老师教得特别快，休息时间都是五分钟。慢慢地发现其实也不是那么痛苦……

（*卓宁，女，14岁，西班牙；注：2019舞蹈营）

6. 其他抱怨及分析

中国还存在一些不文明的社会现象，让营员们产生不良观感。例如较为普遍的吸烟和插队，普通中国人对此忍耐度较高，外国学生则忍耐度较低。有印尼同学曾发现司机师傅在大巴车内抽烟，在感言中就画出了大大的禁烟标志，并配上文字：No smoking in bus（请勿在车内吸烟）。又有同学虽然喜欢中国，却对某些现象表示遗憾。

我是第一次来中国，非常喜欢……但是有些事情令人不舒服，无论您去哪里，都会有很多吸烟者，人们喜欢插队。

（*美芬，女，13岁，泰国）

有极少数营员，会出于某些原因对夏令营表达强烈不满，虽然是个人真切感受，但该感受很可能有失偏颇。如：

我不喜欢这个夏令营，因为我吃了这里的饭，拉肚子；去外面玩，中暑。我对不起我的钱。

（*安祈，女，12岁，西班牙）

首先，因接待方对餐饮卫生把关很严，纵使口味欠缺，卫生当能保证。该同学拉肚子，应该不是食物干净与否的问题，更可能源于不适应中式菜肴。其次，夏天外出总难免遇上酷暑天气，接待方也没有太好办法，中暑更多跟个人体质有关。最后，"寻根之旅"是受中国官方资助的公费夏令营，几乎不收费，只是小朋友恐怕认识不到这一点，"对不起我的钱"也站不住脚。

作为未成年人，看待问题习惯于从自我出发，有吹毛求疵之嫌。同一营、同一国的营员，对住宿环境、餐饮、课程、其他活动等，常有截然相反的评价，需鉴别哪些是如实反映问题，哪些是"独在异乡为异客"的心理焦虑，哪些只是娇生惯养的小孩子在挑三拣四、发泄情绪罢了。

（六）多角度分析

1. 跨文化适应理论

人类学家 Kalervo Oberg 将短期旅居者在新环境下的文化适应过程，依次分为蜜月期、挫折期、恢复期、适应期四个阶段；亦有学者认为随着陌生环境而来首先是"文化休克"（culture shock）的挫折期，而非"一切都很美好"的蜜月期。[1] 单从本研究涉猎的营员们切身感受来看，情况颇为复杂。短短十几天夏令营时光，似乎仅个别人一直处于挫折期，而大部分人或全程为蜜月期，或快速经历了挫折期、恢复期、适应期，从最初几天的紧张焦虑很快过渡到后面的放松享受——有澳洲小营员将之形容为"such an amazing journey, a long rollercoaster ride with its ups and downs"（如乘过山车般大起大落的精彩旅程）。

跨文化心理学认为，影响文化适应的因素包含旅居者对当地语言文化的了解程度、个人性格特点、对该旅程的期望值、来自家人朋友的社交支持等。[2] 依照这四点来观察夏令营，营员若中文水平较高且熟悉中国人生活方式，或自身拥有积极乐观的开朗性格，或理解此次寻根之旅并非单纯度假游玩，或人

---

[1] 祖晓梅. 跨文化交际[M]. 北京：外语教学与研究出版社，2015：148-149.
[2] 祖晓梅. 跨文化交际[M]. 北京：外语教学与研究出版社，2015：150-151.

缘好、交友广，则更能迅速融入夏令营生活，乐在其中；反之，则会感到难以融入，以致消极沮丧。这就是在各营行程和食宿条件大体相似的情形下，营员们各自感受迥异的原因。

2. 旅游学理论

旅游心理学家认为，旅行是一种主观性相当强的行为，个人性格对旅行体验影响甚巨。旅游学中有所谓"自我中心的旅行者"（psychocentric travelers，或译为"自向型游客"）和"非自我中心的旅行者"（allocentric travelers，或译为"异向型游客"）之分。前者在旅途中更重视身心休闲和享受，不愿远离自己的舒适圈；而后者则喜欢挑战和尝试新鲜事物，追求突破自我，并不太在意一时的物质享受。[①]

显然，前者对应那些总是挑剔生活环境的消极营员，而后者对应那些坦然面对挑战的积极营员。限于客观条件，限于"寻根之旅"独特的办营宗旨与众口难调的现实，一个人人满意的营几乎不存在。关键是，营员对夏令营怀着怎样的心理预期，以怎样的心态来应对诸多挑战。以消极心态抑或积极心态看待夏令营中遇到的困难，将显著影响其最终体验。不少营员表示，虽然冬令营很冷，但锻炼了自己的耐寒能力；虽然有时孤独、想家，但激励自己学会独立；虽然只有中餐，但这个尝试多种中国食物的机会也很难得；虽然面对陌生同学颇感惶恐，但最后收获了甜美的友谊（特别是跨国友谊）；虽然舞蹈课、武术课上的大运动量很累，但汗水终有回报……这类营员将适当压力

[①] Jaime Kurtz. The Happy Traveler: Unpacking The Secrets Of Better Vacations [M]. Oxford University Press, Oxford, 2017: 42–43.

按，据全国科学技术名词审定委员会公布之旅游地理学名词，自向型游客（psychocentric tourist）指："比较保守、不善于交流的游客。"异向型游客（allocentric tourist）指："充满自信和好奇心、又喜好国际旅游的一类游客。"参见全国科学技术名词审定委员会官网之"术语在线"：https://www.termonline.cn/index。

化为动力，当作自我突破（pushing one's boundaries）、个人成长（personal growth）的良机，因而更能享受中国之旅，并对老师、同学、接待方皆怀有感恩之情。

3. 教育学理论

从家长角度，亦不必为孩子夏令营期间遭遇的困难忧心忡忡。英国哲学家、教育家洛克认为，要让孩子健康成长，就应使其习惯户外活动，经受大自然的考验，而不可能永远处在父母的羽翼与呵护之下。

> 随着年龄增长，自由便应随之到来，在绝大多数事情上，他必须获得信任，用他自己的行动去应付，因为他不能永远处于他人的保护之下。[1]

提倡"自然主义"教育的法国启蒙思想家卢梭在名著《爱弥儿》中指出：

> 人们只想到保护自己的孩子，这是不够的；应该教他长大成人后如何保护自己，教会他承受命运的打击，教会他不要为财富和贫困所困扰，如果有必要，就要把他放在冰岛的冰天雪地里或马耳他发烫的岩石上，去经受生活的磨砺。[2]

西谚所云"那些杀不死你的令你更坚强"（What doesn't kill you makes you stronger），古人所云"不经一番寒彻骨，怎得梅花扑鼻香""宝剑锋从磨砺出，梅花香自苦寒来"，皆近似于今人常说的"挫折教育"或"吃苦教育"。单就教育意义而言，一次一帆风顺、称心如意的旅程或许还比不上充满挑战的旅程。

---

[1] [英]约翰·洛克.教育漫话[M].杨汉麟，译.北京：人民教育出版社，2006：14.
[2] [法]让-雅克·卢梭.爱弥儿：论教育[M].李兴业、熊剑秋，译.北京：人民教育出版社，2017：15-16.

时时注意安全("保护自己")、坦然面对逆境("承受命运的打击")、妥善管理金钱("财富和贫困")、适应寒冷或炎热天气("冰天雪地、发烫的岩石")……中国夏冬令营多姿多彩、跌宕起伏的经历,使少年人备受磨砺,对其日后成长益处多多。当然,与此同时,家长和教师的正确引导、适时鼓励与悉心关怀也是必不可少的。

学界曾考察长短期海外学习在情感领域(affective domain)所产生的影响,发现有这种经历的学生(those who participate in study-abroad programs)往往报告说有四种心理收获:第一,独立性、自主性、自我决策能力提升;第二,对他人的容忍度与理解度提升;第三,自信心、适应性、灵活性、与陌生人沟通能力等皆有提升;第四,文化敏感性(cultural sensitivity)与种族意识(racial consciousness)增强,也更少文化及种族偏见。总之,他们的心理更加健康而成熟。[1]这些收获亦大多可与上文提及的营员正面感受一一对应。

四、思考与启示

大哲学家培根在《论旅行》一文中认为,英国贵族青少年游历欧陆时,要养成写日记的好习惯(Let him keep also a diary)[2]随后,17世纪散文家欧文·费尔森在同名文章中,同样针对这一群体,详述了记日记的益处。

> 如果人们想通过旅行改善自己,应该对所看到的一切进行观察和评价,既注意到应该避免的缺点,同

---

[1] Kenneth Cushner. Beyond Tourism: A Practical Guide To Meaningful Educational Travel [M]. Lanham: The Rowman & Littlefield Publishing Group, 2004: 113–114.
[2] Francis Bacon. Of Travel [EB/OL]. https://www.westegg.com/bacon/travel.html.

时也注意到可以利用的优点——如果不用笔把这些记录下来，走马看花，不会有任何收获。把想法落在纸上，大脑就会把它牢牢地记住。大多数人认识不到这样做的好处。谁能做到这一点，谁就能随心所欲地在小书房里重温走过的旅程。①

不论像古人那样记纸质日记，还是今天记电子日记，或者通过即时通信软件与家人、朋友分享感受等，皆有助于消化旅途感悟，加强认识，获得深度体验。寻根夏令营中，主办方关于提交营员感言的要求，亦可能出于此种考虑。然而，从实际操作来看，却不免有形式主义之憾，管理人员对营员感言手稿的重视程度也很不够，这点确应检讨。此次笔者大规模考察营员感言，便是为了倾听其真实心声，进而有针对性地改进工作。那些温馨的正面感言令我们满怀欣慰，而有些尖刻的负面感言则令我们尴尬、汗颜。无论如何，皆值得反思。

（一）成人视角与青少年视角之差异

卢梭一再强调，"儿童就是儿童"。

　　人们总是把儿童当作成人看待，殊不知他们还没有长大成人呢。

　　大自然想看到的是，儿童在长大成人之前就是儿童。如果我们想要打乱这个次序，就只能培育出早熟的果实，这样的果实既不成熟，也没有甜味，而且很快就会烂掉……儿童有自己特有的观察、思考和感觉事物的方式，如果我们试图用成人的那一套方式取代，

---

① [英]欧文·费尔森. 关于旅行（节选）[EB/OL]. 陈榕，译. https://m.sohu.com/a/151110175_662210，2017-06-22.

那简直就太不合情理了。①

基于营员手稿,笔者观察到,作为未成年人的华裔营员视角与成人明显不同。成人视角比较关注夏令营的教育性,将之当作学习和"寻根"的良机。家长、中外教师,抑或中国主办方、管理方等,皆期望营员们通过对汉语和中华文化的学习,通过参访名胜古迹或文化交流,进一步认知自己的华夏血统与华裔身份,加深对祖籍国的孺慕之情,起到"寻根问祖"的效用。从营员视角看,他们则比较关注夏令营的娱乐性,视其为一次同龄人的集体跨国旅行,其兴趣点既非课堂学习,亦非名胜古迹,更非血缘文明之根,而偏重于单纯的娱乐与交友。

有研究者在"亲情中华"华文夏令营(华裔青少年夏令营的另一品牌项目)的问卷调查中,也发现了类似现象:大部分营员更加期待"认识新朋友""游玩上海,去很多新地方,让自己开心""有空出来的时间",而非学习中华文化知识。②青少年问题专家指出,夏令营活动务必突出青少年的主体地位,在设计和实施时须适合其身心发展特点,遵循其认知发展规律,充分尊重营员个体。③夏令营的初心,是给营员们提供某种时空背景下的特别体验,一切活动均围绕他们开展。我们应坦然承认,在寻根营中,并非所有营员都怀着兴趣、善意和向往之心前来,他们中有些人也许根本不想来,或只是来旅游度假而已。故而,应警惕"成年人的傲慢",对海外营员们多些同理心,不能因为

---

① [法]让-雅克·卢梭.爱弥儿:论教育[M].李兴业、熊剑秋,译.北京:人民教育出版社,2017:70,87.
② 夏雪.华文夏令营对华裔新生代中华文化认同的影响及思考[J].当代青年研究,2020(2):34-38.
③ 张旭东.国外青少年夏令营运作模式及启示[J].中国青年研究,2014(10):114-119.

他们是缺乏话语权的未成年人，便想当然地为其安排一次"家长和老师觉得很棒""富有教育意义"的夏令营。开展侨务公共外交，培养文化使者，首先要从日常生活与服务细节做起。假如营员们不满意、不喜欢这次夏令营，满怀遗憾地失望而归，又何谈增强对祖籍国感情？正如习总书记所要求的，"希望侨务战线的同志们……当好海外侨胞和归侨侨眷的贴心人，成为侨务工作的实干家"。[①] 寻根营工作人员即应以此自勉，努力当好广大海外营员的"贴心人"。

营员们在感言中提出的若干建议颇值得参考，如"更合理地安排时间""拿一点时间给我们买东西""食物可以花样品种更加多样化""（校园）超市可以再扩大一点，卖多一点东西"等。这反映了他们的真实需求。难得来一趟中国北京，"多走多看"是营员的共同诉求，然而出于安全考量，营地一般实施封闭式管理，仅在教师带领下集体外出，导致活泼好动的青少年易滋生无聊憋闷感。鉴于此，应适当减少上课，增加课外活动，增加免费景点和逛街购物，既不提升成本，又能明显改善参营体验。在饮食上，亦不该简单认为营员们都能欣然接受中华美食，他们终究在国外长大，大多更适应所在国主流社会饮食习惯。应适当增加西式简餐，或在逛街时给其自由用餐的选择。

出于种种主客观原因，很难解决营员们遇到的所有问题，如天气冷热、想家情绪、住宿标准不够高等。但至少，要让他们真切感觉到中方的关心爱护与热情服务。可因时因地制宜，合理调整外出行程，竭力避开恶劣天气；对孤独想家的营员予以格外关照，帮其尽快融入集体大家庭；三星级标准住宿升为

[①] 新华社. 习近平对侨务工作作出重要指示 李克强作出批示 [EB/OL]. http://www.xinhuanet.com/2017-02/17/c_1120486778.htm，2017-02-17.

四星或五星不太现实，但起码可以保证干净、无异味、无蚊虫、内部设备运转良好等。只有在管理、服务上先做到"宾至如归"，才能逐渐让海外华裔营员产生"回家""回到祖国母亲怀抱"的归属感。

（二）凸显"寻根教育"主题

一方面，很高兴地看到，绝大部分营员对夏令营表示满意，对中国的态度由原来"无感""不喜欢"变为"喜欢"，由"喜欢"变为"更喜欢"；另一方面，也要清醒意识到，喜欢中国并不等于认同中国为祖籍国，不等于已圆满完成"寻根"任务。换言之，若营员们只将夏令营当作一次美好的中国旅行，反倒说明寻根活动某种意义上是失败的。很早就有外国学者质疑"寻根之旅"夏令营的实际收效：华裔青少年的民族感情，是否真能借助感受中国经济发展、学习传统艺术、参观名胜古迹来培养？[1] 外媒报道寻根营时，则带着挑剔目光，告诫中方最好聚焦文化，淡化政治意图。[2]

关于华裔青少年/新生代的族群认同及中华文化认同问题，以及寻根夏令营对培养该认同的效果，国内学界已有若干研究，并基于不同研究对象，得出了或乐观或悲观的结果。笔者无意置评前人研究，只是在整理大量感言手稿的过程中发现，很多营员对夏令营的寻根主题似懂非懂，他们过分关注具体活动内容，很少去思考背后所蕴含的深层含义。感言也暴露出一个

---

[1] Andrea Louie. Re-territorializing transnationalism: Chinese Americans and the Chinese motherland（跨国主义再界定：美籍华人与中国故土）[J]. American Ethnologist, 2000（3）: 645-669.

[2] Anthony Kuhn. China Tries To Woo A Sprawling Global Chinese Diaspora [EB/OL]. https://www.npr.org/2018/10/29/659938461/china-tries-to-woo-a-sprawling-global-chinese-diaspora, 2018-10-29.

问题，营员们对主办方、承办方均缺乏概念。只有少数人会提到承办方——北京华文学院，而提到主办方——侨办或侨联的更少，且这些人大都是中文较好的，以及中国籍学生。有些人还因汉语水平不够或"不上心"的缘故，常写错承办方学校名字，比如将"北京华文学院"写成"北京文化学院""北京文华学院""北京华文学校"等，甚至写错夏令营名称，将"中国寻根之旅"写成"中国寻根之路""中国寻根游""中华之旅"等。这绝非个别现象，部分反映了某些营员直到夏令营结束，竟然都不明白自己来参加的是什么性质、什么主题的活动，不知道这是受中国官方资助的公费项目，也就无法体会主办方及家长、老师的一片苦心。

这点令人颇感遗憾，究其缘由大概有二：一则，海外营员受其成长环境浸染，往往更加认同住在国主流文化，对中国语言和文化相对疏离，加之年龄尚幼，思想尚不成熟，对自己的华裔身份还懵懵懂懂；[①] 二则，中国主办、承办（接待）单位因其官方背景，往往追求宏观效果，重大局而轻细节，忽略了国外未成年人的理解接受能力，而负责一线接待的中方工作人员专注于完成具体教学与管理任务，忽略了去有意引导营员领会夏令营宗旨。这些主观、客观方面的缺憾，皆应引起侨务工作者重视与反思。

[①] 笔者有个上幼儿园的外甥女妮妮，爸爸是湖南人，妈妈是河北人。当父母带她回老家探亲时，总有亲戚会开玩笑似地问她是哪里人，是"湘妹子"还是"河北妞"。妮妮的回答也很坚定："我是北京人！"因为她在北京出生和长大。这类例子在现实生活中很多。由此可知，生长环境会对儿童的自我认知产生决定性影响。在华裔青少年群体中，"爸爸妈妈是中国人"和"自己是美国人/法国人/澳大利亚人……"，两种认同并不冲突。反而，如果勉强他们认同自己是"中国人"，可能造成其抗拒、逆反心理。

曾有学者尖锐地指出：

> 目前开展的海外华裔青少年"寻根之旅"活动，有些承办团体缺乏一个明确的目标和科学的规划，有的把活动时间都用于纯粹的语言教学，把夏令营办成了汉语培训班；有的则带着营员走马观花跑景点，夏令营变成旅游观光团。笔者认为，"寻根之旅"活动的规划与组织应以"汉文化教育"为首要任务，并应制定一套完整的、科学的、切实可行的计划加以实施。[①]

此处所谓"汉文化教育"即指内涵丰富、形式灵活的中华文化教学，借助中华文化的魅力和感染力去培育华裔青少年的"根"意识。平心而论，作为大人，不应苛责营员们"觉悟不够高"，毕竟像种族身份认同与文化寻根这样的严肃话题，对他们而言过于沉重。在开闭营仪式等官方场合充满民族情怀或爱国主义的宏大叙事、空洞宣教，其实际感染力亦很难说。越是这样，便越需要教师注意教育方式，应尽力使用贴近营员思想和现实情境的通俗语言，而非政治正确的高谈阔论；应彰显夏令营精彩的文化内涵去吸引、感染营员，而非用一板一眼的语言教学令他们望而生畏。[②]

那么，如何引导营员在"中国夏令营"情境下，体悟他们

[①] 袁素华、郑卓睿.试析欧美华裔新生代文化身份认同的困惑[J].湖北社会科学，2009（8）：109—111.

[②] 卢梭曾批评道："我们从来都没有设身处地替儿童想一想，也不了解他们心里到底在想些什么，只是一味地把我们的思想当成了他们的思想；实际上，当我们总是按照自己的推理将一大堆真理硬塞给他们的时候，也就将一大堆荒诞和错误的东西强行灌输到他们的头脑里。"参见：
[法]让-雅克·卢梭.爱弥儿：论教育[M].李兴业、熊剑秋，译.北京：人民教育出版社，2017：207—208.

自己的"寻根之旅"?

从营服入手:黄色的 T 恤衫,蕴含着"炎黄子孙"之意;小龙人徽标,代表"龙的传人"。

从家人、家族谈起:自己爸爸妈妈的故乡在哪里?祖辈的故乡在哪里?为什么父母让你来参加这次夏令营?

结合景点参访:长城就仿佛传说中龙的实体,它们都有着长长的身体、悠久的历史,都是中华民族勇气与力量的象征,而中华民族后裔无论散落何方,都"永永远远是龙的传人"。2008 年北京奥运会是中国人的骄傲,是新中国"大国崛起"的标志性事件,水立方更是由全球海外华侨华人共同捐资所建,至今馆内"留名纪念廊"仍镌刻着大批捐赠人姓名。

结合热点时事:在 2020 年新冠肺炎疫情肆虐的最艰难时期,海外华侨华人纷纷捐赠医疗物资,大力支援祖国抗疫,而疫情在国外蔓延时,祖国也给予他们殷切关怀。当"中国病毒"(Chinese virus)这一充满恶意的称呼甚嚣尘上时,只要长着一张华人面孔,就很难避免这类隐性歧视。作为华人华裔,永远无法回避自己的种族身份,它是超越国籍的。例如《纽约时报》2020 年 3 月一篇报道中,美籍华裔高中生 Katherine 即讲述了身边因新冠疫情带来的种族歧视现象及其自我思考。①

据心理学研究,某社会中的少数族群个体通常在儿童时期仅能了解少许种族和文化差异,直到青春期才开始有意识地面

---

① Katherine Oung. Coronavirus Racism Infected My High School [EB/OL]. https://www.nytimes.com/2020/03/14/opinion/Racism-coronavirus-asians.html?0p19G=7900,2020-03-14.

对自己的种族身份。[1] 寻根夏令营着眼于12—18岁海外华裔未成年人，可谓正当其时。它未必能在祖籍国认同上立见成效，却可以在营员心里播下一颗种子。这颗种子不单是对中国语言和文化的切身体悟，还包含对接待方和中国老师的感恩之心，对继续探索祖籍国大好河山的兴趣，对世界华裔同龄人的广泛认知，乃至对自我华裔身份的些许好奇与反思。正如旅游文化学者所说，当旅行者返回家中，外在旅程（outer journey）已告一段落，而重新认识自我的内心历程（inner journey）却才刚刚开始。[2] 跨文化适应研究者亦指出，曾旅居海外者回家之后，可能面临"反向文化震惊"（reverse culture shock）。这种震惊与初至异国他乡时感受到的文化冲击正好相反，在已接触大量新鲜事物后，回到自己原本熟悉的环境，却发现"今非昔比"，其视角已悄然改变，其自我概念（self-concept）亦遭遇挑战。[3] 就此而言，中国夏令营这一特殊旅行经历的熏染作用还有待于时间发酵，华裔营员们或多或少，都将用新的眼光来观察自己、观察周围世界。随着他们日渐成长，总有一天会直面自己的特殊身份和民族文化认同，"中国寻根之旅"的长期影响便会体现出来。

本研究所依据的感言手稿皆搜集于营员们离营之前，无法反映他们回家之后的思想变化。后续跟踪调查，将是一项全新课题。

---

[1] [美]约翰·桑特洛克.青少年心理学[M].寇彧,等,译.北京：人民邮电出版社，2013：178.
[2] Craig Storti. Why Travel Matters: A Guide to the Life-Changing Effects of Travel [M]. London: Nicholas Brealey Publishing, 2018: 163.
[3] Kenneth Cushner. Beyond Tourism: A Practical Guide To Meaningful Educational Travel [M]. Lanham: The Rowman & Littlefield Publishing Group, 2004: 77-78.

第六章　中方带队教师资质及多角色挑战

"游学"是一类十分注重现场感受的活动，不论事先确定的行程表多么尽善尽美，其真正效果仍然仰赖于抵达目的地后的具体实施运作，中国接待方派出的主管人员将起到关键作用。按照接待单位性质，该主管身份可能是教师、导游或其他工作人员，他/她将负责诸多接待细节的落实，可谓项目实施过程中的"灵魂人物"。以某学校作为接待方为例，若团队规模不大，可能全程只有一位教师专职负责，几乎所有事宜均须一力承担。他/她要授课，要带领学生们外出观光参访，亦需由始至终操心全团的日常吃穿住行；若遇意外事故或突发事件，还需迅速妥善处理。他/她虽有着来自本单位上级领导的指导，以及相应人力与物力资源支持，但毕竟身处第一线，是具体事宜的直接统筹者与执行者。考虑到接待外国师生工作的复杂性与特殊性，以及相应的种种责任和义务，此时仅履行一名教师的本职已远远不够，而必须化身为"多面手"。这是巨大挑战，对其资质提出了更高要求。

第一节 中方带队教师资质

一、教育工作者的"初心"

在游学项目中,中方教师常常扮演导游角色,有时会被学生误认为导游。然而,两种身份是有明显区别的。

以工作对象而言,导游面向游客,教师面向学生。

以工作内容而言,导游为游客提供专业服务,而教师则为学生"传道授业解惑"。

以行业惯例而言,导游本着付出服务获取相应回报的原则,有盈利需求,可接受小费;教师所期待的则并非金钱回报,无盈利需求,亦不可接受小费。

以人际关系而言,导游与游客是平等契约关系,无高低贵贱之分;教师和学生则是有着上下尊卑之分的师生关系,教师具有更高权威性,对学生既要管教又要关爱。

作为一名教师,首先应不忘初心,恪守师德师风与教育工作者的职业操守。在吃穿住行上,中方教师自然要为外国师生提供服务,但终究不属于服务行业,而以"教书育人"为天职,天然带有一种精神崇高感。社会舆论普遍认为,合格的教师应当以身作则,为学生成长之楷模;应当关爱学生,且不能有太多功利心。一名称职的导游固然也会关爱照顾自己的客人,但毕竟逊色于教师对学生的关爱。教师对学生的关爱是自然而然、为世俗伦理所鼓励并监督的,一般不涉及金钱交易。这种舆论压力,及教师的自我定位,都会对其行为产生影响。至少,"从学生身上盈利"是不被认可的行为；向学生传递知识、思想、关心、爱护，才是一名教师的本分。

二、外事礼仪

外事礼仪专家将涉外交往的基本守则总结为忠于祖国、以人为本、维护形象、求同存异、遵时守约、热情有度、不宜过谦、尊重隐私、女士优先、白金法则十个要点。[①] 亦有专家指出：

> 在全球各国人民相互交流的过程中，各种问题、误会与交流障碍也随之出现，很多问题既不是法律问题，也不是道德问题，而是涉及吃穿住行、言谈举止、穿衣打扮、待人处事等一些与日常工作生活密切相关的小问题。[②]

诚然，"忠于祖国、维护祖国利益"是外事人员的第一守则，但从事一般性教育文化交流的教师其实很少碰到事关祖国尊严的严肃事件，大多时候不过是些生活琐事。游学项目接待中贯彻外事礼仪，重点体现在与外方师生的日常人际交往中。

概括言之，涉外交往以"尊重"为第一要义，包含尊重对方与自我尊重双重含义。

尊重对方：即履行所谓"黄金法则"和"白金法则"。前者指"你想人家怎样待你，你也要怎样待人"，后者指"别人希望你怎样对待他们，你就怎么对待他们"。[③] 前者是从自己立场出发，推己及人，近似于孔子所谓"己所不欲，勿施于人"（《论

---

① 金正昆. 外事礼仪（第 5 版）[M]. 北京：首都经济贸易大学出版社，2017：1.
② 周加李. 涉外礼仪 [M]. 北京：机械工业出版社，2019：1.
③ 周加李. 涉外礼仪 [M]. 北京：机械工业出版社，2019：7.

语·卫灵公》）；后者则从对方立场出发，以对方为中心，近似于俗语所谓"想人之所想，急人之所急"，是一种同理心和移情能力，亦是一种跨文化交际能力。[①]由于"己所不欲，勿施于人"容易导致"己所欲则施于人"的推论，纵使是好意，在不同文化背景的交往中也存在风险——自己喜欢的，对方未必喜欢，这时候，便不可想当然，强加于人。将"黄金法则"与"白金法则"结合起来，才趋于完善。总之，要体现"和而不同"，包容、理解文化差异，尊重国外师生与中国人不尽相同的衣食住行等生活习惯。

自我尊重：表现为自觉维护形象，小至个人形象，大至所在单位形象和国家形象，均不可轻忽。中国传统的礼仪思想"礼者，自卑而尊人"（《礼记·曲礼上》），强调了对于对方的尊重，但在涉外交往中还要遵循"不宜过谦"原则，以不卑不亢为最佳。因外国师生在华停留时间很短，与中国人的交流也是蜻蜓点水、浅尝辄止，此时，全程负责教学和接待、管理职责的中方教师个人表现就愈加重要。新上岗的教师应参加有关培训，认真学习外事礼仪，以免言行失当，造成误解或引发事故。

三、外语能力

考虑到英语作为世界通用语言的地位，中方教师不论面对哪国师生，均应具备起码的英语表达能力，具体包含以下三个层面。

（一）日常会话沟通

"哑巴英语"和"洋泾浜英语"（Chinglish）均行不通，中

[①] 祖晓梅.跨文化交际[M].北京：外语教学与研究出版社，2015：206–207.

方教师不只要能开口，而且要掌握常用的地道表达。这些表达应源于英语母语者的日常用语，源于原汁原味的英文影视、新闻、书刊等素材，甚或"现学现用"，虚心学习英语国家学生的习惯表达。

（二）**课堂教学用语**

中方教师也许是对外汉语教师，也许是书法、绘画、舞蹈、武术、器乐等中华才艺教师，无论其学科为何，在课堂教学中均应掌握英文教学常用语。现实状况是，对外汉语教师大都游刃有余，而中华才艺教师却往往力有不逮，遇到汉语较好的华裔学生尚可，遇到不懂汉语或汉语初级水平的学生，会严重影响教学质量。

如何应对此类状况？对已有英语基础的教师来说，需积极"补课"，掌握本专业术语及常用教学用语，而不能总指望现场向外方师生求助。对没有英语基础的教师来说，如接受传统教育的某非物质文化遗产传承人，或自幼习武的武术师父，则需由接待方指派翻译，在旁协助教学。

（三）**景点讲解词**

带领学生赴景点观光时，若未聘请专业外语导游，中方教师就要承担起讲解职责。面对汉语听说无碍的学生，可用中文讲述，并酌情给出某些难词、术语或重点词汇的英文表达，以辅助理解。面对汉语程度不高的学生，应采用英文讲述，切不可自己说中文，却让对方领队代为翻译，毕竟，这并非其分内职责。面对非英语国家学生，最理想的是聘请对口外语导游，或委派有该语种专长的教师带队；如现行条件难以满足，应先用英文讲解，再礼请领队做必要翻译。

311

四、语言艺术

教师在授课时必然需要高超的语言艺术,此处不赘,仅针对游学项目探讨相关语言技巧。

《导游学》用"言之友好、言之有物、言之有据、言之有理、言之有趣、言之有神、言之有力、言之有情、言之有喻、言之有礼"整整十个词语来描绘和界定导游讲解词,[①] 已将之上升为综合性的语言艺术,而非单纯介绍景点。在游学活动中,景点讲解亦可视为一种授课,只不过是户外现场授课,有其特殊性。

(一)受众特殊性

《导游学》指出,导游讲解须遵循"针对性原则",即:

> 从游客的实际情况出发,因人而异、有的放矢地进行讲解……通俗地说,就是要看人说话,投其所好。[②]

有研究者注意到,在国内"研学游"(即研学旅行)活动中,导游讲解存在以下三大问题。

1. 解说内容仍以"游"为主;
2. 预设解说对象仍以"成人"为主;
3. 解说风格仍以"说教"为主。[③]

亦即,虽然情境是"研学",对象是中小学生,但导游并没有"看人说话",还是沿袭了常规讲解模式,这显然是不恰当的,效果也不会太好。

[①] 熊剑平、石洁. 导游学 [M]. 北京:北京大学出版社,2014:267-269.
[②] 熊剑平、石洁. 导游学 [M]. 北京:北京大学出版社,2014:269.
[③] 杨滢. 浅谈"研学游"情境下的导游讲解 [J]. 山西广播电视大学学报,2020(1):108-112.

《导游实务》论及"学生团队"时总结道:

> 中小学生的最大特点是好奇、多动、注意力难以集中,不像成年人那样乐意听导游的讲解。同时,他们正值成长期,学识尚浅,理解能力不高。[1]

该书论及"跨文化交流能力"时,又举出"团队好似联合国,导游要懂多种语言"案例,即从美、加、澳地区来华的华侨团队语言背景十分复杂,有的不懂中文,有的中文流利,有的只能说粤语或客家话等。面对这种情况,语言服务的标准化和个性化就很有必要。[2]

类似问题同样存在于来华游学团队接待中。通常,中方教师面对的是外国青少年学生,尤以中学生为主,而他们作为讲解对象,有如下特点。

1. 中文语言问题

华裔学生多半听说尚可,但仅限于日常交流,对稍微深奥一点的词语,就会出现理解困难。还有人只能听说粤语、闽南话、客家话或其他方言,普通话并不过关。

非华裔"老外"学生,即便已学习中文一两年或更长时间,能正常交流的仍属罕见。因缺少语言环境,他们往往读写能力更强,而听说较差,更遑论听懂信息量巨大的讲解词了。

2. 英文语言问题

以讲解者而论,首先,中华文化博大精深,有些涉及名胜古迹的内容很难用精确、地道英文表达出来,如颐和园、万寿山、佛香阁、太和殿、祈年殿等名字,几乎译不出其神韵与意

---

[1] 易婷婷,等.导游实务(第2版)[M].北京:北京大学出版社,2018:89.
[2] 易婷婷,等.导游实务(第2版)[M].北京:北京大学出版社,2018:147.

境。其次，聘请专业英语导游成本较高，于是每每由中方教师兼任导游角色，其英语能力及导游专业素养皆参差不齐。

以听众而论，学生或来自英语国家，或来自非英语国家，其自身英语能力亦成问题。大多中方教师仅能使用中文或英文讲解，若学生中英文俱不过关，则颇难处理。是否可针对非英语国家学生，专门聘请"小语种"导游？这当然是理想化情形。但一则所费不菲，二则同一团队中可能另有其他语种学生（公费项目常见），可操作性不强。

有时，独具优势的接待方会派出多语种人才为外方师生贴身服务，这种情况可遇而不可求，常常发生在不惜成本的公费项目中。例如，北京外国语大学在承办孔子学院"你和我·在北京"夏令营时，就充分利用自身优势，为来自欧洲多国的营员配备多语种志愿者，协助中方教师的教学和管理工作。[1]

3. 背景知识问题

中华文明源远流长，但当前相较于欧美强势文明，在全球舞台传播上却处于明显劣势。外国学生（包括华裔）对古老东方异域国度——中国的上下五千年，普遍所知甚少。如讲解词常会涉及的中国人耳熟能详的康熙、雍正、乾隆、慈禧等名字，在他们耳中或许仅是几个怪异发音而已，自然对其奇闻轶事兴趣不大。

（二）讲解策略

1. 有针对性

因人制宜，因语言水平制宜。针对听众中文及英文程度，

---

[1] 冯若语. 国家汉办"你和我·在北京"夏令营教学实践与反思——以保加利亚中级班为例[D]. 北京外国语大学，2014：9.

选其中之一作为主讲，必要时可中英双语对照。如学生来自非英语国家，且英文不佳，可请对方领队代为翻译，但这并非领队分内之事，需礼貌征求其意见。内容上，针对学生的理解能力和兴趣所在，有的放矢。哪怕通用讲解词中的俏皮话、奇闻轶事等抓人眼球的亮点，亦应考虑学生的文化背景及语言水平是否能接受。

2. 简洁

中文用词须简单明了，慎用大词、术语、典故；讲述须简短，要言不烦，勿长篇大论。历史故事虽然有趣，但也不应冗长。具体数字如天安门广场面积、故宫长宽、天坛祈年殿高度等，枯燥乏味，意义不大。总之，过多人名、术语、数字、典故，皆不可取。

3. 适当展示幽默感

《导游实务》强调了"幽默"在导游语言艺术中的重要性，运用技巧包括符合语境、注意场合、控制表情、借用流行语等。[①]中方教师面对外国学生，亦应适时展示幽默感。

（1）采用夸张、调侃说法

长城——"不到长城非好汉"，"好汉"译为英语是 a real man or a hero（一个真正的男人、英雄）。解说词："大家想成为真正的英雄好汉吗？想成为真正的男人和女人吗？今天我们就来爬长城！"

天安门——解说词："天安门是新中国的标志、爱国主义教育圣地，是所有中国人都向往的地方，如果你没来过这儿，

[①] 易婷婷，等.导游实务（第2版）[M].北京：北京大学出版社，2018：181-182.

就好像不是一个真正的中国人。大家想成为真正的'中国人'吗？让我们到天安门朝圣！"该说法尤适用于华裔学生，亦可跟非华裔"老外"开开玩笑。

导游旗——让活泼好动的同学举着导游旗紧跟在自己身后，引领队伍，并调侃道："哇，你在中国找到一份新工作——多可爱的小导游啊！"

烤鸭——去餐厅路上说："大家饿了吧？我们就快到餐厅了，好多只鸭子在餐桌上等着你们呢！"

（2）运用英文俗语、流行语、俏皮话等

长城——解说词："登顶长城是一件很酷的事。当你爬到最高点，欣赏着美丽的风景，就可以骄傲地说：I came. I saw. I conquered.（我来了。我看到了。我征服了）"这是古罗马凯撒大帝的名言，其英文版流传甚广，有种"会当凌绝顶，一览众山小"（杜甫《望岳》）的豪情壮志。

事情的两面性——"嗨，同学们，现在我有一个好消息、一个坏消息要告诉你们，想先听哪个呢？"（Ok, guys. Now I've got some good news and bad news for you. Which one would you like to hear first?）

澳式问候——模仿澳洲口音，说出这句典型的澳式问候语：G'day mates!（即 Good day mates，大家今天好啊！）另可称呼澳洲学生为 Aussie，等于 Australian（澳洲的，澳洲人），但又带点调侃之意。澳洲人也常用这个词自称。

教学楼群——介绍校园里构造复杂、容易迷路的教学楼群时，可说：This complex is too complex!（这一楼群很复杂！）将 complex 作为双关语使用。

天气太冷——抱怨天气太冷，可说：It's freezing my butt off! 直译：冻掉我的屁股了！意即：冷死了！

美食——看到学生吃冰激凌等甜品，调侃一句：Wow, you really have a sweet tooth! 直译：你真有一口甜牙！意即：你真是个甜食爱好者！或，享受大餐之前，来一句：Now it's time to stuff your face! 意即：现在就开始大快朵颐、胡吃海塞吧！

购物——看到学生大包小包、收获满满，故作惊讶：Baby, you're a rich man!（宝贝，你真有钱！）该句出自英国传奇摇滚乐队披头士（The Beatles）的同名歌曲。

砍价——策略之一：play cute（卖萌、装可爱）。让学生现场示范如何 play cute，会有很强的"笑场"效果，气氛立刻就活跃起来。

返程——结束当天游览乘车返回，即将抵达时，提醒那些闭目养神或睡着的同学该精神一下：Ok, guys. Almost home. Rise and shine! 幽默之一在于"快到家了"，而非平平淡淡的"快到学校/酒店了"；幽默之二在于 Rise and shine 是爸妈叫孩子起床的常用语，有"快起床，太阳晒屁股了"的亲昵、诙谐之意。

上面仅举几个日常工作中的例子。该做法既增加了讲解吸引力，又能迅速拉近中外师生距离，可谓一举两得。

（三）积极正面的语言表述

《旅游心理学》在论述"旅游服务的缺陷与补救"时，曾指出："当客人遇到不顺心的事情时，要尽可能引导客人看到事情也有好的一方面，最好是能够经过努力把坏事变为好事。"例如，老练的导游即使遇到坏天气，也可运用语言艺术消除游客不快。若遇下雨，则说："今天的去处十分幽静，在雨中游览别有一番情趣。"若遇雪天爬长城,则说:"各位一到,天降瑞雪,在雪中看长城,无比壮观。"[1] 这并不是花言巧语的欺骗,而是在已成既定事实的情形下,与其消极抱怨,不如乐观面对,是"塞翁失马,焉知非福"式的表述,即总是看到事情好的一面(look on the bright side)。

在游学生活中遇到挫折、小意外时,教师亦可运用相似的语言艺术去开导学生。如:

不慎受伤,影响到旅行体验是坏事,但若因此受老师和同学悉心照顾,倍感人情温暖,则是好事;

参访景点时突降雷阵雨,确实运气糟糕,但与小伙伴一起变成"落汤鸡",可以令此次经历更加独特;

不慎遗失手机、钱包、外衣、帽子等,虽有损失,但幸好只是身外之物,可帮"受害者"成长,以后更注意照管好自己的私人物品,改掉丢三落四的习惯。

若同学们不习惯中国食宿、气候、交通等,则可帮同学们亲身感触文化差异。可对大家说:在这个世界上,有许多地方是发展不均衡的,许多人的生活方式都与你不同,心态应该更加开放,不要事事抱怨。自己不可能永远生活在家长的羽翼下,伴随成长,也会远离家人,去异国他乡求学、工作等,会面对种种陌生和不习惯。这正是大家出国游学的意义所在,在旅途中成长,有挑战才有收获。

五、跨文化交际能力

《导游实务》指出:

---

[1] 吕勤、沈苑. 旅游心理学[M]. 北京:中国人民大学出版社,2019:87.

优秀的导游人员不仅要具备说、听、问、答等方面的交际技能，还要通晓我国主要入境游客源国，以及出境游目的地国家的风俗习惯、人文背景等跨文化常识……例如，导游人员要熟悉西方游客的普遍性格特点：女士优先、尊重隐私、以右为尊、重视公共道德等；要遵循"五不问"原则：不问年龄、不问婚否、不问经历、不问收入、不问健康；西方游客普遍忌讳数字13和星期五等。①

该书案例1—1"导游弄巧成拙，游客罢宴而去"和1—2"不懂礼仪犯禁忌，频频摸头惹是非"即是两个因文化差异引发的事故。前者为中国导游带法国游客品尝"糖醋活鲤鱼"，对方因无法接受烹饪过程太残忍，愤而离席；后者为中国导游摸了泰国团小男孩头部，触犯了泰国人"重头轻脚"的禁忌，当场激怒对方父母。②其实两位导游均无恶意，一是为宣扬中华特色美食，一是按中国人习惯表示对小孩子的喜爱而已，但因文化背景差异，冒犯了游客。

国家汉办颁布的《国际汉语教师标准》规定，教师应具有跨文化意识与跨文化交际能力，前者指：

  了解世界主要文化的特点；

  尊重不同文化，具有多元文化意识；

  能自觉比较中外文的主要异同，并应用于教学实践。

---

① 易婷婷，等．导游实务（第2版）[M]．北京：北京大学出版社，2018：140-141．

② 易婷婷，等．导游实务（第2版）[M]．北京：北京大学出版社，2018：4-5．

后者指：

了解跨文化交际的基本原则和策略；

掌握跨文化交际技巧，能有效解决跨文化交际中遇到的问题；

能使用任教国语言或英语进行交际和教学。[1]

新西兰对外汉语教学专家亦指出，一名优秀的对外汉语教师，必须对其他国家文化、习俗有一定了解，一则可避免不必要的误会、对学生表示尊重，二则可缩短师生距离，三则在教学时通过对比更有效地讲解中文。[2]

了解各国文化差异，可通过阅读书刊、欣赏影视节目、师生交流、虚心请教他人等途径。若教师有海外留学或旅行经历，曾亲身体会过异国他乡的"文化震惊"（culture shock），将更有助于换位思考，切身理解海外学生的特定心理与行为逻辑。正如《深度教育旅行实用指南》所说，"在跨国游学活动中，若领队教师自己的旅行经历不丰富，不能理解并沟通多元文化，不具备世界公民意识，便无法培养年轻学子21世纪所需的跨文化交流技能。在这方面，教师应当起到引导和示范效应"。[3]

中方教师若能掌握多种语言问候，遇到外国学生时"秀"上一两句，有出奇制胜之效。双手合十向泰国学生说"萨瓦迪

---

[1] 孔子学院总部/国家汉办. 国际汉语教师标准[M]. 北京：外语教学与研究出版社，2015：6.

[2] 参见《为师有道》相关论述：14.13 "为什么需要了解其他国家的文化"。
[新西兰] Victor Siye Bao、曾凡静、鲍思欢. 为师有道：对外汉语教师修炼指南[M]. 北京：北京大学出版社，2014：199–200.

[3] Kenneth Cushner. Beyond Tourism: A Practical Guide To Meaningful Educational Travel [M]. Lanham: The Rowman & Littlefield Publishing Group, 2004: 3.

卡"（泰语"你好"），① 鞠躬向日本学生说"初めまして、どうぞよろしく"（日语"初次见面，请多关照"），或法语 Bonjour（你好）、德语 Guten Tag（你好）、西班牙语 Hola amigo（你好，朋友）……就算发音不标准，甚或有误，如搞错了性别用语或早晚用语，也自带幽默效果，有助于化解彼此之间的陌生感，更表示了对于对方的尊重，以及学习对方语言文化的努力。

在此再举几个小小的文化差异案例。

（一）龙 = Dragon？

现在已约定俗成地将中文词"龙"与英文词 dragon 互译，然而，这是个极为不当的翻译。中国文化中的龙，与西方（英语）文化中的 dragon，形象大相径庭。中国龙一般以正面形象出现，是神圣、吉祥、高贵的，笼罩着光环的"神龙"，而西方 dragon 则是传说中可怕的怪物（legendary monster），可称之为"恶龙"。在西方家喻户晓的童话故事中，就有英勇骑士"斩恶龙，救公主"的经典题材。当中华民族以龙作为图腾，而龙被译为 dragon 时，在一些西方媒体有意无意的渲染下，恰好提供了"中国威胁论"的佐证。②

这一文化误读看似无伤大雅，实则严重伤害到我国国际形象。面向外国学生尤其西方学生讲述中华文化时，应格外提醒大家这一误译。当中国人自豪地声称海内外华夏儿女、炎黄子孙都是"龙的传人"时，难免有些在西方文化背景下成长的华裔青少年感到别扭、不快。中国老师需要及时加以解释，扭转

---

① 注："萨瓦迪卡"是女性使用的问候语，"卡"为女性专用语气词；男性应当说"萨瓦迪卡不"。但其实中国人大都不知道后一说法。
② 施光.中国文化中的"龙"与西方文化中的"Dragon"[J].重庆工学院学报（社会科学版），2009（6）：158–160.

其观念，以免伤害到其种族身份认同。

（二）地面层？一层／二层？

某些西方国家，如英国和澳大利亚有 Ground floor，即地面层，相当于中国的一层，而其 1st floor / level 1，相当于二层，2nd floor / level 2 相当于三层，以此类推。故而通知上课地点、集合地点时，要对学生额外提醒。

（三）自备厕纸

发达国家的公厕里大都配备免费厕纸，但中国的公厕往往缺少这项服务。务必提醒学生出门带好厕纸（toilet paper）或面巾纸（tissue），以免到时手足无措、呼救无门。

（四）光脚穿拖鞋上课

有时，中国老师会发现东南亚学生光着脚、穿拖鞋来教室上课。这并非不礼貌、不尊重老师，只是在自己国家的一种习惯成自然罢了。因东南亚地区天气终年炎热，不适宜穿袜子；甚至有人冬天来到北京，还保留这个习惯。所以不必太介意这点。

（五）给学生拍照

中方教师肩负着给学生拍照、保存影像资料的任务，在景区也常有热情的国内游客跑来与金发碧眼的"老外"学生合影。但在西方国家格外注意保护未成年人肖像权，是不允许随便拍摄的。出于尊重，应事先向外方师生解释拍照是自己的分内工作，意在保存活动影像；并且对同学们说，当同学们遇到主动来合影的中国游客，不要感觉太突兀，应明白他们是出于善意，不妨欣然应允——当然，若自己不愿意，或对方另有无礼要求，完全可以拒绝。

第二节　多角色挑战

正如英国文豪莎士比亚的名言所说,"整个世界就是一个大舞台,所有的男男女女不过是一些演员……某人一生中扮演着许多不同的角色"。[①] 社会学家借助"角色"(role)概念,探讨个体在社会结构中所处的位置及所承担的责任。[②] 现实生活中,每个人都是不同角色的集合体,教师亦然。而在"游学"情境下,中方教师职责颇为多元,需承担专业课教学、日常管理、带队外出、迎来送往等多种事务,极具挑战性。他/她必须扮演更多角色,并在多种角色之间切换自如。鉴于来华游学管理尚未形成一门学科,很难找到学界对此种情境下教师职责和角色的专门论述,只能从相关领域获得些许启发。

1. 教育学领域

关于教师的常规角色,美国 McIntyre《教师角色》一书论述了课堂内教师作为组织者、交流者、激发者、管理者、革新者、咨询者等的不同职能;[③] 纳尔森《教师职业的9个角色》则更为清晰地指出,教师同时是教室环境打造者、课堂教学管理者、授课过程设计者、教育成果评估者、读写文化倡导者、学

[①] 原文:All the world's a stage, and all the men and women merely players…And one man in his time plays many parts. 参见 As You Like It: Act 2, Scene 7(《皆大欢喜》第二幕第七场)。

[②] [美]理查德·谢弗. 社会学与生活(精要插图第11版)[M]. 赵旭东,等,译. 北京:世界图书出版公司,2011: 67-69.

[③] [美]D. John McIntyre、Mary John O' Hair. 教师角色[M]. 丁怡,马玲,等,译. 北京:中国轻工业出版社,2002.

生学习指导者、各种关系协调者、外界沟通实践者和终生学习进步者。① 这些讨论均围绕教师在课堂教学与管理方面的作用而展开，仍然囿于教室与校园之内。

国内权威教材《教育学》将教师职业的多重角色概括如下。

1."家长代理人"和"朋友、知己者"；2.传道、授业、解惑者；3.管理者；4.心理调节者；5.研究者。②

在游学活动中，"教学/科研"这种教师的常规主业已非重点，因此第 2 和第 5 种角色出现弱化，而第 1、第 3、第 4 种角色则得到强化。正如本书第一章所论，游学情境下的"课堂"概念已经拓展为广阔天地，教师需针对"世界课堂"进行自身职责与定位的全面调整。

2. 对外汉语教学领域

对外汉语教师接触的是国外学生，该领域的师生关系讨论具有重要参考意义。

有学者指出，汉语教师需扮演四种角色：东西方价值观的交流者、中国社会众生相的解读者、课堂内外的被咨询者、实践教学的指导者。③ 或认为，在留学生教育管理中，汉语教师有三种新角色：(1) 提供学习指导、生活帮助，做好留学生的知心人；(2) 做好规则解读，当好留学生留学的引路人；(3) 讲好中国故事，做中外友谊传播的使者。④

---

① [美]克里斯顿·纳尔森、吉姆·贝利.教师职业的9个角色[M].刘坤，译.北京：中国青年出版社，2011.
② 王道俊、郭文安.教育学（第七版）[M].北京：人民教育出版社，2016：397-398.
③ 王晓华.国际型师生关系与独特的对外汉语教师角色[J].西安电子科技大学学报（社会科学版），2011（2）：102-107.
④ 吴友民.来华留学生教学管理及汉语教师新角色探析[J].教育现代化，2017（39）：212-214，223.

可见，合格的对外汉语教师在普通教师职能之外，尚需承担文化桥梁作用，帮学生理解中国，促进中外乃至不同文明之间的沟通；而具体到日常生活，也每每成为学生们衣食住行等大小琐事的咨询对象。但这是基于高校留学生考察得出的结论，若聚焦未成年人来华项目，则中方教师所扮演的角色将更为多元。

3. 国内研学旅行领域

研学旅行领域有"研学导师"一说。有研究者指出：

> 研学旅行导师要面对的工作场景包括两个方面：教学和旅行。而在这两个场景中占据主导地位、行使管理职能的，是教师和导游。所以，研学旅行导师应具备"教师"和"导游"两种职业所应具备的基本技能。

其中，教师职业要求研学导师认识到该职业的神圣性，并具有课程研发、课堂教学和活动组织技能；导游职业则要求研学导师同时是一名复合型高级导游人才。[1]

亦有人从其他角度探讨了研学旅行中以下五种教师角色的定位。

学习者角色——教师要对研学旅行活动的特性有深入认识，不断学习理论、总结经验；

指导者角色——在旅途中的学习和生活方面，对学生进行计划性和适时性指导；

参与者角色——从学生角度、站在学生立场去参与他们的

---

[1] 陆庆祥、汪超顺. 研学旅行理论与实践[M]. 北京：北京教育出版社，2018：148.

活动；

监管者角色——为确保学生的安全体验、健康成长以及活动有序开展保驾护航；

评判者角色——科学评估活动效果和学生表现。[①]

其中，指导者、监管者、评判者都是教师的常规角色，学习者角色强调教师也要适应新的校外教学环境，弥补不足、自我提升；参与者角色则强调师生沟通，教师不要总高高在上，而要融入学生集体，跟他们一起享受旅途。

4. 西方教育旅行领域

英国文艺复兴时期哲学家培根认为，英国年轻人赴欧陆游历，应当有一位熟悉当地情况的导师（tutor）或"严肃仆人"（grave servant）陪伴，能指引他什么值得看，应去哪里，应拜见谁，应受何种历练等。[②] 当时（16—17世纪），现代旅游业尚未诞生，没有导游职业，教师带领下的集体游学活动亦未成形。导师（私人家庭教师）也好，仆人也好，在此处皆指受雇于青年贵族，在旅途中引导、陪伴、照顾他衣食起居和游览参访的专业人士。其作用十分关键，责任也相当重大。后来，在法国教育学名著《爱弥儿》中，卢梭在陪伴青年爱弥儿游历四方时扮演了类似角色，不仅亦师亦友，还像一位慈爱的父亲、一位称职的导游，妥善安排游历时的一切事宜。

《深度教育旅行实用指南》第一章以 Teacher as Traveler – Travel as Teacher 作为标题，揭示了教育旅行活动中带队教师的

[①] 张帅、程东亚. 研学旅行的特征、价值与教师角色定位[J]. 教育理论与实践，2020（11）：3-6.

[②] Francis Bacon. Of Travel [EB/OL]. https://www.westegg.com/bacon/travel.html.

双重身份——自己是旅行者，并且以教师的身份带着学生踏上旅途，这有助于教师切实进入游学情境，设身处地去"想学生之所想，急学生之所急"；又在第五章和第九章指出，如何避免游学团沦为大众观光团。带队教师起到的作用至关重要，他/她应在旅途的各个阶段，指导学生进行深入观察与思考，点明其微妙之处，以帮助他们透过现象看本质，真正学有所获。总之，这应当是"有着来自优秀教师的指导"（with the guidance of a good educator）、"精心指导并聚焦教育性的旅行"（carefully guided educationally focused travel）。①

美国英孚游学用生动活泼的语言，介绍其由如下不同身份专家组成的服务团队。

魔法师（magic maker）——即旅游顾问（tour consultant），游学行程设计专家；

旅行好伙伴（travel sidekick）——即陪同导游（tour director），相当于全陪，经受过专业导游训练，既熟悉学生语言，也熟悉参访目的地语言，是旅程中的灵魂人物；

家长小灵通（parent whisperer）——即游客支持专家（traveler support specialists），负责解答学生及其家长的各种咨询；

家乡英雄（hometown hero）——又称全球教育大使（global education ambassadors），分布在全美各地，是具有丰富带队经历的教师，可跟有意者分享经验，他们是英孚游学项目的曾经参与者与现任推广者。②

---

① Kenneth Cushner. Beyond Tourism: A Practical Guide To Meaningful Educational Travel [M]. Lanham: The Rowman & Littlefield Publishing Group, 2004: 1, 55-57, 119-121.

② 参见英孚游学官网（https://www.eftours.com/support）。

其中,"陪同导游"身份最接近来华游学项目里的中方带队教师,但在人手紧张时,中方教师亦可能兼任另外几种角色。

美国 ACIS 组织的游学项目将接待方全陪人员称之为"24小时旅行领队"(24-Hour Tour Manager),对其职能形象地描述为:

既是导游,又是教育家和工程师,既是读心者,又是魔术师。(Part guide, part educator, part engineer, part mind-reader, part magician)[①]

他们还是喜剧演员、历史学家与秘密特工的合体(Tour managers are comedians, historians, and secret-agents all rolled into one)。他们在机场迎接您,随后即日夜陪伴。他们教育、启发学生,让大家安心,帮大家解决问题,并在旅途中时时刻刻影响着这些年轻的心灵。[②]

导游、教育家、历史学家,这几种身份都显而易见,其余几种大致如下。

工程师——管理工作滴水不漏,如工程师般一丝不苟完成各项操作;

读心者——身怀"读心术",可透彻理解学生所思所想所感;

魔术师——像变魔术般,引导学生展开一场惊心动魄的奇幻旅程(近似英孚的"魔法师");

喜剧演员——充满幽默感,总是给大家的旅途带来欢乐;

秘密特工——勇于探索,带领同学们发现世界奥秘。

---

① 参见 ACIS 官网(https://acis.com/trips/tour-detail/dynastic-china/?code=DYN)。
② 参见 ACIS 官网(https://acis.com/blog/what-is-educational-travel)。

英国"学习冒险"则称类似人员为"冒险领队"（Adventure Leader），对其要求颇为全面，包含：

- 在当地拥有官方导游资格；
- 具备丰富导游经验；
- 英语流利，或可流畅使用该校学生母语；
- 具备相关健康安全知识；
- 随身携带急救箱；
- 曾从之前顾客那里持续获得好评；
- 对其所在城市有着深入认知。[①]

英美教育旅行界的表述与我们要讨论的话题直接相关。以上论述皆表明，成为一名优秀的游学活动带队人员是多么不容易，可谓集各种技能与角色于一身，在游刃有余地完成各项任务时，还要富于人格魅力，深得学生认可与爱戴。我们必须意识到，当教育情境改变，同学们走出教室/校园之后，教师的职责与角色亦需随之调整。对照笔者工作实践，中方教师在来华游学项目接待中所发挥的作用很多，若按重要程度给出一个排序，大致为：照顾作用＞陪伴作用＞引导作用＞讲解作用＞课堂教学作用。

照顾作用：把它放在首位，是因为旅途中"安全第一"，教师必须首先保证学生的人身安全和身心健康。这点在未成年学生项目中尤为凸显，由于父母缺席，教师就要责无旁贷地扮演监护人角色。

陪伴作用：全程在场，陪伴学生顺利完成游学旅途。不仅

[①] 参见学习冒险官网（The Learning Adventure Brochure [EB/OL]. https://thelearningadventure.com/wp-content/uploads/2018/11/The-Learning-Adventure-Brochure.pdf）。

仅是"管"他们，还要跟他们融洽相处，增进感情。

引导作用：引导学生正视游学过程中发生的大事小事、好事坏事，引导他们成长，引导他们适应中国生活，并正确地认识中国。

讲解作用：针对具体现象（如社会习俗）、具体事物（如景点）的讲解，解答学生随时提出的各种疑问，帮助他们增长知识、开阔眼界。

课堂教学作用：根据项目的课程安排，传授具体知识和技能，如汉语文化知识、中华才艺等。

在实践中，笔者观察到，不少一线带队教师身处"中国游学"情境下，并未真正做到思想观念上与时俱进——其重心仍然偏于传统的课堂讲授、答疑解惑，偏于对学生的"管理"而非"照顾和陪伴"；偏于完成有章可循的教学、带队任务，却忽略了自身工作的使命感；甚者循规蹈矩，沿袭平常"按时上下班"的做法，或者在带学生游览景点时，抵触自己所应扮演的"导游角色"；等等。以上现象，既反映了"习惯"的强大力量，也表明"游学管理"并非一个成熟行业，其工作模式还有待探索。

下文将针对来华游学项目接待中，一位中方教师可能扮演、应当扮演的多元角色，给出相应阐释。

一、"人民教师"

在《我的教育信条》（My Pedagogic Creed）末尾，美国知名教育家杜威提出了他对教师神圣职责的看法：

> 我认为每个教师应当认识到他的职业的尊严（realize the dignity of his calling）……我认为教师总是真

正上帝的代言者，真正天国的引路人（the prophet of the true God and the usherer in of the true kingdom of God）。①

该看法充满崇高的宗教情怀。而在中国，人们对教师职业亦崇敬有加，尊称为"光荣的人民教师""人类灵魂的工程师"等，既带有一种光环笼罩的荣誉感，也随之赋予了沉甸甸的责任感。

孔子堪称历史上第一位伟大的"游学/研学导师"，他率诸弟子周游列国的经历可谓家喻户晓。多个传奇小故事，以及孔子在途中与弟子们铿锵有力的问答，也衍生了无数名言警句，集中记载于《论语》及《史记·孔子世家》，并深深铭刻于国人的文化基因之中。孔子曾曰："有教无类。"（《论语·卫灵公》）②今天，对待来自世界各地的外国学生，无论其国籍、族裔、年龄、性别、汉语水平如何，中方教师皆应恪守本职，一视同仁。他/她将比普通教师付出更多体力劳动，如带队游教风雨无阻、长途跋涉，也将比普通服务行业从业者付出更多脑力劳动，如统筹行程殚精竭虑、教学讲解诲人不倦等。付出固多，收获亦丰。由于其独特工作性质，使得"桃李满天下"并非一句虚言。正如孟子所云，君子有三乐，乃无上精神财富。第三乐即为"得天下英才而教育之，三乐也"（《孟子·尽心上》）。在为外方师生排忧解难时，中方教师不应将自己仅仅视为一名"服

---

① [美] 约翰·杜威. 学校与社会·明日之学校（The School and Society. Schools of Tomorrow）[M]. 赵祥麟，等，译. 北京：人民教育出版社，2005：15.
② 按，美国国家教育协会（National Education Association）颁布的《教育专业伦理规范》（Code of Ethics of the Education Profession）提出，教师不得以种族、肤色、性别、信仰、家庭背景等原因而区别对待任何学生。可视为"有教无类"的现代西方解读。参见：Code of Ethics of the Education Profession [EB/OL]. http://teachercodes.iiep.unesco.org/teachercodes/codes/America/USA/USA_NEA.pdf.

务者",而应有着更高的理想与追求,亦即通过课堂教学、实地讲解、关怀引导、统筹协调等努力,最终使得此次中国之旅对学生的世界观、思想情感、未来生活与学习,乃至身心全面成长,皆施加或多或少的正面影响。其着眼点既在当下,又在长远,惟其如此,方无愧于其"教师"本职与"教育家"初心。

二、监护人与生活导师

基本上,普通教师只需承担校园内的管理工作,校园外的留给家长,只在工作时段内承担监护责任,其余时间不必再操心。而一名负责游学项目的教师,则无论校园内外、上班下班,皆无法推卸责任,几乎是全天候在岗。有研究者即用"负责教师24小时陪护制"去定义"寻根之旅"夏令营的中方教师工作。

> 夏令营的负责教师不仅负责汉语课堂教学和外出游教参观,同时负责营员的日常生活,师生生活在一起,营员有什么问题都可以第一时间找到教师解决,这样还可以很快拉近彼此的距离,也便于教师很快掌握每个营员的特点。①

美国《夏令营完全手册》一书将营地中最关键的管理人员角色——与营员们在同一屋檐下、同吃同住的带队教师称作cabin leader,字面意思为"小木屋领袖",中文版意译为"生活导师",凸显了在营地生活中的特殊职能。②

---

① 张嫱."中国寻根之旅"夏令营的特点及问题浅析——以北京华文学院海外华裔青少年"中国寻根之旅"夏令营为例[J].世界华文教育,2019(3):51-58.
② [美]克里斯托弗·瑟伯、乔恩·马利诺夫斯基.夏令营完全手册[M].赵蔚,译.北京:外语教学与研究出版社,2018:10.

未成年学生初至异国他乡，置身家长缺席的情形下，显得较为脆弱。中外教师须共同承担起"监护人"与"生活导师"职责，鼓励同学们尽快彼此熟悉起来，当孤独无助的个体融入集体大家庭后，小伙伴们就能彼此照顾，教师的负担亦会相应减轻。游学过程中还有各类纷至沓来的大小琐事，如需要换钱、办电话卡，或取现时不慎被自动取款机吞卡，或在校内外丢失贵重物品，或手机摔坏需送修，或想洗衣服却不会使用洗衣机，或生病、意外受伤须去医务室，以至医院急诊……学生自己大多处理不了，有些是领队可解决的，有些则必须由熟悉情况的中方教师出面，对他/她来说可能只是举手之劳，对学生来说却是雪中送炭，解了燃眉之急。

某些特殊状况下，外方领队可能暂时缺席，则中方教师将肩负千钧重担，可谓"当爹又当妈"，工作量和操心程度都将直线上升。

三、亦师亦友

习近平总书记同北京师范大学师生代表座谈时指出：

> 好老师要用爱培育爱、激发爱、传播爱，通过真情、真心、真诚拉近同学生的距离，滋润学生的心田，使自己成为学生的好朋友和贴心人。①

这是对"亦师亦友"的精辟解读。如《跨文化交际》所说，东方文化更强调教师的权威性，但来自西方国家个体主义文化的学生对教师人格魅力的期望值更高，更喜欢开朗亲切、有幽

---

① 新华社．习近平：做党和人民满意的好老师——同北京师范大学师生代表座谈时的讲话[EB/OL]. http://www.gov.cn/xinwen/2014-09/10/content_2747765.htm, 2014-09-10.

默感的老师。①《导游学》认为，一名优秀的导游，最好有一两手"绝活"，例如能歌善舞、演奏民族乐器等，运用在适当场合，可起到与游客迅速拉近距离、激发其游兴，乃至宣扬民族文化的作用。②正常情况下，教师和学生一起吃喝玩乐似嫌不务正业，但"游学"情境本身就是一种"人在旅途"的特殊状态，中方教师跟外国学生同吃、同住、同游，与单纯校园里的师生关系大为不同，而是更加随和，更强调互动交流。若教师拥有一些凸显个人魅力的爱好、特长，往往可发挥意想不到的奇效。例如，擅长球类运动，课余可跟学生同场竞技，在挥洒汗水时巩固师生情谊；对流行音乐信手拈来，可跟有着相似兴趣的学生一见面就聊得火热；身为周游世界的旅行达人，可分享旅行经验与感悟，让学生更加珍惜跨国游学机会；哪怕别无所长，只是一个"吃货"，亦不妨热情推荐当地美食，其打动人心的效果并不比任何专长差……这些举动可以迅速俘获学生的心，让教师在他们眼中变成一位有趣的、生动的、易于亲近的人，而非一本正经、平庸无奇的形象，给此后教学、管理工作的开展奠定良好基础。

《夏令营完全手册》指出，每位有责任感的营地工作人员都应牢记于心，夏令营的目标之一是，让孩子们向有正面能量的"模范"成年人学习。在优质营地里，生活导师会始终守在孩子身边，和他们亲密互动。这种健康的面对面互动将给营员们留下持久印象，③充分发挥了夏令营情境下教师的模范作用和陪伴

---

① 祖晓梅.跨文化交际[M].北京：外语教学与研究出版社，2015：218-219.
② 熊剑平、石洁.导游学[M].北京：北京大学出版社，2014：245-246.
③ [美]克里斯托弗·瑟伯、乔恩·马利诺夫斯基.夏令营完全手册[M].赵蔚，译.北京：外语教学与研究出版社，2018：24-25.

作用。通常,年轻教师更能轻松地与学生打成一片,建立起融洽关系。卢梭在《爱弥儿》中谈道:

> 儿童的教师应该是一个青年,一个要多年轻就有多年轻、聪明理智的青年。如果可能的话,我希望他本人还是个孩子,这样就可以成为他学生的伙伴,在他与学生分享快乐之时赢得学生的信任。本来,儿童和成年人之间的共同点就不多,而他们之间的这种距离会使得他们难以形成牢靠的情谊。①

在寻根夏令营中,笔者发现实习生们与海外营员关系更为密切,他们一起聊天、打球、打牌、逛街等,"大哥哥""大姐姐"在营员心目中的地位,每每令正职教师自愧不如。年长教师更应注重为学生树立学习与做人的榜样。例如,教师对中华语言和文化的热爱,可以激发学生的学习热情;在工作上的严谨细致、尽职尽责,在为人处世上的谦逊有礼、光风霁月,对各国学生的友善态度和对多元文化的尊重包容,将使同学们耳濡目染,起到潜移默化之效。同时,他/她也要有意识地放低姿态,尽量融入团队,做一个与大家同欢笑、共歌舞的"同甘共苦的参与者"。既是师,又是友;既是保障游学活动顺利开展的"守护神",又是大家所依赖和信任的"旅伴""玩伴"——这才是一位学生眼中理想的"游学导师"。

【案例 6-1】青涩之恋(puppy love):如何处理少年人的异国恋情

歌德《少年维特之烦恼》中有句脍炙人口的名言:"哪个少

---

① [法]让-雅克·卢梭. 爱弥儿:论教育[M]. 李兴业、熊剑秋, 译. 北京:人民教育出版社, 2017: 29-30.

年不多情，哪个少女不怀春？"未成年人的早恋问题，颇令国内中小学教师头疼。来华短期项目的外国青少年中，是否有这种现象呢？答案是"有"，且多见于大型华裔青少年夏令营中。有意思的是，那些来自同一国家、同一地区、同一学校的外国青少年，似乎因其雷同的文化背景，或早已彼此熟识，造成异性吸引力有限；反而是多国学生杂处的情境下，来自陌生国度的异性魅力尤为凸显。在笔者供职单位，每年夏天都是海外华裔青少年夏令营高峰期，同时有十几个营举办，有数百营员在校园内共同生活。而几乎每年，都能发现来自不同国家的少男少女（十五六岁居多）成双结对、牵手亲吻，公然"秀恩爱"。即便不在同组、同营，彼此行程不一，仍拼命找机会搭讪、约会。遇到此类现象，中方教师应如何处理？

正确应对：保持开放心态，仅在必要时适当干预。发现苗头之后，应先暗中多加观察，若一切正常，则不必采取行动；若因彼此如胶似漆而干扰到上课、游览和日常生活，如课堂上打情骂俏，因约会而旷课、集合迟到，甚或夜宿对方宿舍（通宵聊天）等，则配合领队，对其加以善意提醒、引导，让这段感情顺其自然、健康发展。偶尔打趣一下小情侣，开开善意的玩笑，也更显得通情达理，有助于融入学生小圈子。

错误应对：漠不关心，或严厉压制。短期项目特点在一个"短"字，纵使有少男少女互生情愫，短短几天很难发展至不可控阶段。此时向家长告状、"棒打鸳鸯"等粗暴做法最不可取，亦无必要。若太不近人情，很容易将自己摆在学生群体对立面，造成今后团队管理上的困难。

归根结底，夏令营期间的短暂恋情只是一种异国他乡的因缘际会罢了，因少年人的不成熟，以及分开后遥远的现实距离，多半无疾而终。而借助这种浪漫体验，倒是可令"涉案"学生对此次来华之旅留下更为美好和刻骨铭心的印象，甚至对"罗曼蒂克发生地"——中国的好感度和留恋之情飙升，也算是"歪打正着"。

四、摄影师与忠实记录者

大多项目主办方或承办方／接待方，均要求活动过程中留存影像资料，以便将来宣传、报道、总结之用，有时还要求制作回顾视频，在闭营或结业仪式上播放。故而，中方教师也常常扮演摄影师角色，承担拍照任务。这份工作并不简单，既要保证数量，又要保证质量。所谓数量，即照片足够多、涵盖面足够广、充分反映全程亮点，囊括每天、每位成员及所有重要地点和场合。所谓质量，即首先，照片应有一定清晰度，不宜失焦或模糊；其次，应类型多样，包含集体大合影、三五小伙伴合影、个人特写等；最后，应与学生有积极互动，在他们予以配合的情况下拍摄，若拍出的照片里学生大多未直视镜头，说明拍摄者仅是敷衍了事，与学生本人缺少交流。

有时会遇到个别学生因害羞、逆反心理等，不愿入镜，应耐心向其解释留存影像记录的作用；若仍不接受，应尊重其个人意愿，但最好告知外方领队及其家长，为何该同学在微信群或回顾视频中"露脸"次数很少，以免对方不明就里，误以为自己的学生／孩子被忽视。

外方师生当然都会拍照，但中方教师的旁观者视角有助于拍摄到领队无暇顾及，或学生们自己忽略，或置身其中而来不及记录的多维度场景。如，接待方具体食宿条件如何，是家长们异常关心的问题，而"缺心眼"的小孩子往往不会主动向家长汇报。若教师分享宿舍布置及食堂菜肴的实景影像，就会令家长们安心，且不失为本单位对外宣传的好机会。又如学生或代表大家致辞，或登台表演节目，或一起嬉笑打闹，或彼此拥抱告别时，难以自己记录，亦需教师及时举起手机或相机。中外双方教师所拍摄的内容可形成互补效应。

摄影技术不必强求，关键是教师能否意识到自己所肩负的"忠实记录者"使命。正所谓"入乎其内，出乎其外"，教师应当随时随地抓拍学生日常的点点滴滴，让镜头定格他们的欢笑与感动、成长与收获，定格每一个精彩瞬间；应掌握基本视频制作技术，以便更好地展示大家青春风采与游学生活的魅力。有时候我们发现，若带队教师本人电脑技术欠佳，而委托未参与活动的其他人代为制作视频，则视频往往只是图像素材的累积与"走过场"，缺乏感染力，即因其中并未灌注真情实感，缺乏"现场感"与"代入感"。

这些影像资料除了尽量当日同步分享给学生及领队、家长，亦应最后整理分类上传网络，供大家下载，留存一份真实、鲜活的美好记忆。若项目结束后，大量照片与视频便被永久封存、再无用途，是极为可惜的。

【案例 6-2】"I am recording!"（我在记录/录像！）

某华裔青少年冬令营遇到意外状况，来自澳洲的九位同学面临着领队缺席的窘境。此时，中方教师 D 临危受命，除了本职工作，还肩负起澳洲学生领队职责。受邀加入澳洲家长微信群之后，D 每天都会在群里分享学生照片，保证在大合影、小合影之外，每人均以特写方式至少露面两次。除了拍照，还特意录像，并以画外音形式加以旁白说明，如：

"同学们看这里，我在录像！向镜头打个招呼，给你们爸爸妈妈看……"

"我们在长城，天气还不错，他们正在跟新认识的某国小伙伴聊天……"

"今天是闭营仪式，也是圣诞联欢，同学们正在准备演出。哈哈，Angelina 在帮她的舞伴化妆，嗨，两位小美女看这里……"

"今天送机，同学们分批离开，他们在跟某国的朋友告别，噢……Chelsea 已经哭了……两位孤独的帅哥 Leo 和 Ryan 坚持到最后，别的同学都已经走了，我待会儿送他俩去机场……"

家长们格外钟爱这些影像资料，对 D 的做法给予高度评价。有家长在接到孩子后表示："D 老师，多谢您两个多星期的不辞劳苦和爱心付出，还带给我们这么多的欢乐照片和视频。这两天同学们听得最多是 I AM RECORDING（我在录像）。我相信以后他们每天都希望能听到这熟悉的声音。因为这就是青春开心快乐的学习记忆。今早见到孩子们，他们第一句就问我什么时候可以再去北京。"

五、金牌导游

鉴于职业特殊性，中方教师常常要像导游一样"带团"，其活动舞台大大超越了教室与校园，而拓展至社会多行业、多领域。

《如何成为一名导游：旅游管理人及导游基础训练手册》第二章"导游的多张面孔"（The Different Faces of A Tour Guide）

提到，导游的多重角色包括派对狂欢向导（party hardy guide）、私人助理（personal assistant）、管理员（administrator）、专家（expert）、当地人（local）、朋友（friend）等。[1] 可见，一名优秀导游本就是多面手，所具备的能力五花八门。他/她不光要全面管理、统筹协调整个团队行程，还要像专家或当地人一样对参访目的地如数家珍；不光要在合理范围内满足游客们的诸多私人要求，还要亲切友善、像朋友家人般关爱每一个人。游客多半仅注意到导游对景点娓娓动听的讲解，而忽略自己日常住宿、用餐、交通等之所以正常进行，均离不开导游大量辛勤的幕后工作。

理论上，离开营地/校园赴景点观光，应聘请专职导游，但实际上，许多接待方都会精简该项支出，只在参访外地时才聘任当地导游。带队游览时，教师的职责与导游工作有同有异。其共同点是，都要全程照料学生/顾客的吃穿住行，并进行景点讲解；其独特之处在于，教师可将教学融入其中，让学生带着作业或任务出游，而非单纯玩乐。中方单位应组织相关培训，邀请经常接待外宾旅游团的优秀外语导游前来分享经验或现场指导。带队教师自己亦须加强对导游知识与带团技能的学习，全面了解导游工作特殊性，需要时扮演好导游角色，而非仅在校园里做一名合格教师。这里稍举两例具体说明。

1. 出行问题

出发前需督促学生使用洗手间。众多海外学生对中国大城

---

[1] Nick Manning. How to be a Tour Guide：The Essential Training Manual for Tour Managers and Tour Guides [M]. CreateSpace Independent Publishing Platform, Scotts Valley, California, 2014：18–25.

市之"大"和交通堵塞都缺乏清晰概念,对动辄一两个小时的车程、途中如厕不便的情况毫无心理准备,这点要引起重视。带队教师需熟悉各大热门景区的预约与购票、出入口、行车路线、上下车位置、洗手间分布、周边用餐地点等琐碎事宜。

在外游览时安全第一,务必做到滴水不漏。面对未成年学生,需反复清点人数,确保不发生走失意外。常见管理方法是,嘱咐学生们穿好统一服装,带好胸卡(上有住宿地址及教师联络电话),并督促学生分组,指定小组长协助管理。若去郊区或交通不便、人烟稀少之处,应携带应急药品甚或应急药箱,以备不时之需。

2.车上沿途讲解

这也是一项专业技能,并不简单。《导游实务》将之细分为接站后的讲解、赴游览途中的车上讲解、游览完毕后回程的讲解、送团途中的讲解四类,各有适用的讲解策略。而针对学生团,又有特定策略,如准备小道具给学生表演,或将成本不高的小礼物如笔、书签、钥匙扣等作为奖品发给参与互动的学生。[1] 此外,亦有《和老外聊文化中国:沿途英语导游话题》《沿途导游掌中宝:英语导游文化讲解资料库》等专业导游书可供参考。[2]

若某项目以每天出行游览为主,乘车途中的时光就变得分外关键。车程漫漫,且可能遇上拥堵,看似无聊难熬,其实是

---

[1] 易婷婷,等.导游实务(第2版)[M].北京:北京大学出版社,2018:91, 177–178.
[2] 杨天庆.和老外聊文化中国:沿途英语导游话题[M].北京:天地出版社,2005;杨天庆.沿途导游掌中宝:英语导游文化讲解资料库[M].北京:旅游教育出版社,2007.

个全体师生彼此熟悉的契机。天地之大、巴士之小，皆可为课堂。带队教师跟大家谈谈心、教唱一首中文歌、传授吃喝玩乐攻略、配合观光目的地讲些逸闻趣事，或让同学们自己播放音乐、一展歌喉，或玩一些小游戏等（但要遵守乘车规则），都能把令人昏昏欲睡的"垃圾时间"，变成一路欢歌笑语的"黄金时段"。

六、观光大使

从宽泛意义上看，所有导游都是所在国家/地区/城市的"观光大使"，肩负着推广当地旅游产业的使命。而导游从业者之外，许多地方还有另一类人以义务劳动方式扮演着这种角色。

澳大利亚墨尔本街头，常可见到身着统一红色制服的当地人，随时义务为游客答疑解难、推荐好玩去处，他们有个特别称号"城市大使"（City Ambassador）。①

在欧美许多城市，游客皆可报名参加"免费徒步导览"（Free Tours By Foot），由当地热心青年义工带领，以步行方式探索知名景点和特色街区，并辅以精彩讲解。导览并不收费，只在结束后接受"打赏"小费，多少随意。②

日本东京观光信息中心为外国游客提供多种语言、多条路线的免费导览——"东京都观光志愿者导游服务"（Tour Guide Services by Tokyo Volunteer Guides）。志愿导游多半是退休后又发挥余热的当地日本民众，游客仅需提前在该中心官网预约，按时前往中心与其会面即可。除了游览景点，他们还会带领游

---

① 参见墨尔本市政府官网（https://whatson.melbourne.vic.gov.au/visitors/services/ambassador/Pages/Ambassadors.aspx）。
② 参见免费徒步导览官网（https://freetoursbyfoot.com）。

客体验公共交通,甚或品尝美食等。导览服务本身是免费的,而门票、交通、饮食等产生的额外费用则由游客承担。哪怕当日仅有一位游客预约,亦会有两位导游全程陪伴。[①]

上述几种活动的共同点是并不盈利,而志愿者们或老或少,均满怀对家乡之热爱,并乐于与各国游客分享,让远道而来的客人们既享受免费导游服务,又切身感受到当地人的热情和友善,从而获得更美妙的深度旅行经历,并加强对该城市乃至该国家的正面观感。正如这些热心人士的所作所为,兼具导游职能的中方教师对自己国家和所生活城市的热爱,势必感染到学生。是故,他/她在本职工作外,应怀有"观光大使"和"推销员"觉悟,向外方师生尽力宣传当地的美景、美食与风土人情。若连教师本人都对自己的国家和城市没兴趣,更谈不上激发学生兴趣,反而其冷淡敷衍的态度损害到大家的游玩兴致及深度文化体验。

据载,曾有一位宁波地陪导游为讨好日本团游客,对日本大加赞赏,对宁波则颇有微词,反而惹得喜爱宁波的日方领队不满与抗议。[②] 这是一个具有警示意义的反面案例,恭维对方并无不可,关键是不能以贬低自己的家乡和国家为代价。这位地陪,往小处说,缺乏基本的职业素养;往大处说,则是有损国格。地陪也好,中方教师也好,都是本国本地的"形象代言人",其本职就是要把该地的魅力展示给外国客人或学生。在此过程中,可以诚恳地指出一些现存不足或缺憾,但绝不能故意

---

① 参见东京观光信息中心官网(https://www.gotokyo.org/cn/guide-services/index.html)。
② 参见《导游实务》案例1-8 "宁波地陪费力不讨好,日本领队勃然大怒"。
易婷婷,等.导游实务(第2版)[M].北京:北京大学出版社,2018:14-15.

贬低、抹黑。这既有损当地形象乃至国家形象，还有损自我形象，是愚蠢至极的做法。假设当地真的一无可取之处，则外宾就不必来此观光游学，导游和带队教师的工作亦无任何价值了。

七、民间外交使节

跨国游学是一次不同文化的碰撞，显著特色是"异域风情""异域文化"。如果说来华学生团队仿佛出使中国的民间外交使团，那么接待方教师就相当于民间外交使节，是中华文化的代言人和传播者，要"讲好中国故事，传播好中国声音"，引导国外学生了解传统中国与当代中国，履行非官方的民间外交职责。

早在 20 世纪 70 年代，即有西方学者注意到旅游与外交之间的密切关系。[①] 2015 年，全国旅游工作会议报告首次以官方名义正式提出"旅游外交"概念，认为旅游作为增进民间交往、促进民众感情交流的重要载体，在国家外交中扮演着越来越重要的角色。[②] 2016 年国务院颁布《"十三五"旅游业发展规划》，明确"实施旅游外交战略"。[③]

《导游服务规范》在谈及"导游服务的性质——涉外性"时亦指出：

> 外语导游人员处于外事活动的第一线，他们为外国人提供导游服务，外国人通过导游人员的表现评价

[①] 杨劲松. 旅游外交内涵辨析——当前问题分析和提升建议 [J]. 中国旅游评论, 2020（2）: 126–135.

[②] 2015 全国旅游工作会议工作报告 [EB/OL]. http://www.china.com.cn/travel/txt/2015-01/16/content_34575800.htm, 2015–01–16.

[③] 国务院关于印发"十三五"旅游业发展规划的通知 [EB/OL]. http://www.gov.cn/zhengce/content/2016-12/26/content_5152993.htm, 2016–12–26.

中国……无论何种导游人员都应该注意宣传中国、热爱中国，发挥民间大使的作用。①

《导游学》则强调说：

> 导游员是游客率先接触而且接触时间最长的目的地居民，导游员的仪容仪表、神态风度和言谈举止都会给游客留下较深刻的印象。②

《外事礼仪》在论及"外事人员的个人礼仪"时提醒道：

> 在外国人眼里，每一名外事人员都代表着自己的国家、代表着自己的民族、代表着自己所在的地区、代表着自己所供职的单位，那么，外事人员对自己的行为就需要多加检点，并好自为之。③

该书从衣着打扮、西装着装、仪容修饰、举止行为、语言沟通、姓名称呼、名片交换、问候行礼八个方面，详述了一名外事人员所应留心的个人礼仪。

在来华游学项目接待中，中方教师的作用近似外语导游，是外方师生在华期间每天亲密接触到的中国公民。毫不夸张地说，他们有关中国人的整体观感和印象如何，很大程度上将取决于这位"中国代表"的言行。所谓"外交无小事""细节决定成败"，中方教师须具备一名外事人员的自觉，在身体力行开展旅游外交和文化外交时，既要做到为人师表，更要留心自己在外国师生面前的一举一动是否有损国家形象。其谈吐应对宜不卑不亢，既向对方表示尊重、释放善意，亦不必谄媚或忍辱负

---

① 北京市旅游业培训考试中心. 导游服务规范 [M]. 北京：旅游教育出版社，2015：6.

② 熊剑平、石洁. 导游学 [M]. 北京：北京大学出版社，2014：5.

③ 金正昆. 外事礼仪（第5版）[M]. 北京：首都经济贸易大学出版社，2017：52.

重。遇有对方的冒犯性言论，如对中国政治制度或国家领袖的不当评价，对中国领土、宗教、民族问题的不当认知，应严正表明立场，并加以解释、劝服。有研究者即以"华夏·潇湘之旅"孔子学院夏令营为例，指出要注意外国学生在政治观点和价值观念等方面的文化差异，比如在参访红色革命文化基地时，应客观介绍评价国家领袖，不能一味迎合某些学生不正确的认知。① 当然，这类事关国家和民族尊严，需"大义凛然挺身而出"的场合并不多见，中方教师更应在日常课堂教学、观光参访和师生互动中做到春风化雨、润物无声，有意引导学生对中国语言和文化产生兴趣，理解当代中国国情，乃至油然生出敬意与喜爱。

总而言之，伴随着时空背景的转换，教师的传统角色也一直在因时而变。譬如，信息时代的来临，要求教师化身"网络达人"，发展出线上教学和沟通技能；民主自由观念的普及，要求教师"变师为友"，注重平等沟通；学历膨胀与职称评定机制日趋严格，要求教师向"终身学习者"与"科研人员"转变，不断提升学识、发表学术成果；"地球村"的形成与国际交流日益频繁，要求教师扮演"文化使者"，理解、包容、传递多元思想和文化；等等。

本章关于游学情境下教师角色的大多讨论，虽聚焦中方教师职能，其实亦同样适用于外方领队，或者，再加引申，也适用于带领中国学生赴境外游学的研学导师。自 2014 年我国教育

---

① 曾雅骥. 体验式教学法在来华短期夏令营文化教学中的应用分析 [D]. 湖南师范大学，2018：10-11.

部颁布《中小学学生赴境外研学旅行活动指南（试行）》以来，[1]这类活动一直处于蓬勃发展之势。该指南对中方带队教师提出了一些基本要求，如第十七条：

> 举办者应在出行前培训带队教师掌握紧急救险和医学急救的知识。带队教师要熟悉目的地国家和地区的情况（含相关法律规定情况），具备强烈的责任感和较强的执行力，拥有良好的语言沟通和组织协调能力。

可惜过于简略，指导意义有限。愿上文的详细阐述，能丰富学界对于教师角色和职能的新认知，为游学或研学活动管理提供参考。

【学生视角6-1】可亲可爱的中国老师

① 上课时，我们认识了从别的国家来的同学，也认识了世界上最漂亮、最瘦、最可爱、最逗人笑、最关心我们的舞蹈老师。

（*妙睿，女，15岁，美国；2019年夏令营——民族舞蹈营）

② 我们的汉语老师姓王，她特别地好，很温柔，上课迟到的时候，不仅不骂我们，还说没事。她很会体谅我们，她也很漂亮。

（*梦萍，女，12岁，缅甸；2019年夏令营——华夏文化营）

③ 我们的汉语老师是D老师。我们二班都爱D老师，因为他很友善和善良，给我们的成绩高得要命和让我们看Fresh Off The Boat。所以，D老师告诉我我们有新的老师的时候我们都要哭了。

---

[1] 教育部.中小学学生赴境外研学旅行活动指南（试行）[EB/OL]. http://www.jsj.edu.cn/n4/12090/457.html,2014–07–14.

(＊敏志，男，17岁，菲律宾；2017年秋令营——菲律宾光启学校北京游学营）

④ 在汉语课上很幸运地认识D老师。D老师也算是我们最棒的导游，跟我们一起出去玩，帮我们了解中国文化。D老师在北京寻根之旅付出了很多。有了他，我们才有机会去那么多有趣又有意义景点。

（＊一尧，女，13岁，澳大利亚；2018年春令营——澳大利亚华裔青少年北京游学营）

⑤ 我很喜欢两位实习老师。漆老师经常陪我玩我最喜欢的运动（篮球）。他是一个特别爱跟我们玩的一个老师。之后还有一位特别好看又可爱的老师，她姓董。这位老师她特别地照顾我，其实我还有很多的话想跟她说，但我不知道如何表达。

（＊殷豪，男，14岁，葡萄牙；2018年夏令营——经典诵读营）

第七章　京城魅力：北京带教路线与方法举隅

第一节　游览安排

游学活动中，路线设计正如排兵布阵，需斟酌各种搭配：市区与郊区、室内与室外、传统与现代、艰难景区与轻松景区等。搭配得宜，既节省时间和路程，又使游客更为轻松愉悦。

一、目的地选择与时间安排

作为千年古都、中华人文荟萃之地，北京有极多的名胜古迹、特色景点，但一则短期项目时间紧张，二则某些场所并不适合外国青少年，三则还要综合考量距离远近、价格高低等，实际上选择余地不大。总的来说，北京旅游景区管理尚属规范，门票价位不高，另有众多值得走访的免费景点、街区。收费景区与免费景区的合理搭配，既让行程更加灵活多样，又有效地降低成本。

正如一线城市、二线城市之类说法，各地景点亦按其重要性划分为一、二、三线。因在华停留时间很短，驻足单一城市更短，则能去的地方肯定不多。长城、天安门和故宫、颐和园、天坛号称北京四大一线景点，其中天安门与故宫是邻居，常排在一起游览，可视为一处。假如游览北京不超过三天，则仅能去一线景点，并稍稍搭配逛街购物、观赏演出等内容；若超过三天，方可再考虑二、三线景点。

在一线景点中，故宫、长城、颐和园这三大拥堵景区的安排颇费思量。首先，要尽量避开周末和公众节假日。其次，避开周一。因为故宫、国家博物馆、首都博物馆、中国科技馆等均周一闭馆，而它们闭馆时，游客又会分流到长城和颐和园，加剧拥堵程度。再次，故宫最好也避开周二。因为大批周一不能去的团体游客会推迟到周二，造成周二人潮更集中，所以参访故宫的最佳日期为周三、周四、周五。

【案例7-1】"可怕"的十一黄金周

英国和澳大利亚学生来华，每每恰逢十一国庆黄金周前后（与其本国假期有关），如何筹划观光路线相当考验接待方功力。根据我国国情，十一长假期间几乎是国内游客出行最高峰，全国各大景点都爆满，甚或存在安全隐患，严重影响旅行质量。[①]若其来华时段恰与国庆节重合，则很难有什么太好办法，惟有做好充分思想准备，提前设计应变预案。若仅有部分天数交叉，则可尽量于黄金周期间在校园上课，或游览不太热门的地方；而黄金周之外，则集中观光游览。如此一来，整体内容不变，仅仅是先后顺序的调整，却能避开汹涌人潮，获得更佳体验。

二、灵活应变

《导游学》指出，旅游过程中难免发生不同类型的事故，也

[①] 按，《全国中小学生研学旅行安全手册》在第二章"出行安全"，特别提到"拥挤踩踏"事故的预防与处理，值得警惕。参见：孙左满、张建国. 全国中小学生研学旅行安全手册[M]. 北京：北京教育出版社，2018：22-23.

会面临游客的诸般要求。作为导游员，应有较强的应变能力，在处理意外时遵循以下六条基本原则：维护游客利益、符合法律、"合理而可能"、公平对待、尊重游客、维护尊严。①

《导游实务》曾列举"游览大巴改地铁，客人不满化欢欣"的例子。因路况糟糕，旅行社安排的大巴不能及时接站，导游遂诚恳向法国游客说明情况，并提出趁机带大家搭地铁赴首站景点，既节省时间，又可感受庶民生活，行李可寄存在行李车，大巴则直接开到该景点等候。由于导游开诚布公，并妥善处理，法国客人不仅没有抱怨，反而为搭乘中国地铁的新鲜体验而赞誉有加。②

上述原则与案例皆可为游学管理提供借鉴。一方面，游学行程是事先确定的，接待方有义务按既定行程有条不紊地一一履行；另一方面，在现实情境下，也常常受天气、交通、私人行为等意外状况干扰，带队教师必须具备灵活应变能力，善于"大事化小，小事化了"，甚至把坏事变好事，让学生们开心满意。

（一）气候与天气因素

北京冬天气候寒冷，昼短夜长，傍晚5点左右天黑，降温明显，宜提前返回用餐、休息。夏天气候炎热，昼长夜短，8点左右天才黑，且傍晚相对凉爽舒适，最宜户外活动，可适当延长游览时间，在外用餐，顺便错开下班高峰期的交通拥堵。比如将有室内空调的博物馆放在最炎热的下午，将逛街购物等露天活动放在傍晚等。（名胜古迹一般只白天开放，无法傍晚

---

① 熊剑平、石洁. 导游学 [M]. 北京：北京大学出版社，2014：284–285.
② 易婷婷，等. 导游实务（第2版）[M]. 北京：北京大学出版社，2018：150.

游览）

　　室外景点受天气干扰较大，恶劣天气要有备案。夏天多雨，小雨凉爽宜人，中到大雨则会造成出行不便。冬天多风，如四五级以上大风，则非必要不要出游，更不能去爬长城。行程皆为提前规划，无法预料当日天气如何，需密切关注天气预报。假如预报第二天有大雨、大雪，绝不能抱着"反正天气预报也不太准"的侥幸心理照常出行，而应尽快做出调整，或换为室内，或改天外出。

【案例7-2】预报暴雨，是否改行程？

　　某年夏令营期间，预报第二天有大到暴雨。A教师迅速行动，将自己负责的营明天爬长城改为校园内上课，并一一打电话通知需临时变动的后勤车队、学校食堂、已订餐之校外餐厅、授课教师、外方师生等有关部门及人员。此时有家长在微信群中也对天气表示担忧，A请其放心，已妥善安排。与此相对照，B教师负责的另一营按原定计划外出游览，而第二天竟然没下雨，A劳师动众成了无用功，但起码做到了问心无愧。

　　第二年，类似的情况再度发生，A仍然遵照天气预报调整了行程，B仍然未做调整。结果此次预报准确，天降暴雨，B带队的同学（多数没有伞）不得不在雨中"游"故宫，据说积水最深的地方接近膝盖。除了前进异常艰难外，还伴有一定危险性，若学生因淋雨感冒，另将引发后续诸多问题，并给中外教师都增添不必要的麻烦。

（二）预约行程与非预约行程

　　已提前预约或订票之场所，不便改动；无须预约的景点，则可酌情调整。如长城、天坛与颐和园，皆无须预约，随时可去；故宫需提前订票，博物馆需提前预约，有时还要开单位介绍信，改动相对困难；赴某学校交流，须配合对方时间，既已约好，一般无法改动。

（三）临时要求与突发状况

外方师生可能会有各种临时要求，如办理电话卡、银行卡、超市购物、调整用餐等；而学生可能会有各种突发状况，如生病、中暑、受伤、财物遗失、亲友来访等。此时，宜随机应变，既保证行程表上的集体活动照常实施，又对个别人情况予以妥善处理。若问题棘手，应尽快请示领导或向同事请教，集思广益解决问题。

（四）非常规行程与其他

可在遵守既定行程且不增加额外成本的前提下，灵活调整游览及用餐。例如，假设当日游览已顺利完成，但返回住处又嫌太早，不妨酌情添加逛街或赴商场、超市等。这类地点既不需预约，也无入场费，且分布甚广，可在返程途中顺路前往。

有时在外团体用餐，只要带队教师预定时多嘱咐餐厅几句，比如去掉几个外国学生不喜欢或不习惯的菜（如辣味较重的菜、需要挑鱼刺的鱼类）和羹汤（如酸辣汤），换成酸甜口（如菠萝咕噜肉、糖醋里脊）、煎炸类（如炸鸡、炸薯条、炸丸子）、饺子等，便能显著改善学生用餐体验。（参见本书第三章第一节关于"中西餐与饮食习惯"的论述）

【案例7-3】用餐标准不变，多吃烤鸭

某烤鸭店是某国际学校接待外宾的定点餐厅，团队用餐为十人一桌，每桌配十个菜、一只烤鸭，该标准已实施多年。但某教师入职后，经多次观察，发现一只烤鸭经常不够吃，而中式炒菜又因不符合外国学生口味（并非不好吃），经常大量剩余，十分可惜。于是，他尝试与餐厅经理沟通，将烤鸭增至每桌一只半，将其余炒菜适当去掉三四个。如此一来，该校的接待成本并未增加，餐厅方亦无损失，而同学们从此吃到更多心心念念的北京烤鸭，错过的只是几个本来就不怎么吃的炒菜而已。

第二节　各景点须知

以下并非正式景点介绍或讲解词，而是依据笔者带海外学生游教的亲身经验，对各处特色做简单点评。皆为一家之言，仅供参考。

一、一线景点

（一）长城（Great Wall）

1. 特殊意义

北京四大一线景点，在多数外国学生眼中的排序为：长城＞天安门和故宫＞颐和园＞天坛。其中前两者为非去不可，后两者能去则去，不去，他们亦无意见（许多人对后两处景点没什么概念）。

停留时间较短者，尽量将长城排在第一天出游，天安门及故宫排在第二天。只要去过这两处，北京之旅就基本没有遗憾了。若逢天气恶劣，尚有余地推迟或调换。尤其夏季天气多变，若将长城排在整体行程的后半段，一旦有暴雨等意外，而又无法改日弥补，会造成极大遗憾。此外，因爬长城格外耗费体力，还要注意当天的行程前后衔接。首先，要搭配轻松景点，尽量避免与其他"艰巨"景点(如天安门及故宫)扎堆在同一天;其次,要考虑到天气炎热时,爬长城可能会浑身被汗水浸透,如安排到上午,是否方便中午返回住处稍事休息、洗澡、更换衣物?如安排到下午,是否方便爬完长城即直接返程休息(但下午可能更热)……如何从学生切身体验出发,悉心考虑、巧妙设计,将是对带队教师的一大考验。

作为伟大的防御性军事工程,长城过去是一道阻碍异族侵略者的屏障,现在却成了外国游客最爱之地,成为联络中外友谊的纽带与和平的象征,这一不同时空背景之下的"角色转换"相当有趣。

2. 游览地点选择

旅游团最常去的是八达岭和居庸关。八达岭最知名,开发最完善,配有缆车,但最商业化,游客最多,非法商贩和黑导游频繁出没,距离市区也较远。居庸关游客相对较少,距离市区较近,亦很少遇到非法商贩或黑导游,是相对较好的选项。

3. 游览体验

作为中国最知名建筑,长城本来就是中华民族勇气与力量的象征,而毛主席的名言"不到长城非好汉",更给它增添了几分英雄主义光辉。"登顶"是众多学生的目标,攀登时朋友之间的互相鼓励、自己所挥洒的汗水、永不放弃的意志磨练,以及登顶之后的巨大成就感、"一览众山小"的壮观美景……如此种种,使得整个过程充满传奇色彩,令人极为难忘,堪称中国之旅的"巅峰"体验。据学生反馈,能登顶的人都很骄傲,没登顶的则表示遗憾,还有人说下次再来、争取登顶。很多人都认为爬长城虽累,但值得。而如果是别的景点,恐怕他们早就抱怨了。

在长城可买到较独特的纪念品，如刻有本人姓名和当天日期的"我登上了万里长城"纪念章，附本人照片、亲笔签名及当天日期的"好汉证书"等。

爬长城有一定危险性，务必嘱咐大家不可互相追逐打闹，并本着适度原则，不要勉强登顶。之前曾有学生敢上不敢下，爬上去后在高处吓哭，被老师搀扶下来，或登高后心脏不适，同学、老师纷纷施以援手后才勉强回来集合。此外，长城有些段并非一条路直上直下，是有岔路的，应嘱咐大家原路返回，否则有迷路之虞。迷路后联络不便，将格外麻烦。[①]

【学生视角7-1】长城体验

① 我怀着兴奋与激动的心情来到中国的首都北京旅行，让我觉得很遗憾的是，在这期间我出了一点意外受伤了，我最梦想的长城没有去成……

(*欣怡，女，12岁，新西兰；2019年夏令营——北京华文学院营；注：欣怡同学参访故宫时中暑晕倒，面部着地擦伤。虽无大碍，但后来她去医院换药那天，刚好错过跟大家一起爬长城，遂成为她最耿耿于怀的憾事。)

② When I was in Beijing, I really enjoyed climbing the Great Wall of China. I liked stopping at each small fortress and looking down at the beautiful view. When me, Audrey and Eugenia managed to climb to the top we

---

[①] 按，《全国中小学生研学旅行安全手册》在第二章"出行安全"，特别提到"登山安全"事故的预防与处理。爬长城与登山相似度颇高，值得参考。参见：孙左满、张建国. 全国中小学生研学旅行安全手册[M]. 北京：北京教育出版社，2018：23-24.

were very proud of ourselves and thought we were "tough women"！

在北京的时候，我非常喜欢爬长城。我最喜欢停在一个个（长城）小要塞看着那么漂亮的景色。我、Audrey 和 Eugenia 爬到上面的时候，我们都很高兴，认为我们都是"女汉子"了！

(*馨怡，女，11岁，澳大利亚；2019澳大利亚悉尼中国育才学校北京游学班；注：中英文皆为馨怡同学自己所写，她和另外两个小女生登顶之后，还一起自拍了段小视频，对着镜头齐声说："不到长城非好汉。我们现在是'女汉子'！"令人捧腹。)

③ 我是第二次参加北京营，也是第二次爬长城。第一次爬的时候，感到很可怕、很累。可是这次爬的时候，看到外面的风景很优美而且不太可怕，也不太累。明年，我来到北京参加毕业旅行，爬长城的时候，希望能爬得比这次还要高。我明年比别人还要爬得高。我一定会努力！！加油！！

(*夏涟，女，13岁，日本；2017年冬令营——冬奥文化感知营）

④ 我最喜欢的是登上长城。毛泽东说过，"不到长城非好汉"。爬长城确实很累，可是一登上，我就感到很荣幸。从那么高的地方看，远处显得好小，像世界在我脚下。我感到很幸运，能登上那么老的建筑，爸爸妈妈快四十岁了都还没来过北京，我却已经来了。爬长城的时候又累又热，楼梯又很高，很难爬，可是

我还是登到了第九楼。

(*悦,女,14岁,西班牙;2017年夏令营——"丝路探源"古都文化感知营)

⑤我去长城前以为爬长城是很简单的一件事,可是在爬长城的过程中我才发现爬长城原来没我想得那么简单!我们爬到半路的时候,想过放弃,因为台阶实在太高,路也实在太远,可是我不是那种半途而废的人,所以我就继续往前走。我爬到了最高处,心里就想:我真的好厉害呀!

(*琪睿,男,15岁,西班牙;2018年夏令营——传统书画体验营)

(二)天安门和故宫(Tian'anmen Square & Forbidden City)

1. 游览难点

由于位置毗邻,天安门和故宫常常相提并论,是北京游客最汹涌之处,亦是带学生团队游览难度最大的地方,走失风险较高。最好能统一着装,尤以颜色鲜艳的亮黄色服装最佳,[①]并需随时、反复清点人数。作为政治中心,这是一个敏感区域,既不允许拉条幅、拍照,也是唯一需要带护照备查的景点。

故宫只允许由南门(午门)至北门(神武门)单向游览,而故宫北门外是对游客很不友善之处,人员复杂且拥挤,充斥着各色一日游揽客、街头小贩、乞讨者等。附近又不能停车,导致团体游客上车极为不便,一是要步行到较远处,二是常等

[①] 按,经多次实地验证,当同学们统一身穿亮黄色T恤或外套时,辨识度最高;而穿其他颜色的都容易迷失在人山人海中。

待较久。在游客们扎堆上车的地方——景山东街内，沿街乞讨者和小贩常来百般纠缠，对市容和国家形象影响恶劣，期待有关部门予以整改。

2. 游览方法

天安门广场主要是集体合影，稍给几分钟各自打卡拍照。通常不安排参观毛主席纪念堂，一则政治性过强，二则排队太久，三则存包不便。

故宫下午人潮略少，除了夏季太热之外，其他季节均更适宜下午去。故宫内部，若是大学生，不妨允许其自由参观，约定某时某刻神武门内集合即可；若是中小学生，不可令其自由行动，应由教师或导游带领走最精华的中轴线，这是经典的旅游团路线，若时间较充裕，方可再往两侧寻幽探胜。

3. 游览体验

在故宫官方礼品店可买到独特的纪念品。近几年故宫颇注重文创，开发了琳琅满目的伴手礼小物件，如帝后娃娃、书画文具、手机配件等，高端大气且价格亲民。

在中国游客心目中，故宫与长城均属于顶级景点，可谓难分轩轾；但在外国游客，尤其是未成年学生心目中，长城的分量则远超故宫。一般而言，汉语水平较高、文化背景知识较深、较为成熟的学生（如马来西亚华裔学生，或仍保留中国籍的华裔学生，或年龄偏大有思想深度的学生），对故宫更感兴趣。他们多半喜欢中国古装剧或神秘东方文化，对发生无数传奇故事的"皇宫大内"颇为神往。而大多未成年学生缺少中华文化熏陶，对故宫的兴趣远低于长城。且因上下车不便、步行距离较长、环境纷纷扰扰、购物时间匮乏、地形空旷受天气干扰大等原因，故宫反而更容易给学生们留下不怎么愉快的印象。在寻根夏令营感言中，相当多营员提到自己最喜欢长城，并大书特书自己的攀登体会，却很少有人重点提及故宫。

另需注意，外国同学大都只知故宫的通用英文名 Forbidden City，即旧名"紫禁城"的英译，而对"故宫"这个当代名称，或 Palace Museum（故宫博物院）这一官方英译，均不甚了然。若向其介绍说"今天我们去故宫，就是 Palace Museum"，他们多半满头雾水。

【学生视角7-2】故宫体验

① 我们还参观了故宫，游览颐和园、天坛。我发现我不喜欢参观这些古迹，特别是因为太热了，我还觉得很无聊。

（*莉婷，女，16岁，法国；2018年夏令营——草原民族文化感知营）

② 我爬到了长城最高的地方，我到的时候很高兴。在故宫的时候很热，所以这个时候我不开心。

（*祺宏，男，14岁，法国；2018年夏令营——黑土地民俗文化感知营）

③ 我们去了故宫，那一天非常热，故宫里有很多人。大家都很热，都想吃冰棒。我觉得很搞笑，因为大家一听到有冰棍卖都跑去买了。

（*林菲，女，13岁，加拿大；2018年夏令营——传统书画体验营）

④ 故宫虽然很好玩，但是太热了。我跟其他人都热得汗流浃背，像在桑拿里……我们一直在太阳的下

面走路和等车。车一到，我们就争先恐后地上车。

（＊博文，男，15岁，英国；2018年夏令营——传统书画体验营）

（注：另参见第三章【学生视角3-6】被老师赶鸭子）

（三）颐和园（Summer Palace）

颐和园旺季时游客极多，几乎仅次于故宫，应避开周末、节假日及周一前往。作为曾经的皇家园林，近年开发了一批周边商品，可买到皇家特色伴手礼。由于园内地形、人员复杂，不宜让未成年学生自由行动。东宫门附近的知春亭小岛可将湖光山色尽收眼底，且是一个相对封闭的小型区域，可由老师守住桥头，给学生少许岛上休息、拍照时间。但需嘱咐大家不可在水边嬉戏打闹。

平时可坐大型游船（比小船安全），在昆明湖中欣赏美景，是颇为独特的体验。但天气恶劣如刮风、下雨时，及冬季湖面结冰时，游船皆停驶。颐和园受季节干扰很明显，冬天景色较差，且无法乘船，体验大为逊色，会变得有点"鸡肋"，可酌情取消。

（四）天坛（Temple of Heaven）

经典路线：南门进，东门出。南门路边下车，东门停车场上车。

特殊路线：东门进，东门出。若逢天气恶劣、行程太紧，或学生已很疲劳，可东门进出，只看最精华的祈年殿区域，不去靠近南门的回音壁、圜丘坛。三层圆顶的祈年殿造型优美，向来被视为北京的城市徽标（logo），蓝天白云、天气晴朗时，拍照效果极佳。东门至停车场之间有遮阳防雨的长廊，让步行更舒适，且有机会见识打牌、唱歌、跳舞的当地庶民生活，有时还可现场加入他们，"与民同乐"。

另可搭配东门外红桥市场购物、用餐，及附近红剧场观赏"功夫传奇"演出。

二、二线景点

（一）鸟巢和水立方（Bird's Nest & Water Cube）

适合悠闲散步、拍照打卡。但地形空旷，夏天暴晒、暴雨或冬天寒风凛冽时，游览体验较差。参观鸟巢、水立方外景很快，不必特意留出半天，可"见缝插针"，顺便路过，稍作停留拍照即可。晚上时，夜景亦值得一看。

家长或许觉得进入鸟巢、水立方内部参观更有意义，但从接待方角度，另需买票、开发票，既增添麻烦，又提升成本，门票的性价比亦不高。按照经验，与旁边的新奥购物中心结合更佳，再配合发餐费自由用餐，学生会很开心。

（二）胡同、四合院、人力三轮车（Hutong & Traditional Courtyard & Rickshaw）

面向旅游团的人力三轮车目前聚集在什刹海体校西门一带，车水马龙，嘈杂混乱。乘人力车游胡同确实是一项独特体验，但存在安全隐患，故不太推荐。与人力车打包销售的四合院参观，院落空间逼仄，游客常常爆满，环境较差。若逢游客淡季，风和日丽，且团队规模不大时，或可一试。

注意：车夫会索要小费，嘱咐学生不要给，已由带队教师统一支付。

（三）什刹海（Shicha Sea or Back Sea）

什刹海景区包括荷花市场、前海、后海、烟袋斜街等区域，适宜"海边"（湖边）漫步。后海酒吧街深受外国人青睐，但近年因整修等原因，沿湖酒吧、商店部分停业，已不复昔日辉煌。前海、后海绕一大圈约1小时，过于漫长且嫌无聊，推荐带学生绕最繁华的前海一小圈，约20分钟，再赴旁边烟袋斜街购物。烟袋斜街名气在外，商业气息浓厚，街上文艺小店、礼品店可简单逛逛，但不如附近的南锣鼓巷更佳；唯有"大清邮政信柜"（什刹海邮政所）作为一家复古风格邮局，还兼具小型邮政博物馆、邮政主题礼品店等功能，是这条街最独特的风景线，吸引着各路文艺青年们来此打卡，并寄出盖有专属皇家邮戳的明信片。

若不赶时间且团队规模不大，可顺便走访附近钟鼓楼，领略京城中轴线风情。钟鼓楼之间的文化广场是拍照好去处（常在现场偶遇新人拍摄婚纱照），也是当地人休闲娱乐之处，常见踢毽子、打羽毛球、跳广场舞、写生等文娱活动，庶民生活气息相当浓厚。

（四）三里屯（Sanlitun，the Embassy Area）

在一项针对700多名在京大学留学生的调查中，他们被问"最喜欢去的休闲娱乐与文化艺术场所"时，选择三里屯和798艺术区的人占据压倒性多数。（该问题更偏重于日常休闲场所，而非观光景区）[1]

三里屯为使馆区，堪称北京最繁华、最时髦的区域之一，

---

[1] 魏崇新、高育花. 来华留学生文化适应性研究：以北京高校留学生为例[M]. 北京：学苑出版社，2019：18.

常有明星出没，是深受商务人士与年轻人群欢迎的逛街圣地，亦是扛着"长枪大炮"类专业相机的摄影爱好者们的"街拍圣地"，可谓"看人"（people watching）的好地方。自后海因整修而逐渐没落，三里屯对外国人的重要意义格外凸显。笔者曾遇几位长期项目的外国大学生，一来北京，什么都还不熟悉，就自己跑去三里屯感受夜生活。此处很适合短期来京的大学生、高中生团队游览，应给大家留足时间自由逛街及用餐，但地形稍嫌复杂，年龄偏低的学生不宜自由活动。

这里不是通常意义上的旅游景点，所以不会见到大众旅游团，而以当地人、年轻人、自由行游客及外国游客为主，给人感觉高端大气，热闹而不嘈杂，店铺林立而无庸俗商业气息，美食多多而品质卫生亦有保障。想带外国同学感受到古都北京最时尚、最现代化的一面，不妨就来这里。

（五）798艺术区（798 Art District）

798艺术区是北京另一大时髦区域，充满小资情调与文艺气息。来此拍照打卡、逛店看展和享用西餐美食，是年轻人的"小确幸"。整个区域地形复杂，容易迷路，适合外国大学生自由行动，或高中生结伴行动。年龄偏低的学生，须由教师带队分组游览。

（六）北京动物园（Beijing Zoo）

北京动物园是特受中国小朋友欢迎的景点，对外国学生最有吸引力的则是熊猫馆。整个动物园太大，不宜放开，可带去熊猫馆，在该馆内自由参观，并推荐他们到附设礼品店采购各式熊猫伴手礼。这里无须预约，门票也很亲民，适合临时增加自费行程，游览1小时足矣，但要避开人流量大的周末节假日。

此外，因"国宝"熊猫娇贵异常，天气好才出来玩耍嬉戏，不敢保证肯定能看到，需有心理准备。

（七）雍和宫（Lama Temple）

身为清朝皇家寺庙，雍和宫与故宫建筑风格相似，但平日人流量不大，且面积不大，有点像故宫的"迷你版"，可尽情拍出"皇家范儿美照"。需提醒学生说，这里是宗教场所，请勿大声说话和互相打闹，要保持起码的尊重与礼貌。适合带泰国、缅甸等东南亚佛教国家学生，或佛教文化盛行的日本学生参访。如时间充裕，可搭配毗邻的国子监（孔庙）及五道营胡同。

三、三线景点

（一）中国科技馆（China Science and Technology Museum）

环境较好，但周末节假日人潮汹涌，适合发展中国家学生在天气恶劣的盛夏或严冬参观。可搭配附近的鸟巢、水立方。

（二）景山公园（Jingshan Park）

景山公园与故宫仅一街之隔，门票也便宜。可登上景山之巅的万春亭，向南欣赏故宫全貌，这座小亭子一向是云集大批摄影爱好者的拍照圣地。若时间宽松、学生体力充沛时，可纳入行程。

（三）北海公园（Beihai Park）

同为皇家公园，北海公园与颐和园景色相近，但名气远远不及。它的门票很便宜，游客也少，整体氛围更加清净、悠闲。可与胡同、什刹海搭配。儿歌《让我们荡起双桨》（1955年儿童电影《祖国的花朵》主题曲）描写了北海泛舟的悠闲场景。

>让我们荡起双桨，小船儿推开波浪，
>
>海面倒映着美丽的白塔，四周环绕着绿树红墙。
>
>小船儿轻轻飘荡在水中，迎面吹来了凉爽的风……

此情此景，令人神往。但学生如想划小船，存在安全隐患，须慎重。

（四）十三陵（Ming Tombs）

十三陵虽是列入"世界文化遗产"的知名景区，但地位比较尴尬。论历史底蕴与瑰伟雄奇不及长城，论皇家范儿与传奇色彩不及故宫，论山清水秀与诗情画意不及颐和园，论市井生活气息与辨识度高的标志性建筑又不及天坛……这里终究是气氛较严肃的陵墓，不那么"好玩儿"，另需深厚背景历史知识去领略其文化价值，并不适合外国青少年参观。除非外方特意提出，一般不安排。

（五）欢乐谷（Happy Valley）

欢乐谷是北京最知名的大型主题乐园，深受国内外少年儿童喜爱，但门票很贵。再者园区过大，不适宜未成年学生自由活动。除非外方特别要求，一般不安排。

四、文化场馆

（一）国家博物馆（National Museum）

国家博物馆位于天安门广场东侧，恰恰因其特殊地理位置，在重要性上又难与天安门、故宫比肩，导致大半旅游团都会略去此处。如需赴北京某博物馆参访，更好的选项是首都博物馆，不推荐国博。原因如下：第一，国博由原中国历史博物馆与中国革命博物馆合并而成，政治色彩较浓，更适合国内青少年参观，接受爱国主义教育；第二，进入参观手续烦琐，须单位开介绍信，并在馆外存包（馆内不设存包处），且安检严格，很不便利。

（二）首都博物馆（Capital Museum）

首都博物馆环境优雅，人流量适中，可免费参观，团队预约和入馆均较国家博物馆简单，是北京文化场馆的首选。底层设有自助午餐，中小型团队不妨在此用餐，方便快捷。

（三）国家大剧院（National Center for the Performing Arts）

国家大剧院位于天安门广场西侧，是与鸟巢、水立方并称的当代地标建筑。不看演出亦可购票入内参观，或可搭配天安门广场、前门大街一同游览。

（四）中国华侨历史博物馆（Overseas Chinese History Museum of China）

环境优雅，游客稀少，很有"教育意义"，适合海外华裔青少年团队参观。

五、逛街购物

（一）王府井大街（Wangfujing Street）

诸多城市都有一条"高大上"却趋于雷同的代表性步行商业街，王府井是来京旅游团逛街的首选。此处有好几家高端商场，大牌云集，中外美食汇聚一堂，堪称京城饕餮圣地之一。"王府井小吃街"名声在外，毁誉参半，只适合简单逛逛，对"炸蝎子串"之类的奇怪小吃开开眼界，但慎吃。街道狭窄，人流拥挤，也要谨防扒手。（注：截至2021年初，王府井小吃街仍在歇业中）"老北京风情街"看似诱人，实则经营不善，且偏离主街，游客寥寥，亦需升级改造。

需提醒学生只在主街活动，勿去两侧，勿离开步行街区域。推荐他们到几大商场/购物中心内享受美食，如烤鸭、炸酱面、火锅、饺子、小笼包、奶茶、甜品、精品咖啡、西式餐饮等。隐藏在王府井百货大楼地下二层的和平菓局，是重现老北京风貌的迷你艺文特区，新兴热门打卡地，值得一逛。

（二）前门大街和大栅栏（Qianmen Street&Dashilan）

前门与王府井并列为来京旅游团的两大逛街首选地，风格迥异。王府井走时尚、高端路线，主打现代品牌、国际品牌与大型购物中心/商场。前门及大栅栏则主打老字号，且多为小店。惟近年开张的"北京坊"商区时尚高档，提升了前门品位，其中有号称全球最大门店的星巴克臻选旗舰店，独占三层大楼，也值得去打卡，但偏离主街，位置略显隐蔽。

在繁华程度上，除大栅栏斜街总是熙熙攘攘外，前门主街及旁边小街都有若干闲置店铺，透露出几许开发不力的颓势。此处礼品店和老字号餐馆虽多，却普遍乏善可陈。另需当心"稻香村陷阱"。北京人喜欢的、价格亲民的正宗稻香村有"三禾"标志，而遍布各大观光区域的稻香村几乎都不是，一不小心就会买错。此种情形，在前门尤甚。

前门主街的复古有轨电车很吸睛，可惜车厢上满满的商业广告太扎眼，破坏拍照氛围，且车票亦嫌太贵，性价比偏低。值得一提的是，前门主街跟天安门、故宫一样，均位于北京中轴线上，这点很酷。大街北口的正阳门牌坊及箭楼古色古香，可拍出"京味儿美照"。总之，这里是个"值得来走走看看，但已被商业化毁了一半的地方"。

第七章　京城魅力：北京带教路线与方法举隅

（三）西单大街（Xidan Street）

西单与王府井分列天安门两侧，原来并列为北京两大高端购物街，后因顾客群不同而走上不同发展道路。西单不设步行街，物价似乎也更加亲民。当王府井逐渐成为旅游团扎堆之地，西单则很少见到团客，成为本地人和年轻人逛街的好去处。

（四）秀水市场（Silk Market）

英文名 Silk Market，以丝绸服装起家。号称"全球游客最喜爱的中国特色市场"，名气最大，是令外国游客爱恨交织的购物圣地。此处"中国风"纪念品琳琅满目，便于外国游客集中采购。因价格虚高，不推荐在此购买贵重物品。建议在此买些不太值钱的小东西，且一定要砍价，最终价格以不高于200元人民币为宜。

可搭配附近的世贸天阶广场（The Place），最适合晚上逛，领略"全北京向上看"、全球最大的天空屏幕，可发餐费在此自行用餐。

（五）红桥市场（Pearl Market）

红桥市场与秀水市场相仿，专为外国游客贴身定做，极少国内游客。英文名 Pearl Market，三、四层均为珠宝。由于珠宝标价虚高，风险较大，笔者常嘱咐学生："不要在这个珠宝市场买珠宝。"（Never buy any pearl in this Pearl Market.）只推荐买些一200元以内的小东西、纪念品。这里也是活学活用砍价策略的好去处，据学生反映，店员态度比秀水市场好，砍价体验更佳。

另可搭配游览旁边的天坛，及附近红剧场欣赏"功夫传奇"表演。

（六）南锣鼓巷（Nanluoguxiang or South Gong and Drum Alley）

作为年轻人逛街圣地之一，南锣鼓巷以老北京胡同、文艺小店、网红美食为卖点，虽店铺同质化和商业化严重，倒也不失为有趣去处。由于每逢周末和节假日都面临被游客挤爆的窘境，它近几年已刻意不欢迎旅游团参观，周围监控较多，对大巴极不友善，只适合小型团队，须停车在较远处，步行10—20分钟前往，并避开周末与节假日。

若为未成年学生，应要求仅能在南锣主街活动，避免进入两侧如棋盘般的小胡同而迷路；若为大学生，可再去旁边幽静小巷感受一下胡同人家的庶民生活气息，并时时遭遇小惊喜，如藏在胡同深处的精品咖啡厅、酒吧、餐厅、青旅等。

（七）大型购物中心及超市

旅行圈提倡"像当地人一样生活"（live like a local），即与浮光掠影的观光客不同，远离商业化严重的大众景区，展开深度游。追随当地人脚步，才能真正认识该地真实面貌，并享受物美价廉的生活体验。资深旅行者甚至认为，到了（国外）某地，去超市比去博物馆还有趣。（Go to the supermarket! More interesting than any museum to me!）[①]

大型购物中心、商场、超市、市场等，是颇受当地人喜爱的休闲购物好去处。它们无须门票、无须预约，随时可去，不提升成本，却提升体验。可在常规游览外，随时添加这类地方，

[①] Jaime Kurtz. The Happy Traveler: Unpacking The Secrets Of Better Vacations [M]. Oxford University Press, Oxford, 2017: 120.

像当地人一样吃喝、闲逛、购物。即便不从"娱乐性"而从"教育性"角度去考虑,欲深入感受某国某地日常民生民情,恐怕也没有比这更好的地方了。教师完全可以通过合理设计,让学生带上一点任务去逛,分组完成作业并参加评比,如:寻找熟悉的国际连锁品牌店,感受"全球化"市场进程;记录一份麦当劳套餐、一杯星巴克拿铁的价格,并与本国物价做比较;采访某店铺老板或店员,问他/她是否能用英语交流;是否了解同学们来自的国家;是否能推荐一种当地小吃;等等。但任务不宜繁重,以免挫伤大家的积极性。

【学生视角7-3】逛街购物之乐

① 不同的地方有不同的纪念品店,一些小卖部,每次进去,我们都两眼放光,一群人挤进去买,店里的老板可能都高兴坏了。所以,几乎我们每次出游,都不会空手而归。

(＊情娜,女,13岁,巴西;2019年夏令营——北京华文学院营)

② 我们去了红桥市场。它是个巨大的市场,第一层是卖纪念品的,第二层是玩具和皮革制品,第三层是珠宝。在这里买东西最大的特点是一定要讲价。有些同学第一次在中国的市场买东西,大家最大的收获是学习讨价还价。不少人买了自己喜欢的东西。我们都特别喜欢在那逛街,但是时间过得太快。我们马上就得去看杂技了。

(＊文越,女,12岁,英国;2018年夏令营——传统书画营)

③下午我们去王府井，我觉得那是我们去的最好玩的地方，因为我很喜欢逛街。在那里，我的四个朋友和我买了五个大香蕉毛绒玩具，真好玩啊！

（*陶然，女，13岁，美国；2018年夏令营——中华武术营）

④我最喜欢的活动是购物。这里的东西比加拿大便宜，所以我买了很多礼物、文具和食物。

（*达嘉，男，14岁，加拿大；2018年夏令营——黑土地民俗文化感知营）

⑤让我印象最深刻的地方是"前门大街"。我喜欢去古老的大街买吃的东西，逛逛街，也更喜欢砍价。我在那里砍了很多次价，也是第一次砍了这么多的价。那里的东西很便宜，我想："到了中二的毕业旅行，我还想去前门大街买东西，砍价。也想再去北京的名胜古迹参观，也把北京的历史介绍给大家！"

（*绘琳，女，12岁，日本；2017年冬令营——冬奥文化营）

六、观赏演出

杂技、功夫类演出颇具中国特色和视觉震撼力，可酌情安排一两次，学生们大都看得津津有味，目眩神迷。目前外国游客常去的北京演艺地点有工人俱乐部（杂技）、红剧场（功夫传奇）等。

注意：某些剧场会例行在开场前推销字画，声称当天有幸邀请到某某书法、国画大师登台献艺，机会难得，观众可享受优惠价格购买其现场作品等。这种推销多言过其实，但似乎亦算不上欺诈，嘱咐同学们谨慎购买即可。

第三节　来华学生实用生活小贴士

美国教育家、跨文化研究学者 Cushner 在《深度教育旅行实用指南》第三章指出，海外游学活动或国际交换生项目开展前，对学生进行跨文化适应培训（cross-cultural orientation）是极为必要的，包括关于目的地风俗习惯、文化特质的针对性知识，自我心理预期及调适等内容；它可以帮学生有效应对异域旅途中所遭遇的各种"文化震惊"，从而减轻其生理与心理上的巨大压力。在最后一章（第十一章），还专门针对老师、学生和家长，分别给出了出发前、旅途中、返程时的相关小贴士和专业建议，指导他们如何准备海外游学、如何充分利用游学机会、如何在游学结束后让生活恢复正轨并从此次经历中受益等。[①]

旅游心理学家则指出，欲更好地享受旅行，一点儿好奇心（a sense of curiosity）、一种开放心态（an open mind）、一些背景知识储备（a little background research），这三者是必不可少的。[②]

外国学生来华前是否已接受过其校方或领队的类似培训，是否自己已做过相应准备，我们并不能控制。但作为熟悉情况的中方接待教师，从当地人角度引导学生注意一些微妙的习俗差异，传授一些生活小技巧和文化小贴士，总是不无

[①] Kenneth Cushner. Beyond Tourism: A Practical Guide To Meaningful Educational Travel [M]. Lanham: The Rowman & Littlefield Publishing Group, 2004: 31-33, 145-154.

[②] Jaime Kurtz. The Happy Traveler: Unpacking The Secrets Of Better Vacations [M]. Oxford University Press, Oxford, 2017: 118.

裨益的,亦属于其重要职责之一。中外教师的共同努力将协助同学们尽快适应中国生活,用乐观开放的心态对待、欣赏丰富多彩的文化差异,并对此次旅程乃至未来生活产生积极影响。

一、生存汉语

(一)基础汉语十句

1. 你/您好!(Hello!)
2. 再见!(See you / Bye!)
3. 谢谢/多谢!(Thanks!)
4. 抱歉/对不起!(Sorry!)
5. 我听不懂/我不明白。(I don't understand.)
6. 请问(Excuse me / May I ask that…)
7. 多少钱?(How much?)
8. 厕所在哪儿?(Where's the toilet?)
9. 我是某国人。(I'm from …)
10. 我爱北京/中国。(I love Beijing/China!)

(二)复习/练习

海外游历,遭遇的第一个问题往往就是语言。学习掌握一些当地语言,不仅对个人生活提供莫大便利,还反映了对当地人及当地文化的尊重以及个人融入当地的努力。

加注拼音的"生存汉语"不只适用于零基础,亦可帮已有基础的学生复习、熟练。或许有人心存疑惑:这几句话太简单、太常用,那些已学过汉语的人,怎么可能不会呢?事实上,即便很多学生(尤其非华裔)已经过相当长时间学习,但一则缺少语言环境，二则每周仅一两次汉语课、间隔较长，造成他们仍难以进行日常交际会话，对常用句型都没能真正掌握，或发音不标准，或用词不精确，或使用场合不当等。例如，很简单的一句问好，经常听到学生热情地打招呼说"嗨，你好吗？"显然受到英语"How are you?"影响。这个问句会让中国人有点不知所措。"我很好，谢谢！"该回答绝非地道中文。是故，"生存汉语十句"有其必要性，所有句子均应加注汉语拼音，并带领学生反复跟读练习，做到发音标准，需要时能脱口而出。

（三）逐句引申讲解

1. 你 / 您好

"您"比"你"多了心，用"心"去打招呼，就意味着更多的尊敬（to show more respect with your heart）。

口语化问好，尚有"嗨"，等于 Hi 或 Hey，或"哈啰"，即 Hello，这句英语已为普通中国人，尤其年轻人所接受。上午见面，通常说"早上好"，或者更随意的"早"，相当于 Good morning 省略为口语中的 Morning；遇到老师，可以说"老师好""老师，您好""老师，早上好""老师早"等。

有的中国人见面会问对方："吃了吗 / 吃了没？"用问句来打招呼，近似英文"How are you"。不过，这一问候总给人老气横秋之感，并不太被年轻人所接受。切记不要使用"英式中文"问句"你好吗？"。

2. 再见

"再见"的字面意思是"再一次见到"，对应英语的 See you / See you soon / See you later。中文和英文有异曲同工之妙，即虽然告别，却表达出"并非再也不见，而是还将再会"之意。

实际生活中的口语化告别，中国年轻人会直接说英语"Bye!"。

3. 谢谢 / 多谢

"多谢"，很多的谢谢，对应复数形式的 Thanks 或 Thanks a lot。"谢谢你"（对应 Thank you）略显生硬，不如"谢谢您"或"谢谢 / 多谢"更加常用。在口语中，连续快速重复两次，如"谢谢，谢谢"或"多谢，多谢"的用法，也较常见。

对照笔者本人的国外旅行经验，最常用的一句英文首推 Thank you，同学们来中国旅行，亦应将感谢常挂嘴边，多多益善。

4. 抱歉 / 对不起

二者皆表示歉意，轻重程度有别，用法亦有细微不同。"抱歉"比"对不起"程度轻，更加随意，更像一句礼貌用语，而非真正因做错某事而致歉。例如，向别人询问某事之前，可先说"抱歉，请问……"，但一般不说"对不起，请问……"。这时候，"抱歉"就相当于英文的 Excuse me，日语的すみません（音 su mi ma senn），或台湾年轻人的口头语"不好意思"，无论是问路、点餐、提醒、打招呼、打扰某人、表示轻微歉意……几乎可作为一句"口头禅"使用。"对不起"则用于较正式、严肃的道歉，其语气比"抱歉"更重。

5. 我听不懂 / 我不明白

跟中国人交流时，肯定会听到不熟悉的词句，此时这两句话就派上用场。二者意思一致，表达方式略有区别："我听不懂"是指耳朵听不懂，"我不明白"是指心里不明白或头脑不明白。教师讲解时可加以手势，指指耳朵做倾听状，摇摇头做困惑状，以直观形象的方式辅助学生理解。

6. 请问

放在提出某问题之前，对应英文 Excuse me，并非表示歉意，而是表示礼貌，起到点醒对方的作用，使得发问不至于突兀。

7. 多少钱

购物时必定用到的句子，可引申介绍砍价用语"太贵了，便宜点儿吧"，更增趣味性。

8. 厕所在哪儿

这是重大的"生存"问题。正如英文中"厕所"有多种不同说法：toilet, bathroom, restroom, washroom, lavatory, loo……中文亦如此。"厕所"最常用，最直白。若想委婉些，可用"洗手间"——可以洗手的房间／地方（对应 washroom），或"卫生间"——干净的房间／地方（实则不干净）。

9. 我是某国人

外国学生在中国最常被询问的一个问题恐怕就是"你是哪国人／哪个国家的"了是故，知晓本国的中文名很有必要。有些国家中文译名字面意思甚佳，可特意介绍给该国学生，以示礼貌上的恭维。如，"美国"，美丽的国家；"英国"，英勇的国家；"法国"，法制国家；"德国"，有道德的国家；"泰国"，安定、美好的国家……有些国家的中文译名乃基于原名发音，如荷兰（Holland）、意大利（Italy）、澳大利亚（Australia）、菲律宾（Philippine）等，也很好记。

10. 我爱北京／中国

这句话并非勉强学生必须口头表达对北京／中国的热爱，而是作为某种礼貌上的恭维。须知远来是客,不管内心实际想法如何,起码要出于礼貌恭维主人。这是"套近乎"的好办法,不光有助于"生存",甚或可用来砍价,如:"嘿,老板,我爱北京!我是中国人的好朋友!怎么样?给我优惠点儿吧!便宜点儿吧!"另可引申学习类似的赞美、恭维用语,如"帅哥","美女","你很帅","你很漂亮","北京很美","这个很好吃",等等。笔者曾遇到来自英国的一位"小老外",在天安门前高喊"毛主席万岁",惹得周围中国游客纷纷向他投去善意的注目礼。该同学就是用这种方式来显示他已"入乡随俗",颇具幽默效果。

(四)礼貌用语

以上十句话包含了几则礼貌用语,指导学生正确使用这些短语,做一位彬彬有礼的游客。要点在于,不能直截了当问出想问的问题,而要先"兜圈子,说废话"。如:

最简单直接,也最不礼貌的问法——嘿,厕所在哪儿?

较有礼貌版——您好!厕所在哪儿?

更有礼貌版——您好!请问厕所在哪儿?

格外有礼貌版——嗨,您好!抱歉/不好意思,请问厕所在哪儿?

可见,越有礼貌,则问法越烦琐。首先,友好地打招呼;其次,为打扰对方致歉;再次,加上"请问"的前缀;最后,才终于问出自己想问的问题。

十句"生存汉语"反映的三大生存理念如下。

第一,有礼貌(Be polite. 礼貌用语多多益善);

第二,保持低调(Keep a low profile. 我不明白,不知为不知，勿不懂装懂)；

第三，适当恭维当地人（Give compliments. 我爱北京/中国)。

如此，方可在陌生环境下如鱼得水、适者生存。若到某地旅游，既无礼貌，又张扬，容易冒犯当地人，为自己的旅途增加不必要的麻烦甚至风险。近年来，"中国游客"成为一个在国际上形象不佳的群体，即跟某些人举止表现过于高调、招摇有关。

二、北京/中国生存指南

外国学生初至中国，面对许多未知问题，难免心中忐忑。为了让他们胸有成竹、遇事不慌，中方教师应就一些关键问题加以说明、指导，既打消其不必要的疑虑，也帮其避开游客陷阱（tourist trap)，从而更好地享受旅行。例如，明确告知学生：外国游客在中国会享受贵宾待遇，极少有针对外国人的刑事案件发生，故而不必担心人身安全；小偷、小骗等在所难免，仍应心存警惕；等等。

Survival Tips in Beijing / China 北京/中国生存小贴士（英汉对照）[①]

Welcome to Beijing, China! Hopefully you all can enjoy your stay here! The good news is, generally speaking, Beijing/China is a pretty safe place for foreign tourists! Still, there are some important things that you'd better keep in mind.

[①] 感谢澳洲西悉尼大学 Bonita Lu 同学作为英语母语人士（native English speaker)，帮忙审读了英文部分，并提出修改意见。

欢迎来中国北京！希望大家在这里过得愉快！好消息是：北京（中国）对外国游客来说非常安全！不过，有几则注意事项要记住。

1.Remember the residential address and contacts. 记住你的住址及联络电话。

Always keep a Chinese copy of the campus/hotel's address, and the telephone number of the teacher/tour guide, just in case you get lost. If you get lost, go to some store to ask the staff for help, like making a phone call; or take an official taxi and show the address to the driver.

随身携带学校/酒店的中文地址及老师/导游电话，以防万一。若与大家走散，去路边商店向店员求助，打个电话，或叫正规出租车，把学校/酒店地址给司机师傅看。

2. Be really careful when crossing the street/road. 过马路要小心。

Compared to the safety issues related to crime, you should worry more about yourselves when crossing the road! In china the pedestrians never have the right of way. Normally the cars, motorcycles and electro-tricycles (and even bikes!) won't let you go first. Be very careful with that. So crossing the road requires the eyesight of an eagle, the courage of a lion, and the agility of a panther. Also, keep calm and get used to the constant sounding of the horn like a local.

比起与治安相关的人身安全问题，你们过马路也许更危险！在中国，不是"行人优先"，车也不会让人。一定要小心。是的，过马路需要——鹰的视力、狮子的勇气、豹子的敏捷。

另外，向本地人一样对此起彼伏的喇叭声习以为常吧，没什么可大惊小怪的。

3. Never trust the warm strangers. 不要相信热情的陌生人。

If you encounter some very warm Chinese strangers who would like to help you out or invite you to a drink（they can even speak fluent English!）, don't think you're lucky. Very likely they're cheats!

遇到热情友好（甚至能说流利英语）的陌生中国人主动要帮忙，或请你喝一杯，别高兴太早。这种人有很大的概率是骗子。

4. Accept the group-photo request while refuse others. 可接受合影，但拒绝其他要求。

Many Chinese tourists are thrilled to have group photos with foreigners（to show off to their friends）. Photo is ok. Just refuse any of their other requests, like hug or even kiss. For the foreigners who have an Asian face, don't worry, the Chinese have no interest in bothering you!

很多中国游客热衷与外国友人合影（好向亲朋好友炫耀）。合影可以，但其他的过分要求如拥抱或亲吻等，最好拒绝。如果你有一张亚洲面孔，敬请放心，没人会对你感兴趣。

5. Don't buy anything from a street/itinerant vendor. 不要从街头小贩手里买东西。

At first, their items may be very cheap and seem like a good bargain, but they are usually poor quality. Secondly, some of the vendors are happy to give you fake money as change. Third and the worst thing is, some of them may harass you together and pick your

381

pockets in the chaos!（I have to say that not all of them are that bad… Just better safe than sorry.）

首先，他们的东西或许很便宜，但质量不怎么样；其次，他们找给你的可能是假钱；最后，最恶劣的是，他们可能三三两两围住你，并趁乱偷东西。（并不是说所有小贩都是坏人，但最好保持谨慎）

6. Be a smart bargainer. 做砍价达人。

Make sure to bargain in the famous Silk Market or Pearl Market, and other free markets, as well as most of the little, unofficial gift shops. If not, you will be the absolute favorite customers of the sellers as they're happy to give you a big smile and think, oh nice, here comes another rich and naïve foreigner!

去著名的秀水市场、红桥市场，或小商品市场，或在非官方小商店买纪念品时，一定要砍价。如果不砍价，你绝对是卖家最爱的顾客，他们冲你微笑，暗自得意：嘿嘿，又来了个人傻、钱多的老外！

7. Be cautious of street foods. 警惕街头小吃。

Note：Standards of hygiene in China are not as high as in the West or developed countries. Maybe the street foods are yummy, but later you may have a diarrhea or something! To be fair, they are not an absolute no-no. It depends. But anyway, be cautious.

当心：中国的卫生标准比西方低。街头小吃也许很好吃，但不干净，你就等着频繁去厕所吧！并非一棒子打死所有街头食物，但还是小心为妙。

8. Be a smart food lover. 做个合格的吃货。

Then where can you get clean and nice food? The restaurants in big shopping malls are highly recommended. The international brands like McDonald's, KFC, Subway, Pizza Hut, Starbucks, Costa, are good choices as well.

去哪里吃吃喝喝更放心？最好到大型购物中心里面的餐馆，或选择那些国际大品牌快餐，如麦当劳、肯德基、赛百味、必胜客、星巴克、咖世家等。

9. Avoid the bad toilets. 知道如何找到干净厕所。

Bad news: By western standards, most of the Chinese toilets are notoriously gross and of course come with the typical eastern squatting-style (just a hole!). Don't drink too much water, or try some weird food, unless you know where to find a decent toilet.

坏消息：以西方卫生标准来看，中国厕所大都很差劲，并且只有蹲式坑位。别喝太多水，别吃奇怪的东西，除非知道哪里有干净的厕所。

Great choices: Toilets in big, fancy shopping malls, some of them are even the "sit-down" Western-style!

最佳选择：去大型购物中心，有的还配备西式马桶！

OK choices: Toilets in Macdonald's and KFC, just be prepared for the hole.

其次选择：麦当劳、肯德基，但只有蹲位。

10. Keep a close eye on your valuables when going out. 外出时看管好个人贵重物品。

Though you don't have to worry about your personal safety, you still need to be careful with your valuables. For example, when in a buffet restaurant, never leave your phone or wallet alone on the table when you go to pick up some food. It could be the last time you ever see them! And for the hot girls, don't put your phone in the back pocket of hot pants. It could be a perfect target for the pickpockets!

虽然不必担心人身安全,还是要小心你的财物。例如,在餐厅去取饭菜时,不要把手机或钱包随便扔在桌子上。那样的话,你也许要跟它们永别了。另外,可爱女生总喜欢把手机放在热裤后兜里,那也会成为小偷们的完美目标。

【案例7-4】说英语的热情骗子

2017年冬,来自澳洲悉尼的大学生团在王府井自由活动。其间,有两位女生在团队微信群中炫耀,说逛至故宫附近时,遇到两位热情的中国女士用娴熟英语跟她们搭讪,越聊越开心,彼此加了微信好友,还受邀去一家酒吧。"我们正在故宫附近跟两位中国女士喝茶呢!"(We're having tea with two Chinese ladies next to Forbidden City haha.)"她们(两位中国女士)说认识新朋友时就应该来点红酒。"(They said to have red wine because it's what you have when you make a new friendship.)但最后结账时,两位澳洲女生发现要为自己点的两杯奶茶支付800元人民币。

集合之后,两位女生追问中方带队教师该收费是否合理,她们虽疑心很贵,却也不敢确定中国物价。老师告诉了她们残酷真相:"你们遇到骗子了!还是能说英语的'高端'骗子!"受骗的女生感到难以置信,一直表示:"两位中国女士看起来人很好呢,很热情,而且我们还加了微信好友……"很自然地,当她们试图再联络新结识的"好友"时,对方已销声匿迹。

不要相信陌生人，特别是异常热情的陌生人——澳洲女生的故事再次即证了这点。所幸，当事人并未遭受人身伤害，仅仅损失了一笔金钱而已，她们也只将此当成旅途中的新奇经历，并未损害到对中国之旅的整体感受。

三、砍价策略

（一）相关词汇

"砍价"字面意思为"用刀去劈砍价格，将高价砍低"。或者说"杀价"，有种咄咄逼人的气势；或者说"讨价还价"，即就价格展开讨论，有来有往，最后达成一致。对应的英文为bargaining或haggling。其中bargaining更常用，但haggling更贴切，它不单有讲价的意思，本身也有"劈、砍"之意，完美对应"砍价"一词。

（二）背景知识

常有学生问：哪里可以砍价？什么东西可以砍价？为求清晰醒目，特将背景知识整理成表7-10。

表7-1　砍价背景知识

| 地点
（Place） | 可砍价之处
Where you can bargain | ① 自由市场（Free markets）
② 小商品批发市场（Wholesale markets featuring small items）
③ 非官方小礼品店/摊位（Unofficial little gift shops / stalls）
④ 街头小贩（Street vendors / hawkers）
⑤ 针对外国游客的专设市场，如北京秀水市场、红桥市场（Special markets aimed at foreign tourists: Silk Market, Pearl Market in Beijing） |

续表

地点 （Place）	不可砍价之处 Where you can't bargain	① 购物中心 / 商场（Shopping centers / malls） ② 精品店（Boutiques） ③ 超市（Super markets） ④ 便利店 / 食品店（Convenience / Grocery stores） ⑤ 餐厅（Restaurants） ⑥ 官方礼品店（Official gift shops）
商品 （Item）	可砍价之物 What you can bargain	① 纪念品（Souvenirs） ② 衣物（Clothes） ③ 珠宝（Jewelry）
	不可砍价之物 What you can't bargain	食物、零食饮料（Foods, snacks and drinks）

（注：表 7-1 仅就多数情况而言，并不保证一概适用。）

（三）十大策略

可用诙谐说法，将砍价定调为一场战争——记住，这是没有硝烟的战场，绅士风度将无用武之地，买卖双方将各出绝技，拼争胜负。基本原则：脸皮要厚，心要黑，不可对敌人有任何怜悯之心。"想成为心理战的大师（masters of psychological warfare）吗？加油！"具体策略战术如下。

1. 做好长期战斗准备（Prepare for a long fight）

"讨价还价"意味着你来我往，是一个互相博弈、大费口舌的过程，不是一锤子买卖。看到一样心仪之物就马上掏钱，这不是砍价；听到老板的开价过高就随即放弃，也不是砍价。故而，需做好持久战准备。

2. 扑克脸（Poker face）

若买家明显流露出对某物的喜爱之情，卖家将内心窃喜，暗中提高报价。扑克脸意味着面无表情，让卖家猜不准买家心思，从而使得买家在博弈中占据主动。

3. 装可爱 / 扮有趣（Play cute/funny）

外国学生一般很受中国人欢迎，如善用这种天然优势，发动感情攻势，将令卖家招架不住，主动投降。但"卖萌"策略只限于低龄小朋友或可爱女生，不适用外表较成熟的男生。男生装可爱不合适，却可以扮有趣，尽情展现幽默感，如恭维卖家："老板，你很帅！美女，你很漂亮！"或故意模仿大人口气，用中文说："我爱中国！我是中国人的好朋友！怎么样，便宜点儿吧！"很可能令卖家哑然失笑，给其打折。但此种方法并不适用华裔学生，因为他们看上去就是中国人。

4. 装穷、装可怜（Play poor）

装穷，钱包或口袋里不要放太多钱，当买家向卖家证明这点时（例如很心仪某物，却囊中羞涩，只好请老板高抬贵手），就有了砍价的充分理由。装可怜，装出可怜巴巴的样子，让老板不好意思再抬价，是另一种感情攻势。英文 play poor，兼具上述两种含义。

5. 买得越多越便宜（Buy in bulk / The more the cheaper）

批量购买，享受批发价，可降低单件商品价格，是砍价的有力理由。若自己不需要买太多，可跟小伙伴们"拼单团购"。

6. 小谎话（Little white lies）

说谎不好，但诸如"别家店的价格更低""这件东西我想要但有瑕疵"之类的小谎话，并不会真正伤害到谁。此处留心，精明的店家同样会使用此种策略说服顾客，如"这是最低价，再低我就亏本了""刚才你的朋友买了，就是这个价"等。

7. 对比价格（Compare prices）

纪念品商店的东西大同小异，价格亦会上下浮动。如时间充裕，不必急于购买，应货比三家，找到最划算的那家。

8. 走开 / 离开（Walk away）

若几番交锋，仍谈不拢，买家不妨佯装放弃，转身离开。卖家或许会被迫妥协，将买家唤回，再度降价。毕竟对从生意人角度来看，少赚一点总比不赚要好。

9. 团队合作（Teamwork）

若方法 8 失败，仍然想要某样东西，却不好意思回头去买，可请朋友帮忙"代购"。小孩子们成群结队围住某个摊位，七嘴八舌，可以"侃晕"卖家，令其不胜其扰，从而砍价得逞。团队合作弥补了"势单力薄"的劣势，让自己在砍价中占据优势地位。

10. 好警察，坏警察（Good cop and bad cop）

这也是一种团队合作方式：有人唱红脸（喜欢某样东西，说好话），有人唱黑脸（不喜欢这样东西，说坏话）；或有人想买，有人催促他/她快走（要集合了，来不及了）……都令卖家感受到"顾客可能流失"的压力，最终主动降价，尽快做成这门生意。

（四）实战演练

根据长期教学实践，砍价课最受欢迎，既实用，又跟学生最爱的购物活动密切结合。这节课最好排在购物之前，一般讲完后，同学们都兴高采烈、迫不及待地要进行实战检验了。真正买到什么反倒不重要，重要的是体验不同文化，享受游戏竞赛般的激烈过程。若能用较低价格买到原本开价很高的商品，他们的成就感是无与伦比的。若在随后汉语课上总结得失，评比出"砍价小能手"并颁奖，则更能巩固教学成果。若某项目重在参观游览，缺失课堂环节，则可在巴士上利用赶路时段传授"砍价策略"，临阵磨枪效果亦佳。外国学生砍价范例见表7-20。

表7-2 外国学生在北京某外宾市场砍价实例

（货币单位：人民币元）

商品	标价或要价	最终买到价	使用策略	案例来源
五星红旗帽	260	30	不详	西班牙华裔男生
熊猫帽	160	40	卖萌	澳洲华裔女生
小电鸭	120	15	团队合作	几位西班牙华裔女生
手表	800	60	团队合作，批量购买	两位澳洲华裔男生
书包	800	40	团队合作，批量购买；装作不懂中文，说法语	卢森堡华裔女生及美国华裔女生
四大美女布偶	1280	80	来自老师的帮助	泰国华裔女生
镜子+梳子礼盒	300	40	装穷，用所佩戴的胸卡强调自己是学生，没有钱	英国男生（非华裔）
耳机	320	40	小谎话	英国男生（非华裔）
卷轴画	500	100	不详	美国男生（非华裔）
连帽衫	800	100	不详	美国女生（非华裔）

表 7-2 所列，仅为部分突出案例，多数学生的"战绩"还不至于如此辉煌。笔者在课堂上，会给出这些学生的购物现场照片和商品起始价格（皆为此前特意留存备用），让大家"竞猜"，最后再揭示实际入手价，常常引发一片惊叹之声。由于有"真人真事"作为光辉榜样，不仅让他们对砍价幅度有了基本判断，而且极大激发了其斗志，一个个不甘人后、摩拳擦掌，准备大砍一场了。

【案例 7-5】砍价现场的微信群直播

当学生在某市场砍价购物时，若教师能实时在学生或家长微信群中分享大家的辉煌战果（包括照片、视频、文字评价等），既为其他同学提供"战场情报"，营造热火朝天的"战斗气氛"，还能让家长们身临其境，共同感受游学活动的乐趣和孩子们的喜悦。下面摘录某日购物现场的家长微信群聊天记录，案例来源于 2019 年 4 月澳洲悉尼中国育才学校北京游学班（按：悉尼时间比北京时间早 2 小时）。

老师：前线传来捷报，两个男生战果辉煌，一只手表 800 砍到 60，脸皮太厚，心太黑（附照片）。

家长 A：我们要做到脸皮更厚。

家长 B：哈哈哈，名师出高徒。

家长 C：这是刷新了 500 到 50 的记录了吗？圆满实现低于 10% 的目标。

老师：我们低估了他们的战斗力。

家长 A：长江后浪推前浪呀！

家长 D：家祺居然也能砍价到这个水平，我的天，党老师绝对教导有方，太感谢了！！！！

老师：砍价策略重要的一点就是团队合作，他们一起砍价就很有气势。

家长 A：没有昨天的理论课和今天的实践课，我们讲破嘴皮也不能让青豆明白为什么有时候购物需要狠狠砍价，太感谢党老师了！

老师：Get a greal deal or get cheated. That's real life. 让他们明白人生很残酷。以前有美国小女生，看到自己买的东西没有别人便宜，就哭了……

家长 E：谢谢党老师！昨天这堂课选得太好了！孩子们真棒，活学活用、青出于蓝而胜于蓝。党老师需要买东西可能也想让孩子们帮忙砍价了！

家长 F：对啊下次出门买东西有砍价帮手了！

（注：另参见第四章【案例4-8】微信群里家长的期盼）

四、洗手间选择指南

《当代旅游学》指出：

　　厕所建设管理严重滞后，是我国与世界旅游强国之间的一个明显差距，也是与发达国家现代文明生活的一个重要差距。[1]

该问题甚至引起习近平总书记高度重视，以至做出推进"厕所革命"的重要指示。[2] 从外国同学的实际体验来看，这确实是个不大不小的困扰，而且至今仍未得到很好解决。曾遇一

---

[1] 李金早. 当代旅游学（上）[M]. 北京：商务印书馆 & 中国旅游出版社，2018：24.

[2] 中国网. 习近平总书记重要指示：坚持不懈推进厕所革命 [EB/OL]. http://www.china.com.cn/travel/txt/2017-11/29/content_41954975.htm，2017-11-29.

些来京欧洲同学，外出参访景点时死活不如厕，苦苦忍耐至回校后再去，即因无法接受公共洗手间。这种做法似嫌太过。那么外出游览时，有哪些较好的选择呢？基于当地人视角，可给出参考性答案，见表7-3。

表 7-3 洗手间选择指南

	地点	评价
1	Big, fancy shopping malls / centers 大型商场 / 购物中心	Great 最佳
2	McDonald's / KFC 麦当劳 / 肯德基	Good 不错
3	Subway station 地铁站	Mediocre 一般
4	Tourist sites 观光景点	Mediocre 一般
5	Street / Hutong 大街 / 胡同	Poor or terrible 较差

详细说明如下。

1. 大型商场 / 购物中心卫生间

这是普通游客的最佳选项。一则，有商场管理方监督、专人维护，在公共卫生间中最干净、设施最齐全；二则，部分高端商场还配备外国人习惯的坐式马桶。

2. 麦当劳 / 肯德基卫生间

其分布较商场 / 购物中心更加普遍，卫生尚可。若找不到商场，就找醒目的"金拱门"M或白胡子老爷爷KFC标志。

3. 地铁站卫生间

在站内，须刷卡进入，卫生一般。大学生有较多机会使用公共交通，未成年学生多为巴士集体出行，不会用到地铁。

4. 观光景点卫生间

使用的游客太多，卫生不易保持，大多很一般。

5. 大街/胡同公共卫生间

使用的人太多，且疏于管理、清洁，故而大多较差，只可作为应急时的无奈选择。笔者常故意用 impressive 去形容这类卫生间。Impressive 原为褒义，很好、很棒故令人印象深刻，这里反其意而用之。若学生造访此类卫生间，的确会留下颇为深刻的印象。

需澄清的是，在某些重点区域（如北京什刹海周边），由于当地社区的高度重视和管理有方，公厕卫生较以前改进许多，应给予肯定。

五、自由用餐选择指南

若学生有机会自由逛街和用餐，应去哪里享用美食？基于当地人视角，可给出参考性答案，见表 7-4。

表 7-4　自由用餐选择指南

	用餐选择	评价
1	Restaurants in big, fancy shopping malls / centers 大型商场/购物中心内部的餐馆	Great 最佳
2	Famous fast food chains 麦当劳（McDonald's）、肯德基（KFC）、赛百味（Subway）、必胜客（Pizza Hut）等国际品牌连锁快餐店	Good 不错
3	Famous Café chains 星巴克（Starbucks）、咖世家（Costa）等国际品牌连锁咖啡店	Good 不错

续表

	用餐选择	评价
4	Old-and-famous-brand restaurants 老字号餐馆	Mediocre 一般
5	Restaurants at tourist sites 旅游景区的餐馆	Poor 较差
6	Street foods 街头小吃	Poor 较差

笔者在课堂上，常常先给出表7-4六种用餐选项，让学生猜一猜哪几种是比较好的（good choice），哪几种是比较差的（bad choice）。他们大都认为在旅游景区吃东西要小心，但也落入了预设的"陷阱"，认为4、6比较好，是来中国值得尝试的；2、3比较差，为什么在中国还要吃这类遍布全世界的连锁店呢？为解答学生疑惑，条分缕析如下。

1. 大型商场/购物中心餐馆

大型商场及购物中心内皆设有专门楼层，聚集着天南地北各式风味餐厅，丰俭由人。它们主要面向本地顾客群，受官方部门及商场管理方双重监督，卫生环境、食物品质皆有保障，可谓逛街用餐首选。

2. 国际品牌连锁快餐店

吊诡的是，颇多学生课上回答说该选项似乎不好，而他们真正逛街时，却往往首选这些快餐，以作为吃腻了中餐后的调剂。在所有快餐品牌中，麦当劳又堪称未成年人的最爱。虽然它们多为高热量、低营养的"垃圾快餐"，但最大优点是食品质量和卫生都值得信赖，更适合学生肠胃，是欧美同学的"家乡味道"。

3. 国际品牌连锁咖啡店

与 2 相仿，是学生们熟悉的品牌，除了咖啡饮品、甜点，另有三明治、热狗、鸡肉卷等简餐，口味谈不上多好，卫生比较可靠。

4. 老字号餐馆

该类地点颇具迷惑性。其实它们本来很好，因做邻里街坊生意价廉物美而出名；可惜声名鹊起后，逐渐"忘却初心"，更追求盈利而非餐饮质量。外地食客往往慕名而来，失望而归，"踩地雷"的可能性较高。

5. 旅游景区餐馆

专做游客生意，大多价格偏高、口味平平，地雷多，部分还存在宰客行为。在这一点上，似乎全世界均如出一辙。

6. 街头小吃

看上去诱人，大多口味亦可，很受年轻人欢迎，加之较有中国特色，每每让同学们食指大动。但陷阱在于，小摊贩中普遍存在卫生监管漏洞，外国学生的肠胃本来就不怎么适应中餐，当食物不干净时风险更高。保险的做法是避免街头食物，改去购物中心、美食城的大排档区尝试这类小吃。

六、做一个负责任的旅行者

"游学"本质上是一场富含教育意义的旅行（正如英语称之为 educational travel），[①] 教给学生们中国语言文化知识固然重要，若能同时教导他们做一个负责任的旅行者，进而在身心成长上获益，其影响更为深远。美国实用主义教育家宣称"学校即社

---

① 关于"教育旅行"，参见第一章第一节详细论述。

会",同理,"社会即学校",比起课本教材,人类社会、寰宇世界这本大书才更值得他们认真研读。

(一)国内外论述

早在2006年,针对某些中国游客在境外的不文明行为,中央文明办和国家旅游局即联合颁布了《中国公民出境旅游文明行为指南》,呼吁:

  中国公民,出境旅游,注重礼仪,保持尊严……

  排队有序,不越黄线;文明住宿,不损用品;安静用餐,请勿浪费……①

国内知名自由行网站"穷游网"为读者整理出全球各大城市的完整攻略,即所谓"锦囊"。而每个锦囊在城市简介后面,总会附有一节温馨提醒——《负责任的旅行》,告知游客前往当地所需留心的基本文化习俗和守则,如,勿随便对陌生人、儿童拍照,勿在公交、地铁上饮食及接打电话,搭乘手扶梯应靠左或靠右站立(各地习惯不一),等等。②

造访某地正如去别人家登门拜访,享受热情招待之时,应客随主便,不可任性妄为,给主人带来困扰。国际旅游界从人文、环保等角度,越来越提倡"负责任的旅行"(responsible travel),意即具备可持续性、合乎伦理道德和对环境友善的旅行,呼吁游客们的观光行为最终应当"对我们的地球产生正面影响"(leave a positive impact on the planet),并给出了形形色色的建议,如:尊重当地人及其文化,学习几句当地语,支持

---

① 中国网.中国公民出境旅游文明行为指南(全文)[EB/OL]. http://www.china.com.cn/policy/txt/2006-10/02/content_7212276.htm, 2006-10-02.

② 参见穷游官网"锦囊"频道(http://guide.qyer.com)。

当地公益组织，减少塑料制品使用，尽量利用公共交通甚至步行……[1] 这种理念，已经将单纯的观光游玩升华为一种认识世界与改变世界的方式，鼓励游客从自身做起，从细微之处做起，在享受旅途愉悦之时，亦传递正能量，为创造美好世界而尽一份心力。

日本中小学十分重视修行旅行中"公共场所"和"生活场面"的教育。前者包括：在室外要注意行走安全并且不影响他人，如遵守交通信号，不要打量和直视陌生人等；在室内要注意基本礼仪，如遵守电梯和滚梯的乘坐规矩、楼梯走廊的行走规矩等。后者包括：对同住室友的关照，厕所卫生间使用、开关门窗动作、购买礼品的注意事项，不能对着陌生人随便拍照，不能长时间独占景点有利摄影机位，不能堵塞道路影响他人通行……均为与人相处时注意他人感受的必备人文素养。[2] 对游学活动中的社会公共礼仪教育，颇具指导意义。

（二）负责任小贴士（英汉对照）[3]

How to Be A Responsible Traveler?

怎样做一个负责任的旅行者？

1. Be a traveler, not a tourist. 做一个旅行者，而非观光客

The tourists only care about their travel, just like the always-in-a-hurry tourists everywhere, while the real travelers care more.

---

[1] HOW TO BE A RESPONSIBLE TRAVELLER: OUR 26 BEST RESPONSIBLE TRAVEL TIPS[EB/OL]. https://www.thecommonwanderer.com/blog/responsible-travel-tips/, 2018-12-31.

[2] 田辉. 日本中小学观光教育怎么做——基于日本《学习指导要领》的思考[J]. 中国德育, 2016（23）：27-30.

[3] 感谢澳洲西悉尼大学 Bonita Lu 同学作为英语母语人士，帮忙审读了英文部分，并提出修改意见。

They want to learn something new from the places they visit, to communicate with the local people they meet, to create their own wonderful memories on the road. They become a better person thanks to the trip. They're always happy to share their love and happiness with both the strangers out there and the friends and family back home. If they go to another country with different culture, they would like to be a goodwill ambassador. All in all, the travelers try to change the world in a little and positive way.

一名"观光客"只关心他/她自己的玩乐享受,正如你在各大景点所看到的那些走马观花的游客。而一名真正的"旅行者"有着更高追求。旅行者们期望在旅途中学习,跟当地人交流,创造属于自己的精彩回忆。因为旅行,他们成为更好的人。他们总是乐意分享自己的爱和喜悦,不管是跟旅途中萍水相逢的陌生人,还是回家后的家人和朋友。如果是去一个文化差异较大的国家,他们也乐意扮演亲善大使的角色。总之,旅行者们尝试以微小的行动让世界变得更好。

2. Show respect to the local culture. 对当地文化表示尊重

When in Rome, do as the Romans do. When in China, do as the Chinese people do. You don't have to understand exactly everything you see in a new place and a new culture, but at least you can try to understand them. You may not agree with it. Just show some respect. Keep a low profile, you're not better than the local people. If there are some special local rules, try to obey them.

在罗马,入乡随俗。在中国,入乡随俗。在一个新地方,面对新文化,你不一定都能理解所有现象,但至少尝试换位思考，去努力理解。你也许不认同某事，但应先表示尊重。把姿态放低，你并不比当地人来得高贵。如果当地有一些特别的规则，请遵守它们。

3. Always be polite. 保持彬彬有礼

Being polite is not because you want to please the local people, but because you respect them, and it shows you're a noble person from heart. Be a gentleman. Be a gentle lady.

保持礼貌并非为了取悦当地人，而是对他们表示尊重，并且表明你是一个有教养的人。要有绅士或淑女之风。

4. Always be grateful. 心存感恩

Although you spend money to get some items or service. You can't buy everything. For the smooth travel, for everyone helping you enjoy your trip, for the warmness and friendliness from the local people, you should be grateful. Try to give compliments and your appreciation for beautiful scenery, yummy food, new friends and all the hard work of the people around you. The teachers take good care of you, the staffs at front desk help solve a tiny room problem, the chefs and waiters and waitresses prepare nice meals every day, the drivers drive safely from morning to night… Don't forget your thanks.

你确实花了钱购买商品或服务，但有些东西金钱也无能为力。对于顺利的旅程，对于那些为此付出的人，对于当地人的热情、友善，你都应心怀感恩。你应当对美景、美食、新朋友、为你服务的人们都表示感谢。老师悉心照顾，前台员工帮忙解决了房间问题，厨师和服务员每天准备餐点，大巴车司机师傅为你们辛苦驾驶一整天……别忘了感谢他们。

5. Keep the room and bus clean. 保持房间与大巴车整洁

Yes, you have room service every day. It's the cleaners' job. But why not keep your room a little bit tidier, and make their job a little bit easier? Don't be a spoiled kid. You should learn how to take good care of yourself, your belongings and your own room when you're away from home. Only in this way could you grow up.

你的房间每天有人清扫,这确实是服务人员的职责。但为什么不把房间保持得干净一点儿,也让清扫的人更轻松一点儿呢?别做个娇生惯养的小屁孩。出门在外时,你应该学习如何好好照顾自己,保管好自己的私人物品,维护好自己的房间卫生。只有这样,你才能更加成熟。

You know what? After a long day's drive, the driver still has to clean the bus, to get prepared for another day's tour. So before you get off the bus, clean up a little. Don't leave anything on the bus, including litters and your belongings. Also, don't forget to say thank you to the driver.

你们知道吗?当一天的游览顺利结束,司机师傅还要清扫车厢,为第二天的出游做准备。所以,在下车之前,请大家帮忙清理一下,不要乱丢垃圾,也不要把私人物品落在车上。下车时,记得跟师傅说声谢谢。

6. Learn and speak some local language. 学说当地语言

Maybe your Chinese is not good enough to communicate with the local people, but you can try, you can practice. You know, practice makes perfect! When you had Chinese classes in your country, very few people around you spoke the language. Now you're in China, the best place to improve your Chinese! Just take the good opportunity. Even when you're going to some other countries and you know nothing about the language, at least you can learn how to say hello and thank you.

也许你的中文不够好,不能跟中国人顺畅交流,但要去积极尝试和练习。正所谓"熟能生巧"。你们在自己国家上汉语课时,缺少语言环境。现在既然来到中国,有什么地方比这里更适合说汉语呢？要抓住机会。即使以后你们去别的国家,从来没学过当地语言,至少你可以学着去跟当地人打声招呼,学会说声"谢谢"。

7. Bring some little gifts. "礼"多人不怪

Saying thank you is polite. And giving some little gifts is sweet. Maybe some chocolates, maybe some souvenirs from your home town, maybe a postcard or a greeting card or even a piece of paper with some grateful words… Don't worry about the gifts themselves. It's the thought that counts!

说"谢谢"很好,如能送一份小礼物更佳。巧克力、从家乡带来的纪念品、一张写有感激之词的明信片或贺卡,哪怕只是一张小纸条都行。礼物是什么并不重要,重要的是你的心意!

8. Don't bother other people. 不给别人添麻烦

Be thoughtful. Think twice before you act. When you do something, make sure you won't bother other people. It's your right to enjoy yourself, and also your responsibility not to bring them

401

trouble. Actually, it's not about other people. It's about you. It's about what kind of person you are. Do you want to be a rude, or weird, or an unwelcomed tourist? Hopefully not.

要细心一些，三思而后行。做什么事之前先想想，你的行为会不会给别人造成困扰。玩得开心是你的权利，不给他人添麻烦也是你的责任。重点不在别人，而在你自己要成为一个什么样的人，一个粗鲁无礼、举止怪异、不受欢迎的观光客吗？希望不是。

9. Be responsible not only for the destination you visit, but also for yourself. 对旅行目的地负责，也对自己负责

Going to another country without the company of family is definitely a brand new experience. You may feel lonely and homesick. But remember, it's a great opportunity to come out of your shell, to push yourself out of your comfort zone, which is not very likely to happen at home. There may be a lot of challenges, face them, brave them, and even make the most of them. Try to open your heart to the new place, new culture, new food and new people. To feel the warmness and kindness from the local people. To cherish the friendship made on the journey, which may last throughout your whole life. How wonderful is that! Don't be a whiny person and complain all the time, it surely will ruin your entire trip.

没有家人陪伴的出国旅行是一次全新体验。你也许会孤独想家，但记住，这是一次突破自我、走出舒适区的绝好机会，这种机会在家时很难获得。旅程中的诸多挑战，只需勇敢面对，并积极进取。对新的地方、新的文化、新的饮食、新的人群保

持开放心态。试着去感受来自当地人的热情与善意,去珍视旅途中结下的友谊(可能遇到终生挚友)。这一切多么美好!别只是挑剔抱怨,那肯定会毁掉你的旅程。

10. Go back home with a better you. 带着崭新的自我返程

Congratulations! You just had a perfect trip. Or, just survived a trip full of challenges. Hopefully this amazing trip taught you a lot and made you a better person. Now it's time to go back home. Armed with new knowledge, wonderful memories, heart-warming friendship, love for the place you have stayed at for the past few days, go home with a new and better version of yourself. Sincerely hope that the China trip will have a positive influence on your future life. That really is the best kind of happy ending! Oh, just a little reminder, you're so young, there will be many more to come. I mean, the best is yet to come!

旅程顺利结束,或者说,你终于"熬"过来了。但愿这次旅行教会你许多东西,让你变得更好。现在该回家了。带着新知识、精彩回忆、暖心的友谊和对此时此地的恋恋不舍,带着崭新的精神面貌,一个更好的你回家了。真诚希望这次中国之旅能对你们将来的生活产生积极影响,那才是完美结局!对了,小小提醒一下,你们这么年轻,更好的、更棒的还在以后呢!

第八章　游学情境下的汉语与中华文化教学

本章所论，主要指短期游学项目中的汉语与中华文化教学。来华游学项目可包含多种课程，如汉语课、文化讲座、中华才艺体验、体育运动等。最棘手的是汉语课，相对比较乏味，老师教起来吃力，学生也不爱学。但现实是，某些公费项目中常常有占据相当比重的汉语课，汉语教师亦只能迎难而上，努力寻求应对策略。

第一节　汉语课教学策略

一、教学难点

有研究者归纳了汉办/孔子学院夏令营的汉语课教学特点如下。

第一，学习者们来夏令营的首要目的并不是学习汉语，感知中国才是最重要的目的。

第二，汉语教学课时极为有限，可安排的教学内容少。

第三，汉语教学在夏令营中居于从属地位，这在一定程度上制约了学习者学习汉语的效果。夏令营中紧锣密鼓地开展着各项活动，学习者们游学结合，能分给汉语课的精力有几分就不得而知了。①

的确如此。除去少量以汉语强化培训为主题的短期项目，大多游学项目纵然安排汉语课，也很容易"费力不讨好"。其原因如下：

其一，汉语课程更符合主办方、承办方/接待方或"大人"意愿，并不符合学生特别是未成年学生意愿。他们普遍玩心偏重，把中国游学当作一次度假旅行，对坐在教室里上课，尤其是枯燥的汉语课，常有抵触心理。

其二，学生水平不一，又因条件有限，难以严格按水平分成小班。有时高、中、低水平齐聚一堂，老师还要硬着头皮授课，看似不合理、不可思议，在由多国多地学生构成的公费项目中却并不罕见。例如，外方领队往往要求自己带来的学生都分到同一班（无论其汉语水平如何），以便集中管理，中方老师也只好尊重其意愿。

其三，游学项目百花齐放、不拘一格，很难有切合其情境的教材，高度仰赖于汉语教师随机应变、临场发挥。

总之，此种情形下的汉语教学，与长期性、系统性、正规性教学极为不同，必须转变思维、改弦更张——既然短短几次课不可能迅速有效提高汉语水平，就没必要侧重词汇、语法、语音等常规语言教学内容，而应将重心放到与游学生活息息相关的实用汉语与文化背景教学，有时亦称之为"任务式教学""体验式教学""情景式教学"等。

---

① 冯若语.国家汉办"你和我·在北京"夏令营教学实践与反思——以保加利亚中级班为例[D].北京外国语大学，2014：29.

【学生视角8-1】不喜欢汉语课

① 在北京的这段时间里除了玩还有上课，上了语文，有时语文老师们的课程会很无聊，会感觉很困想睡觉，但为了尊重老师我会假装在认真听。

（*嘉雯，女，14岁，西班牙；2018年夏令营——草原民族文化感知营）

② 参加夏令营，我们能体验到中华文化，是一个很好的经验。可惜的是，我们上了太多汉语课，非常无聊。

（*倩莉，女，16岁，印尼；2016年夏令营——亚欧华裔学生中华文化体验营）

③ 比起上午的汉语课我更喜欢下午的课堂，有美术课、武术课等。

（启婷，女，16岁，缅甸；2016年春令营——泰缅华裔青少年古都游学营）

④ 第三天早上我们上了汉语课，我觉得汉语课是最无聊的。下午老师带了我们去了武术班学了五步拳，那个老师特别好也特别牛。

（*伟，男，16岁，意大利；2018年夏令营——意大利协议营）

⑤ 我们上了很多课，上了书法课，但是我不喜欢。还有汉语课，我不喜欢汉语课，因为我不会写中文字。

（*东义，男，15岁，法国；2018年夏令营——黑土地民俗文化感知营）

⑥ 这次去冬令营，我妈妈说很好玩没有作业，结果老师让我们写作文，当时我就崩溃了。

（*佩蕾，女，13岁，巴西；2018年冬令营——冬奥文化体验营）

二、教学原则

（一）切忌照本宣科

来华后的汉语课，应跟学生在本国的汉语学习区分开。若只是给学生发一本短期汉语教材，讲生词、读课文、操练句型等，既显枯燥，又浪费资源。更何况游学活动千变万化，时间、地点、行程各异，学生年龄、汉语水平、文化背景等等各不相同，很难编出普适性教材；即便有类似教材，亦绝不能过于依赖。

（二）**翻转课堂，突出学生主体**

根据学生身份（华裔/非华裔）、年龄、中文水平等，设计趣味任务，以课下摄影、采访、调查，课上表演、小组汇报等方式，充分调动其积极性，让课堂由他们做主，成为展示自我风采的舞台。

（三）立足此时此地，符合现实需求，对其中国游学生活有立竿见影之帮助

密切结合大家已来到中国这一现实背景，将课堂教学与观光参访、逛街购物等直接挂钩。课上学习理论，课下立刻实践；今天学了某种知识、技能，明天就用在生活中。如"生存汉语"帮汉语初学者整理出最实用的几句短语、短句，趁热打铁，现学现用；"生存小贴士"帮学生坦然应对文化差异，尽快适应中国生活；"明信片教学"引导学生向远方亲友致以"中式"问候；

"礼物教学"品评各式中国特色伴手礼的优劣,给学生一双血拼采购的"慧眼";等等。

某汉语教师在孔子学院"你和我·在北京"夏令营中的教学经验很值得参考。该营共有六次汉语课,每次两课时,面向的是中级水平学生,每课教学主题确定如下。

在第一次汉语课后,夏令营将举办见面互动会活动。每位学员都要在见面会上进行自我介绍。因此我们将第一课的主题定为:介绍与问候。

第二次汉语课后,学员们将参加夏令营的文化选修课,并依据自身的兴趣爱好来选择学习书法、国画或剪纸等中华才艺项目。据此,第二课的主题定为:爱好与特长。

第三次汉语课后,夏令营安排学员们前往著名的秀水街购物休闲。故而将第三课的主题定为:问价与购物。

第四次汉语课后,学员们将前往中国家庭进行访问做客。因此,第四课的主题为:参观与做客。

第五次汉语课后学员们将进行烤鸭品鉴活动,所以第五课的主题是:就餐与评价。

为了巩固之前的教学效果,第六课将以复习为主,故第六课的主题为:总结与回顾。

六次教学内容的主题均出自真实的交际需要,体现了教学与实践的紧密结合。[1]

这种课堂教学与课下活动一一对应的情况是最理想的,它

---

[1] 冯若语. 国家汉办"你和我·在北京"夏令营教学实践与反思——以保加利亚中级班为例[D]. 北京外国语大学,2014:13.

使得原本单调的语言课真正变成游学生活的一部分，为提升同学们的中国旅行体验服务，而非白白占用其"宝贵的假期时光"。

（四）立足长远，对学生将来的中文学习，乃至生活、旅行、为人处世等，产生深远影响

这一点与上一点似乎是矛盾的，实则不然。寥寥几次课，从学生角度，很容易如过眼云烟，转瞬即忘；从教师角度，亦很容易敷衍过去，例行公事般完成教学任务。如何让这短短几次课摆脱可有可无的尴尬地位，真正发挥一些效用，对学生内心有所触动？具体的汉语知识传授已退居次要地位，激发学生对中文与中华文化的兴趣，帮助他们尽快适应中国生活，引导他们认识中国社会、在旅途中成长等上升为主要任务。

三、教学策略

（一）理论联系实际

《青少年心理学》指出：

> 是什么把好的班级和乏味的班级区分开来？……老师应该布置真实的作业，即有吸引力的、有趣的和真实世界相关的作业，那些无聊的、无趣的和无关的任务只会让学生更疏离学校。[1]

情境学习（situated learning）理论认为，有利于学习发生的情境应当是一种真实的社会情境、实践情境和文化情境。[2] 游学项目中的汉语教学亦应如此。当学生们已来到万里之遥的中国，

---

[1] [美]劳伦斯·斯坦伯格. 青少年心理学（Adolescence, 10th edition）[M]. 梁君英，等，译. 北京：机械工业出版社，2018：145.

[2] 崔允漷、王中男. 学习如何发生：情境学习理论的诠释 [J]. 教育科学研究，2012（7）：28–32.

若汉语课仍然按部就班地照本宣科，便脱离了当下的"真实世界"。此前，他们或许只能在本国课堂上练习中文，却很少有机会跟中国人交流；或许只能在课本和影视中看到万里长城、天安门、故宫，但如今这些传说中的地方近在咫尺，一两天后就要亲自走访……如此种种，何等激动人心？唯有结合精彩万分的现实世界，打通课堂内外，才能有效激发其学习兴趣。

1. 词汇与文化教学：景点

初级程度的同学，可以教给他们景点的名字如何正确读写，令其回国后起码能向家人朋友准确介绍自己去过什么地方；中高级程度的同学，则可进一步向其介绍相关背景知识、文化习俗等。从以往实践来看，确实有些学生玩得开心、吃得开心，却连中国、北京、长城、故宫、天安门、烤鸭这几个十分重要的汉语词汇都不会读写；或因天安门与故宫建筑风格一致，而经常混淆二者；或只知 Forbidden City（故宫旧名"紫禁城"的通俗英译），不知故宫；只知 Summer Palace（颐和园的通俗英译，字面意思为"夏宫"），不知颐和园；或不明白北京烤鸭为什么有时候叫 Beijing duck，有时候又叫 Peking duck（Peking 是北平的英文旧译）……不管之前是否学过这类知识，此时此刻此地，正是理论联系实际、巩固学习成果的好机会。比如给出几张景点照片，要大家猜猜马上要去的是什么地方；去故宫前，讲解故宫建筑的主色调红色和黄色对于中国人的特殊意义；去长城前，讲解毛主席的名言"不到长城非好汉"，鼓励大家勇于登顶、争做英雄好汉等。

2. 应用文写作：明信片

在《出走与体察：感性旅行田野指南》(*Away & Aware: A*

Field Guide To Mindful Travel)一书中,旅行作家 Sara Clemence 提倡"复兴失落的明信片书写艺术"(Revive the lost art of postcard writing),认为出门在外时给家人和朋友寄明信片这种似乎很老套、过时的做法,仍有其无可替代的价值。收到一张对方亲笔书写的明信片,总是件令人开心的事。她还给出如下几点书写明信片的细节建议。

  注明日期;

  不要询问具体问题,因为对方无法回答你;

  签好自己的名字,免得对方不知道来自何人;

  用几句话提炼旅行感悟;

  介绍一两件好玩的事;

  针对某个具体的人,予以特别问候,表示这张明信片是专为他/她而写。[1]

  受此启发,不妨尝试用"写明信片"的方式让汉语课变得更"接地气"。它既切合学生们"人在旅途"的状态,又提供了现实情境下运用中文写作的机会,兼具趣味性与实用性。建议由接待方出资,向每位同学赠送一两张明信片及邮票,以配合汉语写作教学。要求尽量用中文书写,若收件人不懂中文,则以中外文对照方式。应先打草稿,经讨论、修订后再正式誊抄在明信片上。教师可准备若干案例作为范文,悉心指导如何写、写什么,并在尊重个人隐私的同时,评选出多样化主题的最佳明信片,如最佳书法、最佳设计、最佳问候、最佳名言警句等。明信片空间有限,容不下太多字,一方面降低了写作难度,另

---

[1] Sara Clemence. Away & Aware: A Field Guide To Mindful Travel [M]. Piatkus, London, 2018: 64.

一方面又要求精心组织语言，用短短几句话表达出真情实意。寄送对象可以是家人、朋友，甚至是自己——不少资深旅人都喜欢在旅途中给自己寄明信片，当作独特的人生记忆。若邮寄不便，可由中国老师帮忙。

鉴于学生普遍过度依赖手机、网络，忽略真实生活人际交往，写、寄明信片可引导他们把注意力转移到"享受当下的旅行，不忘与亲朋好友分享"上来。一笔一划地亲手书写，远比用手机随意发个短消息或表情贴图更花心思，且有助于养成健康的旅行习惯，督促其反思中国之旅的收获，并将之传递给更多人。当他们回国后收到自己寄出的明信片，或家人朋友收到时，又可重新回味一番。经不断发酵，这次美好的异国经历将产生更加深远的影响。

3. 课堂汇报：礼物

学生们大多会买伴手礼、纪念品带给家人朋友，据此，"礼物"将成为极佳的课堂讨论话题。该话题具有强烈的现场感，既迎合了大家最爱的逛街购物活动，还能起到实际指导作用。口语课上，教师可设定几个题目让大家轮流发言，如：

　　你买了什么礼物？要送给谁？

　　多少钱？砍价了没有？你觉得买贵了，还是便宜了？

　　你认为什么样的中国礼物最值得带回家？

　　有什么东西你很喜欢，很想跟家人分享，却不方便带回去？

　　……

若该班同学普遍汉语水平较高，则可分成小组围绕"礼物"

话题展开讨论，再轮流到台前汇报，最后评出"最佳小组""最佳汇报人"等。同学们可互相展示已买好的或打算要买的东西（图片或实物），既能激起彼此攀比心理，又富于启发性——还没想好要买什么的同学，会从别人那里获得灵感。教师亦可展示若干从成人角度看来较好的、富于文化内涵和中国特色的礼物，并帮助有需要的人为家人朋友挑选合适礼品。

这种"礼物教学"还能培养学生的爱心和感恩之心，让他们即使在万里之外的异国教室中，仍与亲朋好友心心相印。具体买什么其实并不重要，重要的是这份心意，正如英文俗语所说：It's the thought that counts!（心意最重）曾有华裔学生把在中国课堂上完成的书法、国画、手工作品带回家送给家长，家长颇为感动，即因其中蕴含了奇妙的中华文化情结。

（按，关于何种礼物为佳，可参见第四章第五节"奖品/礼品之选择"）

（二）文化比较视角

督促学生带着"文化比较视角"去观察、体悟日常生活中的文化差异，并记录下来，形成日记、作文、报告等多种成果。可提前布置作业，要求以分组主题汇报的形式在最后一次课做成果展示，并评出最佳团队。这样，不但让他们将"学"与"玩"有机结合，"带着任务"完成旅程，还能培养团队协作意识，并利用青少年争强好胜的心理，刺激他们积极主动观察中国社会，获得深入理解。依照学生来源国别与城市，可以选择如下较好的汇报主题。

中国/北京与你的国家/城市有何文化差异？
如何向中国人介绍你的国家和城市？

如何向家人和朋友介绍中国和北京？

你认为中国与自己国家的关系怎样？

如何担当促进两国友好交流的"文化小使者"？

假设某个中国学生团队将赴你所在城市参加游学/夏令营活动，怎样帮他们设计一个好玩又有意义的行程？

……

每个主题，均与同学们切身相关，让每人都有话可说。要求使用中文做汇报，但中文程度不够的同学亦可通过查阅参考资料，为本组汇报贡献才智和力量。最终评比结果将依据小组整体表现，而非个人发挥。

（三）学以致用

1. 鼓励与中国人交流

该举措可帮助同学们体会一门新语言带来的便利性，并尝试融入当地社会。比如，鼓励他们购物、点餐、问路时使用中文，鼓励他们学习使用微信与老师保持联络，鼓励他们对身边的工作人员、服务人员表示感谢等。之前，笔者曾给澳洲华裔学生布置了一份采访作业，要求分组采访1—2位中国人，记录他/她对于澳洲的认知和观感，并思考：澳大利亚与中国一个在南半球、另一个在北半球，相隔万里之遥，互相对彼此有何意义？应怎样促进两国人民之间的互相了解？……当然，也事先提醒他们注意安全，勿随便去街访陌生人，而应采访身边的授课老师、校园里工作人员、大巴司机师傅等。

2. 教授实用技能

该举措可令同学们在中国生活得更加游刃有余。如，开始购物行程前一天，复习购物基本句型及传授砍价策略，他们往往听得兴致盎然，并跃跃欲试；而通过砍价实战"斩获颇丰"后，那种眉飞色舞的满足感可谓难以言喻。

2013年孔子学院"你和我·在北京"夏令营问卷评估结果显示，在六次汉语课中，保加利亚学生打最高分的即是购物砍价主题课程。原因之一为该课内容与秀水市场购物的真实交际需要无缝对接，同学们收获了砍价成功、交际成功的乐趣；原因之二为课堂上准备了很多中国特色小商品辅助教学，且在角色扮演环节结束后都归学生们所有，让他们十分开心。[①]

2016年"寻根"夏令营——"亚欧华裔学生中华文化体验营"中，笔者任教的瑞典班营员留下了17篇手写感言，其中竟有9篇提及自己学到怎么砍价。有同学说"在砍价时，大家都乐在其中"；有同学说"我学到最有意思之一的东西是Bargaining"；有同学炫耀"把128元的一个东西砍到40"；有同学全篇仅写了一句中英文夹杂的话"How to 砍价——Play cute（装可爱）！哈哈"。还有同学用图画生动描绘了砍价课堂和砍价现场，更有一位在纸上画了教室和老师，画了自己双手持中国国旗与瑞典国旗，旁边写了几个大大的汉字"谢谢老师教我们砍价"。夏令营中曾发生无数趣事，他们都没一一记录，却为学到砍价技能而倍感骄傲和感恩，该课的教学效果之佳超乎预期。

总而言之，必须对来华夏令营中外国学生的心理有所了解，尽量从其需求出发，据此设计恰如其分的汉语教学模式，方能

[①] 冯若语. 国家汉办"你和我·在北京"夏令营教学实践与反思——以保加利亚中级班为例[D]. 北京外国语大学，2014：25-26.

使他们皆能学有所获、乐在其中。

【学生视角8-2】砍价课很实用

① One of my favourite lessons was definitely the lesson on bargaining. The day after, we tested our newfound knowledge at a pearl shop, where we bought gifts. There, I'm very proud to say I was able to bargain a watch from ¥800 to ¥60!

（翻译：我最喜欢的课之一绝对是学习怎么砍价。第二天，我们就在红桥市场（the Pearl Market）活学活用，买纪念品。我感到十分骄傲，因为居然将一只手表从800元砍到60元！）

（*志颖，男，13岁，澳大利亚；2019年澳大利亚悉尼中国育才学校北京游学班）

② When we went to the markets, most of the time, we bargained with them to make the prices cheaper. We got a drone from ¥180 to ¥100, using tactics that our teacher taught us. We got lots of things cheaper because we were children.

（翻译：我们去市场购物时，总是试着砍价。我们买了个无人机，用老师上课教的砍价策略，从180元砍到100元。我们买的很多东西都很便宜，因为我们是小孩子。）

（*天佑，男，13岁，澳大利亚；2017年春令营——澳大利亚华裔青少年北京游学营）

③"讨价还价"这堂课让我学到了和以前不一样

的生活本领,让我学会去跟卖东西的人为一件商品谈价。我觉得这堂课又有趣又有意义……在胡同里享受了一顿北京风味特色的美食后我们就去了小商品市场体验砍价。我就照着前几天老师教我们的方法去砍价。我买了玩具、衣服、手机壳,花了差不多原价的一半就买下来了,心里感觉很爽!

(＊梓佳,女,12岁,澳大利亚;2018年春令营——澳大利亚华裔青少年北京游学营)

④ 我最喜欢的是砍价的那节课,因为我认为在我们的日常生活很有帮助,所以我们每一个人都很认真仔细地在听老师的课。

(＊茜,女,18岁,西班牙;2016年夏令营——中华国学营)

⑤ 特别有意思的一节课是老师教我们怎么去砍价,老师非常细心,因为怕我们被骗,告诉了我们在北京买东西要注意什么,感动。

(＊慧欣,女,17岁,意大利;2018年夏令营——意大利协议营)

(四)华裔身份认知

引导华裔学生反思、认识自己的华裔身份:什么叫"寻根"?为什么要来中国"寻根"?中国语言和文化对海外华人来说意味着什么?

笔者常常将一部讲述美国华人家庭故事的情景喜剧《初来乍到》(Fresh off the Boat)推荐给他们。《初来乍到》是迄今美国唯一以华裔家庭故事为主线的电视剧。为了追求"美国梦",黄氏一家从华盛顿特区唐人街搬到了佛罗里达州的奥兰多

（Orlando），爸爸新开业的西餐厅能否生意红火？妈妈能否与白人邻居和谐相处？三个孩子进入没有华裔小伙伴的新学校是否适应？与此同时，他们如何在民族文化与美国主流文化之间找到平衡？于是，围绕着可爱的一家人，发生了一连串令人忍俊不禁的喜剧故事。女主角——妈妈的扮演者吴恬敏（Constance Wu）因在此剧和电影《疯狂亚洲富豪》（*Crazy Rich Asians*）中的精彩演出，入选《时代周刊》（*Time Magazine*）2017年最有影响力100人，并登上当期封面，[1]也可从侧面反映此剧在主流社会的影响力。

从多角度评估，这部美剧很适合用作寻根夏令营的汉语教学素材：

首先，汉语课是一门中国语言和文化的综合性课程，该剧既有少量直接用中文对话的片段，更嵌入了大量中国元素，带有浓郁的"中国风"。只要合理设计，初、中、高级汉语课堂上皆能使用。

其次，它是一部制作精良的家庭喜剧，笑点虽多，但谑而不虐，多为温和的调侃，很少刻薄的讥讽，整体基调乐观向上。

再次，它单集时长约20分钟，整集播放亦不会占用太多课堂时间；加之剧情相对独立，即使任选一集，仍然具备较完整的故事情节。

最后，该剧从2015年至2020年初，共播出6季，116集。六年之间，小演员们也随着剧中角色一起长大了，发生了无数好玩的、富有教育意义或反映特定中国文化习俗的故事，可用

---

[1] 参见时代周刊官网（https://time.com/collection/2017-time-100/4742685/constance-wu/）。

于语言或文化教学的知识点极多。[①]

比如该剧第一季最后一集，即以幽默诙谐的方式，展现妈妈如何费尽心机引导三个孩子认识中华文明之伟大以及其华裔身份。剧中中文学校、书法、绘画、中餐、中文对话、长城、熊猫等元素，以及三兄弟的寻根趣事，能够引起华裔青少年的深深共鸣。当这一严肃主题通过趣味横生的美剧表现出来，其效果远远好于教师的生硬讲解或灌输。有不少华裔学生在课上跟着教师赏析过一两集后，课下还主动去网上找来该剧资源深入观看；甚至有人回国后也继续观看，好像中国之旅还在延续。

此外，教师应有意引导华裔学生争当"文化小使者"，在日常生活中自觉传播中华文化。他们能直接影响到该国当地青少年对中国的看法和印象，"同侪效应"（peer effects）的作用不容低估。例如，鼓励他们向当地主流学校的非华裔小伙伴介绍中国节日、美食、地理、历史等，或分享自己的中国故事，如返乡探亲或夏令营趣事等；鼓励他们积极参与当地社区文化活动，以布展、表演等多种形式展示中华特色才艺等。类似做法，既可加深华裔学生对中华文化的理解，又能激发其民族自尊心和自豪感，帮他们在中外两种文化中求同存异，如鱼得水。

四、教学大纲示例

表 8-1 中的七堂汉语课（每堂课 2 课时）皆源于笔者教学实践，努力切合海外学生来华游学的生活情境，可资参考。

[①] 参见：党伟龙、范娟娟. 美剧与汉语教学：以华裔家庭喜剧《初来乍到》为例[J]. 海外华文教育，2017（5）：685-698；党伟龙. 华文教育视角下的华人题材美剧《初来乍到》简析[J]. 华文世界，2017（119）：45-48.

表 8-1　游学项目汉语课教学大纲示例

	主题	内容	备注
第1课	中国旅行/生活常识	一、安全须知 二、出行贴士 三、用餐建议 四、中国特色纪念品推荐	为初次来华或对中国国情不甚了解的同学答疑解惑，从文化差异角度，教给他们实用生活常识
第2课	中国颜色与中国动物	一、红色：中国红 二、黄色：皇家色彩 三、中国吉祥物：熊猫 四、中国象征：龙	将颜色、动物与景点参访相结合，联系介绍天安门、故宫、颐和园的建筑风格，长城的寓意（蜿蜒盘旋如实体之"龙"），等等；配合将去动物园看熊猫的安排
第3课	《两只老虎》与历史朝代歌	一、儿歌：《两只老虎》 二、中国历史朝代歌 三、朝代名与姓氏 四、朝代与都城：西安与北京	以哈佛大学教授根据《两只老虎》儿歌韵律编撰的中国历史朝代歌为主要教学内容，并进行课堂表演。若该项目学生有赴西安行程，则引申介绍西安的历史文化，并与北京进行对比
第4课	购物与砍价策略	一、中国购物须知 二、砍价策略 三、砍价实例 四、角色扮演：砍价小游戏	结合实际购物行程，宜安排赴砍价幅度较大的小商品批发市场或面向外宾之专设商场
第5课	美剧与中华文化	一、美剧《初来乍到》介绍 二、《初来乍到》中华文化元素 三、特色剧集赏析	针对华裔学生，可欣赏"身份寻根"主题剧集（第1季第13集）；针对非华裔学生，可欣赏"春节"主题剧集（第2季第11集）

续表

	主题	内容	备注
第6课	礼物与明信片的书写	一、伴手礼的文化价值 二、什么是好的中国伴手礼？ 三、明信片的文化价值 四、明信片写作	结合学生喜爱的购物活动和购物收获，通过伴手礼讲解中华文化； 介绍明信片作为伴手礼的特殊价值及书信体中文写作
第7课	课堂汇报	一、分组分主题汇报 二、教师点评，评选最优组	在第一次课上即布置作业，设计几个与游学生活密切相关的趣味性、实用性主题，让学生们自己分组、选定主题、利用课下时间准备，并在最后一次课上做汇报。

第二节　外国学生中文名取法与教学应用

正如中国学生学习英语时喜欢取一个英文名，外国学生学习汉语时也自然而然希望有一个地道的中文名。该需求还蕴含着一定商机，为外国人取中文名的服务亦应运而生。[①] 自古以来，中国人就非常重视姓名，乃至今天父母们给孩子取名时，大都要斟酌再三、煞费苦心，还有"姓名会影响命运"之类的迷信说法。对外国学生而言，中文名或许是他们开始汉语学习的第一步，是融入中国文化的良好开端；一个好听、好记、好写，且内涵丰富的中文名，往往能提高其学习兴趣和对中国文化的认同感。白朝霞认为：

[①] 小溪. 专为老外取中文名月赚五万 [J]. 职业，2010（1）：48-49.

留学生的汉语名字有可能在今后与中国的政治、经济、文化交流中伴随他的一生，而成为与他的母语姓名同等重要的身份代码，所以对外汉语教师有责任花些精力给学生取一个形音义俱佳的中文名字。[1]

网络上有颇多文章调侃外国人千奇百怪的中文名，如好厉害、高富帅、王老吉、活雷锋等，甚至成龙、李小龙、李连杰都在同一汉语班，唐僧、孙悟空、嫦娥也穿越而来……[2] 这类名字的辨识度确实很高，醒目易记，但都不是真正现实生活里的中文名，用来打趣一下"老外"们尚可，绝不能当真。

在工作中，笔者接触到大批来华学生，常常肩负着给他们起中文名的任务（有时外方领队会特别提出此要求），既是一项挑战，也借此积累了若干经验和心得，谨分享如下。

一、中文名特点解析

诚如研究者所指出的，"中文姓名既不等于中文译名，亦不等于中文小名和昵称"。[3] 给学生取中文名和翻译外国人名是完全不同的。后者仅需依据外文原名选几个读音相近的汉字即可，无所谓意义，并且在翻译实践中逐渐形成了许多约定俗成的译法。而前者则比较特殊，一来并无统一的规范可言；二来可充分发挥汉语教师个人的聪明才智和艺术品位，为学生"量身定制"，取一个既和外文原名有所关联，又相当地道的中文名。

---

[1] 白朝霞. 姓名文化与对外汉语教学 [J]. 云南师范大学学报（对外汉语教学与研究版），2006（4）：61-64.
[2] 元任对外汉语. 老外们起过的奇葩中文名 附给老外取中文名宝典 [EB/OL]. https://mp.weixin.qq.com/s/g45Vjn08tl6gy1E2c28jmw, 2015-01-09.
[3] 景盛轩. 喀麦隆学生中文姓名的分析与优化 [J]. 浙江师范大学学报（社会科学版），2012（6）：61-65.

中文名绝不是简单音译，它要求符合汉语人名习惯，即首先有个地道的中文姓，其次有个具备某种内涵的名，并有单名和双名之分。参照中国翻译界流传的所谓"信、达、雅"三原则，就中文名取法来说，与外文原名读音或含义相近，可称"信"；能依据汉字意思解释得通，是为"达"；寓意吉祥美好，有来历、有典故，是为"雅"。如何取好中文名？有哪些注意事项和规律可循？下文将归纳十个有指导性的取名原则。

二、取名十原则

（一）与外文原名音义相关

毛力群等认为："对留学生而言，最理想的中文名是音义皆能与其母语名相关联，这不仅能帮助学生适应中文环境，还能维系其母语情结。"[①] 这类中文名以原名为基础，可视为某种"另类翻译"，突出了"信、达、雅"三原则中的"信"，其最大优点是易于记忆。如女子名鲁比（Ruby），原义为红宝石，可取为"如璧"，"璧"有玉石之意，可谓音义兼备。不过此类例子往往可遇而不可求，实际操作难度较高。

在音和义二者之间，依据读音更为普遍，有三种取法，即：按英文姓取中文姓名，按英文名取中文姓名，按英文姓名取中文姓名（姓和名分别对应）。可根据难易程度，决定采用何种取法。在读音上，常常只取原名的部分音节，尤偏重起始音节，如 Williams 取为"卫/魏"姓、Hanks 取为"韩"姓，Jessica 取名为"洁"、Scarlett 取名为"思嘉"等。少数情况下，可按原名意义取中文名，这就要求汉语教师知识面广博，对常见英文名

---

① 毛力群、蔡丽虹. 留学生中文名用字调查——以浙江师范大学留学生为例 [J]. 语言文字应用，2015（4）：68–77.

原义有所了解。如男子名史密斯（Smith），原义为铁匠，可取为"铁"，既可作姓，又可作名；女子名戴安娜（Diana），原义为月亮女神，可取为"月"或"月仙"。不了解原义的可通过询问学生本人得知，询问过程亦是有益的师生交流。

（二）选择常用姓氏

尽量选常用的、人人熟知的中文姓氏，这样才更地道、更有中国味，而不是让人觉得怪异。需注意：第一，若干姓氏并不罕见，但其汉字本身含义不佳，如赖、寇等，一般不宜选用。第二，诸如李、王、张、刘等大姓，不宜取单名，更不宜搭配太过常见的人名用字，如张伟、王伟、王芳、李娜等重名太多，[1]给人俗气之感。第三，景盛轩曾指出汉语教师要熟悉《百家姓》，[2]建议虽好，但《百家姓》毕竟与当代姓氏有所区别，还是要以当代常见姓氏为主。第四，不少声称自己已有中文名的学生，其实仅有"名"而无"姓"。这时候，亦不必强行为其安上一个姓氏。一方面是尊重其原有中文名，一方面还要考虑欧美"重名字，轻姓氏"的文化。有汉语教师认为，姓氏乃随父母而来，由教师为学生选择姓氏不太合适，正如中国人取英文名时，很少会另取英文姓。[3]

---

[1] 孙嘉靖，等. 60后至10后的爆款名字全在这儿了！看看你的名字潮不潮？[EB/OL]. https://mp.weixin.qq.com/s/pDcTbFffv76wa-ts0llY2w，2016-01-14. 据该文统计，"张伟"、"王伟"与"王芳"、"李娜"分别是当代中国重名最多的男子名和女子名。
[2] 景盛轩. 喀麦隆学生中文姓名的分析与优化[J]. 浙江师范大学学报（社会科学版），2012（6）：61-65.
[3] 陈思宁. 欧洲汉语学习者中文姓名分析[D]. 北京外国语大学硕士学位论文，2018：8.

（三）选择常用汉字、简单汉字

为便于交际，无论姓和名，都不宜选用生僻字，尤以笔画简单的汉字更佳。如依照读音取中文姓时，遇有同音姓氏如"付"或"傅"、"代"或"戴"、"卫"或"魏"，通常以前者更佳。亦不排除有人更重视内涵，或故意选择笔画繁复、看起来很有学问的汉字。正如赟、鑫、馨、曦、瀚、黛、薇等字，虽书写不便，但含义甚佳，深受中国人喜爱。

（四）字义通达而典雅

名的取法与常规中国人名没有太大差别，大抵追求寓意佳、正能量，可根据外文原名挑选读音相似的男子名、女子名常用汉字。基本要求是"达"，即能够从汉语文化角度解释得通，而非像译名一样把几个毫无意义联系的汉字机械组合在一起；较高要求是"雅"，即用字不俗气，蕴意美好而隽永。

对男性而言，建国、建军、红兵等已过时的人名[①]，或发财、富贵等有土豪气的人名，一般不宜选用。对女性而言，莉、莎、茜、娜、妮等洋味过浓的译名常用字，或已被用滥；显得俗气的人名常用字，如"玉珍""桂兰"等[②]，可依据情况选用，但要慎重。"妮"常用于译名，但它的中文本义为"女孩""少女"，若与其他字搭配得宜，亦不失为优美的中文名。如"佳妮"，字面意思为"好女孩"，在今天也是个很受欢迎的女名。

（五）双名优于单名

随着时代发展，双名有越来越流行的趋势，既可避免重名，又可表达更丰富的内涵。大多老外和汉学家在取中文名时都选

---

① 王芳.大数据下建国以来武汉人名面面观[J].语言文字应用，2015（3）：76-87.
② 王芳.大数据下建国以来武汉人名面面观[J].语言文字应用，2015（3）：76-87.

择双名，即因更容易"出彩"之故。

（六）性别特征须明显

通常说来，男子名须带阳刚之气，女子名须含柔美之意，避免像生硬的译名一样看不出性别。翻译学者指出，某些英文名本身是男女通用的，在翻译时亦应反映出性别，如 Carol 作为男子名时译为"卡罗尔"，女子名则为"卡萝尔"；Julian 作为男子名时译为"朱利安"，女子名则为"朱丽安"或"朱莉安"；等等。[①] 这点对取中文名亦有启发。

此外，区分性别的选字，有一种取巧办法，即男生用"大"，女生用"小"。只要依照英文名词首音节选一个合适的男子名或女子名用字，并另冠以"大""小"即可。该方法相对省事，称呼起来朗朗上口、亲切随和，还带着一丝幽默感。

日常生活中常见大牛、大壮、大军、大山、大海、大明、大伟等男子名，有粗犷、憨厚的韵味，不光用于小名，亦可用于大名或学名，如革命先驱李大钊，物理学家吴大猷，画家张大千，明星罗大佑、佟大为等。以常见英文男子名为例，取名如下。

Andy、Andrew——大安；　　Donald——大唐；

Frank——大福、大富；　　Howard——大华、大虎；

Kevin——大凯；　　　　　Logan——大龙；

Paul——大宝；　　　　　Philip——大飞；

William——大伟。

关于女子名，日常生活中常见小美、小丽、小娜、小玲、

[①] 胡芳毅、熊欣. 中英人名地名的特点与翻译[M]. 南京：东南大学出版社，2012：174–176.

小雨、小雪、小月等小名或大名,有小巧可爱、小鸟依人的韵味。以常见英文女子名为例,取名如下。

Ann、Angela——小安; Dora、Doris、Dorothy——小朵;
Emily——小爱; Jeanne、Jennifer——小珍;
Jessica——小洁; Linda——小琳;
Lucy——小鹿、小露、小茜;
Rachel——小蕊、小秋;
Rose——小柔、小玫(Rose 意为玫瑰)。

此外,女子名亦不妨以"儿"结尾,给人亲昵、可爱之感。如曾名噪一时的港台女星容祖儿、应采儿等,又如笔者曾在某马来西亚华裔学生汉语班中发现"*贝儿""*馨儿"等别致的女子名。以常见英文女子名为例,可取名如下。

Ann、Angela——安儿; Dora、Doris、Dorothy——朵儿;
Jeanne、Jennifer——珍儿; Jessica——洁儿;
Linda——琳儿……

其余以此类推,不再赘述。

(七)兄弟姐妹的中文名应有所关联

若遇兄弟姐妹同时取中文名,则亦应符合中国习俗,或在名字之间用同一字表示辈分,或在意义上彼此有特定联系。如曾有一对来自白俄罗斯的双胞胎姐妹,其中文名分别为"白冰""白雪",与其国家名称、气候(寒冷多冰雪)、种族(白人)、身份关系(冰雪同源)等都极契合。

(八)读音通畅顺口

有学者从语音学角度提出了对中文名的要求,如慎用同声母、韵母字,避免多音字,注意音节分明、声调抑扬顿挫,等等。①该说法可参考，但不宜对语音过于苛求，否则有脱离实际之嫌。比如"王伟"是当代中国最常见的男名之一，"俊杰"则是"〇〇后"一代最受欢迎的男名之一，②二者皆使用了同声母字，无碍于其流行。可见对中国人来说，名字内涵的重要性远大于语音。总之，只要名字读起来大致通畅即可，不必太苛刻；有时候为了追求内涵，甚至可牺牲一部分语音效应。

此外，从语音角度，善用叠名可起到出奇制胜之效。以性别而论，"叠音名往往能形成一种回环往复的美感，并含亲切、爱怜的色彩……更适合女性群体"③。以年龄而论，叠名因常用于儿童小名或昵称，更适合青少年学生，不适合中老年汉语学习者。

以常见英文女子名为例，取叠名如下。

Ann、Angela——安安；　　Betty——贝贝；

Elizabeth——依依；　　　Gloria——格格；

Jeanne、Jennifer——珍珍；　Lucy——露露；

Natalie——娜娜、丽丽；　Nancy——楠楠；

Rose——柔柔；　　　　　Sherry——诗诗；

Sophie——菲菲；　　　　Vivian、Whitney——薇薇。

通常取其词首音节，亦可适当变通，取其词尾音节。选字须符合中国人常见的叠名用字，读之自然顺口，勿随意将单名叠加，造成拗口、怪异等现象。若叠名前再加一个姓氏，即成为正式的中文全名。

---

① 毛力群、蔡丽虹. 留学生中文名用字调查——以浙江师范大学留学生为例 [J]. 语言文字应用，2015（4）：68-77.
② 孙嘉靖，等. 60后至10后的爆款名字全在这儿了！看看你的名字潮不潮？[EB/OL]. https://mp.weixin.qq.com/s/pDcTbFffv76wa-ts0llY2w，2016-01-14.
③ 毛力群、蔡丽虹. 留学生中文名用字调查——以浙江师范大学留学生为例 [J]. 语言文字应用，2015（4）：68-77.

（九）需考虑谐音效果，避免歧义

民间流传着诸多关于人名谐音的笑话。如"杨伟""范统""贾效""胡硕"等名字书面上没有问题，读音却会被听成"阳痿""饭桶""假笑""胡说"。[①] 此类有意无意的误读每每导致当事人异常尴尬，务必避免。

（十）优先考虑学生本人意愿

以上仅针对一般情形，若学生有特殊要求，则应首先符合其个人意愿。如有人会告知其原名寓意，希望有个意义相近而非读音相近的中文名；有人想要有政治家风范的名字，或与某名人、明星相似的名字，或反映自身愿望、爱好的名字，或具有勇敢、诚实、美丽、可爱等含义的名字……这些要求均应予以满足，未必拘泥于外文原名读音或意思。这类名字合乎学生本人喜好，故而有着很高接受度。另外，若有人已习惯了自己原有不太地道的中文名，亦不必强求改名。

三、教学应用

（一）中文名教学策略

1. 给学生起名字

需要中文名的大都是汉语初学者，为其量身定制中文名，一则可让他们对中文更感亲切，亲身体悟到中文与自己的奇妙联系；二则取名要了解外文原名意义以及学生个人喜好，需加强师生沟通，是拉进师生距离的好方法；三则可借此讲解中国姓名文化的基础知识。由于初学者掌握的汉字、词汇都很有限，

[①] 胡芳毅、熊欣.中英人名地名的特点与翻译[M].南京：东南大学出版社，2012：185.

难以做相关字词含义的引申讲解,可将重点放在中西姓名结构及称谓的文化差异上。如英语名在前、姓在后,偏重个人、个性;汉语姓在前、名在后,偏重集体、共性。欧美文化对老师可直呼其名,更注重师生平等;中国文化则冠以姓氏和头衔,更注重身份差别、长幼有序。

2. 帮学生改名字

对已有中文名的非华裔学生,可从语言和文化角度一一分析其名字地道与否,并遵照学生意愿,帮忙起个更好的名字。例如,笔者曾在课上介绍"佳妮"这个颇受喜爱的女名,结果当场就有一位来自吉尔吉斯斯坦的女生表示今后要改用此名,可见,好名字自然有其无可抵挡的魅力。某些同学原本的中文名,如娜娜、小美、大山之类,有名而无姓,并不完整,可为其选取一个合适的中文姓,但亦不必强求。如,曾有一位英国女生 Emily 中文全名为"爱美丽",笔者指出此名虽好,却非典型的中国人名,"爱"改为"艾"姓更加地道;不过该女生很喜欢"爱美丽"的寓意,故仍沿用。又有位白俄罗斯男生名为"*英男",表面上是"英武男子汉"的好名字,但置入中华民俗背景下,其实是一个女孩名。中国自古以来即有重男轻女的传统,大凡女孩名字中才会出现"男"或"弟"的字样,如"若男""胜男""亚男""招弟""来弟"等,反映了父母想要男孩的迫切愿望。经笔者讲解后,这位同学恍然大悟,终于明白为何之前中国朋友听到他的中文名后会露出神秘的笑容。

3. 取名字的趣味练习

面向中高级水平学生,可开展取名字的趣味练习。网友在网络上常有多个"分身""小号",自己能否有多个名字呢?可尝试给自己起一个更好的中文名，或给家人和朋友起中文名，给外国明星和名人取中文名。取名字是一门艺术，是一种智力体操，颇能以小见大。这种带有游戏性质的练习，可充分发挥学生聪明才智及积极主动性，检验其汉语水平及对中国文化、民俗的熟悉程度。教师则可从旁指导，为名字质量把关。

4. 专题讲座与研讨课

可给学生开设"名字与会意字"专题讲座，如 Johnson 取名为姜森，"森"就是个很有特点的会意字，双木成林，三木成森；另可引申介绍结构类似的汉字，如日月为明、文武为斌，三人成众、三口成品、三石成磊、三金成鑫，等等。"明""斌""磊""鑫"都是很常见的人名用字，分别反映了聪明伶俐、文武双全、身体结实、成功富有等美好意愿；"鑫"在商家店铺冠名时也颇受青睐，取其"多金""财源滚滚"的吉利含义。另可引申介绍一些结构特别的汉字及其文化内涵，如"囍"与婚庆文化——双喜临门、白头偕老；"赟"与望子成龙文化——文武双全又多金；"槑"与象形字及网络恶搞文化——本为"梅"的象形异体字，但被望文生义地故意曲解为比"呆"更"呆"、呆呆傻傻的意思。其余备选讲座专题有"名字与民俗""名字与儒家文化""名字与时代特征"等。

研讨课形式互动性更强。让学生分组讨论，并做课堂汇报：班上哪位同学的中文名很有特点，为什么？喜欢哪些中国明星、名人的名字，为什么？中文名、英文名反映了何种文化差异？……这种分组汇报，既能培养组员的团队协作精神，还因富于竞争性而更能激发出思想火花。"真理愈辩愈明"，经过研讨、汇报，相信同学们对中文名会有更深刻的领悟。

（二）教学实例：认识你的中文名

西谚云："认识你自己。"在汉语课上，我们也告诉学生：认识你自己的中文名，因为这是你的"中国身份象征"。许多同学来华时可能已有中文名（多为原汉语教师所取），但笔者发现，多数人对自己的中文名都似懂非懂、摸不着头脑，仍需加以讲解。

以某菲律宾男校班为例，包含部分华裔及非华裔学生，汉语水平多半介于初级与中级之间。在第一堂课，笔者借学生轮流做自我介绍之机，用中英双语为每个人详细解说中文名含义。除了少数汉语较好的几人早已心中有数外，其余同学都露出"原来如此"的兴奋表情。表8-2罗列了该班名单，并逐一讲解。为保护隐私，隐去其姓，仅列其名。

表8-2 菲律宾男校班中文名讲解

	中文名	讲解
1	*天才	天赐之才，有天赋——"你是天才！很有天赋！"（You're a genius! You have a gift from heaven!）
2	*春木	春天之树木，给人生机勃勃之感，充满希望与前景（promising）
3	*自力	自力更生、白手起家、自学成才——"你是个靠自己努力成功的人！"（You're a self-made man!）
4	*宏吉	"宏"即大，"吉"即吉祥、幸运——"一个幸运的大男孩"（a big lucky boy）
5	*明俊	"明"，明亮、聪明；"俊"，英俊、帅气——"一个阳光帅气的男生"（a bright and handsome boy）
6	*俊年	英俊少年（a handsome young man）；可引申介绍"帅哥"一词，同学们会很感兴趣
7	*忠信	忠诚的、信念坚定的。按，由于该校是天主教学校，可解读为："你对上帝忠贞不二。"（You're loyal and faithful to God.）

续表

	中文名	讲解
8	*立德	古人有"立德、立功、立言"的"三不朽"追求。"立德"即在品德上为他人树立榜样——"你是道德模范！好好学习，做出榜样。"（You're a role model. Be a good student and set a good example for others.）
9	*聪明	聪明伶俐、耳聪目明——"聪明的男孩"（a smart boy）
10	*国心	国之心脏，国之良心（the heart or the conscience of the country）
11	*俊凯	"凯"有凯旋、胜利之义——"一位英俊的成功男士"（a handsome and successful gentleman）；按，该男生全名"王俊凯"，与中国某当红偶像撞名
12	*强贤	强壮而贤能——"一位强壮的圣贤"（a strong saint），有"信仰坚定的基督徒"之义，颇符合其宗教背景
13	*世锦	"世"，世界；"锦"，美好——即"美好的世界"（beautiful world）。可鼓励他"成为更好的人，让世界更美好"（Be a better person and make the world a better one.）
14	*春辉	春天之光辉（spring sunshine），充满正能量的名字

在某字有歧义、多义时，要着重介绍其中所蕴含的美好含义，另可引申发挥，适当进行趣味解读，而不必拘泥于原义。教师应随机应变，根据学生名字，随口寒暄几句，锻炼学生口语表达。如问春木和春辉同学："你们是在春天出生吗？喜欢春天吗？"亦可适当恭维对方，并展现幽默感。如点名时说"Genius！天才同学你好！""*俊年！帅哥来了吗？""*聪明！哈，聪明的男生在哪里？"等；或者，鼓励立德同学做好学生表率，鼓励世锦同学为创造美好世界而努力；现场展示网红明星照片，与同名学生加以比照并品头论足："大家来看看谁更帅？"……

这些因"名"制宜的做法，既活跃了课堂氛围，又让学生感觉到教师平易近人。该方法尤适用于第一次课,与同学们初次见面、互相了解时,能起到"破冰"功效,为接下来的教学奠定良好基础。教师拿到学生名单,就应提前查好资料,对所涉汉字的原义和引申义做到全面了解。

下面通过表8-3再举几例,皆源自笔者教过的短期游学团的学生。

表8-3 外国学生中文名赏析(非华裔)

国籍	性别	中文名	中文名含义
美国	男	*瑞昌	"瑞昌"源于其英文名Richard读音,有吉祥、昌盛之意
美国	男	*克胜	中文全名为"卫克胜",与其英文名Victor(胜利者)音义双关。"克"本身即有能够、战胜之义,"克胜"即能够胜利,"卫克胜"令人产生"保家卫国、战无不胜"的联想,妙在发音也近似Victor
美国	女	*星月	"星月"源于其英文姓Luna的意义"月亮、月亮女神",且"繁星皓月",更增美感;中文全名为"陆星月",与Luna可谓音义双关
英国	女	*佳玫	"佳玫"对应其英文名Jessica Mary读音,可理解为"一朵美好的玫瑰花"
比利时	女	*楚叶	"楚叶"对应其英文名Juliet读音,给人"一叶飘零、楚楚动人"的美感
希腊	女	*月仙	其英文名Artemis原义为月亮女神,"月仙"呼应了该义,且意境甚美
希腊	女	*夕朵	"夕朵"源于其英文名Theodora的读音,且有"夕照晚霞,鲜花朵朵"的美妙意境。按,月仙与夕朵为姐妹俩

名字与个人息息相关，由此入手，可带来更强烈的切身感受。对中文名加以赏析，就等于对学生本人表达欣赏与礼貌上的恭维，让他们为自己的好名字倍感骄傲之余，逐渐领悟汉字之美与中华文化之魅力，在汉语学习中渐入佳境。

（三）华裔学生中文名教学

华裔学生的中文名一般为父母、长辈所取，是不能随意改动的。尽管自幼即有中文名，但他们未必明白具体含义。有些华裔同学的名字颇为巧妙，教师应帮他们领会其中妙处，下面通过表8-4略举几例。

表8-4 华裔学生中文名赏析——别致可爱的名字

国籍	性别	中文名	中文名含义
巴西	女	*中荷	全名"池中荷"，池塘中荷花，有亭亭玉立之貌；英文名为Susana，原义"百合""玫瑰"，与中文名含义也有几分关联
美国	女	*小米	"小米"对应其英文名Michelle，且给人小巧可爱又好玩的感觉（a little, cute and funny name）；全名"王小米"，笔画很少，简单易记
澳大利亚	女	*青豆	"青"有青涩、稚嫩之义，"豆"则常用于儿童小名，如豆豆，带有一种亲昵感。总之，该名与"小米"有异曲同工之妙，而这位女生刚好又是班中年龄最小的，令人在第一时间就能记住
澳大利亚	女	*晶晶 *莹莹	双胞胎姐妹，"晶"和"莹"均为光亮、光彩之意，"晶晶""莹莹"给人晶莹剔透、光彩照人的感觉，既可爱，又谐音，亦对应其英文名Jessica和Jennifer，可见巧思
新西兰	女	*佳安 *佳欣	双胞胎姐妹，佳安、佳欣分别对应其英文名Joanna和Jessica，取其谐音

某些名字不单寓意美好，还蕴含着父母长辈的良苦用心，借由教师讲解，可引导华裔学生更好认识自己的中华文明之"根"，下面通过表8-5，诠释几例。

表8-5　华裔学生中文名赏析——富于文化气息的名字

国籍	性别	中文名	中文名含义
美国	男女	*永龙 *永凤	看似寻常的名字，用到这对中美混血兄妹身上，就明显透露出华裔妈妈的一片苦心：龙、凤皆为中华民族象征，希望孩子永远记住自己"龙的传人""炎黄子孙"身份
西班牙	男	*思华	该同学为中欧混血，"思华"，思念中华，体现了华裔妈妈对中国故土的拳拳之心
菲律宾	男	*光祖	两个名字皆含有光宗耀祖之意，反映了华裔家长的传统宗族意识和对孩子寻根问祖的殷切期盼
缅甸	男	*祖伟	
葡萄牙	男	*超凡	全名"莫超凡"，单看其名，有望子成龙、超凡绝俗之意；若再加姓"莫"，似又有期望孩子不要太张扬、平安是福之意，反映了典型中国人在为人处世上低调内敛的生活哲学
英国 澳大利亚	男	*知非	典出《淮南子·原道训》："故蘧伯玉年五十，而有四十九年非。""知非"，知道自己的过错，意即不断改进、成为更好的人，反映了家长的殷切期望[①]

有时可结合华裔学生的英文名来讲解中国姓氏文化。如聚焦美国华裔家庭的情景喜剧《初来乍到》（Fresh off the Boat）中有华裔"E字头三兄弟"Eddie、Emery和Evan，均以E开头，

---

① 注：笔者共遇到两位华裔男生，均名*知非，一来自英国，一来自澳洲。

且年龄大小与第二个字母的先后顺序对应。笔者还曾遇见来自澳洲的华裔女生 Jacquline。她介绍说，她哥哥叫 Jason，姐姐叫 Janice，前两个字母皆相同。更有趣的是澳洲华裔"ABC 三姐妹"Ashleigh、Brianna 和 Chelsea，从大到小按字母顺序排列，且 ABC 另指"澳洲出生的华人"（Australian Born Chinese）。① 很难想象这类刻意的命名方式会出现在一个"老外"家庭，但在华裔家庭中并不罕见。由此可知，即便是英文名，也因其华裔背景而具备了某些中文名特征，即兄弟姐妹共享同一汉字作为中间名，反映其辈分，或名字之间彼此有意义联系或大小先后之分。这类"中式英文名"极契合华裔学生的双重文化背景。

俗话说"人如其名"，名字对每个人的重要性不言而喻，中文名对外国学生亦然。对外汉语教学中引入姓名文化教学，一则寓教于乐、妙趣横生；二则关注每位同学的名字，也体现了对他/她本人的关心与尊重。应根据学生身份（是否华裔）、汉语水平等，深入探索可行的多元化教学策略。

---

① 注：她们还有一个小妹 Denise，没能一起来中国，其实是 ABCD 四姐妹；另据介绍，她们家的两只狗分别是 E 和 F，但具体名字和性别不详，反映了西方文化把狗视为家人的普遍观念。另外，ABC 亦有"美国出生的华人"（American Born Chinese）之意。

结 语

一、关于中国旅游环境之反思

中国是一个旅游大国，好山好水、五千年文明，吸引着来自世界各地的游客。然而，受限于社会发达程度，中国旅游市场对国际游客并不太友善。外国游客在华一般人身安全无虞，但其日常生活和游览每多不便。

例如，大多中国人还缺乏英语交流能力，基础设施的英文标识亦不普及，常令不懂中文的游客求助无门、一片茫然。

又如，许多国家均面向国际旅客提供可供短期使用的手机卡，有效期从三五天到一两个月不等，旅客随买随用、用过即丢，省钱又省心。但中国几乎没有这种服务，造成许多海外师生一来华就会"断网""失联"。即便大费周章去营业厅开户办理了手机卡，离开后又会因欠费被停机，乃至被列入黑名单，为其以后重访制造不必要的麻烦。

再如，中国已大踏步进入无现金社会，手机支付越来越普遍，但这种方式不适用于短期居留的外国人。他们必须关联中国手机号和银行账户，才能开通手机支付，门槛很高。有时，他们眼睁睁看着满街的共享单车（中国人引以为傲的"新四大发明"之一），却卡在支付问题上而无法使用。

一言以蔽之，中国的服务行业仍然主要面向国人，远未能与国际接轨。根据近期一项针对200多位武汉高校留学生旅游行为的调查，他们对中国旅游的满意之处集中在景色优美、中国人热情好客、喜欢中国的历史文化、交通便利、安全等，而不满意之处集中在英语旅游信息获取困难、从业人员英语水平不足、服务态度差、餐饮多样性较差、被游客过度关注、未经同意被拍照、公共场合吸烟或随地吐痰现象等。[①]这一调查结果宜引起重视。

这方面，邻国日本是很好的学习对象。某种意义上，在代表亚洲文化、吸引对"东方神秘文化"感兴趣的西方游客这点上，日本和中国是互相竞争的对手，而中国在竞争中并不占优势。书道（书法）、茶道（茶艺）、佛教等传统文化，均在日本发扬光大，使外国游客深深着迷，以至将日本当作东方文化的代表。[②]曾有对中国感情很深的印尼华裔老师告知，她带女儿来过北京、上海等地，孩子没什么感觉；而带去东京，孩子就特别喜欢，甚至打算到那边读大学。亦有澳洲华裔同学在课上听笔者讲到洗手间小贴士，就表示自己曾去过日本，那边的洗手间干净怡人，比中国好多了……近几年，赴日旅游的国人数量大幅增长，回来后再对照国内旅游业及相关服务产业，往往感慨万千，深觉可改进之处比比皆是。

孔子曾说："礼失而求诸野。"（《汉书·艺文志》）似乎颇具现实意义——有些东西自己丢掉了，只能去野外、海外寻访。我们既要有大国自信，也要有向他国虚心学习的自觉。正如习

[①] 耿闻雷、余倩．来华留学生旅游行为研究——以武汉高校留学生为例[J]．青少年学刊，2020（1）：11-14．

[②] 参见"知乎"上的一场讨论：为什么有些西方人心目中的东方民族和文化的代表是日本而非中国？[EB/OL]．https://www.zhihu.com/question/26545231．

总书记2014年在韩国国立首尔大学演讲时所指出的那样——

> 中国将始终做一个虚心学习的国家。虚心使人进步,骄傲使人落后。中国虽然取得了巨大发展成就,但同世界先进水平相比,我们还有很大差距。中国人民为自己取得的成绩感到自豪,但不会骄傲自满、止步不前,而是要有海纳百川的胸怀,以开放包容心态虚心倾听世界的声音。①

二、关于"知华、友华、爱华"之反思

培养"知华、友华、爱华"的国际友人,是我国开展诸多对外交流项目的指导思想。"友华"与"爱华"之间,"友华"更具可行性。至于"爱华",则不宜过度强调。在大量新闻报道中,每每见到某留学生如何为中国的一切(如"新四大发明")倾倒不已、吐露心声"我爱中国",某华裔青少年如何热爱祖籍国、骄傲地说出自己是"中国人"……然而,根据笔者与各国青少年广泛接触的经验,这类报道明显是选取少数个案的渲染式描绘,而非基于普遍现象的客观叙述。现实情况是:能"知华友华",已经相当不易;即便在我们寄予厚望、"血浓于水"的华裔青少年群体间,多半仍达不到"爱华"的程度(尽管多怀有亲近感),对国家认同和民族认同等宏观问题也懵懵懂懂。

总之,知华是基础,但知华未必友华。爱华是理想,但过于崇高,很难强求。唯有友华,是切实可行的近期目标,既符合涵盖海外华人及国际友人在内的新时期"大统战"工作格局,

---

① 新华社. 习近平在韩国国立首尔大学的演讲(全文)[EB/OL]. http://jhsjk.people.cn/article/25241564, 2014-07-04.

"把朋友变得多多的，把敌人变得少少的"；也符合未成年人尚不成熟的心理状态，使其对中国产生朦胧好感、怀有些许善意，相对容易。只要这种基本的善意能够建立起来，在此后关于中国问题的看法上，他们都将成为"友军"。毕竟，哪怕对同一事件或现象的解读，从善意角度和从恶意角度出发，都很可能得出截然相反的结论。

三、关于公费项目与中国软实力之反思

如本书第一章、第五章所论，21世纪以来，面向外国学生的各类公费夏令营开展得如火如荼，收获海内外一片赞誉之声。然而，官方机构本身固有之傲慢、僵化的官僚主义等问题，多少削弱了该类项目的举办效果。不论奋斗在一线的中外教师，还是活动面向的主体——外国学生，其真实声音、切身感受，以及针对具体问题所提出的多项意见和建议，相当程度上被忽视了。当各方人士都在口头或书面表达对"活动成功举办"的肯定时，外国学生，特别是未成年人群体，却因处于话语体系的底层，而无法得到"大人们"的尊重，并发出自己内心的真实呼声。虽然大部分同学收获满满、满意而归，但也有相当部分同学是带着诸般遗憾与抱怨而离开的。很可惜，大家都不太关注这些"少数派"的内心感受，他们的声音几乎从来都不会出现在公开的新闻宣传、报道与工作总结之中。

资金雄厚、人力资源丰富，并有着官方护航的公费项目，一方面提升了中国对于国外青少年的吸引力和影响力，另一方面，似乎也透露出国家软实力的巨大提升空间。假设没有数额可观的资助，学生是否仍然愿意来华游学？答案可能不尽如人

意。根据笔者对该市场的观察，自费来华游学集中于开设中文课的国外主流中学（非周末中文学校），是该校中文教育与国际交流活动的延伸；此外则很少看到有华裔学生自费组团，亦很少看到大学生自费组团——似乎，他们"胃口被养刁了"，只想着参加公费访华项目，若无资助，便无动力前来。

四、关于来华游学研究现状之反思

在现实世界中，来华游学服务是极富潜力和商业价值的巨大市场；但在理论研究上，学术界的关注度严重不足。笔者检索专业学术期刊时，发现大量论著聚焦高校留学生群体，却极少论述短期来华学生项目的文章，仅有几篇也集中在华裔青少年夏令营与孔子学院夏令营活动上，且多发表于非核心期刊。虽然尚无权威统计数据，但从人数、规模上来看，短期来华学生的绝对数量未必逊于高校留学生。几乎是同样分量的两个群体，一则备受关注，另一则乏人问津。其境遇之不同，令人唏嘘。

来华游学项目管理可谓日渐显露其重要性的新兴学科，它与导游学、文化传播学、对外汉语、留学生管理、教育旅行、研学旅行等领域多有交叉，又独具特色。目前，不单理论薄弱，概念亦缺乏统一表述，每每令人有无所适从之感。再就是该领域的从业者多元而复杂，接待单位有官方机构，有民间组织，有非营利性机构，有盈利性公司企业，一线工作人员有教师、导游、国家公务员、企业员工、实习生、志愿者等。仅在教师群体中，又分为对外汉语教师、华文教师、中华才艺教师等，很难界定其真正身份。诸如此类的情况，皆造成该行业发展不规范，该学科若有若无，该领域的学术研究长期停滞不前。

笔者本职为华文教师（从事面向华裔学生的华文教育），同时是对外汉语教师（教外国学生中文，含华裔与非华裔），又长期从事来华游学项目接待与管理。本着"入乎其内，出乎其外"的学术追求，不揣冒昧，发愿著成本书。该书写作进入后半段时，恰逢2020年新冠肺炎疫情肆虐，全球旅游产业（包括游学产业）遭受重创，笔者正常工作陷入停滞。也正因此，开始整理前几年被束之高阁的大量夏令营营员感言手稿，睹其笔迹，读其文字，借此想见其人其情其景，不禁感慨万千。在深深遗憾见不到他们的同时，对之前工作多有反思。坦白地说，我们的工作受到资金资源、运作模式、管理思维、评价机制等多种因素所限，远非完美。借着一切游学活动停摆的契机，或可进行一番全面总结与研究，争取恢复正常后能迎来全新的工作理念和模式。

不敢说本书是短期来华学生管理的奠基之作，但至少，在相关论述极其匮乏的背景下，可为从事相关行业的教师、专业人士等提供有益参考。笔者也试图给该领域树立一些规范，然学识、阅历皆颇有限，仅是浅尝辄止。随着笔者在工作实践中经验的不断积累，相信几年之后，当有更加深入的认识和体会；然而学无止境，此时此刻，亦只能先将这部不成熟的作品拿来献丑了。进一步修订，暂且俟诸来日。

附录　全书"案例""学生视角"及表格目录

一、案例

（28个）

【案例1-1】不同的接待方：旅行社与学校

【案例1-2】美澳学生感知中国国情：人口第一大国

【案例1-3】小小文化大使：讲好中国故事

【案例2-1】北京华文学院《中国游学项目招生宣传册》"定制项目问答"

【案例3-1】因贪玩错过航班的美国小女生

【案例3-2】最爱麦当劳的英国学生

【案例3-3】微信、支付宝与外国师生之窘境

【案例3-4】心力交瘁的舞蹈营主管教师

【案例3-5】擅自离队的实习生

【案例3-6】深受爱戴的实习生大哥哥、大姐姐

【案例4-1】英国学生防走失卡片

【案例4-2】安全用餐反面案例：泡面与小火锅

【案例4-3】外国"熊孩子"的"恶形恶状"

【案例4-4】被小伙伴排斥的学生

【案例4-5】之前的老校友，现在的泰国外方领队

【案例4-6】夏令营华人领队之人情百态

【案例4-7】协助地陪导游订餐

【案例4-8】微信群里家长的期盼

【案例4-9】多视角下的生日庆祝

【案例4-10】华裔青少年夏令营大联欢

【案例5-1】"糊里糊涂"的营员

【案例6-1】青涩之恋（puppy love）：如何处理少年人的异国恋情

【案例6-2】"I am recording!"（我在记录/录像！）

【案例7-1】"可怕"的十一黄金周

【案例7-2】预报暴雨，是否改行程？

【案例7-3】用餐标准不变，多吃烤鸭

【案例7-4】说英语的热情骗子

【案例7-5】砍价现场的微信群直播

二、学生视角

（21个）

【学生视角1-1】最喜欢交朋友

【学生视角1-2】参加中国夏冬令营的收获与成长经历

【学生视角1-3】感知中国语言与文化

【学生视角2-1】不喜欢上课

【学生视角2-2】课外活动体验

【学生视角3-1】旅程开始时的孤独与忐忑

【学生视角3-2】零食饮料的重要性

【学生视角3-3】北京美食

【学生视角3-4】受欢迎的自由用餐
【学生视角3-5】校园生活设施
【学生视角3-6】被老师赶鸭子
【学生视角4-1】卧铺列车初体验
【学生视角4-2】给老师的建议
【学生视角4-3】中国夏令营的遗憾
【学生视角4-4】我爱北京（小诗一首）
【学生视角6-1】可亲可爱的中国老师
【学生视角7-1】长城体验
【学生视角7-2】故宫体验
【学生视角7-3】逛街购物之乐
【学生视角8-1】不喜欢汉语课
【学生视角8-2】砍价课很实用

三、表格

（42个）

表1-1　游学与研学旅行概念对比

表1-2　国际教育旅行机构世界课堂理念表述

表1-3　外国学生长短期来华项目对比

表1-4　来华游学团与旅游团对比

表1-5　三种代表性华裔青少年公费夏令营

表1-6　华裔青少年夏令营与汉语夏令营对比

表1-7　自费游学团与公费夏令营之对比

表2-1　团餐与自由用餐对比

表2-2　2018英国爱丁堡中学生北京之旅海淀进修实验学

校接待方案

表 2-3　某年海外华裔青少年"中国寻根之旅"夏令营——汉语文化感知营行程

表 2-4　2016 年海外华裔青少年"中国寻根之旅"夏令营——中华国学营行程

表 2-5　"华夏·潇湘之旅"——2017 俄罗斯喀山联邦大学孔子学院中国文化夏令营行程

表 2-6　2017 年美国华盛顿国际学校中国夏令营行程

表 2-7　2018 年英国爱丁堡中学生北京之旅行程

表 2-8　ACIS"王朝中国"之旅示例行程

表 2-9　SLB 爱熊猫之旅示例行程

表 2-10　"学习冒险"中国语言之旅示例行程

表 3-1　学校与旅行社接待条件对比

表 3-2　《毕业旅行手册》目录示例

表 3-3　外国学生中式菜肴接受度

表 3-4　团队管理人员配置

表 4-1　华裔学生与非华裔学生对比

表 4-2　外方领队身份及特点

表 4-3　送外国学生礼物备选

表 5-1　2019 首都历史文化营营员情况

表 5-2　营员喜爱的夏令营内容统计

表 5-3　营员对夏令营的整体评价

表 5-4　2019"寻根之旅"夏令营——首都历史文化营行程

表 5-5　插图感言来源营、国别与篇目

表 5-6　插图文化元素出现频次统计

表 5-7　文字感言来源国家与篇目统计
表 5-8　营员国籍、性别、写作语言统计
表 5-9　参营动机/原因分类统计
表 7-1　砍价背景知识
表 7-2　外国学生在北京某外宾市场砍价实例
表 7-3　洗手间选择指南
表 7-4　自由用餐选择指南
表 8-1　游学项目汉语课教学大纲示例
表 8-2　菲律宾男校班中文名讲解
表 8-3　外国学生中文名赏析（非华裔）
表 8-4　华裔学生中文名赏析——别致可爱的名字
表 8-5　华裔学生中文名赏析——富于文化气息的名字

参考文献

注：以下仅列出本书主要参考文献，并未囊括书中脚注出现的所有文献。按文献形式、语言、来源、主题等，分为不同小类，每一小类中则大致按时间顺序排列。

一、专著

1. 中文

[新西兰]Victor Siye Bao、曾凡静、鲍思欢. 为师有道：对外汉语教师修炼指南[M]. 北京：北京大学出版社，2014.

熊剑平、石洁. 导游学[M]. 北京：北京大学出版社，2014.

刘宏. 海外华侨华人与中国的公共外交：政策机制、实证分析、全球比较[M]. 广州：暨南大学出版社，2015.

北京市旅游业培训考试中心. 导游服务规范[M]. 北京：旅游教育出版社，2015.

祖晓梅. 跨文化交际[M]. 北京：外语教学与研究出版社，2015.

金正昆. 外事礼仪（第5版）[M]. 北京：首都经济贸易大学出版社，2017.

朱东芹，等. 多元视角下的海外华侨华人社会发展[M]. 北京：社会科学文献出版社，2018.

刘琛，等. 海外华侨华人对中华文化的传承与传播[M]. 北京：北京大学出版社，2018.

陆庆祥、汪超顺.研学旅行理论与实践[M].北京：北京教育出版社，2018.

易婷婷，等.导游实务（第2版）[M].北京：北京大学出版社，2018.

李金早.当代旅游学（上中下）[M].北京：商务印书馆&中国旅游出版社，2018.

吕勤、沈苑.旅游心理学[M].北京：中国人民大学出版社，2019.

周加李.涉外礼仪[M].北京：机械工业出版社，2019.

魏崇新、高育花.来华留学生文化适应性研究：以北京高校留学生为例[M].北京：学苑出版社，2019.

2. 译著

[美]约翰·杜威.学校与社会·明日之学校[M].赵祥麟，等，译.北京：人民教育出版社，2005.

[英]约翰·洛克.教育漫话[M].杨汉麟，译.北京：人民教育出版社，2006.

[法]让-雅克·卢梭.爱弥儿：论教育[M].李兴业、熊剑秋，译.北京：人民教育出版社，2017.

[美]劳伦斯·斯坦伯格.青少年心理学（第10版）[M].梁君英，等，译.北京：机械工业出版社，2018.

[美]克里斯托弗·瑟伯、乔恩·马利诺夫斯基.夏令营完全手册[M].赵蔚，译.北京：外语教学与研究出版社，2018.

3. 英文

Kenneth Cushner. Beyond Tourism：A Practical Guide To

Meaningful Educational Travel[M]. The Rowman & Littlefield Publishing Group, Lanham, 2004.(《超越旅游观光：深度教育旅行实用指南》)

Nick Manning. How to be a Tour Guide：The Essential Training Manual for Tour Managers and Tour Guides[M]. CreateSpace Independent Publishing Platform, Scotts Valley, California, 2014.（《如何成为一名导游：旅游管理人及导游基础训练手册》）

Jaime Kurtz. The Happy Traveler：Unpacking The Secrets Of Better Vacations[M]. Oxford University Press, Oxford, 2017.（《快乐的旅行者：完美度假揭秘》）

Sara Clemence. Away & Aware：A Field Guide To Mindful Travel[M]. Piatkus, London, 2018.（《出走与体察：感性旅行田野指南》）

Craig Storti. Why Travel Matters：A Guide To The Life-Changing Effects Of Travel[M]. London：Nicholas Brealey Publishing, 2018.（《为何旅行如此重要：旅行改变人生功效指南》）

二、论文

1. 游学／研学旅行／教育旅行研究

尹鑫. 国际教育旅行的回顾与前瞻[J]. 教育理论与实践，2011（12）：32-33.

付有强. 英国人的教育旅行传统探析[J]. 贵州社会科学，2014（4）：51-56.

田九霞、吴强. 试论全球化背景下的教育旅行[J]. 湖北社会科学，2014（8）：181-185.

肖菊梅.中国古代游学的发展嬗变、教育价值及现实启示[J].河北师范大学学报（教育科学版），2017（6）：34-39.

田晓伟、张凌洋.研学旅行服务发展中的公私合作治理探析[J].中国教育学刊，2018（5）：46-50.

欧阳勇强、周伟、化夏.国外中小学教育旅行安全预防制度建设与主体协同[J].教育科学，2019（4）：59-63.

2. 华裔青少年夏令营研究

袁素华、郑卓睿.试析欧美华裔新生代文化身份认同的困惑[J].湖北社会科学，2009（8）：109-111.

王治理、蓝莉蓉.中国寻根之旅与文化认同及华文教育之关系[J].绍兴文理学院学报，2013（5）：112-116.

党伟龙、魏晋.华裔青少年夏令营的新探索——以"中华国学营"为例[J].八桂侨刊，2015（2）：66-71.

林逢春.建构主义视野下的侨务公共外交——基于华裔青少年"中国寻根之旅"夏令营的效果评估[J].东南亚研究，2015（6）：72-78.

王伟伟."中国寻根之旅"夏令营现状研究——基于官方网上平台的分析[J].八桂侨刊，2017（3）：22-30.

袁乃青.欧美华裔学生书面叙事中的态度研究[J].世界华文教育，2018（4）：32-39.

张嫱."中国寻根之旅"夏令营的特点及问题浅析——以北京华文学院海外华裔青少年"中国寻根之旅"夏令营为例[J].世界华文教育，2019（3）：51-58.

夏雪.华文夏令营对华裔新生代中华文化认同的影响及思考[J].当代青年研究，2020（2）：34-38.

党伟龙.华裔青少年视角下的中国体验：基于寻根夏令营感

言手稿的考察 [J]. 少年儿童研究，2020（12）：60-69.

3. 对外汉语研究

白朝霞. 姓名文化与对外汉语教学 [J]. 云南师范大学学报（对外汉语教学与研究版），2006（4）：61-64.

王晓华. 国际型师生关系与独特的对外汉语教师角色 [J]. 西安电子科技大学学报（社会科学版），2011（2）：102-107.

冯若语. 国家汉办"你和我·在北京"夏令营教学实践与反思——以保加利亚中级班为例 [D]. 北京外国语大学，2014.

毛力群、蔡丽虹. 留学生中文名用字调查——以浙江师范大学留学生为例 [J]. 语言文字应用，2015（4）：68-77.

吴友民. 来华留学生教学管理及汉语教师新角色探析 [J]. 教育现代化，2017（39）：212-214，223.

党伟龙、范娟娟. 美剧与汉语教学：以华裔家庭喜剧《初来乍到》为例 [J]. 海外华文教育，2017（5）：685-698.

曾雅骥. 体验式教学法在来华短期夏令营文化教学中的应用分析 [D]. 湖南师范大学，2018.

4. 其他

Andrea Louie. Re-territorializing transnationalism: Chinese Americans and the Chinese motherland[J]. American Ethnologist，2000（3）：645-669.（《跨国主义再界定：美籍华人与中国故土》）

段忠贤. 我国青少年夏令营监管问题研究 [J]. 少年儿童研究，2010（08）：47-51.

张旭东. 国外青少年夏令营运作模式及启示 [J]. 中国青年研究，2014（10）：114-119.

核心素养研究课题组. 中国学生发展核心素养 [J]. 中国教育学刊，2016（10）：1-3.

党伟龙.华文教育视角下的华人题材美剧《初来乍到》简析[J].华文世界,2017(119):45-48.

三、网络资料

1. 中文报道

新华社."中国寻根之旅"夏令营开营 习近平出席并讲话[EB/OL]. http://www.gov.cn/ldhd/2010-07/25/content_1663626.htm,2010-07-25.

习近平.在中国国际友好大会暨中国人民对外友好协会成立60周年纪念活动上的讲话[EB/OL]. http://www.xinhuanet.com/politics/2014-05/15/c_1110712488.htm,2014-05-15.

"中国寻根之旅"官方微信公众号.今天,龙龙20岁了!20周年寻根回顾[EB/OL]. https://mp.weixin.qq.com/s/eklaSyzd4LgwCUGaBY0sog,2019-02-04.

孔子学院.谱写中外教育交流新篇章,"汉语桥"夏令营精彩纷呈[EB/OL]. http://bridge.chinese.cn/article/2019-07/21/content_780870.htm,2019-07-21.

2. 研学旅行相关政策

教育部.中小学学生赴境外研学旅行活动指南(试行)[EB/OL]. http://www.jsj.edu.cn/n4/12090/457.html,2014-07-14.

教育部等11部门关于推进中小学生研学旅行的意见[EB/OL]. http://www.moe.gov.cn/srcsite/A06/s3325/201612/t20161219_292354.html,2016-12-02.

国家旅游局.研学旅行服务规范[EB/OL]. http://zwgk.mct.gov.cn/auto255/201701/t20170110_832384.html?keywords=,2017-01-10.

3. 英文报道

Isabel Choat. The Rise of Travelling Families and Worldschooling(《旅行家庭与世界学校之兴起》) [EB/OL]. https://www.theguardian.com/travel/2016/jan/29/is-world-schooling-kids-selfish-family-travel-edventures, 2016-01-29.

Anthony Kuhn. China Tries To Woo A Sprawling Global Chinese Diaspora(《中国尝试吸引散落全球之华裔》) [EB/OL]. https://www.npr.org/2018/10/29/659938461/china-tries-to-woo-a-sprawling-global-chinese-diaspora, 2018-10-29.

4. 国际游学机构官网

美国

美国国际学习理事会（ACIS）官网：https://acis.com

美中教育（SLB）官网：http://sinolanguage.org

英孚游学官网：https://www.eftours.com

世界远足官网：https://worldstrides.com

联合教育官网：http://www.unitededutravel.org

思考环球学校官网：https://thinkglobalschool.org

英国

学习冒险官网：https://thelearningadventure.com

真实教育官网：https://www.trueeducationpartnerships.com

同一世界教育官网：https://www.oneworldeducationuk.org

加拿大

世界教育旅行（EWT）官网：http://www.eduworldtours.com

澳大利亚

旅行邦教育官网：https://travelboundeducation.com.au

新西兰

学校旅行官网：https://www.travelforschools.co.nz

（按：以上所列国别，皆为总部所在地；实际上许多机构在好几个国家都有分部）

5. 夏令营协会官网

美国营地协会（ACA）官网：https://www.acacamps.org

国际营地协会（ICF）官网：http://www.campingfellowship.org

6. 官方文件

National and Community Service Act of 1990（美国《国家与社区服务法案》）[EB/OL]. https://www.nationalservice.gov/sites/default/files/page/Service_Act_09_11_13.pdf, 2009–11–13.

The Department for Education and Skills. Learning Outside the Classroom Manifesto（英国《教室外学习宣言》）[EB/OL]. https://www.lotc.org.uk/wp-content/uploads/2011/03/G1.-LOtC-Manifesto.pdf, 2011–03–01.

No Child Left Inside Act of 2015（美国《不让一个孩子留在室内法案》）[EB/OL]. https://www.congress.gov/bill/114th-congress/house-bill/882/text, 2015–02–11.

四、其他

国务院侨务办公室. 关于合作举办 2018 年"中国寻根之旅"夏（冬、春、秋）令营的函 [S]. 侨文函 [2017]339 号，2017.

中国侨联办公厅. 中国侨联办公厅关于做好 2019 年"中国寻根之旅"夏令营申报和筹备工作的通知 [S]. 中侨厅函 [2019]74 号，2019.